Joseph Maria Helmschrott

Typographische Inkunabeln der Bibliothek des Stifts St. Mang in Füeßen

Joseph Maria Helmschrott

Typographische Inkunabeln der Bibliothek des Stifts St. Mang in Füeßen

ISBN/EAN: 9783744701181

Hergestellt in Europa, USA, Kanada, Australien, Japan

Cover: Foto ©ninafisch / pixelio.de

Weitere Bücher finden Sie auf **www.hansebooks.com**

Verzeichniß
alter Druckdenkmale
der Bibliothek
des uralten Benediktiner-Stifts
zum H. Mang in Füeßen.

Mit litterarischen Anmerkungen begleitet

von

Joseph Maria Helmschrott,

Bibliothekar.

Ulm, 1790.
In Kommißion der Stettinischen Buchhandlung.

Seiner
Hochwürden und Gnaden
Herrn
AEMILIAN
des uralten berühmten Benediktiner-Stifts
zum H. Mang in Füeßen
würdigst regierenden
Prälaten
der Niederschwäbischen Benediktiner-Kongregation
verdienstvollsten Präses

Meinem gnädigen Herrn

Hochwürdiger,

Hochwohlgebohrner Herr,

Gnädiger Herr!

Euer Hochwürden und Gnaden haben mir vor nicht gar langer Zeit das gegenwärtig gewiß nicht unwichtige Amt eines Bibliothekars aufzutragen geruhet. Wiewohl ich meine Unfähigkeit, demselben würdig vorzustehen, ganz einsehe; so wage ich es doch, mit der Zuversicht eines Sohns, der den guten Absichten des Vaters zu entsprechen sich Mühe gab, die Erstlinge meiner geringen Bemühungen Hochdenenselben mit aller Ehrfurcht zu widmen. Nur dem rastlosen Eifer, und den nachdrücklichen Ermunterungen, womit Euer Hochwürden

den und Gnaden die Musen in unserm Stifte immer blühender zu machen suchen, haben jene ihr Daseyn zu danken. Sollten sie Hochderoselben ganzen Beyfall nicht erhalten; so werden sie doch zum Beweis dienen, daß ich die von meinen Berufspflichten übrige Zeit nicht verschleudert habe. Erreiche ich diesen Zweck, so habe ich nur noch zu bitten, daß gegenwärtiges Hochdieselben wie von meinem Bestreben, Dero ruhmvolle Absichten zu erfüllen, so von derjenigen Ehrfurcht und kindlichen Liebe überzeugen möge, mit der ich, so lang ich lebe, seyn werde,

Euer Hochwürden und Gnaden

unterthänig gehorsamster Sohn,

der Verfasser.

Vorrede.

Daß die zween große Gelehrte, Fürst-Abt Gerbert und Mabillon in ihren Reisbeschreibungen melden: — „Sie hätten in dem „hiesigen Stifte wenig anziehendes: noch weniger merkwürdiges aber „in der Bibliotheck angetroffen" — das lautet für beyde nicht sehr günstig. Aber denkt man ungefehr zwanzig Jahre zurück, was war damals die Lieblingslektüre? was die litterarischen Beschäftigungen der Klosterleute? was das Amt eines Klosterbibliothekars? was — — — ich lasse den Vorhang darüber fallen: und Kenner mögen das Urtheil fällen! Nur wünschte ich, daß bloß unser Stift dießfalls getroffen wäre. Aber woher kam's? und wer gab Anlaß, daß vor wenigen Jahren aus allen Ecken Deutschlands die einstimmige Klage über Klosterleute — ihre Studien und Bibliotheken erscholl? gewiß hätten sie so manchen bittern Spott und beissende Satyren nicht hören — nicht dulden dürfen, wenn sie in den letzten Zeiten dem Beyspiele ihrer ersten Brüder gefolgt, ihre Klöster als wahre Pflanzschulen der Wissenschaften bis jetzt erhalten, und sich auf ernsthafte und nützliche Studien gelegt hätten, anstatt die Zeit mit nichtstaugenden Spitzfindigkeiten zu vertändeln.

Allein mich wundern alle die Schriftchen nicht, welche freylich oft nur der spöttelnden Laune eines Schriftstellers, nicht dem Biedersinne, der Mißbräuche mit Anstand zu rügen weiß, ihr Daseyn zu danken hatten,

ten, wenn ich ferner überlege, daß die meisten Klöster ansehnliche, von ihren Brüdern ererbte Bücherschätze besitzen, die sie in spätern Zeiten entweder wenig achteten, oder wohl gar mißkannten, da sie ihnen aus übelverstandenem Religionseifer, oder was immer für einem faden Vorurtheile, solche Plätze anwiesen, wo sie dem Staube und den Motten ganz überlassen waren.

Doch was diesen Gelehrten ein so ungünstiges Urtheil von unserm Stifte abgedrungen habe, will ich nun nicht weiter untersuchen, auch keine Persiflage über meine verstorbene Brüder schreiben. Meine Absicht ist bloß, einen Versuch aus dem vorgefundenen Büchervorrathe und den hin und wieder zu meinem Zwecke dienenden einheimischen Dokumenten zu wagen, aus welchem meine Leser urtheilen mögen, in wie weit unser Stift, von der Stiftung des Klosters an, das Feld der Wissenschaften bebauet, oder dasselbe unfruchtbar und öde liegen gelassen habe.

Das Alter eines Stifts ist gemeiniglich der Maßstab des Alters der Litteratur und der Wissenschaften in demselben. Anders aber verhält es sich mit dem hiesigen Stifte. So eines hohen Alters sich dieses rühmen kann; so fand es doch im Anfange zu viele Schwierigkeiten, als daß es sogleich, bey den lange andauernden Handarbeiten, mit den Wissenschaften gleichen Schritt halten konnte. Der fromme Stifter*) hätte sich

---

*) Die Geschichte von dem ersten Ursprunge unsers Stifts ist in ein allzu grosses Dunkel gehüllt, als daß man ganz sichere Data anführen könnte. So viel weiß man zuverläßig, daß der Stifter Mangnoaldus oder Mangnus, ein Schüler des H. Gallus war, und ohngefehr in der Hälfte des VII. Jahrhunderts

Vorrede.

sich die Gegend des Lechstroms zu seiner Ansiedlung gewählt, die er auch bald hernach von Frankreichs und Allemanniens Königen zum Geschenke erhielt. Jahrhunderte hindurch waren nun das Gebet, die Urbarmachung und das Predigamt die einzigen Beschäftigungen des Stifters und seiner frommen Schüler. *) In eben dem Grade, in welchem sie für die moralische Bildung der immer mehr herbeyströmenden Menschen Sorge trugen, suchten sie ebenfalls denselben Nahrungsvortheile zu verschaffen, und ihre zeitliche Glückseligkeit zu befördern. **)

Aus

---

hunderts von dem Iller — an den Lechstrom ad fauces Julias (wie die Gegend noch jetzo genennt wird) kam: daselbst eine Wildniß und nur von Thieren und hin und herstreifenden Menschenhorden bewohnte Gegend fand, und zu unserm Stifte den ersten Grund legte. — Vielleicht bekommt das Publikum bald nähere Aufschlüsse, und gar eine Chronik, die das Dunkle aufhellen mag; wenigstens ist einer meiner Mitbrüder bereits mit diesem Gegenstande beschäftiget!!

*) Das ganze Allgäu verehrt unsern Stifter unter dem ehrenvollen Titel seines ersten Apostels, und zollt ihm von jeher den wärmsten Dank für seine Bildung und Unterricht in Jesus = Religion.

**) Unter andern Nahrungszweigen und Handarbeiten verdient besonders die Bearbeitung des Eisens angemerkt zu werden. Einer unsrer ersten Brüder entdeckte in einem nahe gelegenen Berge eine sehr ergiebige Eisenader — Schon mehrere Jahrhunderte durch belohnt sie die darauf verwandte Mühe nicht mehr — die recht viele Hände beschäftigte und viele Menschen nährte. Der nahe vorbeyströmende Lech begünstigte die Ausfuhr der Produkte ungemein. — Vielleicht legte dieser kleine Anfang den Grund zu der in der Folge so beträchtlichen Handelschaft der hiesigen Gränzstadt Füeßen, die aber, leyder! nun ganz dort hinweg, und nach Bozen in Tyrol gewandert ist.

X X

Vorrede.

Aus dieser Periode, die Jahrhunderte dauerte, würde es unbillig seyn, von einer aus 6 — 7 Männern bestehenden Gesellschaft Rechenschaft über ihre geführte gelehrte Oekonomie zu fodern. Aus spätern, dem XI. XII. und folgenden Jahrhunderten können wir, ausser ihren Pastoralarbeiten, schon auch Zeugen ihres litterarischen Fleißes aufweisen; Nämlich Handschriften, die sowohl in Rücksicht auf ihren Innhalt, als ihre Anzahl beträchtlich und schätzbar sind. Freylich sind die meisten etwas neuer, doch kommen unter mehrern hundert Stücken viele vor, die meines Wissens noch aus keiner Presse gekommen, und wegen ihres historischen und litterarischen Innhalts jedem Gelehrten wichtig seyn müssen. *)

So wie von einem Jahrhunderte zum andern ihre Gesellschaft wuchs, so blühten auch die Wissenschaften immer mehr auf. Im Anfange des XIV. Jahrhunderts nährte es schon Männer, die sich ganz den Wissenschaften und freyen Künsten gewiedmet hatten. **) Die bald darauf

---

*) Unser Stift hatte sehr alte und schätzbare Handschriften, deren es aber in der Hälfte des jetzigen Jahrhunderts von einem großen und bekannten Gelehrten beraubt wurde. Man gab ihm mehrere der ältesten Stücke auf Treue und Glauben, ohne einen schriftlichen Revers darüber zu verlangen. — Der Gelehrte starb, und die Schätze sind nach einer schon öfters gemachten fruchtlosen Zurückfoderung für unser Stift auf ewig verloren.

**) Eine einheimische Urkunde drückt sich also hierüber aus: viri in artibus, et primitivis scientiis, ac in sancta religione optime instituti — — Sed at scientiis sufficientes Astronomiae callentes arte, pictorisque exercentes aliqua facta ultimato vitam sanctorum contemplando et colligendo martyrologii duas partes, pene cum illis vitam terminando, confecerunt. Nam omni die per totum annum reperiuntur legendae vel vita unius sancti in eisdem matyrologiis seu libris. Quam utiles etiam fuerunt monasterio nota sunt cuncta ex relictis registris, et patentibus factis &c. &c.

darauf erfolgte glückliche Epoche der erfundenen Buchdruckerkunst reitzte ihren Eifer zum Studieren noch mehr, indem sie mit leichterer Mühe für ihren Geist mannigfaltigere Nahrung fanden, und auch hinlänglich *) benutzt haben, welches das gegenwärtige litterarische Verzeichniß selbst beweiset.

Die Sorgfalt, die sie im XV. Jahrhunderte für die Anschaffung der ersten Druckdenkmale trugen, erlosch auch in dem folgenden

---

*) Das schon angeführte Dokument hat uns folgende Schilderung davon aufbehalten: Jam cuncti monachi Monasterii divi Magni sunt plus discursivi, ac callidiores seu acuciores ingenio, quam priores. Et hoc etiam potissime, quia sicut Abbas viderunt, et audierunt plures libros impressos de quasi seibili, et jam continuo excogitantur a doctis prius insueta, vix audita, habentque etiam manuductionem ex libris, et hausere etiam ipsi ex adventantibus cardinalibus, legatis, oratoribus summorum Pontificum, archiepiscoporum, episcoporum, oratorum regum, et consulum experiencias plures. Et quamvis pater *Henricus Fext* prior bonae memoriae valens in pluribus fuerit, tamen *Gallus Knöringer* successor in oratoria et poesi excessit, et in artibus aliis. Accelleratur, ut experientia notissimum est, jam in modernis ratio ex manifestatis scientiis singulorum propter impressoriam artem inventam. Moderniores etiam dirigunt filios suos ad gymnastica studia, seu universitates, in quibus *Conradus Speyser Erdfordiae*, *Lucas Prügschlegel*, *Wiennae*, reliqui alibi imbuti scientiis evasere. Et breviter pro nunc ex manifestatis scientiis quasi omnes monachi et religiosi in omnibus scientiis, sive theologie, et magistri sententiarum, et scribentium super eundem suis summis, sive etiam in jure canonico, civili, sive in philosophicis, sive aliis quibuscunque facultatibus divinitus inspiratis, sive humanitus inventis, quasi similes in lectionibus mensalibus in refectorio allegando auctores, libros, capitula, quottaciones canonum, distinctionum, et quaestionum eorundem, decretalium, legum, philosophorum, et omnium tractatorum, doctoribus et magistris in eisdem professis coequantur. &c.

genden nicht — Ein Beweis davon mag der schöne Vorrath der Adolescentioren, oder der Bücher seyn, welche in den Jahren 1500 — 1550 aus verschiednen Pressen gekommen sind. Diese, wenn sie auch wegen ihres jüngern Alters nicht so hoch, als die so genannten Inkunabeln selbst geschäzt werden, haben doch schon die Aufmerksamkeit und Hochschätzung mancher Litteraturfreunde und Kenner erhalten; In dieser Rücksicht will ich die Sammlung, die wir davon haben, nur kurz berühren. Unter andern befinden sich darunter vorzügliche Bibelwerke, *) und Frobenische Ausgaben der Väter cum recognitione Des.
Erasmi

---

*) Biblia latina V. et N. Test. fol. Basileae per Jo. de. Langendorf et Jo. Froben. 1509. Eine andere ebendaselbst per Jo. Froben. in fol. 1514. Ferner Ausgaben, welche mehrentheils auf Kosten des jüngern Anton Roburgers in Lyon gedruckt worden; als durch Jac. Sacon von 1515. 1518. 1521. Jacob Mareschal 1519. 1526. 1527. Joan. Marion. 1520. Gilbert *de Villiers* 1524. Joan. *Moylin*, alias *de Cambray* 1533. Guilelm *Boulle* 1537. fol. u. a. m. Martin Luthers Ausgabe des Neuen Testaments, nebst einigen bald darauf erfolgten und wenig veränderten Abdrücken desselben durch Friederich Peypus in Nürnberg 1524. fol. Jakob Beringers Leviten zu Speyer fol. 1526. Straßburg durch Johan. Grüninger. Das N. Testament des berühmten Antagonisten D. Luthers Hieron. Emsers durch Valten Schumann Leipzig 1529. in 8vo. ebendasselbe zu Freyburg durch Johann Faber Juliacensis 1529. in 8vo. Die Originalausgabe Johann Dietenbergers, Mainz 1534. desselben erste verbesserte Ausgabe Cölln 1540. — die selbst Herrn Panzer lange verborgen blieb — die zweyte gleichfalls zu Cölln durch Johann Quentel 1550. Die Dritte ebendaselbst 1556. Die Vierte 1561. nebst noch einem Dutzend verschiedener Ausgaben dieser so lange beliebten Uebersetzung. Johann Ecks Originalausgabe von 1537. Ingolstadt durch Gbrg Krapffen fol. Verbesserte Ausgaben davon 1550. und 1558. Ingolstadt durch Alexander und Samuel Weissenhorn. Das N. Testament 8. Augsburg 1532. durch Heinrich Steyner. Die Ganze Bibel deutsch fol. von eben diesem Steyner 1534. u. a. m.

Vorrede.

Erasmi Roterodami. Vorzüglich verdient die äusserst rare und sogar in den berühmtesten Bibliotheken vermißte Biblia polyglotta complutensis*), welche der große Cardinal Franziscus Ximenes mit den größten Kosten drucken ließ, angeführt zu werden.

So günstig alle diese vortreffliche Anstalten für Litteratur und Wissenschaften waren; so erfolgte doch kurz darauf ein Sturm, der sowohl den Wohlstand des Stifts, als die Wissenschaften in die betrübteste Lage versetzte. Die Bewohner wurden gezwungen, ihren glücklichen Aufenthalt zu verlassen, und in der Flucht ihre Sicherheit zu suchen. Zweymal kamen feindliche Heere des Schmalkaldischen Bundes innerhalb 6 Jahren von 1546 — 1552 in die hiesige Gegend. **) Das Kloster

---

*) Wir besitzen davon nur einen Theil, das Neue Testament. Am Ende findet sich die Anzeige des Jahres decima january 1514. da der Druck geendiget wurde. Ausführlich wird das ganze Werk von dem Herrn Ritter Michaelis in der Einleitung in die göttlichen Bücher des N. B. Th. I. S. 669. u. ff. beschrieben.

**) Der erste Ueberfall geschah im Jahr 1546. da unter der Anführung des Hauptmanns Sebastian Schertlins ein feindliches Corps über Füeßen in das Tyrol einzudringen versuchte. Die Stadt und das Kloster wurde rein ausgeplündert. — Der zweyte geschah 1552. als Churfürst Moritz von Sachsen mit einem Heere gegen den Kaiser Karl V. und seinen Bruder Ferdinand, nach Innspruck marschirte. Dieser war mit der gänzlichen Plünderung des Klosters nicht zufrieden, sondern übte noch dabey überdieß — vermuthlich, weil ihm die gefundne Beute zu gering war — durch Zerstörung von jeder Art den abscheulichsten Muthwillen aus. Der damalige Abt, Gregor, macht in einem Brief an einen seiner Freunde folgende Beschreibung: „Wir sind in die Babylonische Gefängniß kommen, und allda „alle Noth erlitten, das zeitlich Guth verloren, bis in Tod verurtheilt, „allein der Ursach, daß wir der Kais. Majestät Müsterherrn, die Herrn von „Damis

Kloster wurde jedesmal rein ausgeplündert, und der Abt samt einigen bey ihm zurückgebliebenen Söhnen erfuhren alles Traurige, das den Krieg zu begleiten pflegt.

Nach diesem verfloß geraume Zeit, bis die hin und wieder zerstreute Söhne ihr Stift und ihren Abten, Gregor, wieder sahen. — Wie es ihnen bey dem Anblick ihres zweymal ausgeraubten, und in den traurigsten Zustand versetzten Stifts zu Muthe gewesen sey, läßt sich leichter denken, als beschreiben. Doch, sie unterlagen ihrem Schicksale nicht ganz. Nach Verlauf einiger Jahre scheinen sie sich von dem ausgestandnen Schrecken erholt, und um sich geschaut zu haben, was doch endlich aus der großen Reformation, und den zu Triente versammelten Bätern werden würde! — Eine vorgefundene beträchtliche Anzahl von Schriften, welche für und wider die Reformation und das Konciliuum erschienen, leitete mich auf diese mehr als wahrscheinliche Vermuthung. Oder wie soll ich es anders erklären — als daß sie mit dem Hörensagen nicht zufrieden, die Dinge selbst, die um sie herum vorgiengen, prüfen wollten. Gewiß würden sie die Schriften nur von Einer Partey gesammelt haben, wenn sie von dem unduldsamen Geist einer gewissen Menschenklasse, die bey jedem Buche, dessen Verfasser ein Protestant ist, oder das auch nur das Schicksal hat, in Frankfurt, Leipzig, Berlin u. s. w. gedruckt zu seyn, die Nase rümft, — Ketzerey riecht,

und

„Damis und Madruz geherberget, und gespeiset haben, darumb mit dem
„Profosen uns in der Stuben bewahrt, haben wir uns mit hohem Bitten
„und gebogenen Knieen das Leben wieder erlangt. Aber die Haab und Guth
„geplündert, Silber und Gold an Kelchen, Monstranzen, die Ornat,
„Meßgewänder, Wein, Korn, Betzgewandt, Geld und Geldswerth ent-
„zogen und hinweggeführt. u. s. w."

und solches im heiligen Eifer zum Feuer verdammt, belebt gewesen wären. — Aber gedankt sey es unsern verklärten Brüdern, daß sie uns aus dieser Periode die Schriften beyder Theile getreu gesammelt und aufbehalten haben.

Doch die süsse Ruhe, die sie nach geendigtem Schmalkaldischen Kriege bis ins XVII Jahrhundert genossen, schien ihnen nur deßwegen verstattet gewesen zu seyn, damit sie die ehemal erlittenen Drangsalen vergessen und noch schrecklichere Uebel, die der dreyßigjährige Krieg über unser deutsches Vaterland verbreitete, zu ertragen im Stande seyn möchten. Die grausamen Schweden überfielen das Stift mehr als einmal und plünderten es allemal rein *) aus. Bey den Bewohnern wechselte Flucht und Wiederkommen beständig ab. Das Stift erfuhr unaufhörlich die fürchterlichsten Grösse, die ihm beynahe den gänzlichen Untergang drohten. Allein die Vorsicht wachte über dasselbe, da sie ihm in dem uns unvergeßlichen Martin Reimpfle einen Abt und Vorsteher gab, welcher sowohl wegen seiner Tugend, als Gelehrsamkeit und unerschütterlichem Muth in Unglücksfällen ein gleichgrosser Mann war. Während seiner 47 jährigen **) Regierung war seine erste Sorge immer auf thätige Beförderung

---

*) Unsere einheimische Urkunden haben uns die genauesten Verzeichnisse alles dessen, was uns geraubt worden ist, aufbehalten: von einer Plünderung der Bibliothek hingegen melden sie nichts; dafür aber finden sich noch mehrere Werke in derselben, die mit traurigen Merkmalen beweisen, daß sie von der gränzenlosen schwedischen Wuth nicht verschont geblieben seyn.

**) Abt Martin legte seine Profession in dem Reichsstifte Elchingen ab, und war ein Zögling dieses Klosters. In dem Jahre 1614 wurde er von dem hiesigen Stifte als Abbas postulatus verlangt, welchem er bis 1661 mit allem Ruhme vorstund.

Förderung der Tugend und Wissenschaften gerichtet. Er zeichnete sich als Gelehrter durch mehrere dem damaligen Zeitalter gemäße fromme Schriften, und die Abfassung der Lebensgeschichte unsers Stifters des H. Magnus aus. — Der gelehrte und starke Briefwechsel, den er mit berühmten Männern seiner Zeit unterhielt, gereicht ihm zu nicht geringer Ehre.*) Da er eifrig besorgt war, seinem Stifte gelehrte Leute zu erziehen, und zu Hause damals nicht hinreichende Gelegenheit war, schickte er seine junge Zöglinge auf Universitäten, und besonders auf Dillingen und Salzburg. Auf die Bibliothek verwand er nach seiner eignen noch von ihm vorhandenen Rechnung mehr als achttausend Gulden.**) Dieß alles zusammen mag zum Beweis dienen, daß bey den Umständen dieses kriegerischen Jahrhunderts für die Wissenschaften und Bibliothek bestmöglichst gesorgt wurde.

Gegen das Ende dieses Jahrhunderts haben die hiesigen Musen noch das durch Glück und Zufall erhalten, was ihnen das Stift wegen der erlittenen Unfälle nicht hinlänglich geben konnte, nämlich eine vortreffliche und zahlreiche Büchersammlung, ***) die ihnen von einem gewissen

---

*) Das Reichsstift St. Ulrich und Afra in Augsburg besitzt von ihm eine große Anzahl Briefe, welche bloß an den berühmten Carolus Stengelius, nachher Abbas Anhusanus, geschrieben sind.

**) Vielleicht scheint diese Summe für so viele Jahre zu wenig! — Hier sind seine eigene Worte: si vultis considerare tot pericula, turbationes, bella, pestes, exspoliationes monasterii et omnium subditorum, ut per multos annos nec census, nec reditus, nec decimae adfuerint, et tamen tota suppellex et ornamenta templi restauranda fuerint de novo &c. &c.

***) Sie ward von dem Eigenthümer in zween Theile getheilt. Einen davon bekam das berühmte Prämonstratenser-Stift Steingaden in Oberbaiern.

Vorrede.

gewissen Johann Adam Weishaupt zu Theil wurde. Die gute Auswahl der Bücher, die meistens historischen Innhalts, oder klaßische Schriftsteller sind, beweisen einen Gelehrten, der guten Geschmack und viele litterarische Kenntnisse besessen haben muß. Leyder ist aber weder Steingaden, noch uns von dem Hergange, wie die Bücher in beede Stifter gekommen, noch von dem guten Manne selbst etwas mehreres als sein Wappen und Namen bekannt. *)

So günstig das vorige Jahrhundert sich für die Bibliotheck ensigte, so ungünstig war das achtzehnte im Anfange für sie und die Wissenschaften. Das Stift hatte hin und wieder durch die Kriege gelitten, noch mehr aber brachte es sein Alter dem Ruine nahe. Die Nothwendigkeit zu bauen, weissagte daher schon zum voraus der Bibliothek nicht viel gutes: besonders da der damalige Prälat Gerard I. selbst ein Liebhaber und Kenner der Baukunst war. Inzwischen, da man sich mit Herbeyschaffung der Baumaterialien und des Baues beschäftigte, droheten im Jahre 1703 unsrer Gegend von Ferne die Unruhen des Baierisch-Französischen Kriegs. Nach dem Beyspiele der Nachbarschaft flüchtete der Abt gleichfalls die Kirchenschätze, das Archiv u. s. w. nach Reutten ins Tyrol, wo ihm kurz hernach seine zu frühzeitige Vorsicht theuer zu stehen kam, indem durch eine

Feuers-

---

*) Sein Wappen und Name findet sich fast in allen Büchern. Jenes stellt unter- und über dem Helm einen geharnischten Mann vor, der in der rechten Hand ein entblößtes Schwert, und an der linken Seite einen Schild (umbonem) trägt. Neben steht meistens die Jahrzahl 1688, die vermuthlich das Jahr anzeigt, in welchem die Bücher an das Kloster gekommen sind. — Dies wenige ist uns von diesem unsrer Bibliothek unvergeßlichen Manne bekannt. Ist jemand, der nähere Nachrichten von ihm in Händen hat, so wäre unsre höflichste Bitte, uns darüber gütige Nachricht zu ertheilen.

)( )( )(

Feuersbrunst daselbst alles ein Raub der Flammen wurde. *) Dieses Unglück konnte sich zu keiner ungelegnern Zeit, als damal für das Stift ereignen. Doch der Abt fuhr fort, seinen durchgedachten Bauplan ins Werk zu setzen, konnte aber bey seinem schon 1714 erfolgten Tod noch wenige Früchte seiner Bemühungen sehen.

Glücklicher war sein Nachfolger Abt Dominikus Dierling. Dieser befolgte den herrlichen Riß seines Vorfahrers genau und brachte endlich den ganzen Bau 1727. glücklich zu Stande. — So preiswürdig der schöne, und auf einem so bergichten und ungleichen Platz mit aller Kunst aufgeführte Bau **) ist, so wenig empfehlungswerthes findet sich aus diesem Zeitpunkt in der Bibliothek. Allein der Bau erforderte keine geringe Summen, zu denen

---

*) Während diesem Kriege wurden aus Schwaben mehrere Sachen durch Füeßen in das Tyrol geflüchtet. Das Stift packte seine Kostbarkeiten auch zusammen, und schickte sie den 21 May 1703 nach Reutten, wo es den sichersten Ort gewählt zu haben glaubte. Aber leyder den Tag darauf brach dort eine so entsetzliche Feuersbrunst aus, daß der halbe Markt in Asche verwandelt wurde, und unsre Schätze im Rauch aufgiengen: nur das Archiv, worinn aber noch an vielen Dokumenten die traurigen Ueberbleibseln des Brands zu sehen sind, wurde mit genauer Noth gerettet.

**) Wer unser Stift gesehen hat, wird meinen Ausdruck nicht übertrieben finden; wenigstens schenkte ihm noch jeder Kenner und Reisender seinen ganzen Beyfall, besonders aber der Kirche, die ganz im italiänischen Geschmacke erbaut ist. Der Baumeister war der H. Johann Jakob Herkommer von Sammmeister gebürtig, das eine Poststation von Füeßen entlegen ist. Pellegrini und Rieps Pinsel verherrlichen die Altäre, Stumms, Burgers und Steinhauers von Füeßen, künstlichem Meisel hat man die schönen Statuen zu danken, und statt des Flitterwerkes und Goldes geben ihr verschiedene hiesige Marmorarten ein recht majestätisches Ansehen. — Dieß läßt uns auch einigermaßen den Abgang in der Bibliothek aus diesen Zeiten vergessen.

denen die Bibliothek ihr Schärflein sicher auch herzugeben, und sich dagegen mit geringern und wohlfeilern Dingen zu begnügen genöthiget wurde. Eine Menge Predigten von jeder Art und Titeln, Asceten, Schulkompendien u. d. gl. ist alles, was ihr innerhalb dieser Zeit angeschaft wurde.

Die Nachwehen des Baues dauerten noch mehrere Jahre fort. Der Geschmack für Wissenschaften und gute Bücher scheint auch nicht vorzüglich gewesen zu seyn; wenigstens kann ihn der einzige und große Vorrath von Weiflingers und Konsorten Schriften nicht von seiner elegantesten Seite darstellen. — Doch je weiter man über die Hälfte unsers Jahrhunderts kam, je mehr fieng auch dieser an, sich nach und nach zu verbessern. Der erste Schritt war, daß die besten Subjekte auf Universitäten *) und andere berühmte Orte geschickt wurden. Für die Bibliothek **) wurde gleichfalls besser Sorge getragen. Jene kamen nach einigen Jahren zurück, und brachten für Philosophie, Theologie, geistliches Recht, Bibelstudium, und Orientalische Sprachen reinern Geschmack nach Haus, der anfangs freylich nicht allerdings behagen wollte. Dies gieng aber ganz natürlich zu. Man war die subtilen und scholastischen Sächelchen, die Jahrhunderte hindurch aufgetischt wurden, allzusehr gewohnt, als daß kräftigere Speisen sogleich, ohne Krämpfe im Magen zu verursachen, verdauet werden konnten.

Allein

---

*) Als Salzburg, Wien, Padua, und St. Blasi im Schwarzwald.

**) Unter andern will ich nur Marquard Hergott Genealogia diplomatica Habsburgica, Arnolds unpartheyische Ketzergeschichte, Harzheim Concilia Germaniae, Calmet: Histoire universelle sacrée et profane, und das vortreffliche und zur Kirchengeschichte nützliche Werk der Bollandisten nennen.

Allein ein besserer Geschmack hat doch endlich über Scholasticismus und allen seinen Anhang gesiegt. Das Stift bekam durch glückliche Wahlen*) immer rechtschaffne und hellbenkende Vorsteher, deren erste Sorge war, den Müßiggang zu verbannen, und Liebe zu den Wissenschaften, gepaart mit Tugend und Frömmigkeit, unter ihren Söhnen zu verbreiten. Jedem überließen sie die freye Wahl, sich in dem Fache von Wissenschaften zu üben, wozu er natürlichen Trieb, oder Anlage zu besitzen glaubte. Ihre ganze ausübende Gewalt dabey war, jene mit Büchern und Hilfsmitteln zu unterstützen und die Früchte der erworbenen Kenntnisse mit Vaterernst zu fodern. Die Bibliothek gewann dabey vortreflich: Bloß von den letzten Jahren, in denen ich der Bibliothek vorzustehen die Ehre habe, will ich nur die Geschichte der ältern, mittlern und neuern Zeiten von Bopsen, Gatterern und Häberlin; Wegelini thesaurus rerum suevicarum; Historia ecclesiastica centuriatorum Magdeburgensium; Caroli Dufrésne glossarium ad scriptores mediae et infimae latinitatis, editio nova locupletior, opera Monach. s. Bened. ex congreg. S. Mauri; Diplomatisches Lehrgebäude von den Benediktinern der Cong. S. Mauri, ins deutsche übersetzt von Adelung; Bibliotheque generale des Ecrivains de l'ordre de saint Benoit; Mabilloni annales ordinis Benedictini; Dominici Mansi collectio maxima conciliorum, als die größern Werke anzeigen. **)

Ein

---

*) Wie viel eine unglückliche Prälatenwahl dem Litterarwesen eines Klosters schade, darf ich nicht erst beweisen. Beyspiele der ältern und jetzigen Zeiten predigen es laut genug!!!

**) Die deutsche Encyklopädie, und die allgemeine deutsche Bibliothek verdienen auch genannt zu werden: besonders letztere, die in Klosterbibliotheken der Orthodoxie halber selten gefunden wird.

Vorrede. XXI

Ein ungleich gröſerer Apparat wurde in dieſer Zeit für das Bibelſtudium und die orientaliſche *) Sprachen bergeſchaft. Auf dieſe verwendet der jetzt würdig regierende Herr Prälat ſeine ganze Sorge, um ſie unter unſerm Himmelsſtrich recht gedeihend zu machen.**) Und man kann hoffen, daß

---

*) Nach einer einheimiſchen Urkunde wurde das Studium der orientaliſchen Sprachen ſchon unter dem für unſer Stift verdienſtvollen Abt Benedikt Furtenbach um das Jahr 1480 eifrig betrieben. Jetzt werden ſie nebſt der Franzöſiſchen und Italiäniſchen Sprache den jungen Zöglingen beygebracht.

**) Zum Beweis, daß an Hilfsmitteln in dieſem Fache kein Mangel iſt, will ich nur einige Werke der berühmteſten Philologen, und ſeltene Bibeln in der Grundſprache anführen. Als: de Roſſi lectiones variantes in vetus teſtamentum; Michaelis orientaliſche Bibliothek, mit vielen andern ſeiner philoſogiſchen Werke; Jo. Chriſtoph. Wolfii bibliotheca hebraica; Buxtorfii Lexicon chaldaicum, talmudicum et rabbinicum Edit. Baſileen. 1640. Joan. Lightfooti opera omnia Franequerae 1699. — Kleinere Werke ſind die Notae critici Houbigantii; Petri Guarini Lexica, Johann Simons u. a. m. Seltene mögen ſeyn Caroli Schaaf grammatica chaldaico — ſyriaca, Lugduni 1686 und Thomae Erpenii grammatica arabica Lugduni 1656. — Von den Bibeln bemerke ich nur Seb. Münſteri biblia hebraica et latina Baſileae 1534. Teſtamentum N. graecé per Rob. Stephan. 8vo Lutetiae Pariſiorum 1549. Idem in fol. per Rob. Stephan. 1550. Teſtam. V. hebraice in 12. Tomi V. per Rob. Stephan. Pariſiis 1546. Biblia hebraica per Daniel. Bomberg 4to Venetiis 1521. Teſtam. N. graecé et latiné opera Theod. Bezae per Rob. Stephan. 1580. Biblia ſ. V. et N. Teſtam. graecé. fol. Francofurti per Andr. Wechelium 1597. Biblia polyglotta Eliae Hutteri fol. Norimbergae 1599. Stephan. Curcellaei Teſtam. N. graecé 8vo Amſtelodami ex officina Elzeviriana 1658. Idem ex offic. Blaviana 1685. Teſtamentum V. hebraice ex verſione LXX interpretum per Lambertum Bos in 4to Tomi II. Franequerae 1709. Idem graecé ex verſione LXX Interpretum ad codices Alexand. et Vaticm. per Grabium et Braitingerum emendatum, 4. Tomi IV. Tiguri 1730. u. a. m.

daß der Fortgang hierinn um so besser seyn werde, da zugleich für eine reine Philosophie gesorgt wird. Immanuel Kants Vernunft-Critik ist schon bis zu unsern Alpen herangedrungen, und den Zöglingen werden darüber Vorlesungen gehalten. Mancher Zionswächter mag sich darüber grämen — mag den Verfall der klösterlichen Disziplin befürchten — oder sonst etwas gefährliches wittern!! Diesen trösten wir damit, daß wir weder zuerst *) noch allein diesen Schritt gethan haben, sondern nur dem Rathe weiser Männer, und dem Beyspiele aufgeklärter Klöster gefolget sind, auch keinen Unterschied in der Philosophie, sie mag nun von einem Katholiken oder Protestanten seyn, kennen, so lange sie bloß die Spitzfindigkeiten und all den peripatetischen Schutt hinwegräumt und einen sichern Pfad zur Theologie und Jesus-Religion bahnt — mit uns und der Wahrheit es redlich meynt — den schlichten Menschenverstand aufklärt — und bessere Begriffe als ehmals von Gott und Moralität verbreitet...

Auch das Studium der Natur, das mehrentheils in den Klöstern als eine für Gottesmänner zu geringfügige Beschäftigung angesehen wurde, wird von uns nicht miskannt. Von den Fächern, die man sich wählte, verdient besonders das Pflanzenreich angeführt zu werden, zumal,

da

---

*) Schon in dem Jahre 1775. wurde unser Stift mit der reinern und jetzt fast auf allen katholischen Universitäten und in Klöstern zur Richtschnur angenommenen Lehrart der Philosophie, Theologie und des geistlichen Rechtes bekannt, und daraus Sätze öffentlich behauptet. Aber wie es der Wahrheit und dem bessern Neuen immer gieng, so geschah's auch da: die Lehre war nicht aus Schulkompendien genommen, sondern aus der Quelle selbst — enthielt nakte Wahrheit; diese war unbekannt und mag zum Theil zu tief ins Herz gegriffen haben; das konnte man nicht ungeahndet hingehen lassen, und — — — doch ich will schweigen, um nicht wehe zu thun.

Vorrede.

da Einer es es schon so weit gebracht, daß er gegen 2000 Gattungen aus der hiesigen Gegend und den Tyroler- und Allgäyer-Gebirgen gesammelt, und nach Linnae's Systeme ihre karakteristische Züge vollkommen bestimmt hat. Seine Mühe und Kenntnisse wurden dadurch belohnt, daß sein Name, von dem berühmten Botaniker, Herrn D. Schrank, in der Baierischen Flora mit Ruhm genennt wurde, und die botanischen Gesellschaften zu Erlang und Ingolstadt ihn ihres völligen Beyfalls, und Zufriedenheit versichert haben. Vielleicht wagt er es in Gesellschaft des hiesigen Herrn Stadt- und Landschafts-Physikus durch Bekanntmachung seines vieljährigen Fleißes wenigstens mit einem Theile bald öffentlich aufzutretten.

Diesen Beschäftigungen könnte ich noch eine und die andere auf Wissenschaften abzweckende Anstalt*) beyfügen, wenn ich nicht fürchtete, schon jetzt bey meinen

---

*) Niemand wird den Nutzen des Studiums der Numismatik, so wie jenen des Mineralreiches mißkennen. Zu dem Einen wurde schon der Grund im vorigen Jahrhundert gelegt. Im Jahre 1685 wurde ein sehr alter hohler Baum an einem den sogenannten fauxibus Iulijs sehr nahen Orte gefällt, in welchem ein mit 236 römischen Münzen gefüllter irdener Topf verborgen war. Die Münzen waren recht gut erhalten, und führten die Gepräge der Kaiser: *Vespasian*, *Titus*, *Trajanus*, Aurelius, Anton, Caracalla, Gordianus III. Philippus, Gallus &c. &c. die wir aber, leider, nur noch aus einem schriftlichen Verzeichnisse, das bis auf uns gekommen, wissen: bis auf wenige sind alle zerstreut. Doch gegenwärtig ist der Vorrath ansehnlich, und bloß von Römischen ist er bis auf mehr als 700 theils silberne, theils kupferne Stücke angewachsen. — Von Gedächtnißmünzen, von Münzen fürstlicher Häuser, der Päbste u. s. w. nichts zu gedenken. Könnte der erzählte Zufall des entdeckten Schatzes nicht für unsre vaterländische Geschichte ein Beweis seyn, daß einst Römische Heere in unsrer Gegend gestanden seyen? Vielleicht auch der Geschichte einiges Licht geben, wenn die Herrn Bibliothekäre

meinen Lesern, durch eine allzugenaue Auseinandersetzung unsrer litterarischen Arbeiten, einiges Mißvergnügen erregt zu haben. Allein ich glaube, hier eine detaillirte Rechenschaft von unsrer gelehrten Einrichtung ablegen zu müssen, da das Publikum überhaupt mit den Klosterleuten, und ihren litterarischen Beschäftigungen nicht sehr zufrieden ist; ja! schon zu verschiednen malen sie gar laut vor ihr Tribunal gerufen hat. Um nun demselben nichts zu verhalten, will ich zum Beschluß noch eine schöne Anstalt, die unsre Niederschwäbische Kongregation vor nicht gar langer Zeit getroffen hat, um so weniger verschweigen, da sie vielleicht das einzige Mittel ist, jenes ungünstige Vorurtheil wenigstens von unsrer Kongregation zu entfernen. Unsre Hochwürdige Väter merkten schon lange etwas, das den Fortschritten der Wissenschaften und Litteratur in ihren Klöstern im Wege stunde, aber einzeln wollte Keiner in der hergebrachten Ordnung etwas ändern. Sie berathschlagten sich dann gemeinschaftlich darüber auf einem Generalkapitel, und das Resultat ihrer Berathschlagungen war, daß in sämtlichen Klöstern eine zweckmäßigere Einrichtung der Studierzeit und des Chorgebethes eingeführt, der mitternächtige Chor aufgehoben, und die kleinern Chöre den Tag über, so viel möglich, näher an einander gerückt würden, nebst noch andern eben so weisen, als nützlichen

Ver-

---

thekäre bey der jetzigen fleißigen Durchforschung ihrer Alterthümer auf ähnliche Begebenheiten stießen! —

Die Sammlung im Mineralreiche erleichtert uns die hießige Lage von selbsten. Besonders verdient davon der Vorrath verschiedener Marmel bemerkt zu werden. Nebst andern will ich nur die aus Tyrol und Salzburg, die von Salmannsweil, Neresheim und die hießigen nennen, die sich über 200 Stücke belaufen. — Diese Beschäftigungen mögen Kleinigkeiten scheinen, aber ihr Werth und Nutzen ist schon von den einsichtsvollesten Männern anerkannt und hinlänglich gepriesen worden.

Vorrede.

Verordnungen. — Diese Vorkehrungen mögen das Publikum überzeugen, daß unsre Niederschwäbische Kongregation sich Mühe giebt, so viel möglich gleichen Schritt mit dem fortschreitenden Lichte der Aufklärung zu halten, sich nach den Bedürfnissen der Zeit zu richten, und Kenntnisse zu verbreiten, die im gemeinen Leben nützen, und in unsern Berufsgeschäften zum Leitstern dienen können.

Nun nur noch ein Wort von der Einrichtung meiner Arbeit — Davon muß ich vorläufig erinnern, daß sie die Erstlinge meiner Bemühungen in diesem Fache sind, und bloß für meine Privat-Kenntniß, und etwa für unsern häuslichen Zirkel bestimmt waren. Während dieser Arbeit wurde ich mit dem gelehrten Herrn Christian Carl am Ende Stadtpfarrer in Kaufbeuren bekannt. Dieser brachte es durch sein Zureden, Aufmunterungen, und bereitwillige Unterstützung — womit er mir und schon manchem Klosterbibliothekar in dergleichen Arbeiten jederzeit freundschaftlichst zuvorgekommen ist, und wofür ich ihm hier meinen Dank öffentlich erstatte — dahin, daß ich es nach den rühmlichen Beyspielen der H. H. Bibliothekäre Seemiller, Braun, Straus u. a. m. wagte, mit meiner Arbeit öffentlich aufzutreten.

Die Verzeichnisse der H. H. Seemiller und Braun sind die Muster, die ich mir zur Nachahmung vorgestellt habe. Bey den Ausgaben, die von jenen schon hinlänglich beschrieben worden sind, berufe

rufe ich mich auf sie; und zeige unsre Exemplare mit möglichster Kürze an; nur hier und da, wo ich in der Beschreibung eines Werks etwas unbestimmtes oder irriges fand, suchte ich sie aus unserm Exemplare zu berichtigen, welches mir, wie ich glaube, den gedoppelten Vortheil verschaft hat, theils für die Genauigkeit, womit die Herren Seemiller und Braun die Werke beschrieben, durch meine Revision ein Zeugniß abgelegt, und dann das Unangenehme einer schon öfters gelesenen Beschreibung vermieden, theils aber auch mehr Raum für andere noch unbekannte Ausgaben, solche weitläuftiger zu beschreiben, gewonnen zu haben.

Eben so gieng ich auch bey den Augsburgischen, Nürnbergischen, und allen deutschen Ausgaben zu Werke. Des Herrn G. R. Zapfs Augsburgische Buchdruckergeschichte war bey den ersten, mein Leitstern; so wie bey den Nürnbergischen und deutschen Ausgaben des Herrn Panzers Nürnbergische Buchdruckergeschichte, und die Annalen der deutschen Litteratur meine Führer waren.

In den Beschreibungen der Bücher selbst habe ich sowohl die Titel, als die Endschriften genau mit ihren Abkürzungen angezeigt: ingleichen das Format, das Papier und die Blätterzahl; ferner ob Kustoden, Signaturen, u. s. w. da sind, oder ob sie fehlen, bemerkt: Hier und da verschiedene litterarische Anmerkungen eingestreut, und zum Theil ganze Vorreden, zum Theil Stücke daraus, Dedikationen und
Briefe,

Vorrede

Briefe, welche einiges Licht auf die Litterargeschichte zu werfen, oder zur Kenntniß eines Druckers, oder Verfassers beyzutragen schienen, ausgehoben. Bey den Büchern, welche weder mit der Anzeige des Druckortes, noch Jahrs und Druckers versehen sind, habe ich, so viel möglich, und so viel sich aus einer sorgfältigen Vergleichung der Typen schliessen läßt, ihren Drucker und Vaterland zu bestimmen gesucht, auch wo, und in welchen Bibliotheken noch Exemplare davon vorhanden seyn, angezeigt.

Endlich habe ich zwey Register angefügt. Das erste, (welches besser am Ende des zweyten Theils stünde, aber ohne mein Wissen nach dem ersten Theil gedruckt wurde) enthält ein alphabetisches Verzeichniß der Städte und Drucker, von denen wir einige Werke besitzen, und die hier mit einem Blick übersehen werden können; das zweyte ist ein gewöhnliches Sachen - und Namenregister.

Dieß ist es, was ich von meiner Arbeit vorläufig zu erinnern nöthig fand. Was ich statt der Vorrede von dem litterarischen Zustande unsers Stifts gesagt habe, soll nur eine kleine Uebersicht der Bibliothek, und allenfalls der gelehrten Thätigkeit oder Unthätigkeit verschaffen, woraus von seinem Ursprunge an, bis auf gegenwärtige Zeiten beurtheilt werden könnte, ob es in der Kultur des Litterarwesens Riesenschritte gemacht habe, oder den Schneckengang gegangen sey. — Bin ich übrigens so glücklich, sich, durch die Bekanntmachung unserer alten Druckdenkmale, der ältern Litteratur und ihren Freunden einen Dienst erwiesen zu haben, so habe ich meine Absicht ganz erreicht; hab' ich hingegen der Erwartung eines gelehrten Publikums wenig, oder gar nicht entsprochen, so bitte ich um Nachsicht, die ich mir von billigen Richtern um so eher verspreche, als ich überzeugt bin, daß sie von einem Manne, dem die nöthigen Kenntnisse und Bücher noch lange nicht genug zu Gebothe stehen, im Anfange keine Meisterstücke erwarten werden.

Geschrieben in dem Stifte des H. Mang in Füessen, den 1 August 1790.

Typographische Inkunabeln
der
Bibliothek des Stifts St. Mang
in Füeßen.

Erster Theil.

Litterarisches Verzeichniß
der
mit der Anzeige des Jahrs, Orts, und Buchdruckers
versehenen Schriften.

Jahr 1469.

1) S. Thomae Aquinatis commentarius in librum IV. Sententiarum Petri Lombardi, seu quartum Scriptum S. Thomae. Moguntiae per Petrum Schoiffer anno 1469. in gr. Fol.

Gegenwärtige Ausgabe ist schon von Herrn Seemiller Acad. Biblioth. Ingolstad. Incunab. Fasc. I. p. 16. und Pl. Braun in Notitia Hist. Crit. p. 126. sehr deutlich und genau beschrieben worden. Ferner S. M. Würdtwein Bibl. Moguntin. p. 98. wo aber von dieser Ausgabe nur die Schlußanzeige zu lesen ist.

2) Joannis de Janua Catholicon. II. Bände. Augustae per Güntherum Zainer anno 1469. in gr. Fol.

Von dieser schönen Ausgabe führt der Herr G. R. Zapf nichts als die Endschrift, welche aus 19 Versen besteht, an, und rühmt sie als eine große Seltenheit in Bibliotheken: Es scheint aber dabei, daß er dieselbe nicht selbst gesehen, indem er nicht einmal das Format des Buches angezeigt hat. Unser Exemplar bestehet aus zween Bänden, wovon der erste mit der Ethimologie des Worts Janua beschlossen wird. Er ist 268 Bl. stark, und am Ende mögen ein oder zwey Blätter fehlen, indem die letzte Zeile frater Johannes januensis de balbis de ordine ohne allen Sinn sich schließt. Der zweite Band, in welchem zu Anfang ebenfalls ein oder das andere Blatt zu fehlen scheint, fängt unmittelbar mit den Worten ydra ydre. vel ydrus ydri. in exedra exponitur, welche zugleich die erste Zeile ausmachen, an, und enthält 253 Blätter. Auf der ersten Columne des letzten Blattes nach der Conclusio libri fängt die Endschrift an. Die ersten 15 Verse sind in unserm Exemplar mit rother, die letzte 4 aber mit schwarzer Farbe gedruckt, darunter noch Deo gratias gelesen wird. Die Anfangsbuchstaben der ersten 9 Verse

ents

enthalten den Namen Güntherus, liegen aber in unserm Exemplar nicht horizontal, wie Hr. Hofr. Zapf und D. Seemiller Fasc. I. S. 15 bemerkt haben, sondern stehen aufrecht da; doch scheint dieser geringe Umstand keine besondere und verschiedene Ausgabe zwischen dem unsrigen und dem angeführten Exemplare vermuthen zu lassen, indem es leicht hat geschehen können, daß dem Drucker jetzt in dem Exemplar A die erste 9 Buchstaben der Verse horizontal zu legen, in dem Exemplar B aber aufrecht zu stellen gefiel.

Jahr 1470.

3) Guilielmi Duranti Rationale divinorum officiorum. Augustae per Güntherum Zainer anno 1470. in gr. Fol.

Den Anfang dieses seltenen und schätzbaren liturgischen Werkes macht ein aus 6 Columnen bestehendes Register. Die erste Seite des ersten Blattes ist leer. Auf dem 3ten Blatte wird folgender Titel gelesen: Incipit rationale divinorum officiorum. Worauf die Vorrede ihren Anfang nimmt: Mit der 2ten Columne des 4ten Blattes fängt das Werk selbst an. Das Ganze ist in VIII Bücher abgetheilt, und 217 Bl. stark. Auf ein schön weisses und starkes Papier in gespaltnen Columnen mit der ersten Gattung der Günther-Zainerischen Typen gedruckt. Ohne Anfangsbuchstaben, Seitenzahlen u. s. w. Die Schlußanzeige, weil sie schon der G. R. Zapf in der Augsburgs Buchdrucker-Gesch. S. 7. genau angeführt hat, um mehr Raum für andere Sachen zu ersparen, will ich nicht mehr hieher setzen. Sie steht auf der 2ten Columne des letzten Blattes.

4) Flav. Josephi Judaei Libri XX. Antiquitatum Judaicarum et libri VII. de bello judaico. Augustae per Johannem Schüssler anno 1470 in gr. Fol.

Gegenwärtige Ausgabe wird als die Erste dieses historischen schätzbaren Werkes von allen Bibliographen anerkannt. Unser Exemplar kommt mit den Beschreibungen, welche Herr Zapf in der Augsburgs Buchdrucker-Gesch. S. 6., Herr Seemiller Fasc. I. p. 22. und Herr Braun lib. cit. P. I. p. 130. hinlänglich geliefert haben, vollkommen überein.

5) S. Hieronymi Stridon. Presbyteri Epistolae et tractatus. Moguntiae per Petrum Schoiffer anno 1470. in regal Fol.

Von dieser Ausgabe hat Herr Würdtwein in Bibl. Moguntin. p. 100. nichts als die Schlußanzeige angeführt. Sie ist in Bibliotheken eine Seltenheit. Doch besitzen die Stadtbibliotheken zu Lindau, Augsburg und Lübeck Exemplare davon. Aus letzterer beschreibt Suhl in dem Verzeichniß der dort befindlichen Inkunabeln

S. 21. zweyerley Exemplare, die einander ganz ähnlich sind, ausser daß in jeder ein anderes Introductorium stehet.

Eine kurze Beschreibung unsers Exemplars kann jener des Herrn Suhls nicht in dem Wege stehen. Diese sehr schöne und prächtige Ausgabe trat zugleich mit der Römischen von eben diesem Jahre an das Licht. Den Anfang derselben macht folgende mit rother Farbe gedruckte Aufschrift: Introductoriu in Epistolare bti Jeronimi impressionis magutine facte p viru famatum in hac arte Petrum Schoiffer de Gernsheym. Darauf folgt die Vorrede, oder vielmehr Einleitung, welche von Peter Schoiffer zu seyn scheint. Unter andern wird in selber gesagt: quia Egregius vir canonistarum judex Jurisq3 floretum Johannis Andree gloriosi Jeronimi singularis amator in suo jeronimiano plus comendationi sancti viri intendens quam epistolarum ad litteram comportacioni, tamen de illis quas laboriose congregasse se dicit. non per omnia quid sunt quidve contineant: sed que sunt prodit. paucos jeronimo centonas de singulis excerpendo. Item seclusit omnes epistolas aliorum ad ihcronimum scriptas etc. Diese schließt sich mit der dritten Zeile der ersten Columne des 2ten Blattes. Alsdenn folgt ein zwey Blätter starkes Register. Auf dem 4ten stehet das Epitaphiu beati Jeronimi doctoris ecclesie eximii, welches die Halbscheide einer Columne füllet. Der übrige Raum des Blattes ist ganz leer. Auf dem fünften Blatte nimmt das Werk selbst mit der rothgedruckten voranstehenden Aufschrift seinen Anfang: Ad laudem beatissime trinitatis, exaltationem vl'is eccie et honorificentia gl'iosissimi Jeo'nimi Incip lib' Jeronimianus etc. Das ganze Werk ist in XIII Abtheilungen oder Distinctionen, wie sie in dem Werke genennt werden, eingetheilt. Auf der ersten Seite des 227sten Blattes fängt Liber de viris illustribus an. Den Beschluß macht Epistola B. Cyrilli Episc. ierosolimitani ad b. Augustinum de miraculis B. Jeronimi. Dann wird noch auf der 4ten Columne des letzten Blattes die rothgedruckte Schlußanzeige — S. Würdtwein loc. cit. — gelesen. Darunter stehen die Just- und Schoifferische Wappen.

Aus der Schlußanzeige läßt sich schließen, daß Schoiffer die Römische Ausgabe von dem Jahre 1468 bey der gegenwärtigen zum Grunde gelegt habe; in derselben sagt er: quod Joannes Andree hunc ipsum librum epistolarem tempore pr:sco vulgaverit in orbem etc. Fabricius und Quirini irren sich also, da der erste vermuthet, daß nur ein Theil in dem Jahre 1468 und der andere erst in dem Jahre 1470 zu Rom die Presse verlassen hätte: Der andere, daß er sie für Eine Ausgabe, aber mit zweyerley Jahren hält. Allein ich getraue mir das Gegentheil behaupten zu können, und zwar eines Theils aus der oben angeführten Stelle der Schlußanzeige; noch mehr aber, weil beide Theile mit der Jahrszahl 1468 in Orsee befindlich sind, und die Römische Ausgabe mit der Jahrszahl 1470 von Hrn. Braun lib. cit. P. L p. 127 ist beschrieben worden.

Uebrigens

Uebrigens besteht das ganze Werk aus 408 Blättern, zu dessen äusserlichen Schönheit und Pracht das schön weisse, glatte und wie Pergament so starke Papier, dessen breiter Rand, die schön gemalten Anfangsbuchstaben, die schwarze glänzende Druckerfarbe nicht wenig beitragen.

6) Liber VI. Decretalium Bonifacii VIII. cum glossa, seu commentariis Johannis Andree. Moguntiae per Petrum Schoiffer anno 1470 Auf Pergament in gr. Fol.

Diese eben so prächtige als höchst seltene Ausgabe muß Hrn. D. Seemiller unbekannt geblieben seyn, weil er Fasc. I. S. 45. die Ausgabe von dem Jahre 1473 als die zweyte dieses Werkes angiebt. Würdtwein lib. cit. p. 101. meldet von seinem Exemplar nicht, ob es auf Pergament oder Papier gedruckt ist; und führt auch die Endschrift fehlerhaft an. In unserm Exemplar ist der Text durchgehends auf 2 Columnen mit grössern gothischen Typen, die Glossen aber, mit welchen derselbe auf allen Seiten umgeben ist, mit kleinern gedruckt. Die Anfangsbuchstaben, wovon der erste wegen dick belegten Golde und den frischen Farben von vorzüglicher Schönheit ist, sind alle hineingemalt. Signaturen, Seitenzahlen und Custoden fehlen. Die Titel sind durchaus mit rother Farbe gedruckt. Das ganze Werk, ohne das erste Blatt mitgezählt, auf welchem das Register super Lib. VI. Decretal. mit der Feder geschrieben zu lesen ist, besteht aus 137 Blättern. Den Beschluß macht auf der zweyten Columne des letzten Blattes folgende rothgedruckte Anzeige: Presens hujus sexti decretaliu preclaru opus Alma in urbe moguntina. inclite naconis germanice. qua dei clemetia tam alto ingenii lumine. donoq3 gratuito. ceteris terra4 nationib. pͤferre. illustrareq3 dignata est. non atrameto. plumali canna neq3 aerea s. artificiosa quada adinvētione imprimendi seu caracterizandi sic effigiatu. et ad eusebia dei. industrie ē ͻsummatu Per Petrum Schoiffer de Gernshem. Anno domini M. cccc. LXX. Die vero XVII mensis aprilis. I. K. A. 6. (1476) Sigtu. Die arabische Ziffern (1476 registratum) sind mit der Feder hineingeschrieben, und zeigen vermuthlich das Jahr, wo das Werk ist rubrizirt worden, an. Darunter stehen die bekannte Wappen.

Jahr 1471.

7) Pauli Orosii historiarum libri VII. Augustae per Johannem Schüßler anno 1471. in Fol.

Gegenwärtige als die erste und seltene Ausgabe ist schon zu wiederholtenmalen beschrieben worden. Man sehe Hrn. Zapfs Augsburgs Buchdrucker-Gesch. S. 9.

S. 9., Hrn. Seemillers lib. cit. Fasc. I. p. 34. und Braun lib. cit. P. I. p. 137. letzterer giebt von seinem Exemplar die Blätterzahl von 131 an. In dem Unsrigen hingegen übrigens recht gutbehaltenen Exemplar zählte ich nicht mehr als 130 gedruckte Blätter.

8) Petri de Crescentiis Ruralium commodorum Libri XII. Augustae per Joh. Schüßler anno 1471 in Fol.

Ueber diese Ausgabe S. m. die in dem unmittelbar vorhergehenden Werke citirte Authoren nach, unter welchen sie besonders von dem Herrn Bibliothekar Braun sehr weitschichtig und genau beschrieben worden ist.

9) Roderici Zamorensis Speculum humanae vitae. Augustae per Güntherum Zainer anno 1471. in Fol.

Ueber diese Ausgabe, welche aus 128 Bl. besteht, sehe man ebenfalls die Num. 7. angeführte Schriftsteller nach, von denen sie hinlänglich beschrieben worden ist. Ferner S. Weislingeri Armament. cathol. p. 28. Rodericus wird auch unter die Testes veritatis gezählt. S. Eisengrein.

10) Guidonis de monte Rotherii curatorum Manipulus. Per Cristmannum Heyny anno 1471. in Fol.

Von diesem zu seiner Zeit sehr brauchbaren Werke erschienen in der Folge mehrere Ausgaben. Gegenwärtige hat der G. R. Zapf in seiner Augsb. Buchdrucker-Gesch. S. 12. aber nur sehr kurz angezeigt: ingleichem auch Gerken in seinen Reisen Thl. I. S. 394. aus der Bibliothek zu Tegernsee mit der Bemerkung: diesen Drucker hat Maittaire nicht gekannt, auch fehlt das Buch selbst. Zuverläßig weiß ich noch Exemplare davon zu Rottenbuch und Burheim. Weil noch keine nähere Anzeige dieser Ausgabe wenigstens mir bekannt ist, will ich unser Exemplar etwas genauer beschreiben.

Der Anfang wird ohne Titel mit einem zwey Blätter starken Register gemacht. Dann fängt mit dem nächsten Blatte die Dedikationsschrift an den Raymund Bischoff von Valenzia an, die sich auf der Rückseite dieses Blattes mit der fünften Zeile endet. Darauf folgt die Vorrede, und auf diese die Austheilung des Buches. Endlich nimmt das Werk selbst mit der Aufschrift De Institutione Sacramentorum seinen Anfang. Der erste Theil, welcher de sacramentis in generali et speciali handelt, wird auf der ersten Seite des 67sten Blattes mit der 20sten Zeile beschlossen. Gleich darauf beginnt der zweyte Theil mit der Ueberschrift: Secuda pars huig opis de penitencia. Auf der Rückseite des 113ten Blattes fängt der dritte und letzte Theil an, mit welchem auch auf der Rückseite des letzten

Blattes das Werk zu Ende geht. Folgende Unterschrift macht den Beschluß: Curatorum manipulus finit feliciter Per Criſtmannu Heyny. Anno LXXI.

Das ganze Werk iſt mit fortlaufenden Zeilen gedruckt, und 127 Bl. ſtark. Die Anfangsbuchſtaben ſind kleine, ſchlechte und einfache Holzſchnitte. Seitenzahlen, Cuſtoden und Signaturen mangeln. Von den Unterſcheidungszeichen wird keines als der Schlußpunkt angetroffen. Das Papier iſt ſehr rauh, und ziemlich ſchwarz. Die Typen ſind ſehr fett, und gothiſch, und haben viele Aehnlichkeit mit der zweyten Gattung der Günther-Zaineriſchen Lettern.

11) **Conſtitutiones Clementis V. Pont. Max. unacum Adparatu Joan. Andreae. Moguntiae per Petrum Schoiffer anno 1471.** auf Pergament in gr. Fol.

Dieſe eben ſo ſchöne als prächtige Ausgabe, wie die unter Num. 6. angezeigte, hat Würdtwein Bibl. Mogun: p. 102. angezeiget, melden aber gleichfalls nicht, ob ſie auf Papier oder Pergament gedruckt iſt. Die äußere Geſtalt iſt eben ſo, wie in dem ſchon angezeigten beſchaffen, ſo daß ich nur obige Beſchreibung wiederhohlen müßte, wenn ich ein Wort davon ſagen wollte. Die Clementina, wie ſonſt dieß Werk genannt wird, beſtehen aus 61 Blättern, auf deren letzten das Werk mit folgender Schlußanzeige ſein Ende nimmt: Preſens Clementis quinti opus coſtituconu clariſſimu. Alma in urbe moguntina. inclite naconis germanice. qua dei clementia. tam alti ingenii lumine. donoq3 gratuito. ceteris terra4 naconib9 preferre. illuſtrareq3 dignata eſt. Artificioſa quadam adinventione imprimendi ſeu caracterizandi absque ulla calami exaratione ſic effigiatu. et ad euſebia dei. induſtria e coſummatu per Petrum Schoiffer de gernſhem. Anno dñice incarnaconis. M. cccc. LXXI tredecima menſis Auguſti.

Unten, wie gewöhnlich, die rothgedruckten Wappen. Die Kehrſeite des letzten Blattes iſt leer. Darauf folgen noch vier Blätter, welche zwey päbſtliche Conſtitutionen enthalten, davon die Erſte Exivi de paradiſo: dixi rigabo ortum &c. und die zweyte Execrabilis &c. anfangen.

12) **Valerii Maximi Romane urbis Juriſperitiſſimi! in libru̅ factorum et dictorum memorabiliu̅ ad Tiberiu̅ Ceſarem. Moguntiae Per Petrum Schoiffer anno 1471.** in Follo.

Obige Worte ſind roth gedruckt, und ſtehen zu Anfang dieſes Werkes. Unmittelbar darauf nimmt die Vorrede ihren Anfang. Das Werk ſelbſt iſt in 9 Bücher

Bücher eingetheilt. Vor einem Jeden steht ein Sachen-Register. Am Ende des 9ten Buches auf der Kehrseite des 187sten Blattes wird folgende Anzeige gelesen: decimus huius operis liber qui et ultimus est vel ex negligentia aut malivolentia librariorum deperiit. abbreviator vero titulos eius habebat integre fortassis. tamen de uno tantum hoc est de pronomine epithoma representabat. Nach diesen folgt ein Compendium de dignitatibus, Magistratibus et officiis Romanorum. Alsdann ein alphabetisches Register nebst dessen voranstehender Erklärung. Am Ende steht folgende rothgedruckte Endschrift: Presens Valerii Maximi opus pclarissimu! in nobili urbe Moguntina Rheni, terminatu! anno M. cccc. LXXI. XVIII. Kalēdis iulis! per egregium Petrũ Schoyffer de Gernshem artis impssorie mgrm! felliciter ē ɔsumatu.

Das Ganze ist auf ununterbrochenen Zeilen gedruckt, und 198 Bl. stark. Anfangsbuchstaben, Blätterzahlen u. s. w. werden nicht gefunden. Das Papier ist sehr stark, und weiß. Man sehe des sel. Prof. Schwarz catalog. lib. Sec. XV. Impress. P. II. p. 82. wo bemerkt wird, daß der Werth dieser Ausgabe In catalog. Bibl. Uffenbach. auf 30 Thaler geschätzet wurde.

Jahr 1472.

13) Institutiones seu elementa Juris Justiniani cum glossis. Adduntur consuetudines feudorum. Argentinae per Henricum Eggesteyn anno 1472. in gr. Fol.

Diese Ausgabe wird in dem catalogo Bibliothecae Schwarzianae P. II. p. 89. angeführt, und dabey folgende Bemerkung gemacht: Hanc editionem ab aliis antehac annotatam esse nondum animadvertimus. Sie mag daher eine grosse Seltenheit seyn, und, um sie bekannter zu machen, wird eine nähere Beschreibung derselben hier nicht am unrechten Orte stehen. Sie fängt auf der ersten Seite des ersten Blattes mit der über dem Text stehenden rothgedruckten Anzeige an: Incipiut ɔsuetudines feudorum. Et primo de hiis qui feudum dare possunt. et qualiter acquiratur et retineatur. Unmittelbar darauf fängt der Text selbst an. Dieser ist mit grossen hölzernen Typen auf zwey Columnen gedruckt, und wird auf allen Seiten von den mit kleinern Typen gedruckten Glossen umgeben. Die Rubriken sind durchgehens mit Zinnoberroth hineingeschrieben. Grosse Anfangsbuchstaben, Blätterzahlen, Custodes und Signaturen fehlen. Das Papier ist sehr stark, und weiß.

Dessen Zeichen ist ein grosses D. welches durch eine Perpendikularlinie durchschnitten wird, und oben in ein boppeltes Kreuz, unten aber in einen Ring sich endet. Hr. Schwarz loc. cit. sagt, daß sein Exemplar fast durchgehens (plerumq̃ rumque) eine Krone führe, Ich traf in unserm ganzen Exemplar dieses Zeichen niemals an. Das Ganze beträgt 38 Bl. Am Ende wird folgende rothgedruckte Schlußanzeige gelesen: Hic feudo4 usus liber. unacum apparatu. suis rub'cacionibus peroptime diſtinctus Per venerabilem ph'ie magiſtrum. ac inclite Argentinēſis civitatis civē bene meritu Dñm Henricu Eggeſteyn artis impreſſorie pitiſſimu ſuma cū diligēcia ac maturitate impreſſus. Anno. M. CCCC. LXXII. XVII. Kl. Octob'is.

14) S. Thomae Aquinatis Ord. Praed. Secunda Secundae. Impreſs. anno 1472. in gr. Fol. Ohne Anzeige des Ortes und Druckers.

Von dieſem, nach dem damaligen Geſchmacke des Jahrhunderts, ſo beliebten Werke erſchienen aus verſchiedenen Preſſen ſchnell aufeinander verſchiedene Ausgaben, worunter die gegenwärtige meines Wiſſens die Vierte iſt. Die Erſte nämlich von Mentelin ohne Anzeige des Jahres, Ortes, und Druckers, die Zweyte von Schöffer vom Jahre 1469., die Dritte ebenfalls von ihm im Jahre 1471. und die Gegenwärtige als die Vierte, welche zugleich aus allen die Unbekannteſte zu ſeyn ſcheint. Ich will dieſelbe kurz beſchreiben.

Den Anfang macht auf der erſten Seite des erſten Blattes ohne Titel, und ohne alle vorläufige Anzeige ein zweyfaches Regiſter, davon das Erſte die Ordnung und Reihe der Quaeſtionen, und das Zweyte die vorzüglichſten Materien nach alphabetiſcher Ordnung enthält. Darauf folgt mit dem 8ten Blatte die Vorrede, Eintheilung u. ſ. w. wie in den angeführten Ausgaben. Den Beſchluß macht nach der 49ten Zeile der erſten Columne des letzten Blattes folgende Anzeige: M. CCCC. LXXII. Laus deo. Auſſer der erſten Columne des letzten Blattes, ſind die übrigen leer gelaſſen. Titel, Anfangsbuchſtaben, Seitenzahlen, Cuſtoden, und Signaturen fehlen. Die Unterſcheidungszeichen ſind der Schluß — und Doppelpunkt. Das Papier iſt weiß, und ſehr ſtark. Das Ganze beträgt 288 Blätter, und iſt auf geſpaltnen Columnen gedruckt. Die Typen ſind gothiſch, und jenen Eggenſteyniſchen, wovon Hr. Braun tab. I. n. VI. ein Muſter hat abſtechen laſſen, vollkommen gleich.

In Burheim befindt ſich ein Exemplar dieſer Ausgabe, welches der ſel. Bibliothekar Kriſmer für Fyſteriſchen Druck zu Eßlingen erklärte. Ich will dieſem würdigen Manne gar nicht widerſprechen, aber in deſſen berufe ich mich auf das Urtheil der Kenner, welche das Charakteriſtiſche des Eggenſteyniſchen ſowohl, als des Fyſteriſchen Druckes genau miteinander verglichen haben.

Tom. I.   B   15) Iſidori

15) Iſidori Hiſpalenſis libri XX. Etymologiarum. Auguſtae per Güntherum Zainer anno 1472. in Fol.

Dieſes in vielfacher Rückſicht ſchätzbare Werk hat Hr. Seemiller lib. cit. Faſc. I. p. 39. beſchrieben. Das Ganze iſt mit ungemein ſchönen lateiniſchen Typen auf fortlaufenden Zeilen gedruckt, und 264 Bl. ſtark. Den Anfang macht in unſerm Exemplar die Epiſtola Iſidori Junioris ad Braulionem, indem das 4 Bl. ſtarke Regiſter zu letzt gebunden iſt. Zu Anfang ſteht eine gleichzeitige Handſchrift; weil ſie den Werth, wofür dieß Exemplar iſt gekauft worden, enthält, und eben der Werth der Bücher gleichfalls zur typographiſchen Geſchichte gehört, will ich dieſelbe hieherſetzen. Sie heißt alſo: Iſte lib' eſt moſterii S. magni in faucibus alpium. emptus p ij. fl. 1∧ ∧ 3. (1473) Aus dieſer Anzeige läßt ſich meines Erachtens ſchließen, daß entweder nur ſehr wenige Exemplare ſind gedruckt worden, und Zainer deſto gröſſere Preiſe auf dieſelbe geſchlagen, oder wenn Viele gedruckt worden ſind, müſſen ſich entweder die auf den Druck verwendete Unkoſten auf eine ziemlich groſſe Summe belaufen haben, oder Zainer muß zu viel auf ſein privat Intereſſe geſehen haben, weil einmal die Summe von 11 Gulden in den damaligen Zeiten gewiß eine nicht kleine Summe Geldes geweſen. Doch Letzteres will ich von dieſem fleißigen, und um die Typographie ſo verdienten Manne gar nicht muthmaſſen! — Ferner S. man den Schwarziſchen Catalog. libr. Sec. XV. Impreſs. P. II. p. 95. und Hr. Zapfs Augsburgs Buchdrucker-Geſch. S. 15.

16) Joannis de Turrecremata S. R. E. Card. Explanatio in Pſalterium. Auguſtae per Johannem Schüſsler anno 1472. in Fol.

Ohne allen Titel fängt dieſe Ausgabe ſogleich mit der Ueberſchrift Ad Sanctiſſimum ac beatiſſimum dor.inum. dm̄ Pium ſecudum pontificem maximū &c. an. Dann nimmt der erſte Pſalm auf der erſten Seite des zweyten Blattes mit der Aufſchrift: Pſalmus prim? in q? deſcribit? pcefſus in beatitudinē ſeinen Anfang. Vor jedem Pſalm ſtehet durchgehends der kurze Innhalt deſſelben. Den Beſchluß macht auf der Kehrſeite des letzten Blattes nachſtehende Anzeige: Johannis de turrecremata Cardinalis Scti Sixti vulgariter nucupati explanatio i pſalteriu finit. Per Johannē Schüſsler civem Aug'. impreſſa. Anno dn̄i MCCCCLXXII. pridie nos mayas. Das ganze Werk iſt auf ein herrlich ſchönes, und weiſſes Papier in fortlaufenden Zeilen gedruckt, und beträgt 133 Blätter. Anfangsbuchſtaben, Blätterzahlen, Cuſtoden und Signaturen mangeln. Von den Unterſcheidungszeichen kömmt der Punkt, Komma, und Abtheilungszeichen (-) ſehr oft ver. S. Hrn. G. R. Zapfs Augsb. Buchdrucker-Geſch. S. 14.

17) Libri

17) Libri XII. Historiae Eccles. ex Socrate, Sozomeno, et Theodorico excerptae, quorum latinam ex graeco versionem ab Epiphanio Scholastico adornatam Cassiodorus in compendium redegit &c. Augustae per Joh. Schüsler anno 1472. in Fol.

Diese Ausgabe ist von Hrn. G. R. Zapf in der Augsb. Buchdr. Gesch. S. 15. D. Seemiller Fasc. I. p. 37. und Pl. Braun lib. cit. P. I. p. 148. Hinlänglich beschrieben worden. Am Ende unsers Exemplars ist der Werth, wofür es ist gekauft worden, folgender massen angezeigt: hanc tripartitam historiam emi pro precio — 11 flor. Ein ziemlich grosser Werth! — wenn er so viel als pretium undecim floren. bedeutet; doch vielleicht wollte diese alte Handschrift durch diese Ziffer nur das pretium duorum Flor. anzeigen.

18) Hexameron beati Ambrosii Mediolanensis Episcopi. Augustae per Joh. Schüsler anno 1472. in Fol.

Ueber diese Ausgabe sehe man Hrn. Seemiller Fasc. I. p. 40. ingleichem Hrn. Zapfs Augsb. Buchdr. Gesch. S. 16. und die Merkwürdigkeiten seiner Bibliothek St. 2. S. 351. Das ganze Werk beträgt 76 Blätter.

19) Jacobi de Theramo Consolatio peccatorum — alias Belial — nuncupatum. Augustae per Joh. Schüsler anno 1472. in Fol.

Von diesem Werke besitzen wir noch eine andere Ausgabe ohne Anzeige des Jahres, Ortes, und Druckers S. unten num. 135. Wenn jene Ausgabe, welche Saubert. Bibl. Norimb. gleichfalls ohne Anzeige des Jahres u. s. w. anführt, mit der ebengemeldten eine, und die nämliche ist, so kann ich nicht glauben, daß sie älter seyn sollte, als die gegenwärtige Schüßlerische Ausgabe, indem in jener alle Merkmale des 9ten Dezenniums des XV. Jahrhunderts angetroffen werden. Uebrigens sehe man über die gegenwärtige Hrn. Zapfs Augsb. Buchdrucker-Gesch. S. 17. Seemiller Fasc. I. p. 40. und Pl. Braun, lib. cit. P. I. p. 148.

20) Decretum Gratiani cum Glossis. Moguntiae per Petrum Schoiffer anno 1472. in reg. Fol.

Ein auf Pergament von eben diesem Jahre gedrucktes Exemplar dieses Werkes wird von Würdtwein in Bibl. Moguntin. pag. 105. angezeigt. Unser Exemplar ist blos auf ein ungemein starkes, und weisses Papier gedruckt, und hat eben die Schlußanzeige, wie jenes. Den Anfang des Werkes macht folgende Ueber-

Ueberſchrift: Incip diſcordantiū canonū ͻcordia. ac primū de jure nature et humane conſtitutionis Rubrica. Die Einrichtung iſt ſo gemacht, daß der Text auf 2 Columnen in der Mitte mit gröſſern Typen gedruckt, die Gloſſen hingegen auf 4 Seiten rechts, und links, oben und unten mit kleinern Typen denſelben umgeben. Die Rubriken ſind durchgehends roth gedruckt. Die Quæſtiones canones u. ſ. w. ſind mit der Feder hineingeſchrieben. Das Ganze beträgt 410 Blätter. Anfangsbuchſtaben, Blätterzahlen, Cuſtoden, und Signaturen fehlen. Auf der erſten Seite des letzten Blattes macht die rothgedruckte Endſchrift, nebſt den Zeichen des Druckers den Beſchluß. Die Schlußanzeige ſelbſt S. man bey Würdtwein loc. cit. und in dem Schwarziſchen Catalog. p. 88. wo viel ſchönes von dem Verfaſſer dieſes Werkes, und der Seltenheit dieſer Ausgabe geſagt wird.

21) Johannis Scoti Ord. Min. Quæſtiones ſuper primo ſententiarum. Venetiis per Antonium Bononien. Joan. Genuen, et Chriſtoforum Bellapiera Venetum anno 1472. in gr. Fol.

Dieſe ungemein ſchöne, und prächtige Ausgabe darf in Anſehung des Druckes jeder Römiſchen an die Seite geſtellt werden. Man ſieht aus derſelben, daß die Venetianiſchen Drucker weder Fleiß, noch Koſten geſcheuet haben, um in der erſt neuerfundenen Kunſt Meiſterſtücke derſelben zu liefern. Denn man mag die ſchöne und niedliche lateiniſche Lettern, oder das weiſſe, und ſtarke Papier, und deſſelben breiten leeren Rand betrachten, ſo kann man ihre Abſicht nicht mißkennen, nach welcher ſie nichts weniger ſuchten, als nur recht bald die Buchdruckerkunſt zu ihrer endlichen Vollkommenheit zu bringen.

Das Werk ſelbſt fängt ohne allen Titel alſo an: Utrum homini pro ſtatu iſto ſit neccm aliquas doctrinas ſpales ſupnaturalr inſpirari ad qua no poſſit lumīe naturali intellectus ptingere &c. Titel, Blätterzahlen, Cuſtoden, Anfangsbuchſtaben, und Signaturen fehlen. Die erſte, öfters auch noch die zweyte Zeile einer Quæſtion ſind durchgehends mit Kapitalbuchſtaben gedruckt. Auſſer dem Schluß- und Doppelpunkt, welche die Geſtalt eines kleinen Sternchens haben, habe ich kein Unterſcheidungszeichen gefunden. Das Ganze iſt auf geſpaltnen Columnen gedruckt. Der Abbreviaturen ſind ſehr viele, und ſchwere, wie ſchon aus dem angeführten Perioden zu ſehen iſt, welche zugleich das Leſen einem Ungeübten ſehr erſchweren. Am Ende ſteht folgende Schlußanzeige: Expliciunt queſtiones Joannis Scoti: Theologi acutiſſimi Sacri minor ordinis: Super primo Sētentiarum: Quod opus ab Antonio Tronbeta: theologo: patavino: eiusdem ordīs minoru̅ ingenii diligentia emendatum eſt. Antonii vero bononienſis phiſici 9dam Joannis genuēſis ittidem phiſici: Et Criſtophori bellapiera veneti: juſſu et ſuptibus venetiis impreſſum. Anno ieſu Chriſti. f. dei et Marie virginis. Mͦ CCCCͦ LXXIIͦ XIII. Kal. Decēbres .?. x. S. FINIS. Dann folgt noch
ein

ein 6 Columnen starkes Register, mit welchem das ganze Werk auf dem 247sten Blatte beschlossen wird.

Diese Ausgabe ist ganz unbekannt, und wird bei den Bibliographen umsonst gesucht. Der einzige Maittaire hat sie angezeigt.

22) **Roberti de Licio Ord. Min. opus quadragesimale.** Venetiis per Franciscum Renner de Hailbrunn anno 1472. in Fol.

Gegenwärtige Ausgabe verdient gleichfalls unter die frühzeitige Schönheiten der Typographischen Kunst aus Venedig gerechnet zu werden. Hr. Braun lib. cit. P. I. p. 146. hat sie beschrieben, zählte aber in seinem Exemplar nicht mehr als 263 Blätter. In dem Unsrigen, welches ich wegen dem merklichen Abstand der Blätterzahl öfters zählte, fand ich allezeit 270 gedruckte Blätter. Zugleich kömmt auch in der Schlußanzeige der dritte Vers aus dem Exemplar des Hrn. Brauns, mit dem Unsrigen nicht vollkommen überein. In jenem heißt er: Quarto sed Sixto veniens Halbrunna alemannus. In dem Unsrigen hingegen: Quarto sed Sixto veniens Hailbrun alemañus. Ebenso wird der dritte Vers in dem Schwarzischen Catalog. P. II. p. 102. bey der Anzeige dieses Werkes nach dem Exemplar des Hrn. Brauns beschrieben. Ferner eben so von Hrn. Denis In supplem. Annal. Maittaire p. 16. Es kann daher wegen dieser Variante, und der Blätterzahl unser Exemplar wohl eine verschiedene Ausgabe von den eben angeführten seyn, doch von Anfang bis auf die Kehrseite des 9ten Blattes, mit welcher sich auf der vierten Zeile die erste Rede endet, kömmt unser Exemplar mit jenem des Hrn. Brauns genau überein. Würde Hr. Braun noch mehrere dergleichen Anzeigen von seinem Exemplar gemacht haben, würde sich dieß Räthsel leichter auflösen lassen!

Noch eine kleine Bemerkung, die vielleicht den Unterschied zwischen dem Unsrigen und dem genannten Exemplare etwas näher bestimmt, kann ich nicht ganz unangezeigt lassen. Unser Exemplar besteht aus LXXIII Sermonen. Der letzte fängt auf der Kehrseite des 265sten Blattes mit der 28sten Zeile unter folgender Aufschrift an: Feria tertia post dominica resurrectiois. De resurrectione oim generali añ judicium contra illos quibus hec videt? veritas impossibilis. Sermo LXXiiij. In dieser Zahl ist ein Druckfehler. Es sollte heissen: Sermo LXXiij. weil sowohl der unmittelbar vorhergehende Sermon die Zahl LXXII. führet, als auch in dem Register nicht mehr als LXXIII. Sermonen angezeigt sind.

23) **M. T. Ciceronis Orationes.** per Adamum de Amergau anno 1472. Ohne Anzeige des Ortes, in Fol.

Diese herrliche Ausgabe bekräftiget alles das in einem hohen Grad, was ich bey den zwey unmittelbar Vorhergehenden gesagt habe. Sie ist mit fortlaufenden

laufenden Zeilen gedruckt, und besteht aus 296 Blättern. Wer eine nähere Beschreibung davon zu lesen wünschet, der sehe Hrn. Braun l. c. P. I. p. 144.

Jahr 1473.

24) Guillielmi Durandi Speculum judiciale. Argentorati per Georgium Hufner et Johannem Beckenhub anno 1473. in gr. Fol.

Gegenwärtige in einem sehr dicken Bande bestehende Ausgabe hat Herr Seemiller Fasc. I. p. 47. ausführlich beschrieben, und sie als eine sehr grosse Seltenheit angerühmt. Unser Exemplar kommt genau mit desselben Beschreibung überein, nur etwas will ich dieser Beschreibung beyfügen, daß nämlich der Drucker nicht allezeit die Blätterzahlen richtig angemerkt habe, wodurch auch Herr Seemiller zu der unrichtigen Bemerkung der Blätterzahl mag verleitet worden seyn. Ich habe nach genauer Abzählung der Blätter nicht mehr als 482 anstatt 487 gefunden. Die Differenz von 5 Bl. verliert sich aber alsogleich, sobald man die gedruckte Zahlen genau untersuchet. Man sehe daher in dem ersten Buche nur das LI. fol. auf welches sogleich Fol. LIIII. folgt. Eben so sind in diesem Buche noch die Fol. LXIX. LXXIV. und XCVI. ausgelassen. Diese 5 Blätter abgerechnet, wird die nämliche Anzahl der Blätter herauskommen, wie ich sie oben angegeben habe.

25) C. J. Caesaris Libri VIII. Commentariorum de bello Gallico. Zwey Theile. Impress. anno 1473. ohne Anzeige des Ortes, und Druckers; in Fol.

Diese höchst seltene und wichtige Ausgabe ist unter andern von Clement Tom. VI. p. 18. beschrieben worden, welcher sie extrêmement rare nennet. Eine genauere Anzeige wird aber hier nicht überflüssig seyn. Die Typen, womit das Werk gedruckt ist, sind sehr klein, und gothisch, und jenen vollkommen gleich, welche Heinrich Eggesteyn zu den Randglossen in consuetud. feud. unter dem Jahre 1472. S. oben num. 13. gebraucht hat. Titel, Anfangsbuchstaben, Seitenzahlen, Custoden, und Signaturen fehlen. Das Papier ist schön weiß, und stark. Die Zeilen laufen ununterbrochen fort. Von den Unterscheidungszeichen werden alle angetroffen. Die Abkürzungen sind häufig, und schwer. Das Werk selbst erscheint geflissentlich in zwey Theile abgetheilt, davon der Erste mit einer kurzen Lebensgeschichte des C. J. Caesar anfängt. Dann folgen seine besonders in Gallien verrichtete Thaten und Siege. Den Beschluß macht die Erzählung seines Todes, und der Schicksale, welche seine Meuchelmörder betroffen haben. Am Ende schließt der ungenannte Geschichtschreiber also: Dictum eciam in ipsos sedis (caedis) auctores. quorum nullus triennio amplius supervixit. nullus morte obiit

natu-

naturali. dampnati omnes diverſis eventibus periere. alii naufragio bello alii quidam ſeipſo (ſic) gladio quo ceſarem vulneraverant, occiderunt ut evidenter oſtenderetur cedem illam nec deo nec hominibus placuiſſe, &c. Darunter wird folgende Schlußanzeige geleſen: Explicit Liber. Deo Gracias. &c. Anno Dñi Mo CCCCo LXXo Tercio. Der ganze erſte Theil beträgt 82 Blätter.

26) C. J. Caeſaris Commentariorum &c. Zweyter Theil. Impreſſ. 1473. in Fol.

Dieſer Theil wird von Weißlinger in Armament. cathol. p. 35. angezeigt. Die äuſſere Einrichtung und Geſtalt iſt wie bey dem erſten Theile beſchaffen.

Er enthält die übrigen Kriege, welche Caeſar mit den Helvetiern, Deutſchen, und Britten geführt hat. Das Ganze iſt 71 Blätter ſtark. Auf der Kehrſeite des 11ten Blattes endet ſich das erſte Buch mit der Anzeige: Liber Primus Explicit. Auf der erſten Seite des 62ſten Blattes ſteht folgende Anzeige: Supraſcriptos. VII. libros de bello gallico compoſuit ipſe Ceſar. Sequentem autem Julius Celſus Ceſaris familiaris. Mit der erſten Seite des letzten Blattes wird das Werk alſo beſchloſſen: Finiunt feliciter? libri comentario4, Julij Ceſaris de bello gallico. LXXIII. Auf der Kehrſeite dieſes Blattes ſteht noch ein kurzes Regiſter mit der Aufſchrift: Tabula, ſive regiſtru, libro4 comentarioru, Julii Ceſaris, de bello gallico, otinens in generali ea q—. In ſupioribus ſingilatim tradita ſut.

27) Auguſtini de Ancona Ord. Erem. S. Auguſtin. Summa de poteſtate eccleſiaſtica. Impreſſ. Auguſtae anno 1473. Ohne Anzeige des Druckers. in Fol.

Dieſe Ausgabe iſt von Hrn. Zapf in der Augsburgs Buchdrucker-Geſch. S. 24. Hrn. Braun lib. cit. P. I. p. 155. und Seemiller Faſc. I. p. 46. angezeigt worden. Unſer Exemplar kömmt am beſten mit der Beſchreibung des Letztern überein. Es fängt gleichfalls mit einem 10 Bl. ſtarken Regiſter an. Dann folgt ein leeres Blatt. Mit dem 12ten Blatt fängt das Werk ſelbſt an. Das Ganze beträgt 469 Blätter.

28) S. Gregorii M. Homiliarum Partes II. anno 1473. Ohne Bemerkung des Ortes und Druckers. in Fol.

Dieſe Ausgabe iſt in des Herrn Brauns lib. cit. P. I. p. 156. beſchrieben worden. Der erſte Theil endet ſich in unſerm recht wohl behaltenen Exemplar auf der Kehrſeite des 54ten, und der zweyte auf der Rückſeite des 140ten Blattes mit der von Hrn. Braun angezeigten Endſchrift. Das letzte und 141te Blatt

Blatt füllt die tabula Homiliarum. Herr Braun mag daher ein Blatt zu viel gezählt haben. Man sehe auch Straussens Monum. typ. p. 112. und den Schwarzischen catalog. P. II. p. 117. In dem letztern steht folgende Bemerkung: typographus huius exemplaris est incertus; id Norimbergae impressum esse ex adjunctis aliis eorundem typorum earundemque chartarum libris facile cognoscitur. Doch das Gegentheil zu beweißen, wäre mir gar nicht schwer, wenn nicht schon die zweyte Gattung der Günther=Zainerischen Typen zu bekannt wäre, als daß sie in der gegenwärtigen Ausgabe mißkennt werden sollten.

29) **Des Heil. Gregors des Grossen Dyalogen IV. Bücher, nebst noch andern V. deutschen Traktätchen. anno 1473. in Fol. Ohne Anzeige des Ortes, und Druckers.**

Diese Ausgabe wird von Herrn Zapf in der Augsb. Buchdr. Gesch. S. 25. und Hrn. Denis in supplem. annal. Maittaire p. 25. angezeigt. Hinlänglich wird sie von Herrn Panzer in den Annalen der ältern deutschen Litterat. S. 71. und von Herrn Braun lib. cit. P. I. p. 156. beschrieben.

30) **Liber beati Augustini Episc. yponensis de consensu Evangelistarum. Laugingae anno 1473. in Fol.**

Gegenwärtige Ausgabe hat Herr Braun lib. cit. P. I. p. 154. beschrieben. Unser Exemplar kommt bis auf einen geringen Fehler mit dessen Beschreibung vollkommen überein. Dieser besteht in der Angabe der Blätterzahl. Es sollte nämlich heissen: das dritte Buch endet sich auf der Kehrseite des 99ten nicht 98ten Blattes, und das Vierte auf der Rückseite des 106ten und letzten, nicht 105tenBlattes. Die richtig angeführte Endschrift macht auf eben dieser Seite den Beschluß. Nach der Endschrift wird in unserm Exemplar noch folgende gleichzeitige Handschrift gelesen: emptus p XVI. groff. anno dñi 1843 (1473) jn laugingen x, ipressus. ut supra. Herrn Denis in supplem. Annal. Maittaire blieb diese Ausgabe unbekannt.

31) **Nova Compilatio Decretalium Gregorii IX. cum glossis. Moguntiae per Petrum Schoiffer anno 1473. in gr. Fol.**

Es ist dieses eine widerholte Ausgabe der von Raimundus de Pennafort 1230. zu Stande gebrachten, aus fünf Büchern bestehenden, und von Pabst Gregorius IX. bestättigten Sammlung der Dekretalen. Sie fängt auf der ersten Seite des ersten Blattes mit der rothgedruckten Ueberschrift: Incipit nova Ɔpilatio decretalium Gregorii IX. an. Um den Text stehen auf allen Seiten, meistentheils aber unten, die häufigsten Glossen. Die Rubriken sind durchgehends rothgedruckt.

Der

Der Text mit größern, die Glossen aber mit kleinern Typen. Die Blätter sind in Columnen gespalten, und ziemlich schmal, indem die auf allen Seiten stehende Glossen den mehresten Raum einnehmen. Das Ganze beträgt 304 Blätter, nach welchen noch ein Blatt folget, welches das mit der Feder geschriebene Register enthält. Anfangsbuchstaben, Blätterzahlen u. s. w. fehlen. Den Beschluß macht auf der zweyten Columne des letzten Blattes folgende rothgedruckte Schlußanzeige: Anno incarnationis dñice. M. CCCC LXXIII. IX Kl'. decembris Sanctissimo in Xpo pre ac dño, dño Sixto ppa. IIII. pontifice maximo! — Cunctipotente aspiranti deo Petrus Schoiffer de Gernsheim suis consignando scutis feliciter consummavit. Vollständig ist sie schon von Würdtwein in Bibl. Mogunt. p. 108. angezeigt worden. Ferner sehe man Catalogum Bibliothecae Schwarzianae P. II. p. 107.

32) Anitij Manlij Torquati Severini Boetij ordinarii patricij viri exconsulis de consolatione philosophiae. Norimbergae per Anton. Koburger anno 1473. in gr. Fol.

Diese sehr prächtige Ausgabe hat Herr Panzer in der ältesten Buchdrucker-Gesch. Nürnbergs S. 11 angeführt, und in den Annal. der ältest. deutsch. Litterat. S. 75. weitschichtig beschrieben. Wenn ich zwischen unserm recht gut behaltenen Exemplar, und der Beschreibung des Hrn. Panzers keine Verschiedenheit angetroffen hätte, würde ich schon genug gethan haben, da ich die Existenz unsers Exemplars gemeldet: Aber da ich wirklich nicht alles das, was Herr Panzer aus seinem Exemplar bemerkt hat, gleichfalls in dem Unsrigen gefunden, wird es nicht unnütze Arbeit seyn, dasselbe noch einmal zu revidiren.

Das 5 Blätter starke Register wird in unserm Exemplar vermißt, und dennoch beträgt das Ganze die von Herrn Panzer angegebene Zahl der 89 Blätter. Den Anfang macht auf der ersten Seite des ersten Blattes folgender Titel: Anitij Manlij Torquati Severini Boetij ordinarij Patricii viri exconsulis de consolatione philosophic liber primus incipit Metrum primum eroicum elegiacum. Unmittelbar darauf fängt das Werk selbst an. Zuerst steht allezeit ein Stück des lateinischen Textes, und darauf die deutsche Uebersetzung. Beydes mit fortlaufenden Zeilen. Von den zwey Stellen, welche Hr. Panzer als eine Probe der deutschen Uebersetzung angeführt hat, wird die erste in dem ersten Metrum des dritten Buches auf der ersten Seite des 31sten Blattes, von Wort zu Wort, und die zweyte in dem fünften Metrum des nämlichen Buches auf der ersten Seite des 38sten Blattes gelesen. Das 4te Buch endet sich auf der 18ten Zeile der ersten Seite des 74sten Blattes mit folgender Unterschrift: Explicit liber quartus Boetij de consolatione philosophie. Der übrige Raum des Blattes ist ganz leer. Mit dem darauf folgenden Blatte nimmt das fünfte und letzte Buch seinen Anfang, und wird auf der Kehrseite des 89sten und letzten Blattes mit eben der Endschrift, wie das

Tom. I.   C   das

das vierte Buch: Explicit liber quintus &c. beschlossen. Darauf folgt der Kommentar auf gespaltenen Columnen. Ueber der ersten Columne steht folgende Ueberschrift: Sancti Thome de aquino sup libris Boetij de consolatione philosophie comentū cu expositione feliciter incipit. Dieser ist in unserm Exemplar nur 97 gedruckte Blätter stark. Am Ende desselben steht die von Herrn Panzer richtig angezeigte Schlußschrift.

33) Albertus Magnus de Mysterio Missae. Ulmae per Johannem Zainer anno 1473. in Fol.

  Diese Ausgabe ist schon von Herrn Seemiller Fasc. I. p. 46. und Braun l. c. P. I. p. 158. ausführlich beschrieben worden. Ferner sehe man Schelhorn. Diatrib. ad Quirini libr. sing. de optim. Script. editionibus. p. 30. wo die Bemerkung zu lesen ist, daß aus den Typen der beyden Drucker Johann Zainer nämlich, und Günther Zainer, welche entweder Brüder, oder doch nahe Verwandte waren, zu schließen sey, daß der Erste ein Schüler Guttenbergs gewesen, der Andere aber in der Officin des Johann Fusts die Kunst zu drucken erlernet habe.

34) Eusebii Pamphili Praeparatio Evangelica latine reddita. Impress. anno 1473. Ohne Anzeige des Ortes und Druckers. in Fol.

  Diese mit schönen römischen Typen und andern typographischen Schönheiten gezierte Ausgabe haben Herr Seemiller Fasc. I. p. 45. und vorzüglich Herr Braun ausführlich beschrieben. S. dessen Not. Hist. Crit. P. I. p. 152.

Jahr 1474.

35) Vincentii Bellovacensis Ord. Pred. Speculi Historialis Libri XXXI. Augustae anno 1474. III Bände. in gr. Fol. Ohne Anzeige des Druckers.

  Gegenwärtige sehr starke Ausgabe hat Herr Braun lib. cit. P. I. p. 170. angezeigt. Unser Exemplar weicht durch alle 3 Bände in der angegebenen Blätterzahl von seiner Beschreibung ab, doch scheint der Unterschied dabey eher in einem Uebersehen, oder unrichtigen Zählen, als in einem reelen Unterschied beyder Exemplare zu liegen.

  Der erste Band fängt mit einem 9 Bl. starken Register an. Mit dem folgenden nimmt die Vorrede, welcher aber noch die Dedikation an den König in
                                     Frank-

Frankreich Ludwig den IX. vorausgeschickt ist, ihren Anfang, und schließt sich auf der 4ten Columne des 16ten Blattes mit den Worten: Explicit Prologus. Unmittelbar darauf fängt das erste Buch an, und endiget sich auf der 3ten Columne des 90sten nicht 90sten Blattes mit der Schlußanzeige: Explicit Liber Primus. Incipit liber secundus. Capitulum primum. Das 6te Buch endet sich auf der zweyten Columne des 212ten nicht 213ten Blattes, mit der Anzeige, wie sie Herr Braun bemerkt hat. Die Kehrseite des Blattes ist ganz leer. Mit dem 213ten Blatte fängt das 7te Buch an, welches auf der 3ten Columne des 253sten Blattes mit den Worten Explicit liber septimus sein Ende erreicht. Endlich wird der erste Band auf der zweyten Columne des 336sten und letzten, nicht 341sten Blattes mit folgender Anzeige beschlossen: Explicit p'ma pars speculi historialis vicencii continens libros decem.

Die Differenz des zweyten Bandes beträgt zwischen unserm Exemplar, und jenem des Herrn Brauns, nur ein Blatt. Ich zählte nemlich in dem Unsrigen statt 330. 331 Blätter. Das Uebrige kömmt vollkommen mit dessen Beschreibung überein.

Der III te Band beträgt nach meiner sehr genauen Blätterzählung 372 nicht 373 Blätter. Ausser dieser Differenz trift die Beschreibung des Herrn Bibliothekars mit unserm Exemplar sehr genau zu. Auf der 3ten Columne des 371sten und letzten Battes stehen ebenfalls die 5 Distichen, und darunter die Anzeige des Jahres. M. S. Hrn. G. R. Zapfs Augsb. Buchdrucker-Gesch. S. 30. wo dieser Gelehrte über den Drucker dieses Werkes mit Herrn Braun nicht einerley Meynung zu seyn scheint. Mich deucht, ein Mittelweg könnte das Dunkle der St. Ulrikanischen Druckerey in Augsburg, und besonders über das gegenwärtige Werk am besten aufstellen, wen man annimt, daß Anton Sorg wirklich der Drucker dieses starken Werkes gewesen, und das Stift St. Ulrich hingegen die gewiß beträchtliche Kosten, welche auch das Stift viel leichter als ein Privatmann tragen konnte, hergegeben. Auf solche Art scheint meines Erachtens aller Wiederspruch gehoben zu seyn. Das Stift behielt die Ehre das Werk publick gemacht, und im weitesten Verstande auch gedruckt zu haben. Den zwey angeführten häuslichen Dokumenten verblieb ihr Credit unverletzt, und dem Anton Sorg seine immer beschäftigte Offizin und Preße, woraus mehrere kleinere mit den nämlichen Typen gleich das Jahr darauf gedruckte Werkchen mit der Unterschrift seines Namens bekannt sind. Oder sollte wohl das Stift diese Presse, und alles Zugehörige an sich gekauft haben? — Aber wenn dieß wäre, warum hat denn das Stift diese Presse, und Typen nur so wenig benutzt, und nicht mehr MSS. durch diese Presse gemeinnützig gemacht? — Bis itzt ist dieß einzige mit den Sorgischen Typen gedruckte Werk bekannt, welches die Anzeige des Druckers nicht bey sich führt, da hingegen alle übrige mit diesen Lettern gedruckte Werke mit der Anzeige des Druckers Anton Sorg versehen sind. Gleiche Bewandtniß scheint es mir auch mit der Schüßlerischen Offizin, welche eben dieses Stift gekauft haben soll, zu haben. Schüßler druckte nur 3 Jahre, und unter allen seinen bis itzt bekannten Werken ist ein einziges, welches zwar, wie die übrigen, z. B. Flavii Josephi Antiquitates &c. de anno 1470. Hexameron beati Ambrosii &c. de anno 1472. mit den nämlichen Typen gedruckt ist, doch aber nicht mit der ausdrücklichen Anzeige seines Namens versehen ist, und zum Theil auch schon über die Zeit, in welcher er lebte, oder wenigstens sich noch mit dem Bücherdrucken beschäftigte, hinaus ist, nämlich Augustini de Ancona summa de ecclesiastica potestate Augustae anno 1473. Dieses scheint mir, könnte Hr. Braun ohne großen Widerspruch der Druckerey seines Stiftes zueignen; aber er spricht es dem Günther Zainer zu, unerachtet von diesem seit dem ersten Febr. des 1470sten Jahres bis zu seinem Sterbejahr kein mit diesen Typen, oder seiner ersten Gattung der Lettern gedrucktes Werk bekannt ist; dagegen räumt er die Ehre, die Dyalogen des Pabstes Gregor des Großen von dem Jahre 1473. ohne Anzeige des Ortes, und Druckers, gedruckt zu haben, seinem Stifte ein, welche doch ganz offenbar mit Bämlerischen Typen gedruckt sind. Würde es nicht jedem wahrscheinlicher vorkommen, wenn hier gleichfalls Bämler als der eigentliche Drucker der Dyalogen, und das Stift, die Kosten davon getragen zu haben, angenommen würde? — Dieß scheinen auch mehrere in eben dem Jahre 1473. wo die Dyalogen gedruckt worden sind, mit den nämlichen Typen von Bämler gedruckte Werke mit der deutlichen Unterschrift seines Namens zu bestättigen. Zuletzt kann ich es mir nicht erklären, warum doch das Stift St. Ulrich alle die Pressen, und Typen, von Schüßler, Sorg, und Bämler, welche es meinetwegen durch Kauf, oder auf was immer für eine Art an sich gebracht hat, bey sich so unnütz, und unbeschäftigt liegen ließ, indem Herr Braun selbst nicht mehr als von einer jeden ein Stück anzugeben weiß. Doch dieß Unerklärbare verliert sich bey mir alsobald, wenn ich den gedachten fleißigen Druckern ihre Pressen und alles Zugehörige als Eigenthum überlasse, und mir das Stift St. Ulrich so rechtschaffen, und biedermännisch vorstelle, daß es um die erst neu erfundene, und dem ganzen Menschengeschlechte höchst nützliche Kunst in der Stadt Augsburg allgemein nützlich zu machen, sich großmüthig entschlossen habe, bey größern Werken die Drucker durch Bestreitung der auf den Druck zu verwendenden Unkosten zu unterstützen, oder daß es aus seiner Stifts-Bibliothek MSS. hergegeben, und auf eigne Unkosten habe drucken lassen. Doch bey allen diesen ist meine Absicht nie gewesen, dem Stifte St. Ulrich alle reele Druckerey abzusprechen; ich glaube es ganz gewiß, daß das unmittelbar folgende Werk aus der eigenen Druckerey des Stiftes gekommen sey. Aber ein Umstand läßt mich daran zweifeln, daß nämlich Hr. Braun in seiner prächtigen Bibliothek kein einziges Werk mit den Typen der eigenen Druckerey seines Stiftes gedruckt gefunden hat. Von dem nachfolgenden Werke, welches mit den Typen, die er auf der III. Tab. n. VI. characteres San-Ulricanos nennt, gedruckt ist, weiß ich ganz sicher, daß er nicht vor nicht zu langer Zeit durch Tausch erhalten hat. Sey es nun, daß mein Zweifel nicht gegründet ist, so bleibt es doch noch räthselhaft, daß das Stift St. Ulrich schon zu Anfange der Buchdruckerkunst eine eigene Presse, und alles Zugehörige gehabt haben soll, und dennoch kein einziges Produkt mit hinlänglicher Gewißheit davon aufzuweisen hat.

36) Leo-

36) Leonardi de Utino Ord. Praed. Sermones aurei de Sanctis. anno 1474. Ohne Anzeige des Ortes, und Druckers. in Fol.

Diese Ausgabe hat Herr Zapf in der Augsburgs Buchdrucker-Gesch. S. 27. angezeigt. Ausführlich wird sie von Herrn Braun lib. cit. P. I. p. 172. beschrieben, und zugleich als ein Produkt der Druckerey seines Stiftes erklärt. Ferner S. man Catalog. Bibl. Schwarz. P. II. p. 141. n. 202. wo nebst andern auch folgende Bemerkung gemacht ist: nulla adest nota expressi typographi, et loci; chartarii vero signum refert caput bubulum, ex quo prodit longa hasta, quae superne ornatur forma rosae: neque dubitamus, quin hoc opus in Germania impressum sit. &c.

37) Raynerii de Pisis Ord. Praed. Pantheologia, seu summa universae theologiae a Jacobo Florentino edita. II. Theile. anno 1474. in gr. Fol. Ohne Anzeige des Ortes, und Druckers.

Diese Ausgabe hat Herr Braun lib. cit. P. I. p. 166. beschrieben. Unser Exemplar unterscheidet sich von dem Seinigen dadurch, daß das 36 Blätter starke Register zu Ende des ersten Theils gebunden ist, wo noch die mit Kapital-Buchstaben gedruckte Worte LAVS DEO stehen. Der Anfang des ersten Theils wird mit der Dedikation des Jacobi Florentini ad Episcopum Cardinalem Sabinensem Placentinum vulgariter nuncupatum gemacht. Dann folgt die Vorrede. Auf der zweyten Columne des zweyten Blattes nimmt das Werk selbst seinen Anfang mit dem Worte: Absolutio. Der Anfangsbuchstabe und jener der Vorrede sind mit lebendigen Farben gemalt, und stark mit Gold belegt, die übrigen aber lauter große Holzschnitte. Der erste Theil ist nur 507. Bl. nicht 510. stark, und auf gespaltenen Columnen mit der vierten Gattung der Günther-Zainerischen Typen gedruckt.

Der zweyte Theil besteht aus 482 Blättern, und fängt mit dem Buchstaben L. an. Den Beschluß macht die sehr lange von Herrn Braun angeführte Endschrift, welche loc. cit. nebst noch einer guten Nachricht von dem Verfasser nachgelesen zu werden verdient.

38) Joannis Calderini Repertorium utriusque Juris. anno 1474. Ohne Anzeige des Ortes, und Druckers. in gr. Fol.

Diese Ausgabe wird von Herrn Straus in Monum. Rebdorf. p. 115. und Hrn. Seemiller Fasc. I. p. 57. angezeigt. Dabey läßt sich aber keiner über den Drucker etwas zu sagen ein. Wahrscheinlich ist es, so viel sich aus der Vergleichung der Typen mit andern seinen Werken ersehen läßt, Michael Wenßler von Basel. Hr. Braun hat sie lib. cit. P. I. p. 166. am ausführlichsten beschrieben, nur darf Einen die von ihm angegebene Blätteranzahl 388 statt 488 nicht

nicht irre machen, welches aber auch ein Druckfehler seyn kann. Unser sehr dickes
Exemplar besteht nur in einem Bande, kann aber nach dem Buchstaben K., welcher sich mit der 10ten Zeile der vierten Columne des 25sten Blattes endet, füglich in zwey Bände getheilt werden, so wie es mit dem Exemplar des Hrn. Brauns
geschehen ist. Von dem Buchstaben L. an, bis zu Ende sind noch 231 Blätter,
wo zu Ende der 4ten Columne des letzten Blattes die von Hrn. Braun angeführte
Endschrift den Schluß macht.

39) S. Thomae de Aquino Ord. Praed. Postillae in Job. Per Conradum Finer anno 1474. Ohne Anzeige des Ortes, in Fol.

  Diese Ausgabe wird von Herrn Braun lib. cit. P. I. p. 165. angezeigt,
und kürzlich beschrieben. In unserm Exemplar sind die Anfangsbuchstaben — drey
ausgenommen, welche Holzschnitte sind — mit Zinnoberroth gemalt. Der erste davon steht bey dem 7ten Kapitel auf der ersten Seite des 25sten Blattes. Der
zweyte befindet sich zu Anfang des 34. Kapitels auf der Kehrseite des 83sten Blattes. Diese sind nur schlecht, und einfach. Desto schöner ist aber der dritte, mit
welchem das 33ste Kapitel auf der Kehrseite des 81sten Blattes anfängt. Diesen
geringen Umstand habe ich bloß deswegen angezeigt, weil Herr Braun in seinem
Exemplar keinen Holzschnitt angetroffen zu haben vorgiebt. Uebrigens kömmt unser
Exemplar mit dessselben Beschreibung vollkommen überein.

40) Johannis Scoti in quartum librum fententiarum opus anglicanum
anno 1474. Ohne Benennung des Ortes, und Druckers. in gr. Fol.

  Ist schon von Herrn Panzer in der ältest. Buchdr. Gesch. Nürnbergs
S. 16. und Hrn. Braun P. I. p. 164. ausführlich beschrieben worden, und wird
von beyden als eine sehr große Seltenheit angerühmt.

41) Nicolai Perrotti ad Pyrrhum Perottum nepotem ex fratre fuaviſſimum Rudimenta Grammatices. Venetiis per Jacobum Britanicum Brix. anno 1474. in gr. Quart.

  Der Anfang dieses grammatikalischen Werkchens wird mit obigem Titel
gemacht, der auch mit Kapitalbuchstaben gedruckt ist. Unmittelbar darauf fängt
die erste Frage an: da litteras. Die Antwort ist A. b. c. &c. Die zweyte
Frage: da falutationem beatae virginis. Die Antwort: ave Maria gratia plena
&c. u. s. w. Die Materien werden durchgehends durch Fragen und Antworten
behandelt. Für die Italienische Jugend sind die Regeln sehr oft nebst der lateinischen auch durch ihre Muttersprache die Italienische erleichtert. Die griechischen
Wörter sind durchaus mit schönen griechischen Lettern gedruckt. Das Werkchen ist

93 Blätter stark, und mit allen typographischen Schönheiten versehen. Die Blätter laufen ununterbrochen fort. Der Druck ist eine ausnehmend schöne, lateinische Schrift. Die grosse Anfangsbuchstaben fehlen, werden aber durch kleine ersetzt. Blattzahlen, und Custoden mangeln. Die Signaturen hingegen sind durch die kleine Buchstaben des Alphabets von a11. bis o111. angezeigt. Auf der ersten Seite des letzten Blattes wird mit folgender Unterschrift der Beschluß gemacht: Nicolai Perotti Sypotini Ad pyrrhum perottum Nepotem ex Fratre Suavillunum Rudimentorum Grammatices Finis. Impreſſum quidē eſt hoc opus mira arte et diligētia Jacobi Britañici Brixienſis. Inclito Venetiarum! Duce Joanne Mocenico. M. CCCC. LXXIIII. Q. Vrto (ſic) Nonas Novembris. Die Worte Inclito venetiarum Duce &c. bis zu Ende sind mit Kapitalbuchstaben gedruckt. Von dieſer Ausgabe ist auſſer dem Unſrigen nur ein Exemplar bis itzt bekannt, und in Nürnberg befindlich, wie Herr von Murr in seinen Merkwürdigkeiten p. 104. bemerkt hat, daher auch Maittaire dieſe Ausgabe aus dem Saubertus anführt.

42) Liber biblie moralis Expoſitionum interpretacionumq₃, hiſtoriarum ac figurarum, veteris noviq₃ teſtamenti peroptimus. Ulmae per Joannem Zainer anno 1474. in gr. Fol.

Ist von Hrn. Braun P. I. p. 161 hinlänglich beschrieben worden. Aus Uebersehen mag es geschehen seyn, daß in der Beschreibung des Hrn. Braun das Wort Milleſimo, welches in der Schlußanzeige nach den Worten Anno incarnationis dñi stehen soll, ausgelaſſen worden ist.

43) Alberti Magni ſumma de mirabili Euchariſtiae ſacramento. Ulmae per Joh. Zainer anno 1474. in Fol.

Gegenwärtige Ausgabe ist gleichfalls von Pl. Braun lib. cit. P. I. p. 162. ausführlich beschrieben worden. Sie ist auch in Bibl. Cofnend. Ord. Melitenſ. S. Joan. Argentorat. befindlich. E. Weisling. Armamen. Cathol. p. 41.

44) Alvarus Pelagius Ord. Min. de Planctu Ecclesiae libri II. Ulmae per Johannem Zainer anno 1474. in regal. Fol.

Dieses ungemein starke Werk hat zwar Herr Braun lib. cit. P. I. p. 161. angezeigt, scheint mir aber die gegenwärtige Ausgabe davon nicht sorgfältig, und genau genug, wenigſtens nach unserm Exemplar, beschrieben zu haben.

Als Beweiße sollen folgende Bemerkungen dienen. Erſtens beträgt unser Exemplar nicht 404. sondern 406. Blätter. Dann wird nach einem 7 Bl. ſtarken Regiſter der Anfang des erſten Theils mit einem sehr großen Holzſchnitt gemacht. Dieſer beträgt in der Höhe 13 Zeilen, und ſtellt einen ſitzenden Religioſen vor.

Um

Um ihn herum hängt ein fliegender Zettel mit den Worten: vide in libro planctum &c. Ecclie militantis statum. Die Einfassung desselben besteht aus zwey stark gekrümmten, menschlichen Figuren, davon Eine Auswärts, und die Andere Einwärts gekrümmt ist.

Das zweyte Buch nimmt mit dem 126ſten Blatte ſeinen Anfang; endiget sich aber auf der dritten Columne des 398ſten und nicht 396ſten Blattes mit der ſehr großen und von Braun angeführten Schlußanzeige.

Uebrigens verdient über dieſes Werk der Catalog. Bibl. Schwarz. P. II. p. 132. nachgeleſen zu werden, wo nicht nur die gegenwärtige Ausgabe hinlänglich beſchrieben, ſondern auch von dem Innhalte des Werkes viele gute Nachrichten angetroffen werden.

Jahr 1475.

45) Johannis Andreae Quaestiones Mercuriales de regulis juris in sexto Decretalium. anno 1475. in gr. Fol. Ohne Anzeige des Ortes und Druckers.

Die Anzeige und hinlängliche Beschreibung, welche von dieſer Ausgabe Herr Seemiller Faſc. I. p. 75. gegeben hat, überhebt mich der Mühe, ſie aufs Neue zu beſchreiben: ich bemerke daher nur, daß das ganze Werk 129 Blätter stark, und mit den kleinen gothiſchen Typen des Heinrich Eggensteyn gedruckt ſey, mit welchen oben n. 13. von ihm die Randgloſſen zu den Conſuetudines feudorum gedruckt worden ſind. Ein Exemplar iſt auch zu Rebdorf befindlich. S. Straußens Monum. typogr. p. 119. ingleichem in dem Reichsſtift Irſee.

46) Catonis Magni Ethica Commentario morali illustrata a Philippino de Pergameno. Augustae anno 1475. Ohne Anzeige des Druckers, in Fol.

Ueber dieſe Ausgabe ſehe man Herrn Zapfs Augsb. Buchdr. Geſch. S. 33. Seemiller Faſc. I. p. 72. Braun lib. cit. P. I. p. 178. Herr Seemiller hat den Anton Sorg, als den eigentlichen Drucker dieſes Werkes bestimmt; Herr Braun hingegen gönnet die Ehre des Druckes ganz ſeinem Stifte, mit der noch beygefügten Bemerkung, daß Sorg den Werken, welche in eben dieſem Jahre aus ſeiner Preße gekommen, ſeinen Namen allzeit beygedruckt habe. Meines Erachtens mag hier meine vorhergegebene Meinung abermal Platz haben, daß nämlich das Stift St. Ulrich zu dem Drucke dieſes ſehr starken Werkes die Koſten vorgeſchoſſen habe, und dieß kann Urſache ſeyn, daß Sorg als ein viel zu ehrlicher Mann

ſeinen

seinen Namen bey diesem Werke lieber verschweigen wollte, als sich durch die Bekanntmachung desselben eine Ehre beylegen, welcher er sich nur mit dem Stifte in gleichem Maße rühmen konnte.

47) Roberti de Licio Ord. Min. Quadragesimale. Basileae per Bernard. Richel, et Michael. Wensler anno 1475. in Fol.

Gegenwärtige Ausgabe ist schon hinlänglich von Herrn Braun P. I. p. 177. beschrieben worden. Unser Exemplar kommt auch ganz mit seiner Beschreibung bis auf einen Fehler, der in der Angabe der Blätterzahl liegt, überein, indem sich dieselbe in dem Unsrigen nicht bis auf 300. sondern auf 360. Blätter beläuft. Dieser Fehler scheint aber könnte von dem Setzer gemacht worden seyn, der aus Uebersehen in dem MSS. den 6 für eine Nulle ansah.

48) Biblia latina Vet. et Nov. Testamenti. Anno 1475. in gr. Fol. Ohne Anzeige des Ortes, und Druckers.

Gegenwärtige ist die zweyte vollständige Ausgabe der Bibel, welche von Bernard Richel zu Basel gedruckt worden ist. Darüber S. M. Masch in Bibl. Sacr. le Long. P. II. Vol. III. Cap. II. Sect. I. §. XXV. pag. 83. ingleichen Braun lib. cit. P. I. p. 173.

49) Biblia Sacra latina Vet. et Nov. Testamenti. Norimbergae per Andream Frisner et Johannem Senfenschmit anno 1475. in regal. Fol.

Diese höchst seltene und prächtige Ausgabe ist schon von Herrn Panzer in den ältest. Nürnbergisch. Bibelausgaben S. 23 und Masch in Bibl. Sacra le Long. P. II. Vol. III. Cap. II. Sect. II. p. 104. ausführlich und genau beschrieben worden, so, daß nichts mehr zu bemerken übrig ist, welches nicht schon in diesen Beschreibungen gelesen wird. Gegenwärtiges wäre nun das vierte Exemplar aus denen, welche bis itzt bekannt geworden sind. In der äußerlichen Gestalt wird es den Andern schwerlich etwas nachgeben, indem die Anfangsbuchstaben eines jeden Buchs erstens sehr groß, und denn sehr dick mit Gold belegt, und mit den schönsten Farben gemalt sind, auch der Rand dabey ist sehr oft noch mit unterschiedlichen Figuren als Blumen, Vögeln, Thieren u. s. w. geziert. Bloß in dem Psalterium allein werden 172 dergleichen herrliche Anfangsbuchstaben angetroffen, welche man an sich selbst schon prachtvollen Werke ein recht majestätisches Ansehen geben. Uebrigens beträgt das ganze Werk 458 Blätter. Auf der Kehrseite des 428sten Blattes steht die Schlußanzeige., und darunter die Wappen der beyden Drucker mit den Interpretationibus nominum hebraicorum wird das Werk beschlossen.

50) Libri

50) Libri XI. priores Codicis Conſtitutionum imperialium Juſtiniani repetitae praelectionis cum gloſſis. Moguntiae per Petrum Schoiffer anno 1775. in regal Fol.

Von dieſer Ausgabe und beſonders dem innern Gehalte des Werkes ſelbſt ſteht in catalog. Bibl. Schwarzianae P. II. p. 149. gute Nachricht. Die äuſſerliche Einrichtung deſſelben iſt die nämliche, wie ſie ſchon in den vorhergehenden Werken Juriſtiſchen Innhaltes beſchrieben worden iſt. Das Ganze iſt 324 Blätter ſtark. Auf der Kehrſeite des 322ten Blattes ſteht die Schlußanzeige. Darunter die bekannten Schoifferiſchen Wappen. Die noch folgenden zwey Blätter enthalten die Titulos capitul. ſecundum librorum ordinem. Uebrigens zieren unſer Exemplar nicht wenig die mit Gold belegten, und mit lebendigen Farben gemalten Anfangsbuchſtaben, wie auch die ziemlich groſſen gleichfalls auf Gold geſchlagenen und mit Farben angezeigten Bilder, welche vor einem jeden Buch den Innhalt deſſelben durch eine bildliche Handlung vorſtellen. Würdtwein in Bibl. Moguntina. p. 110. führt von dieſer Ausgabe weiter nichts, als die Schlußanzeige an, welche ich um mehr Raum zu erſpahren weglaſſe.

51) Digeſtum Infortiatum cum gloſſis. Romae anno 1475. Ohne Benennung des Druckers, in gr. Fol.

Dieſe ſchöne Ausgabe habe ich nirgends als in Denis ſupplem. Annal. Maittaire pag. 49. n. 317. gefunden; der ſie aus dem Audiffredi angeführt hat, welcher ſie in ſeinem catalogo hiſtorico - critico Romanarum editionum Seculi XV. S. 201. als ein nicht geſehenes Buch anführt, und von dem fleißigen ziemlich unbekannten Drucker S. 207. weitere Nachricht giebt. Da ſie ein ſolcher Kenner in der groſſen Menge Römiſcher Bibliotheken, welche er ſo fleißig durchſuchte, nicht gefunden hat: ſo muß ſie wohl von äuſſerſter Seltenheit ſeyn.

Der Anfang wird auf der Kehrſeite des erſten Blattes mit einer kurzen Aufmunterung zu den Wiſſenſchaften ſtatt einer Vorrede gemacht. Der Verfaſſer druckt ſich in derſelben alſo aus: Cum plurimorum philoſophorum ſententia ſit in tota vita conſtituenda in omnibus actionibus majorem curam adhibendam eſſe, ut vite perpetuitate conſtare poſſimus. ad hanc quidem conſequendam quilibet mortalis tenetur totis viribus inſudare. quod tamen aſſequi poſſe a noſtris majoribus creditum eſt, ſi ſingulis meditationibus, operibusque honeſti forma acuratiſſime preponatur. Sodenn kommt er auf die Gelehrten, wie dieſer, oder jener durch die Bearbeitung dieſes, oder jenes wiſſenſchaftlichen Faches ſeinen Namen bey der Nachwelt verewigt hat u. ſ. w. Et quamvis, fährt er fort, jam de magno voluminum numero per hos litterarum impreſſores hominum neceſſitati proviſum ſit, nemo tamen eorum id quod utiliſſimum erat, digeſtorum videlicet volumina conficiendi opus aggreſſus eſt, deterriti, ut opinor, magna

codicum

eodicum, et litterarum multitudine tum in textibus, tum etiam in glossis. Revolventes igitur hoc in animo nonnulli juris civilis curiosi, remque satis dignam putantes, si aliquis digestorum liber per hujusmodi impressores expediretur, injunxerunt hoc onus quibusdam germanis viris in hac imprimendi facultate expertissimis. qui hanc provinciam suscipientes coadjuti opera clarissimi utriusque juris doctoris et sacri apostolici Consistorii advocati domini Coronati de Planca volumen infortiati imprimere curaverunt. &c. &c.

Auf dem zweyten Blatte fängt das Werk selbst an. Ein schön mit Farben und dick mit Gold belegtes Bild steht voran. Dieses stellt den Kaiser in einem grünen Kleide sitzend vor. Eine Person, roth gekleidet, reicht ihm auf den Knieen liegend, ein Buch dar. Hinter dieser steht noch eine Person grün gekleidet. Der Grund des Bildes ist Gold, so wie auch die Anfangsbuchstaben aller XIV Bücher des Werkes von geschlagenem Gold sind, und der Rand mit lebendigen Farben gemalt ist. Der Text ist auf zwey Columnen mit gothischen Typen, die Glossen hingegen, welche denselben auf allen Seiten umgeben, mit kleinen römischen Lettern gedruckt. Jedes Buch hat seine eigene Ueberschrift z. E. Incipit liber vicesimus quintus digestorum et primus huius, und Endschrift: Explicit liber vicesimus quintus &c. Die Erste ist durchgehends mit gothischen, Letztere aber mit kleinen lateinischen Typen gedruckt. Anfangsbuchstaben, Blätterzahlen, Custoden, und Signaturen fehlen. Das Papier ist herrlich schön, weiß, glatt, und stark. Das Ganze beträgt 356 Blätter, und ist sicher von Vitus Puecher, wie aus der Vorrede des Digesti novi, welches in dem Jahre 1476 von ihm gedruckt worden, zu ersehen ist, gleichfalls gedruckt. Auf der Kehrseite des 354sten Blattes machen nachstehende Verse den Beschluß:

  Idibus exactum est opus hoc aprilibus Vrbe.
   Roma, quo princeps tempore Sixtus erat.
  Christus olympiades demptis jam quinq3 trecentas
   Viderat aetherno de genitore salus.
  Volvebas dubio mendosa volumina textu,
   Plurima que in toto codice menda fuit,
  Nunc impressa patent civilia candide jura
   Lector, ut auctores compos vere sui.
  Quare ne dubitae, (sic) parvo tibi pendere magnas
   Empta fuit pretio charta minori nihil.

In dieser Unterschrift wurde nach den griechischen Olympiaden gezählt, von welchen damals als dieses Werk gedruckt wurde, die 305te oder nach christlicher Zeitrechnung das 1475ste Jahr war. Von den noch folgenden zwey Blättern enthält das Erste die Rubricas hujus libri per ordinem. Das Zweyte die Inchoationes quinternorum secundum ordinem.

52) **Decretales Gregorii Papae IX. Venetiis per Nicolaum Jenſon anno 1475. in gr. Fol.**

Den Anfang dieſes an typographiſchen Schönheiten reichhaltigen Werkes macht auf der Kehrſeite des erſten Blattes der Brief des Alexander de Nevo oder de Imola auch Tartagni mit dem Beynamen genannt. Er machte ſich um das Jahr 1467. ſo berühmt, daß er damals für den Vornehmſten unter den Rechtsgelehrten gehalten wurde. Lehrte durch 30 Jahre theils zu Padua, theils zu Ferrara, und Bononien die Rechte, und ſtarb im Jahre 1487 in dem 54ſten Jahre ſeines Alters. Der Brief iſt an die Schüler des päbſtlichen Rechtes gerichtet. In dieſem ermahnet er ſie zufördert durch Beyſpiele gelehrter Männer nach Kenntniß der Wahrheit zu ſtreben. Unter Andern ſagt er: Nullus ſuavior eſt animi cibus, quam veritatis cognitio. Id et multa veterum doctiſſimorum exempla declarant. Huius namque gratia nonnullos omnia bona ſua contempſiſſe, abjeciſſeque legimus: ut nudi ac expediti nudam coeleſtemq3 veritatem ſequerentur. Auf dem zweyten Blatte fängt das Werk ſelbſt mit dieſem Titel an: In noie ſancte trinitatis amen. Copilatio d'cretaliu gregorii IX. Die Titel und Rubriken ſind durchaus mit rother Farbe gedruckt. Der Text iſt mit gröſſern gothiſchen Typen auf geſpaltnen Columnen, welchen auf allen Seiten die mit kleinen, aber ſehr niedlichen gothiſchen Typen gedruckte Gloſſen umgeben. Die groſſen Anfangsbuchſtaben der V Bücher ſind herrlich mit lebendigen Farben gemalt, und ſtark mit Gold belegt, jene hingegen der Gloſſen, oder minder wichtigen Artickel ſind durch die kleinen Buchſtaben des Alphabets erſetzt. Columnen, Titel, Aufſchriften, Cuſtoden, Blätterzahlen, und Signaturen mangeln. Das Ganze beträgt 306 Blätter. Auf der Kehrſeite des vorletzten Blattes wird folgende rothgedruckte Schlußanzeige geleſen: Nova decretalium compilatio Gregorii VIIII. impreſſa Venetiis ipenſa atq3 induſtria ſingulari Nicolai Jenſon gallici. Milleſimo. CCCCLXXV. die. 1. Martij Sixto qrto potifice maxio: Petro mocinico iclyto venetoru duce. Auf dem letzten Blatte ſtehen noch zwey Briefe, der erſte davon iſt von Petrus Albignanus Trecius, einem vornehmen Rechtsgelehrten an den Franciscus Colucia, der, wie aus dieſem Briefe abzunehmen, Corrector in der Jenſoniſchen Offizin geweſen iſt, geſchrieben; der andere enthält die Antwort des Franciſcus Colucia auf den obigen. Beyde ſind voll von dem Lobe, und den in der Buchdruckerkunſt erworbenen Werdienſten des Nicolaus Jenſon. Nebſt andern Lobeserhebungen heißt es: Qua in re quantum polleas: et divini decreti et multa memorande vetuſtatis volumina per Nicolaum Jenſon gallie ſplendorem impreſſa ac per te caſtigata optime declarant. Hec ſane omnium iudicio tantum ceteris impreſſis codicibus preſtant, quantum aliis ſyderibus phoebus prelucet: et omni metallo aurum preſertur, micat et rutilat: et ceteris avibus phoenix indica fertur: et quantum lenta ſolent inter viburna cupreſſi. — — Et Nicolaum ipſum ex urbe Roma iſtuc ſalvum adventaſſe ſcribis: gratulor, et eo magis, quia et comitem palatinum a ſummo pontifice factum, et aliis quam pluribus

pluribus privilegiis in fue virtutis prerogativam eum donarum, decoratumque audio. — — Quis enim pro meritis digna ipfi premia conferre poffit: cum tam brevi temporis curriculo non modo gentilium fcriptorum preclara opera jam pene extincta fua prudentia, impendio ac liberalitate elegantiffime inftauraverit: verum et facrorum impreffione feu potius reparatione librorum divino ingenio ac mirifica arte totam Eccleſiam illuſtraverit: et decoraverit: adeo ut deopropitio in omnem terram exiverit nomen eius: et in fines orbis terre opera eius. Gegenwärtige Ausgabe blieb den Bibliographen, welche ich bey der Hand habe, unbekannt.

53) Johannis Gritſch Ord. Min. Quadrageſimale tripartitum. Per Johannem Zainer anno 1475. Ohne Anzeige des Orts, in gr. Fol.

Spätere Ausgaben dieſes Werkes werden von verſchiedenen Bibliographen angeführt. Von Gegenwärtiger, welche vielleicht die erſte dieſes Werkes iſt, fand ich in denſelben, ſo viel ich darüber nachſchlug, keine Anzeige. Eine nähere Beſchreibung davon mag daher nicht überflüßig ſeyn.

Mit einem 25 Bl. ſtarken alphabethiſchen Sachenregiſter wird der Anfang gemacht. Auf dem darauf folgenden Blatte fängt das Werk mit nachſtehender Ueberſchrift an: Quadrageſimale fratris ioh'is Gritſch ordinis frat4 mino4. doctoris eximij. p totu tempis anni ſpatiu deſerviens cu thematu evagelio4 et epl'14 introduccoib9 et tabula poptima. Incipit. felicit9 Sermo prim9. In allen ſind es XLVIII Sermonen, welche durchgehens oben in dem Rand mit kleinen römiſchen Zahlen angezeigt ſind. Die Anfangsbuchſtaben ſind meiſtentheils große, und zum Theil ſchöne Holzſchnitte. Blätterzahlen, Cuſtoden, Columnentitel, und Signaturen fehlen. Auf der Kehrſeite des 251ſten Blattes endigen ſich die Sermonen mit den Worten Finit feliciter. Dann folgen noch zwey Regiſter, davon das erſte die themata et introductiones, das zweyte ſanctorum et feſtivitatum principalium themata ſive introductiones juxta materiarum exigentiam applicabiles enthält. Zu Ende des Letztern wird das Werk mit folgender Unterſchrift beſchloſſen: Explicit Quadrageſimale triptitu Religioſi viri magiſtri Joh'is gritſch d' Baſilea pfeſſoris facre theologie eximij Impreſſum et 9tinuatu cum dei adjutorio p Johannes Zeiner de Rütlingen Anno &c. LXXV. die v9 viceſimo octobris. Uebrigens iſt das Werk auf ein ziemlich weißes, und ſtarkes Papier in geſpaltnen Columnen mit mittelmäßig großer, und gothiſcher Schrift gedruckt. 269 Blätter ſtark. Die Schrift iſt nicht gar ſchwer zu leſen. Die Papierzeichen ſind verſchiedene vielblätterichte Roſen, und die Traube. Poſſev. in Adparat. Sacr. P. I. p. 890. blieb dieſe Ausgabe gleichfalls unbekannt. Er führt die von Johann Wiener in dem Jahre 1477 gedruckte Ausgabe als die erſte an. Von dem

Verfasser sagt er nichts, auffer, daß er um das Jahr 1430 lebte. Exemplare dieser Ausgabe befinden sich in Rottenbuch und Weingarten.

54) S. Thomae Aquinatis Quaestiones de XII. Quodlibet. ulmae per Joan. Zeiner anno 1475. in Fol.

Herr Braun hat diese Ausgabe lib. cit. P. I. p. 176. angezeigt, muß aber in seinem Exemplar das zu Anfang stehende Register vermißen, weil er in seiner Beschreibung davon keine Meldung thut. Unser Exemplar fängt mit dem Register, welches 7 Blätter stark ist, an. Voran steht: Incipiunt tituli questionum de duodecim quodlibet. Sancti thome de aquino. ordinis predicato4 hm ordine alphabeti assignati. et primo de angelis. Zu Ende desselben: Finiunt Tituli Feliciter. Dann fängt auf dem 8ten Blatte das erste Quodlibet mit der Ueberschrift, wie sie Herr Braun angezeigt hat, an. Auf der Kehrseite des letzten Blattes nach der 10ten Zeile steht die Endschrift. Das ganze Werk beträgt nicht 224 sondern 231 Blätter.

55) Liber manualis ac introductorius in biblie historias figurasque veteris ac novi testamenti peroptimus Aurea biblia vocitatus. Vlmae per Jo. Zeiner de Rutlingen 1475.

Diese Ausgabe hat Herr Straus in Monum. typ. Rebdorf. p. 117. angezeigt. Weitläuftig wird sie von Herrn Seemiller Fasc. I. p. 69. beschrieben. Ferner S. M. Schelhorn. diatrib. ad libr. sing. cardin. Quirini p. 31. wo die Schlußanzeige dieser Ausgabe statt eines Musters der Johann-Zainerischen Typen in Kupfer gestochen ist. Das ganze Werk besteht aus 158 Blättern.

Jahr 1476.

56) S. Ambrosii Episc. Mediolan. libr. X. explanationum in Evangelium S. Lucae. Augustae per Anton. Sorg anno 1476. in Fol.

Dieses Werkchen wird von Herrn G. R. Zapf in der Augsb. Buchdr. Gesch. S. 39. und in catalog. Bibl. Schwarz P. II. p. 165. kurz angezeigt. Weitläuftiger hat dasselbe Herr Braun lib. cit. P. I. p. 183. beschrieben.

57) Speculum beatae Mariae Virginis ab humili fratre Bonaventura compilatum. Augustae per Anton. Sorg anno 1476. in Fol.

Ist von Herrn Braun lib. cit. P. I. p. 183. richtig beschrieben worden. M. S. ferner. Hrn. Zapfs Augsb. Buchdr. Gesch. S. 38. und Weißling. Armament. Cathol. p. 72.

58) Ser-

58) Sermones sacri, sic dicti, sermones Succi. P. II. Hiemalis et Aestivalis. anno 1476. Ohne Anzeige des Ortes, und Druckers. in Fol.

Diese Ausgabe ist von Hrn. Seemiller Fasc. I. p. 94. und Hrn. Braun P. I. p. 184. hinlänglich beschrieben worden. Letzterer erkläret dieses starke Werk unmittelbar als ein Produkt der Druckerey seines Stiftes; Herr Seemiller hingegen gönnet die Ehre des Druckes ganz der Offizin des Anton Sorgs. Weiter muß ich noch anzeigen, daß ich in unserm Exemplar nicht 304 Bl., wie Herr Braun bemerkt hat, sondern nur 293 gedruckte Blätter gezählt habe.

59) Plenari nach Ordnung der heiligen christlichen Kirche. Augsburg von Johann Bemler in dem Jahre 1476. in Fol.

Diese Ausgabe wurde von Herrn Zapf in der Augsb. Buchdr. Gesch. S. 38. angezeigt. Weitläuftiger wurde sie von Herrn Panzer in den Annal. der ältest. deutsch. Litterat. S. 134. beschrieben. Unser Exemplar besteht aus zwey Theilen, davon der erste von dem ersten Adventsonntage bis auf den Osterabend gehet, und CLXVI. Blätter beträgt. Die Kehrseite des letzten Blattes füllt ein Holzschnitt, welcher die Auferstehung Christi vorstellet. Auf dem folgenden Blatte, das mit I. foliirt ist, fängt der zweyte Theil mit dem Ostertage an, und ist CLXXXXIX. Blätter stark. Auf der Kehrseite des letzten Blattes wird folgende Unterschrift gelesen: gedruckt und volennder zu Augspurg von Johann Bemler, Am montag nach sant Michelstag. anno &c. jm LXXVI jar.

60) Joannis Lectoris Ord. Praed. Summa Confessorum in IV partes distributa. Impress. anno 1476. Ohne Anzeige des Ortes, und Druckers in Fol.

Diese Ausgabe wird von Hrn. Zapf in der Augsb. Buchdr. Gesch. S. 34. nur mit einem Paar Worte angezeigt. Exemplare davon finden sich auch zu Burheim und zu Lübeck. M. s. Suhls Verzeichniß S. 33. der Verfasser heißt sonst Joan. de Fonte, lector in monte Pessulano, wovon Herr Seemiller fasc. I. p. 127. nachzusehen ist, der ein andres auch von dem Günther=Zainer gedrucktes Buch desselben beschreibet.

Das Werk ist auf gespaltnen Columnen mit der vierten Gattung der Günther=Zainerischen Typen, davon Braun tab. II. n. VI. ein Muster geliefert, die Titel hingegen, Auf= und Endschriften mit eben desselben zweyter Gattung gedruckt. Die Bücher und Titel sind durchgehens oben in dem Rand z. B. Li. I. VI. angezeigt. Die Anfangsbuchstaben sind Holzschnitte. Blätterzahlen, Custoden,

Cuſtoden, und Signaturen fehlen. Das Papier iſt weiß, und ſehr ſtark. Das Ganze beträgt 392 Blätter. Den Anfang des Werkes machen zwey Vorreden und ein Regiſter. Ueber der erſten ſteht folgende rothgedruckte Auffchrift: Prefatio in ſummam Confeſſoru Johannis Feliciter incipit. Auf dem dritten Blatte beginnt das Werk ſelbſt mit folgender Ueberſchrift: Incipit ſumma confeſſorum compilata a fratre Johanne Lectore ordinis fratrum predicatorum. De Symonia. Titulus primus. Der vierte Theil endiget ſich auf der Kehrſeite des 333ſten Blattes mit folgenden Worten: Explicit tractatus de matrimonio. Et finitur per Conſequens. quaſi in quatuor libros diſtincta tota ſumma confeſſorum. Dann folgen ſtatuta ſumme confeſſorum ex ſexto Decretalium addita. Endlich wird mit einem ſehr ſtarken alphabetiſchen Sachenregiſter, welches mit dem 348ſten Blatte anfängt, auf der dritten Columne des letzten Blattes der Beſchluß gemacht. Die Unterſchrift heißt alſo: Explicit tabula ſuper ſumma Coſeſſorum. jA46. (1476.) Die Jahrzahl iſt mit arabiſchen Ziffern gedruckt.

61) Decretum Gratiani unacum gloſſis Bartholomei Brixienſis. Baſileae per Bernardum Richel anno 1476. in regal Fol.

Dieſe ſeltene Ausgabe wird in Weisling. Armament. cathol. p. 75. angezeigt. Das Werk iſt auf geſpaltnen Cohumnen mit gothiſchen Typen gedruckt, und 412 Blätter ſtark. Die Gloſſen umgeben den Text auf allen Seiten. Die Diſtinctiones und Cauſſae ſind durchgehends oben am Rande angezeigt, und roth gedruckt. Die Anfangsbuchſtaben der letztern ſind große Holzſchnitte und ſchwarz, ſo, wie ſie in der Richeliſchen Bibel von dem Jahre 1475 angetroffen werden. Jene hingegen über den Diſtinktionen, und minderwichtigen Articel ſind kleinere Holzſtiche und roth. Das Papier iſt ziemlich weiß, und wie Pergament ſo ſtark. Seitenzahlen, Cuſtoden, und Signaturen mangels. Auf der erſten Seite des letzten Blattes wird mit folgender Unterſchrift der Beſchluß gemacht: Anno dominice Incarnationis Milleſimo quadringēteſimo ſeptuageſimo ſexto decima die Junij Sanctiſſimo in Chriſto pre ac dño. dño Sixto PP quarto pontifice maximo. — — Gratiani decretu unacu apparatu bartho. Brixieñ. in ſuis diſtinctionibus cauſis et ɔſectionibus bene viſum et correctu. ad laudem oīnipotentis dei p ingenioſum Bernhardu Richel civē In pfata urbe baſilea laudibus et honore digniſſima feliciter finit. Darunter ſtehet noch das Wappen des Bernhard Richels.

62) Conſtitutiones Clementis Papae V. cum gloſſis. Baſileae per Michaelem Wenſsler anno 1476 in Fol.

Dieſe Ausgabe hat Denis in ſupplem. Annal. Maittaire P. I. p. 60 angezeigt. Ferner S. catalog. Bibl. Schwarz. P. II. p. 166.

63) Ju-

63) Justiniani Imperatoris opus Institutionum. Basileae per Michaelem Wenssler anno 1476. in gr. Fol.

Diese Ausgabe fand ich nur in Weisling. Armament. cathol. p. 84. und in catalog. Bibl. Schwarz. P. II. p. 168. sehr kurz angezeigt. Sie fängt mit einem Register, welches die Kehrseite des ersten Blattes füllt, an. Mit dem Nächsten nimmt das Werk selbst mit nachfolgender roth gedruckten Ueberschrift seinen Anfang: In nomine dñi nri ih'u xpi Jmpr cesar flav9 iustinianus. alamaniē. franē. germanicus. africuſ. pius. felix. inclit9 victor ac triuphator sp_augusto cupide legum iuventuti. &c. Die äusserliche Einrichtung des Werkes ist so, wie bey den unmittelbar vorhergehenden beschaffen. Ohne Anfangsbuchstaben, Seitenzahlen, Custoden, und Signaturen. Auf der Kehrseite des 100ten und letzten Blattes endet sich das Werk also: Justiniani Cesaris preclarissimum institucionum op9 in celebratissima urbe basiliensi. quas aeris clemēcia agri ubertas et hominum industria ceteris urbibus prestanclorem facit. terse nitide et emēdate impressum est per Mihahelem Wensler. expletu deniq3 Anno nostre salutis septuagesimo sexto post millesimum et quadringētesimum pridie Kalendas Junij. Dann werden noch auf der Mitte dieser Seite folgende Reimen gelesen:

> Per catedras opus illud eat per pulpita celsa.
> Instituto4 Caesaris eximium.
> Et doctos adeat Iubet insignis basilea.
> Vnde sibi et domino magnus honos rediet.
> Hoc studiosa manus labor ingenium Mihahelis
> Wenslers. exterse impresserat et nitide.
> Mille quadringentos numerat sex septuaginta.
> Cum nostro maij codice finis erat.

Darunter stehet noch das Wensserische Wappen.

64) Bonifacii Papae VIII. Liber sextus Decretalium. Moguntiae per Petrum Schoiffer anno 1476. in gr. Fol.

Diese Ausgabe blieb Herrn Würdtwein in Bibl. Moguntina unbekannt, wiewohl ihm die Mainzischen Bibliotheken als die ergiebigsten Quellen der Schoifferischen Ausgaben offen stunden. Gegenwärtige mag daher immer noch unter die seltenen, und wenig bekannten Bücher gezählt werden.

Zu Anfang derselben wird nachstehende rothgedruckte Aufschrift gelesen: Incipit lib' sextus decretaliu bonifacii ppe VIII. Der Text ist auf zwey Columnen mit gothischen Typen gedruckt, welchen auf allen Seiten die Glossen umgeben. Anfangsbuchstaben, Seitenzahlen, Custoden und Signaturen werden umsonst gesucht.

Tom. I. C

sucht. Die Rubricken und Columnentitel sind durchgehend rothgedruckt. Das Papier ist sehr stark und weiß. Das Ganze besteht aus 162 Blättern. Auf der ersten Seite des letzten Blattes steht ganz allein nebst dem Schöfferischen Wappen folgende roth gedruckte Schlußanzeige: Sexti decretaliu opus pclaru in nobili urbe Mogucia qua imprimēdi arte ingeniosa gratuitoq̃ dono gloriosus deus plus ceteris terraꝝ nationib9 pferre illustrareq̃ dignatus ē no atramēto eplumali creaq̃ penna cannaveꝉ Sed adinvētione quada ppulcra p. veneradu viru Petru Schoyffer de Gernsheym feliciter ē cosummatu. Anno dñi. M. CCCC. LXXVI. die nona mensis Jahuarij. Uebrigens wird diese Ausgabe in Weisling. Armament. cathol. pag. 85. angezeigt. Ingleichen wird sie von Gercken in seinen Reisen, Th. II. S. 426. aus der fürstlichen Bibliothek zu Anspach angeführt, bloß mit dem Unterschied, daß jenes auf Pergament, das Unsrige hingegen auf Papier gedruckt ist. Beschrieben ist sie in Reuß Beschreibung merkwürdiger Bücher aus der Universitäts-Bibliothek zu Tübingen p. 81.

65) **Opus Digestorum seu Pandectarum. Romae per Vitum Puecher anno 1476. in gr. Fol.**

Gegenwärtige prächtige Ausgabe ist diejenige, dessen schon oben n. 51. gedacht worden. Ich schmeichelte mir, der Erste zu seyn, durch die gegenwärtige Ausgabe einen neuen, und ganz unbekannten Römischen Drucker in einem deutschen Manne dem Vitus Puecher hier aufzustellen; aber Denis in supplem. Annnal. Maittaire p. 61. n. 398. entriß mir durch die frühere Bekanntmachung seines Werkes diese Ehre: Doch, weil er nur sehr wenig von dem Briefe des Italieners angehoben, will ich das Werk sowohl, als den Brief, weil er recht viel zur Kenntniß der ältern Litteratur, und unsers Landmannes des Vitus Puecher enthält, weitläuftiger anzeigen. Man wird zu Anfang desselben deutlich sehen, daß Puecher nicht nur dieses Werk, sondern noch recht viele, ohne seinen Namen beyzusetzen, gedruckt habe. Audiffredi hat l. c. p. 206. u. f. diese Ausgabe beschrieben, aber auch aus dem folgenden Briefe nur einen kurzen Auszug gemacht. Er hatte zwey Exemplare davon vor Augen.

Vor dem Briefe geht das Verzeichniß des Innhalts der Rubricken, welches das ganze erste Blatt füllt, mit der Ueberschrift voran: Rice. huius sti. novi juxta ordinem librorum. Alsdann fängt mit dem nächsten Blatte der Brief mit der Aufschrift an: Johannes Guarinus Capraniceñ. Iureconsultus Vito Puecher S. P. D.

Admiraturum te profecto arbitror, Vite humanissime. quod epistolam illam meam incompositam quidem et inornatam: hiis codicibus a te jam pridem impressis inscribi effiagitem: presertim cum opus ipsum. sti. novi sit eiusmodi: quo in Romañ lingua nil ornatius: nil politius: nil deniq̃ gravius reperiri

reperiri poteſt: niſi ego quid me ad id impulerit, edocuerim. Et quidem nescio quo pudore ſemper afficiaris: ut curas tuas atque labores: tacitos atq3 ſub ſilentio quodam ire volueris: quaſi nihil gratiæ pro hiis mortales tibi noſtraq3 res P. (ublica) debeat. Sed vereris, ut arbitror, dicaces illos: qui artem ipſam impreſſionis ad amplificandam ſcientiam atq3 doctrinam: obeſſe magis, quam conducere garrulantur: ſibiq3 tum maxime docti eſſe videri ſolent: ſi vel cum paucis: vel ipſi ſoli intelligant. Sed errant vehementer homines eiusmodi, qui ideo librorum copiam dant vicio: perinde atque a ſapientia ipſa atque doctrina detrahatur aliquid aut imminuetur, ſi plures eam intelligant: quo ſane nil ſtultius vel dici, vel exiſtimari poteſt. Ego me hercle! — longe aliter ſencio: artemque illam imprimendi tanti facio: ut inter maxima dei munera cenſendam eſſe minime dubitem. Enimvero resP. quemadmodum armis in bello: ita in ocio et pace bonis artibus permaxime indiget. Quid enim ſuperiore etate noſtre reiP. turpius eſſe poterat, quam librorum egeſtas: qua deniq3 re gravius carere potuimus quam litteris: quibus, ego cum rabulis illis, in parta jam confirmataque ſapientia carere nos poſſe non inficerer, ſi ab hominum ingeniis nihil omnino excideret. quia vero memoria hominum usque adeo debilis eſt, et infirma: ut niſi continua frequentique lutione iuvetur: non magni faciam quidquid antehac didicerimus. Adhibenda ſunt itaq3 monumenta quædam memoriæ: ut ſi quando nobis aliquid labatur ex animo, quod ſepenumero certe accidit, hoc ipſum tamen facile reparari poſſit. Quod ſi ex infinita hominum multitudine unus aut etiam duo reperiantur, quibus hiis litterarum monumentis non admodum ſit opus, illis ipſis ego non ſuccenſeo: ſi pro hiis laboribus tuis nullas tibi gratias habebunt: ceteri quidem omnes obligati tibi permanent. Quapropter pene inurbanum te dixerim Vite: qui eorum hominum, quos ſupra notavimus, ineptiis atque loquacitate tam facile terreris. An ne parvi exiſtimas leges te: neque leges duntaxat, ſed juſticiam quoque ipſam in terras reducere. — — — Sed de hoc ſatis. Ego jam ad te ipſum redeo Vite: maximeque mirari ſoleo diligentiam tuam atque induſtriam in libris imprimendis. Equidem cum ſuperiore anno Insforciatum, librum ſane egregium, perinde atque ab tenebris meliorem, limatioremq3 nobis educeres. ſtum etiam novum hoc anno non minori cura atque diligentia perfeciſti. Qua in re quantu utilitatis atque coſmodi in noſtram etatem contuleris, haut facile ſcripſerim. Cum enim antehac libri veteres illi, qui manu atque calamo fiunt exarati: corrupti atque mendoſi eſſent pene omnes: diligentia tua effectum eſt, ut labes illa ab hisce libris exciderentur. — — — Illud certe tibi promiſerim totam Italiam plurimum tibi gratiæ debere: que ſi minus perſolvat, ingrata ſit, oportet. Quamvis enim ut ſepenumero etiam ex te audire ſoleo — artificium illud ob impreſſorum multitudinem jam pene ludibrio ſit expoſitum: usque hodie tamen inventus eſt nemo, qui hanc ipſam legum molem auſus ſit aggredi. Id tibi pro gloria tua atque laude ſatis eſt: quam cum tu quidem hac in re ceteris antecellas: te unum eſſe intelligamus, qui leges nobis atque jura reſtituit. Vale. Dieß iſt der Brief, den ich freylich kürzer hätte faſſen können, aber wegen ſeinen vielen und intereſſanten

ten Nachrichten fast ganz abgeschrieben habe. Uebrigens ist das Werk mit sehr schönen gothischen Typen nach der Einrichtung anderer schon beschriebenen juristischen Werke gedruckt. Anfangsbuchstaben, Blätterzahlen, Custoden, und Signaturen fehlen. Zu Anfang eines jeden Buchs sind die Anfangsbuchstaben aus geschlagenem Gold, und mit lebendigen Farben gemalt. Die Rubriken, und Aufschriften sind durchgehends mit lateinischen Lettern gedruckt. Das Ganze beträgt 410 Blätter. Auf der Kehrseite des vorletzten Blattes wird nebst den nachstehenden 5 Distichen folgende Schlußanzeige gelesen: Opus istud. ff. novi memorabile quidem et insigne completu est et impressum Rome aput sanctum Marcuz. Anno a nativitate dñi. M. CCCC. Septuagesimo Sexto. die penultima mensis. Marcij. Sedente. Sixto IIII. Pontifice maximo. anno pontificatus ejus quinto.

    Quamvis vulcani crebro sim missus in ignes
    Quamvis et ipse meum mars laceravit opus
  Ut vix ulla mei supesset nominis umbra
    Restituit vehemens me tamen ingenium.
  En ego de veteri pateo pars altera jure
    Digestu antiqui nominavere novum.
  Haut secus atque patres me congessere periti
    Dum studuit leges edere quisque meas.
  Nulla equidem carta est, que non ter visa quaterve
    Lecta sit et doctis sepe probata viris.

Auf dem letzten Blatte macht das Registrum quinternionum juxta textum den Beschluß.

66) Mengi Blanchelli Faventini Commentarius super Logicam Pauli Veneti. Tarvisii anno 1476. Ohne Anzeige des Druckers. in Fol.

Von dem Paul einem Venetianer Ord. Eremit. S. Augustini, welcher zu seiner Zeit einer der größten Philosophen und Theologen war, und zu Padua in dem Jahre 1429 gestorben ist, geben Possev. in Adparat. Sac. und Ibcher in dem Gelehrten Lexikon einige Nachricht; von dem Banchellus ist mir sonst nichts bekannt, als noch eine Schrift de primo et ultimo instanti Ferrar. 1492. fol. Sie ist in der Bibliotheck zu Nürnberg und war auch dem Maittaire bekannt, der den Verfasser Mengus Faventinus nennet. Bey den Schriftstellern, welche ich sowohl über den Namen Blanchellus, als Mengus Faventinus nachschlug, habe ich nirgends etwas gefunden.

Den Anfang dieser Ausgabe macht ohne alle Anzeige die Vorrede des Blanchellus, welche sich auf der zweyten Columne des ersten Blattes endet. Auf eben derselben fängt das Werk selbst gleichfalls ohne Titel mit den Worten: Terminus

minus quadruplicit⁎ sumit⁻. nu. Am Ende steht folgende Schlußanzeige: Sic finit Eximii ac preclarissimi doctoris Magistri Menghi biachelli favétini cõmétus cum questionibᵍ sup logica Pauli Veneti Impressum Tarvisii Anno Millesimo quadrīgētesimo Septuagesimo sexto Die decima Aprilis. AMEN. Anfangsbuchstaben Blätterzahlen, und Custoden fehlen. Die Signaturen sind da. Das Papier ist glatt, weiß und stark. Von Papierzeichen fand ich in dem ganzen Werke kein einziges. Der Druck ist eine sehr feine und halb latein = und halb gothische Schrift auf gespaltenen Columnen. Das Ganze beträgt 137 Blätter. Herr Denis hat diese Ausgabe in supplem. Annal. Maitt. p. 59. kurz angezeigt.

67) Regulae, ordinationes, et constitutiones Cancellariae SS. Pontificum Pauli II. et Sixti IV. scriptae et correctae in cancellaria apostolica, cum aliis sex opusculis. anno 1476. in 4to. Ohne Anzeige des Ortes und Druckers.

 Unser Exemplar kommt vollkommen mit der Beschreibung des Herrn Braun P. I. p. 185. überein: bloß in dem, daß er den Günther Zainer, als den Drucker dieses Werkes angiebt, kann ich dem Herrn Bibliothekar nicht so ganz unbedingt beystimmen, indem, obschon ich es mit mehrern Werken von der ersten Gattung der Günther=Zainerischen Schriften als dem Canon Missae, Durandi speculum judiciale u. a. m. verglich, fast gar nichts einander ähnliches, oder doch höchstens nur eine gezwungene, und eingebildete Gleichheit der Typen gefunden zu haben glaube.

Jahr 1477.

68) Die vollständige deutsche Bibel des Alt = und Neuen Testaments. Augsburg von Anthon Sorg in dem Jahre 1477. in gr. Fol.

 S. Herrn Panzers litterarische Nachricht der allerältest. deutsch. Bibl. S. 56. u. ff. allwo diese Ausgabe ausführlich beschrieben ist. In unserm Exemplar fehlen zu Ende des Psalteriums die von Herrn Panzer aus seinem Exemplar bemerkte Worte: Deo gratias und Eyn Ende hat die Weyssagung oder der Psalter u. s. w. Ein Exemplar dieser Ausgabe ist auch in Hrn. Straußens Monum. typ. Rebdorf. p. 129. angezeigt worden.

69) Die deutsche vollständige Bibel in II Theilen Augsburg in dem Jahr 1477. in gr. Fol. Ohne Anzeige des Druckers.

 Ist gleichfalls von Hrn. Panzer an verschiedenen Orten, als in seiner litterarischen Nachricht der ältest. deutsch. Bibl. S. 51. in den Annalen der ältest. deutsch.

deutsch. Litterat. S. 93. hinlänglich beschrieben worden. Ferner S. M. Hrn. Seemiller Fasc. II. p. 3. und Straußens Monum. typograph. p. 129.

70) **Des Bruder Jacobs von Cassalis Pred. Ord. Das Spil, das do heysset schachzabel. in dem Jahr 1477. in Fol. Ohne Anzeige des Ortes und Druckers.**

Gegenwärtige Ausgabe hat Hr. Panzer in den Annal. der ältest. deutsch. Litterat. S. 96. angezeigt. Das Werkchen ist mit der zweyten Gattung der Günther-Zainerischen Typen, so wie die unmittelbar vorhergezeigte Bibel, auf ununterbrochenen Zeilen gedruckt, und 40 Blätter stark. Die Anfangsbuchstaben sind Holzschnitte. Blätterzahlen, Custoden und Signaturen fehlen. Von den in Holzgeschnittenen Figuren zählte ich 15 Stücke, welche verschiedene Handwerker, als z. B. einen Wirth, Bäcker, Krammer, Schmid, Bader u. s. w. vorstellen. Zu Ende steht auf der Mitte des letzten Blattes folgende Schlußanzeige; Hie endet sich das buch menschlicher sitten und der ampt der edeln. 1. ∧. ∧. ∧. (1477). Herrn G. R. Zapf bliebe diese Ausgabe in seiner Augsb. Buchdruckers Gesch. unbekannt.

71) Stephani Flifci de Sontino Synonima, feu Sententiarum latinarum variationes. Anno 1477. in 4to. **Ohne Bemerkung des Ortes und Druckers.**

Diese Ausgabe stimmt in dem Hauptwerk mit jener ohne Anzeige des Jahres, Ortes und Druckers, welche Hr. Seemiller Fasc. II. p. 167. beschrieben hat, vollkommen überein. Der Anfang wird gleichfalls ohne allen Titel mit der Dedikation des Verfassers an den Johannes Mellorancius, civis Vicentinus, Cancellarius Paduanus gemacht. Das Werk ist in 6 Theile getheilt, davon ein jeder seine eigene Vorrede hat. Die Sentenzen sind deutsch, welche durchgehends durch mehrere lateinische Phrasen gut lateinisch gegeben werden. Die erste lautet also: Gott helff uns: Illud vulgare sic latinisabitur. Deus sit nobis adjumento. Deus nobis res nostras secundet u. s. f. Die deutsche Sentenzen sind mit der zweyten Gattung der Günther-Zainerischen Typen, die lateinischen hingegen mit der Vierten desselben gedruckt. Das Ganze ist 131 Blätter stark. Am Ende steht folgende Schlußanzeige: Finit hic Stephanus flifcus de Sontino vir defertus: (sic) et mira eloquii dignitate fulgens feliciter 1. ∧. ∧. ∧. (1477). Der erste Anfangsbuchstab ist ein großer Holzschnitt, und beträgt in der Höhe 9 Zeilen. Die Uebrige mangeln, so wie auch die Seitenzahlen, Custoden, und Signaturen. Das Papier ist schön weiß, etwas rauh und stark. Hrn. Zapf in der Augsb. Buchdr. Gesch. blieb diese Ausgabe, wie die vorige unbekannt. In Herrn Panzers Annalen hätte sie auch einen Platz verdienet.

72) Liber

72) Liber moralitatum elegantissimus magnarum rerum naturalium (Lumen anime dictus. cum septem apparitoribus. nec non sanctorum docto4. orthodoxe fidei professorum. Poetarum eciam ac oratorum auctoritatibus. per modū pharetre scd'm ordinem alphabeti collectis) feliciter incipit. Augustae per Anton. Sorg anno 1477. in Fol.

Die oben angeführten Worte werden auf der Rückseite des ersten Blattes ganz allein statt des Titels gelesen. Mit dem zweyten fängt die Vorrede fratris Matthiae Farinatoris de Wyenna ord. B. M. V. de monte Carmelo an. Darauf folgen die Tituli. Nach diesen kommen zwey Register. Das erste davon führt die Aufschrift: tabula prima rerum naturalium, und das zweyte tabula Moralitatum. Auf der Kehrseite des 58sten Blattes wird die zweyte tabula mit folgender Unterschrift beschlossen: Tabula moralitatum super Lumen anime finit foeliciē. Auf dem 59sten Blatte fängt die Vorrede, und sodenn das Werk selbst an. Der Anfangsbuchstab vor der Vorrede ist ein grosser und schöner Holzschnitt, und beträgt in der Höhe 10 Zeilen. Das Werk hat der Verfasser in Titel und Kapitel eingetheilt, der Ersten sind LXXV. und durchgehends oben am Rande angezeigt z. B. Titulus V. VI. u. f. w. Auf der ersten Seite des 262sten Blattes enden sich die Titel. Worauf das alphabetische Register der Capitel z. B. Abjectio C. I. Abbas II. Abstinentia III. u. f. f. anfängt. Am Ende derselben macht folgende Anzeige den Beschluß: Liber lumen anime dictus feliciter explicit. Qui per me Anthonium Sorg civem Augusteñ. artis impressorie magistru. post diutinam occultationem (cooperantibus michi inprimis divina gratia. De post venerabilium fratru beate Marie genitricis dei de monte carmeli. Benigno favore pariter et auxilio) non sine magnis laboribus ad laudem omnipotentis dei. tociusq̃ triumphatis ecclesie honorem et decorem. atque in majorem fructum ipsius militantis ecclesie piorum filiorum. simulq̃ utilitatem. ubi supra stagneis Karacteribus. primum in luce ē productus. Annoq̃3 a nativitate domini I. R. ∧ ∧. (1477) Tereia die mēsis Septembris (omni cum diligentia) completus.

Uebrigens sind die Anfangsbuchstaben meistentheils einfache Holzschnitte, nur hie und da wird der Anfangsbuchstabe gar vermißt, oder es vertritt dessen Stelle nur ein Kleiner. Blätterzahlen, Custoden und Signaturen fehlen. Das Papier ist schön weiß, und ziemlich stark. Das Ganze beträgt 369 Blätter.

Herr Zapf hat von diesem Werke in seiner Augsb. Buchdr. Gesch. S. 44. 45. n. VI. und IX. zwey verschiedene Ausgaben angezeigt, mit Keiner derselben kömmt die Unsrige überein. Es wären also gar 3 verschiedene Ausgaben, welche in einem Jahr davon gemacht worden wären! — Vielleicht aber wäre diejenige

jenige unter n. VI. dem Herrn G. R. Zapf nur aus Korrespondenz bekannt, und bloß ihm davon ein Auszug der obenangeführten Schlußanzeige mitgetheilt worden, wodurch Er irre geführt, glaubte, die Schlußanzeige befände sich wirklich so in der Ausgabe selbst, wie sie ihm zugeschickt worden ist. Nach dieser Hypotheße blieben eineweilen nur zwey verschiedene Ausgaben dieses Werkes übrig. M. S. noch Denis Supplem. Annal. Maittaire p. 80.

73) Johannis Gritfch ord. Min. Quadragesimale, unacum thematibus pro expositione Evangeliorum et epistolarum pro Dominicis, quam festis per annum diebus. Per Johannem Wienner de Wienna anno 1477. Ohne Benennung des Ortes. in Fol.

  Ist von Herrn Zapf in der Augsb. Buchdr. Gesch. S. 45 in gleichen von Weislinger in Armament. cathol. p. 97. angezeigt, ausführlich aber von Hrn. Seemiller Fasc. II. p. 10. beschrieben worden.

74) Summa in libros Decretalium I. II. III. IV. et V. Hostiensis dicta. V Bände. Per Ludovicum Hohenwang de Elchingia anno 1477. Ohne Anzeige des Ortes, in Fol.

  Diese starke Ausgabe wird von Hrn. Braun P. I. p. 192. sq. hinlänglich beschrieben. Ingleichen werden in Hrn. Seemillers fasc. II. p. 18. die ersten drey Theile angezeigt. Ferner S. M. die Merkw. der Zapfischen Bibliothek I. St. S. 128. Nach Herrn Brauns ziemlich wahrscheinlicher Muthmassung hat Hohenwang zu Augsburg gedruckt.

75) Nicolai de Tudeschis Archiepisc. Panorm. vulgo Abbatis siculi, lectura seu Commentarii in libros decretalium I. II. III. IV. et V. Basileae anno 1477. V Bände in gr. Fol. Ohne Anzeige des Druckers.

  Diese Ausgabe ist in Herrn Seemillers fasc. II. p. 17. ausführlich beschrieben worden. Der Druck derselben ist eine kleine Mönchschrift, und derjenigen vollkommen ähnlich, mit welcher Bernard Richel in dem Jahre 1476 die Glossen zu dem Decretum Gratiani gebraucht hat.

76) De-

76) Decifiones Dominorum de Rota Novae, et Antiquae. Moguntiae per petrum Schoiffer anno 1477. In Fol.

S. Hrn. Seemillers Fasc. II. p. 7. In unserm Exemplar fehlt die von Hrn. Seemiller l. c. zu dem zweyten Theil oder ad Decifiones novas bemerkte Tabula, jene hingegen des ersten Theils ist da. Das Ganze beträgt 285 Blätter.

77) Biblia sac. latina veteris et novi testamenti. Norimbergae per Anthon. Koberger anno 1477. in gr. Fol.

S. Hrn. Panzers Geschichte der Nürnberg. Ausg. der Bibel S. 46. ingleichen Masch Bibl. sac. le Long. P. II. Vol. III. Cap. II. sect. I. p. 11. In unserm Exemplar fand ich nach öfters wiederholter Blätterzählung allezeit anstatt 466. 467 gedruckte Blätter, und die Schlußanzeige nicht so abgesetzt, wie dieselbe Herr Panzer loc. cit. angezeiget hat.

78) S. Antonini Archiepisc. Florentini. Ord. Praed. summae theologicae Pars IIda Norimbergae per Antonium Koburger anno 1477. in gr. Fol.

Diese Ausgabe ist in des Herrn Panzers ältest. Buchdr. Gesch. Nürnbergs S. 31. u. ff. hinlänglich beschrieben worden.

79) Summae Theologicae S. Antonini Ord. Praed. Archiepisc. Florentin. Pars secunda. Spirae per Petrum Drach anno 1477. in gr. Fol.

Diese Ausgabe ist in des Herrn Seemillers Fasc. II. p. 2. ingleichen von Herrn Braun P. I. p. 189. ausführlich beschrieben worden.

80) Juniani Maij Parthenopei liber de priscorum verborum proprietate. Tarvisiae per Bernardum de Colonia anno 1477. In Fol.

S. Catalog. Biblioth. Schwarz. P. II. p. 171. Ferner Brauns lib. cit. P. I. p. 190.

81) Decretum Gratiani cum apparatu Bartholomaei Brixienſis. Venetiis per Nicolaum Jenſon anno 1477. in gr. Fol.

S. Hrn. Seemiller faſc. II. p. 8. Das Ganze beträgt 408. gedruckte Blätter.

82) Wolframs von Eſchenbach Heldgedichte von Parzifal 1477. in Fol. Ohne Anzeige des Ortes und Druckers.

In des Herrn Schaffer Panzers Annalen der älteſten deutſchen Litteratur S. 101. n. 83. iſt dieſes ſeltene Werk hinlänglich beſchrieben worden. In Catalog Bibl. Schwarz. P II p. 173 iſt es angezeigt. Ingleichen auch von Weiſsinger in Armament. cathol. p. 98. In der Beſchreibung des Herrn Panzers ſcheint mir die Bemerkung ſehr ſonderbar zu ſeyn, daß nämlich die Typen dieſes Romans mit denjenigen genau übereinkommen, mit welchen Günther Zainer des Iſidor. Ethimolog. libr. XX. anno 1472. gedruckt hat. Ich verglich das vor mir liegende Werk mit des Iſidori Ethimolog. libr. fand aber zwiſchen den Typen dieſes, und jenes des Iſidorus ſo wenig Aehnlichkeit, daß ich vielmehr glaubte, es ſey mit den rotunden Typen des Johann Mentelin von Straßburg — davon Herr Braun lib. cit. P. I. Tab. I n. III. ein Muſter geliefert — als mit denjenigen des gedachten Werkes gedruckt. So viel getraue ich mir ſicher zu behaupten, daß die Typen des Gegenwärtigen, und des unmittelbar darauf folgenden Werkes den beſagten Typen des Johann Mentelin viel näher kommen, als denjenigen des Günther Zainers.

83) Wolframs von Eſchenbach Heldengedichte von Tyturell dem rechten Herrn des Grales. in dem Jahr 1477. in Fol. Ohne Anzeige des Ortes und Druckers.

S. die in dem unmittelbar vorhergehenden Werke angeführte Authoren. In unſerm Exemplar ſtehen beyde Gedichte in einem Bande beyſammen.

Jahr 1478.

84) Authenticae ſeu Novellae Conſtitutiones et tres libri codicis Juſtiniani Imp. cum commentariis. Baſileae per Mich. Wenſler anno 1478. in gr. Fol.

Iſt in des Herrn Braun lib. cit. P. I. p. 197. hinlänglich beſchrieben worden. Befindet ſich auch in Rebdorf. S. Hrn. Straußens Monum. Typ. Rebdorf.

dorf. p. 137. ingleichen in Bibl. Argentin. Comend. S. Joan. E. Weifling. catalog. chronolog. p. 101.

85) Decretales Gregorii Papae IX. unacum gloſſis Bernhardi. Baſileae per Michaelem Wenſler anno 1478. In gr. Fol.

Unter dem Jahre 1473 iſt bereits eine Schoifferiſche Ausgabe der Gregorianiſchen Dekretalen angezeigt worden, mit welcher die Gegenwärtige auf das genaueſte übereinkommt. Es iſt aber nicht nur etwan das Jahr in der Schlußanzeige geändert, ſondern das ganze Werk aufs Neue aufgelegt worden, wie ſolches aus dem Unterſchied der Eintheilung der Zeilen u. a. m. erhellet. Dieſe Ausgabe wird von Maittaire und Weiſlinger in Armament. cathol. p. 100 angezeigt. Auf der zweyten Columne des letzten Blattes ſteht folgende rothgedruckte Schlußanzeige: Anno icarnatois dñice. M. CCCC. LXXVIII. XIII. Kl Septēb. Sanctiſſimo in xpo pre ac dño dño Sixto papa IIII. potifice maximo. Illuſtriſſimo. nobiliſſime domus auſtrie. Friderico. Romano4 rege glorioſiſſimo. reru dominis. Reverendiſſimo in xpo pre dño Johañe pſule Baſilien. ni (ſic) nobili urbe Baſilea. ſuffragante divina clementia. ſine cuius ope nihil rite finitur hoc pſens decretale gloſſa cum ordinaria domini Bernhardi no atra mētali penna cannave. ſed arte qda ingenioſa imp'mendi cunctipotenti aſpirate deo Mihahel Wenſzler ſuis conſignando armis feliciter oſummavit. Das Ganze iſt auf geſpaltnen Columnen gedruckt, und beträgt 304 Blätter. Große Anfangsbuchſtaben, Cuſtoden, Seitenzahlen und Signaturen mangeln.

86) Lectura Baldi ſuper IV. libros Inſtitutionum Juſtiniani Imp. Per Martinum Hus de Botvuar anno 1478. in gr. Fol. Ohne Anzeige des Ortes.

Den Anfang machen auf der Kehrſeite des erſten Blattes die Rubricae Inſtitutionum. Auf der folgenden fängt das Werk ſelbſt mit der Anzeige an: Incipit Lectura Baldi ſuper Inſtituta Das erſte Buch endet ſich auf der 4ten Columne des 27ſten Blattes mit der Anzeige: Explicit liber primō Incipit ſecundus. Am Ende des Werkes auf der erſten Seite des 79ſten Bl. ſteht folgende Schlußanzeige: Lectura Bal. utriusqʒ iuris iterpretis ſubtiliſſimi circa quatuor libros. Inſtitutionum Juſtiniani imperatoris diviſſimi brevis quidem et rara. ſed ſubtilis et utilis. multarum ſingularum queſtionu ac dubiorum quotidie practicantibus occurrenciuʒ ſoluciones perſtringens. ad tociuſque civilis ſciencie intelligenciam plurimum conducens. maximis laboribus correcta diligenterque impreſſa per me martinum hus de botvuar. feliciter finit. Anno dñi MCCCCLXXVIII. Auf der

der Kehrseite eben dieses Blattes fangen verschiedene juridische Rechtsfälle und status questionum an, welche mit eben den Typen, wie das Vorhergehende, gedruckt sind, und sich ohne eine neue Schlußanzeige enden. Alles zusammen ist mit sehr kleinen, feinen, und gothischen Typen auf gespaltenen Columnen gedruckt. Die Titel der Rubricken, und die ersten Worte derselben ausgenommen, welche mit größern und stärkern Lettern gedruckt sind. Große Anfangsbuchstaben, Custoden, Seitenzahlen und Signaturen fehlen. Das Ganze beträgt 94 Blätter. Das Papier ist ziemlich weiß, und sehr stark. Das Zeichen desselben ist durchgehends eine flache Hand, welche auf dem dritten Finger einen Stern an einem kurzen Stil trägt. Diese Ausgabe finde ich nirgends. Der Ort des Drucks aber ist Lion. Denn daselbst druckte Martin Huß.

87) Antonini Archiepisc. Florentin. ord. Praed. summae theologicae P. I. et III tia. Norimbergae per Anton. Koburger anno 1478. in gr. Fol.

S. Hrn. Schaffer Panzers älteste Buchdrucker=Geschichte Nürnbergs. S. 31. wo alle 4 Theile zugleich unter dem Jahrgang 1477 ausführlich beschrieben werden. Ferner Weifling Armament. cathol. p. 107.

88) Joannis Andreae Tractatus de arboribus consanquinitatis, affinitatis, et spiritualis cognationis. Norimbergae per Fridericum Creusner anno 1478. in Fol.

Diese 10 Bl. starke Ausgabe ist in des Hrn. Seemiller fasc. II. p. 23. und in Herrn Panzers Nürnberger Buchdrucker=Geschichte S. 49 ausführlich beschrieben worden. Sie ist auch zu Irsee und Rottenbuch vorhanden.

89) Calendarium unacum conjunctionibus luminarium. Ulmae per Joan. Zainer anno 1478. in Fol.

S. Hrn. Pl. Braun lib. cit. P. I. p. 201.

90) Leonardi de Vtino Ord. Praed. quadragesimales sermones de legibus: etiam dominicales. Ulmae per Joan. Zainer anno 1478 in gr. Fol.

Den Anfang macht auf der ersten Seite des ersten Blattes folgende Ueberschrift: Excellentissimi viri: sacra4 lrarum interpretis subtilissimi: mgri
Leo-

Leonardi de Vtino divini ordinis fratrum predicato4 quadragefimales fermones de legibus: etiam dominicales Ita doctorum quorundam hoim studio atq3 induftria per tabulam f'm alphabeti ordinem regiftrati: ut quis'q3 vel mediocriter doctus de fingulis dulcis fermones per integrum annum facillime decerpere poffit: incipiunt feliciter. Dann fängt fermo primus de peccato gule an. Diefe endet fich mit der erften Zeile der zweyten Columne des 8ten Blattes. In Allen find es 48 Predigten. Der Verfaffer hat eine jede derfelben in 4 Theile getheilt, und durchgehends feine Beweife in denfelben teſtimonio quadruplicis legis ſcilicet: legis naturalis, divinalis, prophetalis, et humanalis, oder mit andern Ausdrücken: legis evangelicae, apoftolicae, canonicae, et ecclefiafticae belegt. Auf der Rückfeite des 348ten Bl. endigen fich die Predigten mit folgender Schlußanzeige: theologie doctoria pcipui Leonardi de Utino divi ordinis fratru predicato4 qdragefimales fermones ad ppl'm. per doctum quemdam hominem fecundu alphabeti ordinem mirifica induftria fic regiftrati. ut quacunq3 de re: et quocunq3 tempore quis predicaturus fit: uberem materiam facillime invenire poffit: emedatiffime impreffi Vlme per Johannem Zainer finiunt feliciter. Anno a natali chriftiano. 1478. Mit dem darauf folgenden Blatt fängt das fehr große alphabetische Regifter, welches auf Befehl P. Lodovici Fuchs ord. pred. et conventus Vlmenfis Prioris ein gewiffer Dominikaner Lektor Felix mit Namen gemacht hat — wie aus dem voranftehenden Brief erhellet — an. Nach dem Brief ſteht eine kurze Erklärung des Regifters, und die Anzeige zweyer andern Tabellen, davon die erſte die Expofitiones authoritatum bilbliae, und die zweyte Manuductionem ad inveniendum materiam praedicabilem per omnia Evangelia dominicalia enthält. Zu Ende derfelben wird auf der erften Seite des letzten Blattes endlich mit noch einer Endſchrift — in der mit dem lateinischen Worte felix auf den Namen Felix alludirt wird — der Beschluß gemacht. Anfangsbuchſtaben, Cuſtoden, Seitenzahlen und Signaturen werden nicht gefunden. Das Ganze ift mit kleinen gothiſchen Typen auf geſpaltnen Columnen gedruckt, und 375 Blätter ſtark. Die Predigten ſind oben am Rande auf beyden Seiten mit arabiſchen Ziffern angezeigt z. B. ſermo 12. 30. Das Papier ift weiß und ſtark, dabey aber ziemlich rauh. Dieſe Ausgabe wird in catalog. Bibl. Schwarz. P. II. p. 175. angezeigt, auch iſt ſie unter andern zu Erlangen, Nürnberg, Irſee, und Rottenbuch. Maittaire hat ſie gleichfalls aus der Augsburger Stadt-Bibliothek angeführt.

91) Guilielmi Duranti Epifc. Minatenfis Rationale divinorum officiorum. Vincentiae per Hermannum Lichtenftein anno 1478. in Fol.

Gegenwärtige Ausgabe iſt mit kleinen und zierlichen gothiſchen Typen auf ein weißes und ſehr ſtarkes Papier gedruckt. Die Anfangsbuchſtaben, Cuſtoden und Seitenzahlen mangeln. Die Signaturen ſind da. Die Blätter in Columnen geſpaltet, und das Ganze 225 Blätter ſtark. Den Anfang macht auf der erſten Seite des

des erften Blattes der Brief des Joannes Aloifius tufcanus auditor Camere apoftolice an den Petrus Cardinalis Tirafonenfis, in welchem er die Nothwendigkeit, und den Nutzen dieses Werkes anpreißt, und das Verdienst, welches sich der Verfasser durch selbes von der ganzen Kirche erworben, mit geziemendem Lobe erhebt. Auf der Kehrseite des erften Bl. fangen die Rubrice rationalis divinorum officiorum, und endlich mit dem dritten Blatt das Werk selbst an: Den Beschluß des Werkes macht folgende Endschrift: Hermannus lichtenften colonienfis probatiffimus librarie artis exactor. Impreffus Vincentie anno domini. M. CCCC. LXXVIII. Ift auch in dem Stifte zu Rebdorff befindlich. S. Herrn Straußens Monum. typograph. pag. 135.

92) Fafciculus Temporum a Wernero Rolewinck ord. Carthuf. compilatus. Per Nicolaum Gotz de Sletzftat anno 1478. in gr. Fol. Ohne Anzeige des Ortes.

Ift in des Herrn Straußens Monum. typ. Rebdorf. p. 133. angezeigt. Der Herr G. R. Zapf hat in den Merkw. seiner Bibliothek I. St. S. 91. u. ff. mehrere Ausgaben dieses Werkes beschrieben. Gegenwärtige blieb ihm aber unbekannt. In der Hauptsache kommt diese mit der von Herrn Zapf angeführten Cölnischen Ausgabe von dem Jahre 1479. vollkommen überein. Der Druck ift eine mit lateinisch = und gothischen Typen vermischte Schrift. Das Papier schön weiß, und stark. Anfangsbuchstaben, Cuftoden, Seitenzahlen, und Signaturen fehlen. Das Ganze beträgt 64 Blätter. Am Ende steht folgende Schlußanzeige: Fafciculus temporum A Chartufienfe copilatu In forma Cronicis figuratum (fic) Vfq3 In Annum 1898. (1478) A me Nicolao Gotz de Sletzftat impffum. Neben der Endschrift steht folgendes Wappen: Ein aufrechtstehender, und mit einem langen Bart versehener Mann, der mit beyden Händen einen Stab hält. Zu seinen Füßen steht ein Schild aufrecht, auf dem drey Meerschaalen nebst einem Winkelmaaß liegen. Ueber seinem Haupt ist ein fliegender Zettel mit den Worten: Sola fpes mea — in te virgis gra. Dann wird mit einem 8 Blatt starken Regifter der Beschluß gemacht.

Jahr 1479.

93) Breviarii Pars Hyemalis fecundum chorum Ecclefiae Auguftanae. Auguftae per Johannem Baemler Anno 1479. in Fol.

Diese Ausgabe wird von Herrn Zapf in der Augsb. Buchdrucker=Gesch. S. 51. kurz angezeigt. Sie fängt unmittelbar mit dem Pfalterium ohne vorläufigen Titel oder Anschrift an. Darauf folgen die kleine Horen - horae minores - 3. B. Pfalmi ad vefperas, laudes, tertiam, fextam &c. Ferner die Cantica, Litaniae

Litaniae de omnibus sanctis, et preces ad horas. Mit dem 63ften Bl. fangen die Antiphonen, Lektionen de officio B. V. M. an. Aldann folgen mit dem 72ften Blatt die Hymni sowohl de tempore, als de sanctis. Endlich auf dem 82ften Bl. Incipit comune scto4. et primo de Apl'is cap. Am Ende steht folgende Schlußanzeige: Libro4 horaru pars hyemalis cum omnibus novis hystoriis ejusdem partis. sed'm chorum ecclesie Augustensis. finit feliciter &c. Per Johannem Bämler civem ibidem. anno M. CCCCo. LXXIXq III. KJ°. Decembris. Die noch 4 folgende Blätter enthalten die Rubrick super vigilia Nativitatis domini. Das Ganze ist auf gespaltnen Columnen durchaus mit schwarzen Typen gedruckt, und beträgt 433 Blätter. Die großen Anfangsbuchstaben sind mehrentheils vorhanden. Die Custoden hingegen, Blätterzahlen, und Signaturen mangeln.

94) S. Augustini Libri XXII. de Civitate Dei, cum commentariis Thomae Valois et Nicolai Triveth, ord. Praed. Basileae per Michaelem Wenſsler anno 1479. in gr. Fol.

Ist in des Herrn Seemillers fasc.. II. p. 36. hinlänglich beschrieben worden. Weislinger hat diese Ausgabe in Armament. Cathol. p. 115. ex Bibl. Argentin. commend. S. Joan. auch angezeigt.

95) Michaelis de Mediolano Ord. Min. Sermonarium Triplicatum. Basileae per Michael. Wenſsler anno 1479. in gr. Fol.

Der Verfasser von dem in Cave Histor. Litterar. de script. Eccl. in Append. p. 108. einige Nachricht gegeben wird, lebte um das Jahr 1480. zugleich wird eben allda diese Ausgabe, welche die erste dieser Predigten-Sammlung ist, angezeiget. Sie fängt auf der ersten Seite des ersten Blattes mit dem Register, das den materiellen Inhalt der Sermonen enthält, an. Dann folgt auf dem zweyten die Vorrede mit der voranstehenden rothgedruckten Aufschrift: Sacri eloquii peonis celeberrimi fratris Michaelis Mediolañ. ordis miorum regularis observacie opus putillissimũ p advẽtum et qdragesima de peccato in genere et de trib9 peccatis pricipalib9 s. suphia. avaricia. et luxuria. Prologus. Unmittelbar darauf nehmen die Predigten selbst ihren Anfang. Derselben sind in den ersten zwey Theilen des Sermonarium LXXXVII. an der Zahl. In der Anzeige der letzten Sermon Die Sabbatho sancto de convenientia sepulture et condecentia sepulchri xpi. Sermo LXXXVIII. ist ein Druckfehler, in dem das Register nicht mehr als 87 Predigten anzeiget. Der Beschluß wird auf der ersten Seite des 1-3 Blattes mit den Worten Deo gras gemacht. Die Kehrseite eben dieses Blattes ist leer. Hier könnte das Werk füglich in zwey Bände getheilt werden. — Der
tritte

dritte Theil fängt gleichfalls mit einem Register auf der Kehrseite des ersten Blattes — oder mit den vorhergehenden Theilen in ununterbrochener Reihe fortgezählt — auf der Kehrseite des 174ſten Bl. an. Dann beginnen gleich die Predigten ſelbſt, ohne Vorrede, mit der Aufſchrift: In noīe patris et filii et ſpūs ſci. Amen Incipit aliud qdrageſimale predicto anexu de aliis qtuor vicīis capitalibq. ſ. gula. ira. ividia. et accedia. Et p'mo de ipſis et aliis ī generali ſupradictis.

Dnica in q'nquageſima. d' oibz ſeptez viciis capitalibz ſimul Sermo p'mg. Ihrer ſind LII. Am Ende iſt folgende Schlußanzeige zu leſen: Explicit ſermonariu triplicatu per Advētu, in quo tractatur de peccato in generali. Et per duas quadrageſimas: in quarum una tractatur de tribus peccatis principalibus ſuperbia videlicet luxuria et avaricia cum ſpeciebus et filiabus ſuis. In alia vero de reliquis quattuor peccatis capitalibus. gula videlicet accidia ira et invidia cum ſpeciebus ac etiam filiabus ſuis diffuſe deſcribitur. Quod quidem compilatum eſt per venerabilem fratrem Michahelem de Mediolano ordinis minorum regularis obſervancie verbi dei predicatorem. Impreſſum vero Baſilee per Michahelem Wenſsler artis impreſſorie ingenioſum magiſtrum quarto Kl's. Junij Anno. M. CCCC. LXXIX. feliciter conſummatum. Das Ganze iſt auf geſpaltenen Columnen mit den kleinen gothiſchen Typen, mit denen der Commentarius de Valois in libb. S. Auguſtin. n. praeced. — Bloß die Aufſchriften der Predigten, und die Schlußanzeige ausgenommen — gedruckt, und beträgt zuſammen 272 Blätter. Anfangsbuchſtaben, Blätterzahlen, Cuſtoden, und Signaturen fehlen. Iſt auch in Irſee befindlich.

96) Antonini Archiepiſc. Florentin. ſummae theologicae P. IV ta. Norimbergae per Anton. Koburger anno 1479. in gr. Fol.

S. Herrn Panzers älteſte Buchdrucker-Geſch. Nürnbergs. S. 31. u. ff.

97) Collecta Magiſtralia per adventum domini de formatione hominis moralis. Norimbergae per Fridericum Creuſsner anno 1479. in Fol.

Iſt von Herrn Panzer in der älteſt. Buchdrucker-Geſch. Nürnbergs S. 51 und von Herrn Braun lib. cit. P. I. p. 204. ausführlich beſchrieben worden.

Jahr 1480.

98) Leben der Heyligen. Der Sommertheil. Augsburg von Johann Bämler in dem Jahr 1480. in kl. Fol.

Dieſe Ausgabe wird ſowohl in des Herrn G. R. Zapfs Augsburgs Buchdruckergeſchichte, als auch in den Annal. der älteſt. deutſch. Litteratur des Herrn Panzers vermißt. Sie fängt auf der ersten Seite des ersten Blattes mit einem Namen=Register an. Dieses füllt nicht gar 3 Seiten. Die Kehrseite des zweyten Blattes füllt ein Holzschnitt, welcher Maria mit dem Jesus=Kindlein auf dem Schooß in einem Tempel vorstellet. Auf dem 3ten Blatte fängt das Werk selbst mit folgender Ueberschrift an: Hye hebett sich an das Summer teyl der heyligen leben. Unnd zu dem ersten vonn dem lieben Henligen leerer sant Ambrosio dem heyligen Byschoff. Vor dem Leben eines jeden Heyligen steht ein Holzschnitt, welcher desselben Märtyrer Tode, oder sonst eine Handlung vorstellt. Der erste Anfangsbuchstab ist ein großer Holzschnitt, und beträgt in der Höhe 9 Zeilen. Außer diesem kommt in dem ganzen Werk keiner mehr zum Vorschein. Custoden, Blätterzahlen, und Signaturen fehlen. Das Papier ist weder sonderbar schön, noch stark. Am Ende steht folgende Schlußanzeige: Hye ennder sich der heyligen leben das Summer teil. das hat gedrucket und vollenndet Johannes Bämler zu Augspurg an sant Franciscus tag. Anno &c. jm LXXX. jare.

99) Leben der Heyligen. Wintertheil. wie oben. in kl. Fol.

Dieses Exemplar ist zu Anfang und am Ende defekt: doch weil es in gleichem Format, und mit den nämlichen Typen, wie das unmittelbar Vorhergehende gedruckt ist, und zugleich die Legenden der Heyligen, welche in andern Ausgaben dieses Werkes den Wintertheil bestimmen, enthält, habe ich dasselbe hiehergesetzt. — Die erste Seite des ersten Blattes fängt mit dem Beschluß der Legende des Erzengel Michaels an. Sie enthält 21 Zeilen, und den Titel der darauffolgenden Legende, welcher also heißt: Von dem heyligen sant Jeronimo. evner vo den vier leerern. sein legend. Mit der Legende St. Agathon endet sich unser Exemplar. Uebrigens ist das äussere Ausseben dieses Theils, wie jenes des Sommertheils beschaffen. Bloß mit dem Unterschied, daß ich in dem Gegenwärtigen auf einer jeden Seite 31 in dem Sommertheil aber nur 30 Zeilen zählte.

100) Guarini Veronensis Ars diphtongandi, vocabularius latinus, Breviloquus dictus &c. Basileae anno 1480. Ohne Anzeige des Druckers. in Fol.

S. Hrn. Seemillers fasc. II. p. 65. Das Ganze beträgt 330 Blätter.

101) Interrogatorium sive Confessionale Bartholomaei de Chaimis ord. min. Mediolani anno 1480. Ohne Benennung des Druckers. in 4to.

Gegenwärtige Ausgabe befindet sich in dem Stift zu Rebdorf. S. Hrn. Straußens Monum. Rebdorf p. 147. Das Ganze ist 111 Bl. stark, und mit sehr nieblich nieblichen und feinen gothischen Typen auf ein weißes, und starkes Papier in gespaltnen Columnen gedruckt. Auf der zweyten Columne des letzten Blattes stehet nach einigen Distichen, welche das Lob des Werkchens, und des Verfassers enthalten, folgende rothgedruckte Schlußanzeige: Explicit interrogatoriuȝ sive Confessionale perutile. Per venerabilem fratrem Bartholomeu (sic) de chaymis de mediolano ordinis minorum editū in loco sanɕte Marie de angelis apud mediolanū. Impressumqȝ sub anno domini. Millesimo quadringentesimo octuagesimo. die vero tricesimo primo mensis Maij. Ist auch in dem Reichsstift Irsee befindlich.

102) Biblia latina. Vet. et Nov. Testamenti. Norimbergae per Anton. Koburger anno 1480. in gr. Fol.

 S. Masch In Biblioth. sac. le Long P. II. Vol. III. Cap. II. sect. I. p. 114. ingleichen Herrn Panzers Geschichte der Nürnberg. Ausg. der Bibel S. 56. Herrn Seemillers fasc. II. p. 59.

103) Biblia latina Vet. et Nov. Testamenti. Ulmae per Johannem Zainer anno 1480. in gr. Fol.

 Gegenwärtige Ausgabe ist in des Herrn Seemillers fasc. II. p. 59 ausführlich beschrieben worden. Ist auch in Irsee vorhanden.

104) Johannis Junioris Ord. Praed. Scala coeli. ulmae per Johannem Zainer anno 1480. in Fol.

 S. Hrn. Seemiller fasc. II. p. 64.

105) Alberti de Padua Ord. Eremit. S. Augustini sermones de Dominicis per annum, et praecipuis festivitatibus. Ulmae per Johannem Zainer anno 1480. in. Fol.

 Diese Ausgabe wird von Herrn Seemiller fasc. II. p. 53. und Herrn Braun lib. cit. P. II. p. 79. hinlänglich beschrieben. In unserm Exemplar wird die Concordantia quatuor Evangelistarum de passione domini vermißt. — Ein Beweis, daß diese auch Einzeln von Johann Zainer kann gedruckt worden seyn.

Jahr 1481.

106) Hye hept sich an die new Ee und das passional Jhesus und Marie leben gancz uñ gar gerecht als unß die lerer habend geschribē die hernach genañt werden. Augsburg von Anton Sorg in dem Jahr 1481. in Fol. mit vielen Holzschnitten.

Diese Ausgabe mag Herr Panzer in den Annal. der ältest. deutsch. Literat. S. 117. nur aus des H. R Zapfs Augsb. Buchdrucker-Geschichte S. 57. kennen, und vielleicht dieselbe nicht selbst gesehen haben, weil er sie so kurz abgefertiget hat. Das Werk ist mit ziemlich starken gothischen Typen auf ein mittelmäßig weißes und starkes Papier gedruckt. Die Zeilen laufen ununterbrochen fort. Die Anfangsbuchstaben sind einfache, schlechte Holzschnitte. Custoden, und Signaturen mangeln. Die Blätter sind paginirt z. B. das XV. XX. Plat. Mit der ersten Seite des CXXXV. Blattes endet sich die Geschichte Jesus und Maria mit der Zerstörung Jerusalems. Darunter steht noch: Hie nach folget das leben der heyligen drei künig. Die Kehrseite ist leer. Dann fängt mit dem folgenden Blatt die Legende der heiligen 3 Könige an. Auf der Kehrseite des CLXXVI. und letzten Blattes wird mit der von Herrn Panzer und Zapf angezeigten Unterschrift der Beschluß gemacht.

107) Guarini Veronensis Ars diphtongandi, vocabularius latinus, Breviloquus dictus. Basileae anno 1481. Ohne Anzeige des Druckers in Fol.

Ist ein wörtlicher Nachdruck derjenigen Ausgabe, die unter dem Jahre 1480 ist angezeigt worden. Befindet sich auch zu Rebdorf. S. Straußens Monum. typ. p. 154.

108) Platinae Historia de Vitis summorum Pontificum usque ad Sixtum IVtum. Norimbergae per Anton. Koburger. anno 1481. in Fol.

S. Hrn. Panzers älteste Buchdruckergeschichte Nürnbergs S. 61. und die dort citirten Authoren. Ist auch in Rebdorf befindlich. S. Herrn Straußens Monum. typ. p. 151.

109) Jacobi

109) Jacobi de Voragine Januensis Legendae sanctorum seu Lombardica historia. Norimbergae per Anton. Koburger anno 1481. in Fol.

Ist in des Herrn Seemillers fasc. II. p. 72. ausführlich beschrieben worden. Herr Panzer hat diese Ausgabe gleichfalls in der ältesten Buchdr. Gesch. Nürnbergs S. 59. angezeigt.

110) Henrici Herp, Ord. Min. Speculum aureum decem praeceptorum Decalogi. Norimbergae per Anton. Koburger anno 1481. in Fol.

Man sehe Herrn Panzers älteste Buchdrucker-Gesch. Nürnbergs S. 58. Ferner Seemiller fasc. II. p. 74. und Straußens Monum. typ. Rebdorf. p. 150.

111) Petri Lombardi libri IV. sententiarum. Norimbergae per Anton. Koburger anno 1481. in Fol.

S. Herrn Panzers älteste Buchdr. Gesch. Nürnb. S. 59. ingleichen Seemillers fasc. II. p. 71. Das Ganze ist 168 Blätter stark.

112) S. Bernardi abbatis Clarevallensis sermones de tempore, de sanctis et alii, data opportunitate, habiti. spirae per Petrum Drach anno 1481. in Fol.

Eine etwas ältere Ausgabe dieses Werkes ohne Anzeige des Orts, Jahres, und Druckers wird in dem zweyten Theil angeführt werden. In Gegenwärtiger mangelt zwar die bestimmte Anzeige des Druckers, des Orts, und des Jahres gleichfalls, doch stehet zuletzt in dem Werke ein Brief eines Ungenannten an den Peter Drach, aus welchem sich schließen läßt, daß sie aus seiner Officin unter dem Jahre 1481 gekommen sey. Der Brief lautet unter Andern also: Petro Drach civi Spirensi salutem p. Placuit mihi vehementer superioribus te in eam sententiam incidisse, ut dulcissimi et devotissimi Bernardi sermones eximios imprimere decrevisses. Nam etsi singulari eum semper doctorem observantia amoreque prosequutus sum: quia tamen non solum michi jocunditatem: sed et multis aliis magnum profectum novi operis lectione conferet: majori sum leticia perfusus: dum te in optatissimos mihi labores descendisse cognovissem. — — Quorum profecto summa utilitate permotus legens et relegens directorium conscripsi registrum, ut facilius sit inventu: quicquid reperire quispiam exoptavit. — — — Confido me tibi laborem impendisse: eo gratiorem: qua majori diligentia

Agentia id effeci. quoque magis fentics plerisque propediem emptoribus profuturum. Vale petre et me ama. Ex heidelberga pridie Kalendas septembres. Anno dñi. LXXXI. &c.

Uebrigens kommt diese Ausgabe mit der in dem zweyten Theil Vorkommenden so genau überein, daß Zeilen auf Zeilen, Wörter auf Wörter in beyden Ausgaben zusammentreffen. Nach den titulis sermonum, mit welchen Jene sich endet, folgt in der Gegenwärtigen auf dem nächsten Blatt der oben angezeigte Brief. Unmittelbar darauf fängt das noch 11 Bl. starke Register an. Am Ende desselben machen folgende Verse auf der ersten Seite des 364ten und letzten Blattes den Beschluß:

> I nunc I tandem totum bernarde per orbem.
> Proting exilias ne tua fama cadat:
> Divinasq3 tuis sermonib9 exprime leges
>   Crimina fac homines deseruisse velint
> Vade precor cunctis bernnardo legare suavis .
>   Flecte ad virtutes pectora dura pias
> O quecunq3 juvat sanctos cognoscere patres
>   Bernardum relegas inclita scripta colens
> Frigida jam dudum fervescet amore voluntas
>   Et mens doctrine dulcia mella feret.

In Bibl. Argentin. Ord. s. Joann. ist sie ebenfalls befindlich S. Weißling. catalog. chron. p. 220. und zu Jrsee.

113) **Guidonis de Baiisio Rosarium Decretorum**: vulgo Archidiaconus super Decretis. Venetiis per Joh. Herbort. de Selgenstat anno 1481. in gr. Fol.

    S. Hrn. Seemillers fasc. II. p. 75. Ferner Weißlingers Armament. cathol. p. 222. Nach dem Registrum Chartarum stehen die rothgedruckten Wappen der Buchdruckergesellschaft dieses Werkes, welche Herr Seemiller zu bemerken unterlassen hat.

114) **Gualteri Burlaei Angli Expositio super artem veterem Porphyrii et Aristotelis.** Venetiis per Johannem Herbort de Alemannia anno 1481 in Fol.

    In gegenwärtiger Ausgabe ist der Text mit gröbern, die Auslegung hingegen mit kleinen sehr niedlichen gothischen Typen auf ein sehr weißes, und starkes Papier in zwey Columnen gedruckt. Große Anfangsbuchstaben, Seitenzahlen

len, und Euſtoben fehlen. Die Signaturen ſind da. Zu Ende des Werkes wird folgende Schlußanzeige geleſen: Explicit ſcriptuʒ pclariſſimi viri Gualterii Burlei Anglici ſacre pagine pfeſſoris eximii: in artem veteré Porphirii; et Ariſtotelis. arte ac impenſa Joannis herbort Alemani. qui no ſolu ſumma cura adhibet ut ſint hec ſua ſuave quoqʒ ſine vicio: veʒ ut laute ſint etia elaborata. Impreſſum vero venetiis: Anno. M. CCCC. LXXXI. Quarto Idus decēbris. Das Ganze beträgt 118 Blätter. S. Denis ſupplem. Annal. Maittaire P. I. pag. 130.

115) Antonini Archiepiſc. Florentin. ſummae majoris Pars ſecunda. Venetiis per Leonardum Wild de Ratisbona anno 1481. in Folio.

Von dieſem ſo oft gedruckten und beliebten Werke beſitzen wir nur den gegenwärtigen zweyten Theil. Der Anfang wird auf der erſten Seite des erſten Blattes mit dem Proemium gemacht. Voran ſteht: Proemium in ſecundam partes ſumme: clariſſimi viri fratris Antonini archiepiſcopi florētini ordinis predicatorum. Auf dieſes folget die tabula. Dann fängt mit dem 4ten Blatt das Werk ſelbſt an. Dieſes iſt auf ein ſehr weiſſes, und glattes Papier in geſpaltnen Columnen mit niedlichen kleinen gothiſchen Typen gedruckt. Die groſſen Anfangsbuchſtaben hat meiſtentheils der Drucker durch kleine erſetzt. Seitenzahlen und Cuſtoden werden vermißt. Die Signaturen ſind vorhanden. Oben am Rande ſind die Titel, und Capitel z. B. Titulus I. Capitulu. VII. angezeigt. Auf dem vorletzten Blatt ſteht folgende Schlußanzeige: Hic finis 2ᵉ pts ſume Anthonini: ordinis pdicatoru: Archipſul' florentini: ſuma cura et opa caſtigate atqʒ emendate: Impreſſioniqʒ d'dite Venetiis per Leonardum Wild de ratisbona. M. CCCC. LXXXI. Das letzte Blatt enthält das Regiſter mit der Ueberſchrift: Regiſtrum ſecunde partis ſume Anthonini. Das Ganze beträgt 307 Blätter.

116) Summa Piſanella, ſeu Magiſtrucia. Aucta, emendata, et explicata a Nicolao de Auſmo Ord. Min. Venetiis per Bartholomeum de Alexandria, Andream de Aſula, et ſocios anno 1481 in 4to.

Aeltere Ausgaben dieſes Werkes ſind ſchon von Herrn Seemiller faſc. I. p. 133 und faſc. II. p. 24 angezeigt worden. Gegenwärtige unterſcheidet ſich von dieſen nur in dem Format. Sie iſt mit ſehr kleinen und ſchönen gothiſchen Typen auf ein ſchön weiſſes und ſtarkes Papier gedruckt. Zu Ende der Canones poenitentiales ſteht folgende Schlußanzeige: Impreſſum eſt opus hoc Venetiis cura ac diligētia

diligētia Bartholomei de Allexadria Andree de Afula et Maphei de falo focio4. Anno falutis Xpiane. M. CCCC. LXXXI. die X. menfis Martij. Mit dem darauffolgenden Blatt fangen die Confilia Alexandri de Nevo contra judaeos foenetantes an. Das letzte Blatt füllet das Regiſtrum Chartarum. Anfangsbuchſtaben, Plattzahlen, und Cuſtoden mangeln. Das Ganze iſt auf gespaltnen Columnen, und 335 Blätter ſtark.

117) S. Bonaventurae S. R. E. Card. Ord. Min. Sermones de Tempore, de fanctis et communi fanctorum. Ulmae per Johannem Zainer anno 1481. in Fol.

   Ohne alle vorläufige Anzeige fängt dieſes ſtarke Werk ſo gleich auf der erſten Seite des erſten Blattes mit einem 13 Bl. ſtarken Regiſter an. Dann beginnt auf dem folgenden Blatte das Werk ſelbſt mit der voranſtehenden größer gedruckten Ueberſchrift:

       Tempore

   Hoc prefenti volumine cui vero competit illud Comici invidiofumbonum: et quod priores abfconditum fervavere in amicitiam conjunctiſſimis plerifqʒ facile defideratu fed copertu difficile: Vētura bona docentis feraphici doctoris Bonaventure facrofancte romane ecclefie Cardinalis digniſſimi. Sermonum de tēpore fimul et Sanctis. et fi invidiofum non tamē infructuofu opꝰ hactenus abditum et occultum. nunc tandem impreſſoria arte pala procedit in lucē. De adventu Sermo primus. Der erſte Theil dieſer Sermonen endet ſich auf der Rückſeite des 284ſten Blattes. Auf eben dieſer Seite ſteht noch der Titel des zweyten Theiles. Er heißt alſo: Secuntur fermones Bonaventure (ſic) de fanctis. Am Ende des ganzen Werkes wird folgende Unterſchrift geleſen: Ventura bona docentis feraphici doctoris Bonaventura (ſic) facrofancte Romane ecclefie Cardinalis digniſſimi de tempore fimul et fanctis cum cofmune Sancto4 perfructuofuʒ opus. Impreſſum per Iohannem Zainer: feliciter explicit Anno domini Milleſimo quadringenteſimo octuageſimo primo. Blattzahlen, Cuſtoden, Anfangsbuchſtaben und Signaturen fehlen. Die Columnentitel über die Sonn- und Feſttäge z. B. Dominica Letare Sermo LII. ſind durchgehends mit größern Typen als das Uebrige gedruckt. Das Ganze beträgt 424 Blätter. Die Zeilen laufen ununterbrochen fort. Das Papier iſt ziemlich gut, aber braunlicht. Weiſlinger hat dieſe Ausgabe in Armament. cathol. pag. 225 angezeigt.

Jahr 1482.

118) Das Buch genannt der Altväter Leben oder zu latein Vitas patrum. Augsburg durch Anton Sorg in dem Jahre 1482. in Fol. mit Holzschnitten.

Gegenwärtige Ausgabe scheinen Herr Panzer, und G. R. Zapf nur aus Correspondenz zu kennen, indem Sie von derselben nichts als die Nachschrift des Druckers angeführt haben; es mag daher nicht unnütz seyn, das vorzüglichste derselben hier nachzutragen. Die erste Seite des ersten Blattes ist leer. Die Kehrseite füllet ein Holzschnitt, der 6 Anachoreten in verschiednen Beschäftigungen vorstellet. Mit dem zweyten Blatt fängt ein 5 Bl. starkes Register in das nachgeend buch genant d'altväter leben : oder zu latein vital patru an. Dann folgt die Vorrede Pabsts Gregor des Großen mit der Ueberschrift: Die vorrede in das buch der altväter Hie vahet an das hochwirdig lebe der auzerwölten freund gotes der heiligen altväter darumb thue ein yeglicher beyde orn auf die innern und die auffern. unnd merke iren groffen ftreyt und fyg. und die ewige freud die fy damit gewunnen habend. uß volgent in nach. Mit dem 8ten Blatt beginnen die gedruckte Plattzahlen k. v. Das ander Blat. Auf der Rückseite des CLXXXVII. Blattes endiget sich der erste Theil mit der Unterschrift: Hye hat ein end das leben der altväter. unnd volgent nach die beispil. Die von Hrn. Zapf angeführte Schlussanzeige wird auf der Rückseite des CCCLXXXVII. und letzten Blattes gelesen. Die Custoden, und Signaturen fehlen. Die Anfangsbuchstaben sind durchgehends bald größere, bald kleinere Holzschnitte. Das Papier ist mittelmäßig weiß, und stark. Diese Ausgabe wird auch von Mich. Denis in fupplem. Annal. Maittaire p. 143. angezeigt.

119) Das Buch genannt der Seuffe. mit vielen Holzschnitten. Augsburg von Anton Sorg im Jahr 1482. in Fol.

M. S. Herrn. G. R. Zapfs Augsb. Buchdrucker-Geschichte S. 64. ingleichen Herrn Panzers Annalen der deutschen Litteratur. S. 124. Am genauesten hat es Herr Seemiller fasc. II. p. 101 beschrieben.

120) Digestum novum cum glossa. Mediolani per Joh. Anton. de Honate anno 1482. in gr. Fol.

In gegenwärtiger ungemein schönen Ausgabe steht der Text mit größerer gothischer Schrift in gespaltnen Columnen in der Mitte, und wird auf allen Seiten mit den Gloffen, welche mit kleinern Typen gedruckt find, umgeben. Die Titel und Rubricken sind durchgehends roth. Die Stelle der großen Anfangsbuchstaben

buchstaben vertreten kleinere von dem Drucker gemachte Buchstaben. Blattzahlen, und Custoden werden nicht gefunden, wohl aber Signaturen. Das Papier ist herrlich schön, weiß, und stark. Das Ganze beträgt 356 Blätter. Auf der Kehrseite des vorletzten Blattes steht ein Brief, in welchem Matthcus Barlasina dem Petrus Antonius Castelliono wegen dieser schönen und verbesserten Ausgabe glückwünscht. Der Erstere scheint das Amt eines Correktors in dieser Offizin bekleidet zu haben; indem es in demselben unter andern heißt: Gratulor insuper tibi: et lector mihi Petre Antoni mi suavissime: Mihi quidem: quod hoc abs te mihi crediderim Munus: Munus inquam: quod ipse: qui tum aliis negotiis eram et forensibus et domesticis impeditus: sepius: ut nostri: ante sui aversatus: susceperim tandem proposito inimutatus. hlcq3 mutue nostre singulari amicicie: quoad potui quidem: recte satisfecerim. Michiq3 ipsi bene consulerim. Tibi vero Petre Antoni gratulor: quod sicuti antea quidem tu quacunq3 in re: presertim dignissima vestra Libraria precipue semper laudis: et auctoritatis apud graves: et eruditos extitisti viros: ita hic divino prope quodam: qui te: nescio qua: favore prosequitur: excellere videare &c. Unmittelbar darauf macht folgende Unterschrift den Beschluß: Digestum novum magna cura atq3 diligentia emendatum: ac Impressum Mediolani per Johannem Antonium de honate Impensis nobilium virorum D. Petri Antonii de Castelliono et Ambrosii de Caymis Mediolanensium Explicit feliciter. MCCCCLXXXII. octavo Klendas Augusti Johañe Galeazio Maria Sfortia vicecomite sexto principe nostro invictissimo ac duce felicissimo. Dann folgt noch ein Registrum Chartarum. Diese Ausgabe fand ich bey keinem Bibliographen, außer in Mich. Denis supplem. Annal. Maittaire p. 148. aber bloß mit ein Paar Worten angezeigt. Ich glaube daher in Ihr eine wahre Seltenheit zu besitzen.

121) **Fasciculus Temporum. Memmingae per Albertum Kune de Duderstat anno 1482. In Fol.**

Ist in des Herrn Seemillers fasc. II. p. 107. ingleichen in des G. R. Zapfs Merkw. seiner Bibliothek St. I. S. 94. beschrieben worden.

122) **Biblia latina. Norimbergae per Anton. Koburger anno 1482 in Fol.**

Gegenwärtige Ausgabe hat Masch In Bibl. Sacr. le Long. P. II. Vol. III. Cap. II. Sect. I. p. 116. sehr genau beschrieben. In unserm Exemplar füllen die Interpretationes nominum hebr. nicht mehr als 32 Blätter.. Herr Panzer führt diese Ausgabe in der ältesten Buchdrucker-Geschichte Nürnbergs S. 69 an

123) Jacobi

123) Jacobi de Voragine, Januenſis Hiſtoria Lombardica, ſeu Legenda Sanctorum. Norimbergae per Anton. Koburger anno 1482. in Fol.

Iſt in des Herrn Panzers älteſten Buchdrucker-Geſch. Nürnbergs S. 73 beſchrieben worden. Wird auch in Weiſlingers Catalog. Chron. p. 229. angezeigt, und iſt in Irſee befindlich.

124) Alexandri de Ales Ord. Min. Summae theologicae P. IVta. Norimbergae per Anton. Koburger anno 1482. in gr. Fol.

Die ſehr ausführliche Beſchreibung dieſer vermuthlich erſten Ausgabe dieſes Werkes, welche ſowohl in des Hrn. Seemillers Faſc. II. p. 91. als in Hrn. Panzers älteſten Buchdr. Geſchichte Nürnbergs S. 64. zu finden iſt, wird zur Kenntniß derſelben vollkommen hinlänglich ſeyn. Sie iſt auch in Weiſling. Armament. cathol. p. 228. angezeigt.

125) Bartholomaei Piſani Ord. Praed. Summa Caſuum Conſcientiae, ſeu Magiſtrucia vocata. Reutlingae anno 1482. Ohne Anzeige des Druckers in Fol.

Unter dem Jahre 1481. n. 116. iſt ſchon eine Ausgabe angezeigt worden. In Gegenwärtiger fehlen die Canones poenitentiales und des Alexandri de Nevo conſilla. Sie iſt auf ein ziemlich weißes, dabei aber rauhes Papier in zwey Columnen mit kleinen gothiſchen Typen — davon Hr. Braun tab. VI. n. V. ein Muſter geliefert — gedruckt. Den Anfang macht auf der erſten Seite des erſten Blattes folgende Anzeige: Feliciter Summa Piſani cum ſuplemento Incipit. que alias Magiſtrutia ſeu Piſanella apellatur. Anfangsbuchſtaben, Seitenzahlen, Cuſtoden und Signaturen fehlen. Auf der Rückſeite des 415ten Blattes fängt die tabula capitulorum an, mit welcher das ganze Werk auf der Kehrſeite des 418ten Bl. beſchloſſen wird. Darunter ſteht noch folgende Endſchrift: Anno dñi. M. cccc. LXXXII. Sabbato ante eph'ie: In Rütlingen deo auxiliante opus terminatu inſigne. Suma Magiſtrutia, alias Piſanella vulgaliter (ſic) appellatu. Finit feliciter. S. Hrn. Braun lib. cit. P. II. p. 92. Ferner Weiſlingers Armament. cathol. p. 229.

126) Portii Azonis Icti Summa Extraordinaria ſuper Inſtitutis. Spirae per Petrum Drach anno 1482. in gr. Fol.

Freytag in Adparat. litter. P. I. p. 580. et ſq. beſchreibt eine jüngere Ausgabe dieſes Werkes, wobey man gute Nachricht von dem Verfaſſer ſowohl, als

als dem einst groß gewesenen Ansehen des Werkes selbst findet. Auf der ersten Seite des ersten Bl. fängt dasselbe mit der Vorrede des Verfassers an. Voran steht: Incipit phemiu ad summa codicis per dm̄ azonem ɔposita. In dieser legt er sein Vorhaben mit folgenden Worten an den Tag: Nunc autem ego Azo. residens bo- nonie. in Jurisperitorum ordine honorabilium sociorum precibus humiliter conde- scendi, qui vita comendabili. morum honeftate. scientie magnitudine. numero personarum. nobilitate profapie. multaq3 liberalitate refplendent: Unde juxta ipforum amicabiles fupplicationes codicis. et iuftitutionum summas. lucide tracta- re ftudebo. cupiens ut tam provecti. quam rudes. que poftulant queant facile in- venire. &c. Unmittelbar auf die Vorrede Incipit materia ad codicem. Alsdann beginnt das Werk selbst auf der ersten Columne des zweyten Blattes mit der größ- ser, als das Folgende gedruckten Ueberschrift: In nomiē dn̄i ihcfu xpi juftinianī facratiffimi (fic) p'ncipis ppetui augufti repetite codic Liber p'mus. Incipit de novo codice faciendo. Den Beschluß macht auf der zweyten Columne des 301ften Bl. folgende Anzeige: Explicit Summa extraordinaria fup inftitutis maxi- ma cu diligētia fpire impfsa Anno millefimo qdringentefimo octogefimo fecudo p me petrum drach civem fpirenfem. Nach einem kurzen leeren Zwischenraum ste- hen die Wappen des Druckers. Die Rückseite ist leer gelassen. Mit dem folgen- den Blatt fängt das alphabetische Register an, welches 21 Bl. füllet. Unser Er- emplar besteht daher aus 322 Blättern, und folglich aus 8 Bl. mehr, als Herr Braun P. II. p. 92. von seinem Exemplar angegeben hat. Die kleine sehr schwarze und gute Mönchschrift, und das weiße und starke Papier samt den breiten und leeren Marginalien tragen nicht wenig zu der Schönheit dieser Ausgabe bey. Auß- ser Hrn. Braun lib. cit. und Weißlingers Armament. cathol. p. 229 habe ich diese Ausgabe nirgends bestimmt angezeigt gefunden. Erh. Chr. Paur hat in den Primitiis typographicis spirensibus p. 27. diese Ausgabe bloß als ein Drachisches Product genennet.

127) Digeftum Vetus gloffatum. Venetiis per Johannem Herbort de Siligenftat anno 1482. in Fol.

Gegenwärtiges Juridisches Werk ist in diesem Jahre, meines Wissens, aus drey verschiedenen Pressen gekommen; nämlich aus des Anton Koburgers, S. Hrn. Panzers älteste Buchdr. Gesch. Nürnbergs S. 73. Aus Johann Syberö, S. Catalog. Bibl. Schwarz. P. II. p. 188. und gegenwärtige Ausgabe. Daraus mag auf den starken Abgang und Ansehen des Buchs geschlossen werden. Diese Ausgabe fängt auf der Kehrseite des ersten Bl. mit einer Anempfehlung dieses Wer- kes an. Voran steht: Francifci Monelienfis de Genua in Digeftum vetus a fe caftigatum. Mit den folgenden Blatt nimmt das Werk selbst seinen Anfang. Der Text steht in der Mitte auf zwey Columnen mit größern gothischen Typen, und wird auf allen Seiten von den Gloßen, die mit kleinern Typen gedruckt sind, um- geben.

geben. In den großen leeren Plätzen der Anfangsbuchstaben sieht man durchgehends kleine von dem Drucker selbst gemachte Buchstaben. Blattzahlen und Custoden mangeln. Die Signaturen hingegen sind da. Das Papier ist ausnehmend schön, glatt, weiß und stark. Die Papierzeichen sind theils zween über die Quer gelegten Pfeile, theils ein kleines Hündchen. Den Beschluß macht auf der ersten Seite des 405ten Blatts folgende Unterschrift: Ad laude3 oipotentis eiusq3 genitricis gloriofe necno curie celeftis toci9 liber digefti veteris fcliciter explicit Impreffus veneciis arte ac impēfa Johannis Hérbort de filigēftat alamani. qui non folum fumam adhibet cura ut hec aliaq3 fine vicio ve4 et omni cū diligētia fua elaborata fint .opa. Anno dñi. M.;cccc. LXXXII..die nona July. Auf der Kehrseite stehen die Rubriken des ganzen Werkes. Das Regiftrum chartarum macht auf dem 406ten und letzten Blatt den Beschluß.

   Diese schöne Ausgabe habe ich nirgends außer in Mich. Denis Supplem. Annal. Maittaire p. 148. n. 1089. wo sie bloß mit ein Paar Worten genennt wird, gefunden.

128) **Mammotrectus**, feu Expofitio vocabulórum, quae in Bibliis, Hymnis, Antiphonis, &c. occurrunt. Venetiis per Andream Jacob. de catthara anno 1482. in 4to.

   Von diesem biblischen Wörterbuch sind schon viele ältere Ausgaben entdeckt und angezeigt worden, zugleich ist auch von mehrern Bibliographen von deßselben Gehalt Erwähnung geschehen. Gegenwärtige Ausgabe fängt mit einem weitläuftigen alphabetischen Register an, worinn aber in unserm Exemplar zu Anfang einige Blätter fehlen, indem das erste Blatt mit dem Buchstaben C anfängt. Nach diesem folgt die Vorrede mit der Ueberschrift: Prologus autoris ī mamotrectu. Sodann das Werk selbst, welches sich auf der ersten Columne des 113ten Bl. mit der Unterschrift: Expliciunt expofitiones et correctiones vocabulorum libri, qui appellatur Mamotrectus fuper totam Bibliam, endet. Unmittelbar darauf: Incipit tractat' d' orthographia. de accentu. de menfibus hebreorum. de feftibus facerdotalibus &c. &c und am Ende Super d'claratioe regule fru3 mio4. Diese letzte Erklärung endet sich auf der dritten Columne des letzten Bl., worunter noch folgende Schlußanzeige zu lesen ist: Actum hoc opus Venetiis Anno dñi. 1482. die no. 6. July. per Andream Jacobi de Catthara: Impēfis Octaviani scoti de Modoetia. Das Ganze ohne das Register ist 192 Blätter stark, und auf zwey Columnen mit kleinen gothischen Typen gedruckt. Anfangsbuchstaben, Blattzahlen und Custoden fehlen. Signaturen sind da. Oben am Rand sind die Bücher z. B. Genefis, Exodi &c. mit größerer Schrift angezeigt.

Diese

Diese Ausgabe führt Malttaire im vierten Band S. 434. als ein Buch an, das er selbst gesehen hat. Von dem Buch selbst ist besonders Hr. Professor Pfeiffer in den Beyträgen zur Kenntniß alter Bücher und Handschriften im dritten Stück S. 512. u. f. nachzusehen, wo auch von dem Verfasser Jo Marchesinus, und der Zeit, wo er gelebt hat, gute Nachricht gegeben wird. Die Commentationem de Mammotrecto, welche Christgau herausgegeben hat, habe ich leider noch nie zu sehen bekommen können, kann also auch nicht sagen, ob er diese Ausgabe kennet oder nicht.

129) Biblia latina vulgatae Editionis. cum verfibus in fine adjectis: Fontibus ex graecis &c. Anno 1482. in Fol.

Diese Ausgabe blieb Hrn. Masch in Edit. Bibl. Sac. le Long. unbekannt. Dagegen wird sie von Hrn. Seemiller Fasc. II. p. 106. sehr ausführlich und genau beschrieben.

130) Historia Lombardica, seu Legenda sanctorum. Anno 1482. in Fol. ohne Anzeige des Ortes und Druckers.

Ist eine wiederholte Ausgabe dieses so bekannten Werkes. Den Anfang macht ein alphabetisches Register, welches 13 Blätter füllet. Mit dem nächsten Blatt fängt die Vorrede an. Unmittelbar darauf Incipiunt capitula de festivitatibus &c und de sanctis. Dann beginnt mit dem 16ten Bl. endlich das Werk selbst. Anfangsbuchstaben, Blattzahlen, Custoden und Signaturen mangeln. Das Ganze ist in gespaltenen Columnen mit einer mittelmäßig großen und saubern Mönchschrift gedruckt, und beträgt 359 Blätter. Am Ende steht folgende kurze Schlußanzeige: Lombardica Hystoria explicit Anno dñi MCCCCLXXXII. Diese Ausgabe habe ich nirgends als in Denis Supplem. Annal. Maitt. p. 152. n. 1123. aber nur sehr kurz angezeigt gefunden.

Jahr 1483.

131) Jordani de Quedlinburg Ord. Eremit. S. Augustin. Postillae et Sermones in Evangelia dominicalia. Argentinae anno 1483. Ohne Benennung des Druckers. in Fol.

Gegenwärtige Ausgabe fängt mit folgendem Titel, der auf der ersten Seite des ersten Blattes ganz allein steht, an: Opus Postillarum et Sermonum Jordani de Tempore. Mit dem nächsten Blatt fängt das alphabetische Sachenregister an, auf welches noch ein anders, das die Contenta in generali enthält, hilt, folget. Auf dem 15ten Bl. nimmt die Vorrede ihren Anfang, und nach dieser die Eintheilung des Werkes. Dieses bestehet aus 4 Theilen. Davon sich der Erste auf der vierten Columne des 132sten Blattes mit der Unterschrift endet: Explicit prima pars huius operis, que est de tempore christi adventus et incarnationis, et durat hoc tempus a prima dominica adventᵍ usq3 ad dominicam post octavam epiphanie. Am Ende des ganzen Werkes wird folgende Schlußanzeige gelesen: Explicit opus postillarum et Sermonu de evangeliis dominicalibuſ lectore Magdeburgenſi ordinis frat4 heremitarum beati Auguſtini Impreſſum Argētine Anno dñi. M. cccc. LXXXIII. Das Ganze ist 415 Blatt stark, und auf ein weißes und starkes Papier in gespaltnen Columnen mit mittelmäßig großen und gothischen Typen gedruckt. Oben am Rand sind die Sermonen z. B. De Ascensione Domini CCCIII. mit größern Lettern, als das folgende, angezeigt. Anfangsbuchstaben, Blattzahlen, Custoden und Signaturen werden nicht angetroffen. Diese Ausgabe ist in Bibl. Argentin. Commend. S. Joan. befindlich, S. Weisling. catalog. chron. p. 246. Der Verfasser wird auch unter die Teſtes veritatis gezählt. S. Eiſengrein.

132) Karoli Poetae Formulae epiſtolares. II. Tractatus de remedio amoris. III. Pii II. Pont. Max. ad Karolum Cypriacum tractatus de amore. Davantriae per Richardum Paffroed anno 1483. in 4to.

Diese drey Werkchen sind mit sehr niedlichen und mittelmäßig starken gothischen Typen auf ununterbrochenen Zeilen gedruckt. Den Anfang des Erſten macht folgende Ueberſchrift: Continet iſte libellus epiſtolares quaſdam formulas iudicio componentis puerorum captui non abſimiles. Quas correctoria vocant: Eaſdemque extractas ex malo4 littera4 miſſivaru collectorio. Scolaribᵍ Iovanij in pedagogio litij lecturu exēplo4 gra taq3 breviores et ornatiores. atq3 sentētia extrahētis. Vᵇbo senſuq3 placidiores: Unmittelbar darauf fängt der erste Brief mit seinem vorauſtehenden Inhalt an. Briefe zählte ich 334. Zu Ende des Letzten wird auf der ersten Seite des 111ten Blattes folgende Schlußanzeige gelesen: Expliciunt Epiſtole venerabilis viri Artium magiſtri. mgri Karoli poete eloquētiſſimi. regētis Iovanii In pedagogio litii. Impſſe davantrie. Per me Richardu paſfroed. Gleich darauf fängt der zweyte Traktat mit der Aufſchrift an: Incipit tractatᵍ de remedio amoris. Er besteht aus einem einzigen Brief, von dem der Anfang also lautet:

ENeas Silvius Typolito mediolan. S. p. d.

Querebaris mecum nocte preterita quod amori operam dares. nec delibatum ac vinctum animum solvere poſſes. Dixiſti te nec virginem nec nuptam nec

nec viduam amare. sed mulierem quamvis pulchram meretricem tamen. quibuslibet viris precii causa sese substernentem. Id tibi molestum esse ajebas. libenterq3 amorem hunc velle te postergare. (sic) sed viam modumque nescire. quo fieri liber et amore vacuus posses. Nam etsi plures sacerdotes consuleris. neminem tamen remedia que tibi viderentur efficacia pretulisse dicebas. Rogabas igitur me magnisque precibus efflagitasti egritudini tue ut aliquam afferam medelam. ac iter oftenderem tibi quo possis ardentes amoris flammas effugere. Parebo dessiderio tuo salubriaque prebebo tibi remedia. si ea amplecti volueris. &c. &c.

Zu Ende des Briefes steht: Ex Vyenna pridie Kal. January Anno M. CCCC. XLVI. Unmittelbar darauf nimmt der dritte Traktat auf der Kehrseite des 114ten Blattes, wo der zweyte Traktat sein Ende genommen, mit der Ueberschrift seinen Anfang: Pii pontificis maximi ad Karolu cypriacu tractatus de amore incipit feliciter. In diesem legt Eneas Silvius das Geständniß ab, daß er in der Jugend ein Büchlein von einer Liebsgeschichte, die aber doch mit Moralität gewürzt gewesen wäre, geschrieben habe: Quorum primum - fährt er unter andern fort - fatuos atque errantes video sectari quam plurimos. Alterum heu dolor! pene nullos. Ita impravatum est atque eluscatum infelix mortalium genus. De amore igitur quod scripsimus olim juvenes. contemnite o mortales atque respuite. Sequimini, que nunc dicimus, et seni magis juveni (sic) credite. Nec privatam (sic) hominem pluris facite quam pontificem. Eneam recipite. Pium suscipite. Illud gentile nomen parentes indiere nascenti. hoc christianum in apostolatu suscepimus &c. &c.

Der Beschluß wird auf der ersten Seite des letzten Blattes mit folgender Anzeige gemacht: Explicit tractat9 Pii pape secudi de amore. Anno domini Millesimo qdringentesimo LXXXIIIo octava Aprilis. Die letzten zwey Traktate sind von dem ersten unzertrennbar und mit den nämlichen Typen gedruckt, daher ich nicht zweifle, daß sie mit dem Ersten aus der nämlichen Presse gekommen sind. Alle drey Werkchen zusammen betragen 117 Blätter. Seitenzahlen, und Custoden fehlen. Signaturen sind da. Denis in Supplem. Annal. Maittaire p. 169. n. 1266. hat diese Ausgabe mit ein paar Worten angezeigt. Sonst ist mir keine Ausgabe bekannt geworden, als eine von dem Jahr 1490. welche in dem catalogo Bibliothecae Raym. Krafft Vlm. num. 187. 4. unter den Miscellanbüchern stehet.

133) Anthonini Archiepisc. Florentin. Opus de Eruditione Confessorum. II. Sermo S. Cryfostomi de Poenitentia. III. Henrici de Hassia ad cognoscendam differentiam inter peccatum mortale et veniale. IV. Tractatus solennis de vero modo praedicandi. Memmingae per Alberfum Kune de Duderstat anno 1483 in 4to.

S. Herrn Steemillers fasc. II. p. 134. ingleichen Herrn Braun P. II. pag. 99 et sq.

134) Biblia Germanica. tom II. mit Holzschnitten. Norimbergae per Anton. Koburger anno 1483. in gr. Fol.

Diese eben so schöne als berühmte deutsche Ausgabe der Bibel ist von Herrn Panzer zur Genüge in der Geschichte der Nürnberg. Bibelausgaben S. 65. u. f. ingleichen von Herrn Seemiller fasc. II. p. 137. und Brauu lib. cit. P. II. p. 100 beschrieben worden.

135) Johannis de Janua Ord. praed. Catholicon. Norimbergae per Anton. Koburger anno 1483. in Fol.

S. Herrn Panzers älteste Buchdrucker-Geschichte Nürnbergs S. 76. Ferner Catalog. Bibl. Schwarz. P. II. p. 190. Das Ganze beträgt 392 Blätter.

136) Johannis Gritsch Ord. Min. Quadragesimale. Norimbergae per Anton. Koburger anno 1483. in Fol.

S. Herrn Panzers älteste Buchdrucker-Geschichte Nürnbergs S. 78. Unser Exemplar beträgt 225 gedruckte Blätter. Es mag daher in der Beschreibung des Hrn. Panzers die angegebene Blätterzahl von 125 sicher ein Druckfehler seyn.

Noch etwas kann ich von unserm Exemplar nicht ganz unangezeigt vorbergehen lassen. Ich fand nemlich auf dem Deckelband ein seltenes gedrucktes Fragment von einem Kalender welches ich mit vieler Sorgfalt glücklich abgelößt habe, und hier nun kurz anzeigen will. Zu Anfang steht ein Holzschnitt, welcher ein Mädchen sitzend vorstellet. Auf ihrem Schooß hält sie mit der rechten Hand eine Schüßel, und die linke streckt sie dem vor ihr stehenden Balbierer dar, der ihr den Puls sucht, um Ader zu lassen. Dann folgt nachstehende roth gedruckte Anzeige: Anno dñi MCCCCLXXXII. Ciclus solaris VII. Aureus numerus I. Indictio XV. Littera dñicalis F. Intervall — — ebdomade Concurrentes V. Vere Djunctiones et oppones luna diebꝰ eqtis ad Nurnberg horis qdaʒ et mi. ante vel post meridieʒ. Das Fragment ist in groß Fol. gedruckt. Die erste Seite ist in 4 Columnen abgetheilt, davon die ersten zwey den Kirchenkalender, die aus dern zwey aber die Regeln, wenn gut oder böß zu Aderlaßen ist, enthalten. Zwischen den zwey letztern ist die Ecclypsis solis et lunae durch zwey in Holz geschnittene Figuren angezeigt. Den Beschluß machen die Worte Sit laus Deo. Auf der Kehrseite — welche ich vielmehr die erste Seite hätte nennen sollen — fängt ein neuer Kalender mit der gleichfalls rothgedruckten Aufschrift an. Sie heißt also: Anno dñi MCCCCLXXXI. circt (sic) aureus numerus XIX. Intervallu ad ihvocavit. X. ebdomade concurrentes. VI. Indictio. XIIII. Littera dominicalis. B. Unmittelbar darauf folgen die conjunctiones et oppositiones Luminarium. Die Dies electi

electi Seubothomie u. s. w. wie oben. Den Beschluß macht ein durch die ganze Breite des Blattes sich erstreckender und 1 1/2 Zoll hoher Holzschnitt, auf welchem rechter Hand eine Person (vermuthlich ein Astronom) in einem langen Kleide stehet. In der Mitte die Sonne in Eclypsi, und zur Linken eben die zur Ader lassefertige Person, die ich schon oben beschrieben habe. Oberhalb dem Holzschnitte wird folgende rothgedruckte Schrift gelesen: Ecli, sis solis erit scd'a feria p9 urbani hora. V. minuta XL. p9 meridie3 et durabit hora3. I. minutas XXVI. puct. eclipsj III. Uebrigens sind beyde Stücke mit vermischten bald lateinischen, bald deutschen gothischen Typen gedruckt. Der Abgang ist unbedeutend, indem durch den einmal von einander geschnittenen Bogen nur weniges, das die Regeln der Aderläße getroffen hat, vermißt wird. Der Anfang und Schluß ist unverletzt.

Die oben angeführten Worte conjunctiones et oppositiones luminarium diebus eqtis ad Nurnberg lassen vermuthen, daß dieses Kalender ein Product einer Nürnbergischen Preße seyn. Sollte sich dieses bestättigen, so wären dieselbe zwey der ersten Seltenheiten, welche bis itzt noch Hrn. Panzer, und allen mir bewußten Bibliographen ganz unbekannt geblieben sind.

137) Decretum Gratiani, cum glossis Bartholomaei Brixiensis. Venetiis per Petrum Cremonensem anno 1483. in 4to.

Diese Ausgabe unterscheidet sich von andern dieses Werkes bloß in dem Format. Das äusserliche Ansehen derselben ist schon z. B. das ungemein weiße, und dabey doch starke Papier, die ziemlich gute, schwarze und reine Mönchschrift, die rothgedruckten Titel, und Rubricken u. s. w. Am Ende des Werkes steht folgende Schlußanzeige: Exactum divinis auspiciis decretum summa cum diligentia Venetiis impressum cura impensisque magistri petri Cremonensis dicti veronensis de plasiis enucleatiusq3 emendatum anno ab incarnatione domini. MCCCCLXXXIII. die XXV. Januarij. Regnantibus sanctissimo in Christo patre Sixto quarto pontifice maximo necnon et Joanne mocenigo inclyto Venetorum principe illustrissimo. Laus deo. Auf dem letzten Blatte wird mit dem Register der Beschluß gemacht. Die Anfangsbuchstaben, und Signaturen nebst den dist. et cauf. oben im Rand hat der Drucker selbst angezeigt. Blattzahlen, und Custoden mangeln. Das Ganze beträgt 547 Blätter.

138) Pisani Bartholomaei summa casuum alias Magistrutia vocata. Venetiis per Franciscum Renner anno 1483. in kl. 4to.

Ist ein Nachdruck derjenigen Ausgabe, welche oben n. 116. unter dem Jahre 1481 angezeigt worden ist. Nach den Canones poenitentiales ließt man folgende Unterschrift: Impressum est hoc opusculum Venetiis per Franciscum renner de Hailbrun M. CCCC. LXXXIII. Laus deo. Das Ganze ist 494 Bl. stark.

Der Druck eine sehr niedliche kleine, und schwarze Mönchschrift. Ohne Anfangsbuchstaben, Blattzahlen, und Custoden, doch mit Signaturen, welche theils mit den größern Buchstaben des Alphabeths, theils mit Ziffern z. B. 14 4. angezeiget sind. Nach der Endschrift folgen noch auf 32 Blättern die Consilia Alexandri de Nevo contra Judaeos foenerantes.

Jahr 1484.

139) Bernardi de Compostella Jurisconsulti casus longi super V. libros Decretalium. Argentinae anno 1484. in Fol. Ohne Anzeige des Druckers.

Gegenwärtige Ausgabe ist in des Herrn Seemillers fasc III. p. 14. hinlänglich beschrieben. Das Ganze beträgt 227 Blätter.

140) Fr. Socci ord. Cistercienfis sermones de tempore. Argentinae per Johannem de Grüningen anno 1484. in Fol.

Eine ältere Ausgabe dieser Sermonen ist schon unter dem Jahre 1476 angezeiget worden. Gegenwärtige ist gleichfalls in zwey Theile in Hyemalem nämlich, und Aestivalem getheilt. Der erste davon enthält CXXVII. sermones, und endet sich auf der ersten Seite des 199sten Blattes. Auf der Rückseite eben dieses Blattes fängt der Sommertheil mit dem Sermon de resurrectione dñi an. Dieser besteht aus CXXV. Sermonen. Am Ende wird mit folgender Unterschrift der Beschluß gemacht: Opus preclarum Sermonum Socci de tempore sic dictorum. cum de suco id est de medulla sacre pagine: stilo sub obscuro equisitissime sint collecti. deniq3 a Johanne de grüningen mayſtro (sic) impressorie artis famoso diligenter in inclita civitate Argentina elaborati. Anno a Christi nativitate. M. CCCC. LXXXIIII.. pridie ydus februarij. explicit feliciter. Anfangsbuchstaben, Blattzahlen, und Custoden fehlen. Die Signatur ist da. Die erste Zeile eines jeden Sermons, und die Anzeige derselben oben am Rand sind durchgehends mit größern Typen, als das Folgende gedruckt. Das Ganze ist 406 Bl. stark, und auf gespaltnen Columnen mit einer mittelmäßig großen Mönchschrift gedruckt.

141) Eiusdem —— sermones de sanctis. Argentinae per Johannem de Grüningen anno 1484. in Fol.

Diese machen den zweyten Theil der unmittelbar vorherbeschriebnen Predigt=Sammlung aus. Die Typen, und die übrige äusserliche Einrichtung des Werkes ist dem Ersten vollkommen gleich. Auf der dritten Columne des 183sten Blattes

Blattes ist folgende Schlußanzeige zu lesen: Sermones Socci de sanctis flosculis mellislui doctoris sancti Bernardi pre ceteris utcunque exornati. A sagaci viro Johanni (sic) de Grüningen: in inclita Argentinēs. civitate diligenter elaborati. anno a christi nativitate. 1484. ydus mensis aprilis expliciunt feliciter. Dann folgt noch eine Tabula generalis, welche aber nur über den gegenwärtigen Theil gerichtet ist. Das Ganze ist 187 Blätter stark. Dieser Theil wird von Weißlinger in Armament. cathol. p. 289. und von Hrn. Strauß in Monum. typ. Rebdorf. p. 169. angezeigt.

142) Jacobi de Voragine Ord. Praed. sermones de Sanctis. Augustae per Hermannum Kestlin anno 1484. in Fol.

S. Herrn Zapfs Augsburgs Buchdrucker-Geschichte S. 74. ingleichen Weißlingers Armament. cathol. p. 304. Ausführlich ist diese Ausgabe von Herrn Braun P. II. p. 109 beschrieben worden. Ist auch zu Rebdorf befindlich. S. Herrn Straußens Monum. typ. p. 168. und zu Irsee.

143) Das Buch genannt die Himmelsstraße. Augsburg durch Anton Sorg in dem Jahre 1484. in Fol.

S. Hrn. Seemüller fasc. III. p. 15. und Hrn. Panzers Annalen S. 146. Der Hr. G. R. Zapf hat sie gleichfalls in seiner Augsb. Buchdr. Gesch. S. 72. angezeigt. In Irsee ist diese Ausgabe auch vorhanden.

144) Das bayrisch Rechtpuch. Augsburg in dem Jahre 1484. Ohne Anzeige des Druckers, in 4to.

Diese Ausgabe ist von Hrn. Zapf in seiner Augsb. Buchdr. Gesch. S. 72. und Hrn. Panzer in den Annalen S. 148. angezeigt, und als eine sehr große Seltenheit angerühmt worden. Eine nähere Beschreibung derselben wird daher, weil diese in den beyden genannten Litteratoren vermißt wird, nicht ganz überflüßig seyn.

Unser Exemplar fängt mit einem 11 Blatt starken Register an. Auf der Rückseite des eilften Blattes wird nichts als die Unterschrift des Registers gelesen, welche also lautet: Hie endet sich das Register der Bayerischen lantrecht die gar ordenlichen unnd nach aller notturfft in dem nachfolgenden püchlin capitelsweiß nacheinander gesetzt und verzeichent sein. Mit dem darauf folgenden Blatt fängt das Werk selbst also an: Wir ludwig vō gotes genadē Margrave zu braburg ː Wir Stephan Wir ludwig ː Wir Wilhalme vō gotes genadē Pfalzgrafen bey rein und herczog in bayrn haben angesehen dē gepresten dē wir gehabt habē in unserm land zu bairen an dem rechtē uñ davō sey wir zu rat worden mit unserm herrn uñ vätterlein keiser ludwigē von rom. und seczen und bestättigē alles das
hernach

hernach geschriebë steet u. s. w. Das ist geschehen to mā zalt von cristi gepürt dreuzehē hundert iar und in dē sechßundvierczigsten jar des nechstē samßtags nach dem obersten. Auf dieses folgt ein scharfer Befehl an alle Richter und Amtleute, gemäß welchem ihnen dem Armen wie dem Reichen von Wort zu Wort nach diesen Rechten das Recht zu sprechen aufgetragen wird. Endlich fängt das erste Kapitel an. Diese XXVIII an der Zahl sind in mehr oder wenigere Abschnitte eingetheilt. Auf der ersten Seite des letzten Blattes wird mit folgender Anzeige der Beschluß gemacht: Gedruckt uñ volendet zu Augßpurg am Freitag vor sant Matheus des heiligen zwelffpotentag Anno dñi. x̃ im LXXXIIII = jare. Das Ganze ist 102 Bl. stark, und auf ein weißes und starkes aber rauhes Papier mit ziemlich starken, mir zur Zeit unbekannten gothischen Typen gedruckt. Blattzahlen, Custoden und Signaturen fehlen. Die Capitel sind oben am Rand mit Zahlen angezeiget.

145) **Statuta synodalia, et Provincialia Eustettensis Diaecesis jussu Wilhelmi Episc. impressa. Eustadii per Matthiam Walcker de Rütlingen anno 1484. in 4to.**

Diese Ausgabe ist von Hrn. Seemiller fasc. III. p. 9. ausführlich beschrieben worden. Ein Exemplar befindet sich auch in dem Reichsstifte Nereßheim, ingleichem auch zu Rebdorf. S. Straußens Monum. typ. p. 171.

146) **S. Bonaventurae Ord. Min. Sermones de tempore simul et de sanctis, ac communi sanctorum. Reutlingae anno 1484. in Fol.**

Der Anfang dieses Werkes wird mit folgendem Titel, der auf der ersten Seite des ersten Blattes steht, gemacht: Seraphici doctoris sancti Bonaventure Sermones d' tempore et sanctis cũ communi sanctorum. Mit dem 184ten Blatt endet sich der erste Theil oder die Sermones de tempore. Darauf fängt mit dem folgenden der zweyte Theil oder Sermones de sanctis &c. an. Am Ende dessen wird folgende Schlußanzeige gelesen: Non nobis domine. non nobis sed nomini tuo da gloriam q3 hos tam preciosos tamq3 fideli populo fructuosos Sermones reverendissimi quondam cardinalis seraphici ac sancti doctoris Bonaventure tam solerter te donate in Reuttlingen Autumni tempore complevimus unde et gratias referim9 debitas domino humilium exaltatori. Anno domini. M. cccc. LXXXIIII. Dann macht ein 11 Blatt starkes alphabetisches Register den Beschluß. Die Inscriptionen und Signaturen sind da. Anfangsbuchstaben und Custoden mangeln. Ein Exemplar ist auch zu Staingaden befindlich.

147) Ser-

147) Sermones dominicales cum expositionibus Evangeliorum per annum, Dormi secure: intitulati. Reutlingae per Johannem Otmar anno 1484. in Fol.

Eine ältere Ausgabe dieses in der Folge so oft gedruckten Werkes habe ich bey den Bibliographen, die ich bey der Hand habe, nicht gefunden; Sie wird daher vermuthlich die Erste seyn. Der Anfang wird auf der ersten Seite des ersten Blattes mit folgender Ueberschrift gemacht: Sermones dominicales cū expositionibus evangelio4 per annū satis notabiles et utiles oīnibus sacerdotibus pastoribus et capellanis qui Dormi secure. vel dormi sine cura sunt nucupati. eoq3 absq3 magno studio faciliter possint incorporari et populo predicari incipiunt feliciter. Das Ganze beträgt ohne das Register 123 Blätter. Der Druck ist eine schöne, mittelmäßig starke Mönchschrift. Das Papier ziemlich weiß und stark. Die Sermonen z. B. Sermo V. VI. werden oben am Rand angezeigt, und sind mit gröſsern Lettern, so wie auch die erste Zeile einer jeden Sermon gedruckt. Zu Ende derselben wird nachstehende Schlußanzeige gelesen: Ad laudem et honorem omnipotentis dei virginisq3 mris eius gloriose nec non utilitatem tocius ecclesie siniunt sermones notabiles quanq3 breves. dormi secure intitulati impſsione et expensis magistri Johannis Otmar Anno M. cccc. LXXXIIII. i Rutlingen. Dann fängt das alphabetische Register an, welches aber in unserm Exemplar befekt ist. In allem sind es LXXI. Sermonen. Anfangsbuchstaben, Blattzahlen und Custoden mangeln. Die Signaturen sind da. Auſser in Mich. Denis Supplem. Annal. Maittaire p. 192. n. 1468. habe ich diese Ausgabe nirgends gefunden. Burheim besitzt ein Exemplar davon.

148) Henrici Herpf Ord. Min. Sermones de tempore, simul et de sanctis, ac de tribus partibus Poenitentiae, nec non de adventu domini ad judicium. Spirae per Petrum Drach anno 1484. in Fol.

Von dem Verfasser und dem Werke selbst findet man in Weisling. Armament. cathol. p. 307. gute Nachrichten. Diesen will ich hier nur noch was Weniges beyfügen, daß nämlich alle in dem voranstehenden Titel genannte Werke bloß ein Ganzes ausmachen, und nicht von einander getrennt werden können, welches die in einer ununterbrochenen Reihe fortlaufenden Signaturen anzuzeigen scheinen. Ferner beträgt das Ganze 424 Blätter. Grosse Anfangsbuchstaben, Blätterzahlen und Custoden fehlen. Der Anfang wird auf der Rückseite des ersten Blattes mit einem Brief eines Ungenannten unter der Aufschrift: Petro Drach civi insignis civitatis Spirensis &c. gemacht. Am Ende desselben heißt es: Datum Spiris. XVI. Kalendas februarias Anno salutis nostre. M. ccccLXXXIIII. Dann fängt mit dem zweyten Blatt das Register an, welches 17 Blatt ausmacht. End-

lich nimmt das Werk auf dem 19ten Platt seinen Anfang mit der Ueberschrift:
Incipiunt Sermones de tempore fratris Henrici Herpf ordinis minorum. Der Beschluß des ganzen Werkes wird auf der Kehrseite des letzten Blattes ohne alle Schlußanzeige gemacht, wo statt derselben die Wappen des Peter Drachs angetroffen werden.

149) Liber Sextus Decretalium cum glossis Johannis Andreae Bononien. Venetiis per Baptistam de Tortis annno 1484. in gr. Fol.

 Diese Ausgabe ist von Herrn Braun P. II. p. 113. beschrieben worden. Die Schlußanzeige steht in unserm Exemplar auf dem 104ten Blatt, und heißt also: Venetiis per Baptistam de Tortis die VI. Novēbris M. CCCC. LXXXIIII. Dann folgen noch die Extravagantes auf 8 Blättern mit der roth gedruckten Aufschrift: Incipiunt decretales extravagantes que emanarunt post sextum. Am Ende derselben stehen die rothgedruckten Wappen des Druckers nebst dem Registrum chartarum.

150) Constitutiones Clementis Papae V. unacum apparatu Joan. Andreae. Venetiis per Baptistam de Tortis anno 1484. in gr. Fol.

 Die äußere Gestalt und Einrichtung dieser Ausgabe ist eben so, wie in dem unmittelbar vorhergehenden beschaffen. Der Anfang wird mit folgendem roth gedruckten Titel gemacht: Incipiunt constitutiones Clementis pape quinti unacum apparatu domini Joannis andree. Ohne Anfangsbuchstaben, Blattzahlen, und Custoden, doch mit Signaturen, welche von A — H gehen. Auf dem 50sten und letzten Blatt steht folgende Schlußanzeige: Venetiis per Baptistam de Tortis die. VI. Novēbris. M. CCCC. LXXXIIII.

151) Justiniani Imperatoris Institutionum libri IV. cum comentariis. Venetiis per Baptistam de Tortis anno 1484. in gr. Fol.

 Ueber diese Ausgabe sehe man Herrn Braun lib. cit. P. II. p. 113. Der ganze Unterschied zwischen dieser, und den zwey unmittelbar vorhergehenden Ausgaben besteht darinn, daß in der Gegenwärtigen alle Anfangsbuchstaben, nur den allererstien eines jeden der vier Bücher ausgenommen, die mit der Feder gezeichnet sind, mit rother Farbe gedruckt sind. Das Ganze beträgt 68 Blätter. Wird in catalog. Bibl. Schwarz. P. II. pag. 194. und in Mich. Denis supplem. Annal. Maittaire pag. 186. angezeigt.

152) Domini Juſtiniani Digeſti veteris P. II da. cum gloſſis. Venetiis per Joannem Furlivienſem, Gregorium ejus fratrem, et Jac. Britan. anno 1484. in gr. Fol.

Gegenwärtige Ausgabe kommt an typographiſcher Schönheit den unmittelbar Vorhergehenden ganz gleich, auch die Typen ſind nur ſehr wenig von einander unterſchieden. Zu Anfang ſteht in unſerm Exemplar eine aus Gold geſchlagne Figur, die den Kaiſer auf dem Throne ſitzend, vor ihm einen Bothen mit einem Brief, vorſtellet. Die Einrichtung des Werkes iſt von andern, gleichen Inhalts, ſchon beſchriebnen, nicht verſchieden. Blattzahlen, und Cuſtoden fehlen. Statt der großen Anfangsbuchſtaben hat der Drucker nebſt der Anzeige der Signaturen kleine an deren Stelle geſetzt. Das Ganze beträgt 348 Blätter. Am Ende wird folgende Schlußanzeige geleſen: Ad laudem eius qui eſt trinus et unus. Explicit Liber ſecunde partis digeſti veteris domini Juſtiniani principis ſacratiſſimi. Maxia cura atq3 diligētia Venetiis Ipreſſus: arte et impenſis Joañis furliviēſis: Gregoriiq3 eius fratris: et Jacobi britanici brixień. ſocio4. Anno domini. M. CCCC. LXXXIIII. die XV. decembris. Darunter ſtehen noch in einem langen Viereck auf rothem Grunde die Wappen dieſer Buchdruckergeſellſchaft, auf welchem zwiſchen zwey ſich über die Quer ſchneidende Linien die Buchſtaben Z. G. I. zu ſehen ſind. Dann wird mit den Rubricken der 24 Bücher, und dem Regiſtro chartarum der Beſchluß gemacht. Dieſe Ausgabe wird in catalog. Bibl. Schwarz. P. II. p. 167. und in Mich. Denis. ſupplem. Annal. Maittaire p. 183. angezeigt.

153) Das Buch genannt Summa Johannis &c. Ulm durch Conrad Dinckmut in dem Jahr 1484. in Fol.

Dieſe Ausgabe wird von Herrn Seemiller faſc. III. p. 11. hinlänglich beſchrieben. Herr Panzer hat ſie in den Annalen der deutſchen Litteratur S. 145 gleichfalls angezeigt. Ein Exemplar iſt auch zu Staingaden befindlich.

154) Jacobi de Voragine Sermones de Dominicis per annum. anno 1484. in Fol. Ohne Anzeige des Ortes und Druckers.

Dieſe ſeltne Ausgabe hat Herr Seemiller faſc. III. p. 16 et 17 beſchrieben. Die Schlußanzeige ſteht am Ende der zweyten Columne des mit CLXXXI. folürten Blattes, und lautet alſo: Jacobi de Voragine opuſculum in Sermones dñicales copoſitum finit feliciter. Anno dñl 1484. pridie kalendas Auguſti die vero Saturni. In Denis Supplem. Annal. Maittaire wird ſie p. 193. gleichfalls angezeigt. In Staingaden iſt auch ein Exemplar vorhanden.

Jahr 1485.

155) Caſſianus de Inſtitutis cenobiorum, origine, et cauſis, et remediis vitiorum, collationibus Patrum. Baſileae anno 1485. in Fol. Ohne Anzeige des Druckers.

Obiger Titel ſteht ganz allein auf der erſten Seite des erſten Blattes mit größern Typen, als das Folgende gedruckt. Dann fängt auf der Kehrſeite die kurze Erklärung des Werkes mit der Anzeige an: Auctor quis ac qualis fuerit: quos libros: ad quos: et de quibus ſcripſerit: commendatitia breviſq3 expoſitio. Am Ende dieſer Erklärung ſagt der Ungenannte, der vermuthlich der Drucker, und vielleicht Johann Amerbach iſt, unter andern Folgendes: ut igitur preclari huius viri opera tanta commendatione digna ab omnibus legere cupientibus facilius haberi poſſint: Nuper in inclyta Baſilienſium urbe poſt accuratiſſimam eorundem emendationem: artificioſamq3 ac perutilem et antea non viſam per capita diſtinctionem: ſingula cum inſcriptionibus ſuis: in hoc unum corpus ſunt collecta: elimatisq3 litterarum charactéribus ut liquido cernitur impreſſa: — — Anno nativitatis eiusdem M. CCCC. LXXXV. Auf der Kehrſeite des 10ten Blattes ſteht die Anzeige aller in dieſem Werk enthaltenen Bücher, und deren Inhalt in Verſen. Die Aufſchrift dabey heißt alſo: Quos opus hoc libros teneat cognoſcere ſi vis. Et quid quiſq3 tonet: Subſcriptos perlege verſus. Mit dem folgenden Blatt fängt die Vorrede, und ſodann das Werk ſelbſt de Inſtitutis coenobiorum, et origine ac remediis vitiorum an. In den collationibus Patrum cap. XV. de vocatione Pauli apoſtoli kommt ein Holzſchnitt, welcher in der Höhe das Format einer Karte beträgt, vor. Auf demſelben iſt oben Gott Vater, darunter Paulus mit ſeinem Pferde zu Boden geſtürzt nebſt ſeinem Schwerdt, welches von ſelbſten aus der Scheide fällt, und mit der Spitze in die Höhe raget, vorgeſtellt. Am Ende des Werkes wird folgende Unterſchrift geleſen: Expliciunt viginti quatuor collationes Sanctorum patru3 conſcripte ab iohañe heremita qui et Caſſianus dicitur. Impreſſe Baſilee Anno domini. M cccc. LXXXV. Das Ganze beträgt 208 Blätter. Uebrigens kann Hrn. Brauns Beſchreibung von dieſer Ausgabe P. II. p. 116. nachgeleſen werden.

156) Hugonis de Prato florido Ord. Praed. Sermones de Sanctis. Heidelbergae anno 1485. Ohne Anzeige des Druckers. in Fol.

Hugo erhielt den Beinamen de Prato florido von ſeinem Geburtsorte Pratis bey Florenz. Er war zu ſeiner Zeit Einer der berühmteſten Prediger, und ſtarb 1322. S. Cave Hiſt. litter. de Script. Eccl. Gegenwärtige Ausgabe enthält auf einen jeden Feſttag — worunter auch Weynachten, Oſtern, Pfingſten, u. a. m. ſind — zwey Predigten. Nach dem auf dem erſten Blatt allein ſtehenden Titel: Sermones. Hugonis de prato florido de Sanctis fängt auf dem Zweyten
eine

eine kurze Vorrede an. Diese geht auf der zweyten Columne dieses Blattes zu Ende, wo sodann auch gleich der Anfang mit der ersten Predigt de omnibus Sanctis gemacht wird. Zu Ende des Werkes steht folgende Schlußanzeige: Sermones perutiles de sanctis p anni circulum fratris Hugonis de prato florido ordinis sancti-Dominici sectatoris faustissime finiunt. Impressi Heydelberge Anno dominici natalis M. cccc. LXXXV. XII. kalendas februarias. Dann folgt noch ein 10 Bl. starkes Register. Ohne Anfangsbuchstaben, Custoden und Blattzahlen, doch mit Signaturen. Der Druck ist eine ziemlich gute Mönchschrift. Das Papier ist weiß, aber dabey rauh. Das Ganze beträgt 285 Blätter. Ein Exemplar ist auch in Irsee befindlich.

157) Distinctiones Exemplorum veteris et novi Testamenti reductæ ad diversas materias. Memmingae per Albertum Kune anno 1485. in 4to.

Diese Ausgabe ist von Hrn. Seemiller fasc. III. p. 27. und Braun lib. cit. P. II. p. 120. hinlänglich beschrieben worden. In Denis Supplem. Annal. Maittaire pag. 198. wird sie gleichfalls angezeigt. Befindet sich auch in Irsee.

158) Concordantiae majores Bibliorum. Norimbergae per Anton Koburger anno 1485. in gr. Fol.

S. Hrn. Panzers älteste Buchdr. Gesch. Nürnb. S. 92. Ferner Hrn. Straußens Monum. typ. Rebdorf. p. 176. Ist auch in Irsee vorhanden.

159) Johannis de Bromyard Ord. Praed. Summa Praedicantium. Norimbergae per Anton. Koburger. anno 1485. in gr. Fol.

Ist von Herrn Panzer in der ältesten Buchdruckergeschichte Nürnbergs S. 92 beschrieben worden.

160) S. Bonaventurae s. R. E. Card. Ord. Min. Sermones de tempore et de sanctis, simul et de comuni sanctorum. Reutlingae anno 1485. in Fol.

Diese Ausgabe ist ein wörtlicher Nachdruck derjenigen, welche oben unter dem Jahre 1484 ist angezeigt worden. Die nähere Beschreibung davon s. M. in des Hrn. Seemillers fasc. III. p. 32. Ist auch zu Rebdorf befindlich, S. Hrn. Straußens Monum. typ. p. 178.

161) Ja-

161) Jacobi de Voragine Historia Lombardica, seu Legenda sanctorum Reutlingae anno 1485. in Fol. Ohne Anzeige des Druckers.

Gegenwärtige Ausgabe enthält einige Legenden mehr, als jene Nürnbergische vom Jahr 1482. Sie fängt mit dem nämlichen Titel Lombardica Historia, der ganz allein auf der ersten Seite des ersten Blattes mit gröbern Typen gedruckt ist, an. Mit dem folgenden Blatt nimmt die Vorrede ihren Anfang, auf welche sogleich ein alphabetisches Register über die Materien nachfolgt. Dann folgt noch eine Vorrede, und auf diese die Capitula de festivitatibus &c. Endlich beginnt auf dem 15ten Blatt das Werk selbst. Columnentitel, und Signaturen sind da, die Anfangsbuchstaben hingegen, Custoden, und Blattzahlen fehlen. Die erste Zeile einer jeden Legende ist durchgehends mit gröbern Lettern, als das folgende gedruckt. Das Ganze beträgt 311 Blätter, und ist in gespaltnen Columnen auf ein mittelmäßig gutes und weißes Papier mit gothischen Typen gedruckt. Auf dem 270sten Blatt endet sich die sonst bekannte Historia lombardica mit der Unterschrift: Explicit legenda lombardica Jacobi de voragine ordinis predicatorum episcopi Ianuensis. Alsdann fängt mit dem folgenden Blatt der Nachtrag der Legende an. Am Ende derselben macht folgende Anzeige den Beschluß: Expliciunt quorundam sanctorum legende adjuncte post Lombardicam hystoria. Impresse in Reutlingē Anno dn̄i M. CCCC. LXXXV.

Ein Exemplar dieser Ausgabe ist auch zu Burheim, und G. D. Hoffmann von den ältesten Druckprivilegien führt p. 61. diese Ausgabe aus der Stadtbibliothek zu Reutlingen an.

162) Justiniani codicis libri XII, cum commentariis. Venetiis per Andream de Chalabriis Papien. anno 1485. in gr. Fol.

Diese prächtige Ausgabe ist mit niedlichen gothischen Typen auf ein sehr schön- und starkes Papier gedruckt. Der Text steht auf gespaltnen Columnen in der Mitte, und wird auf allen Seiten von den Glossen umgeben. Die kleine Anfangsbuchstaben und Signaturen sind von dem Drucker selbst angezeigt. Dagegen fehlen die Custoden und Blattzahlen. Die Rubricken sind rothgedruckt. Das Ganze ist 270 Bl. stark. Am Ende wird auf, durch das ganze Blatt laufenden Zeilen, folgende Schlußanzeige gelesen: Codicis opus domini Justiniani principis sacratissimi magna cura atque diligentia emendatum: ac charactere jucundissimo impressum Venetiis ingenio atq3 impensa Andree de chalabriis papien̄. Finit feliciter x. Anno a nativitate domini. M. CCCC. LXXXV die ultima mensis augusti. Dann folgen noch auf zwey Blättern das alphabetische Register der Rubricken und der Signaturen. Ein Exemplar dieser schönen Ausgabe ist auch zu Weingarten.

163) Ju-

163) Juſtiniani codicis libri XII. item conſuetudines feudorum. accedunt quoque Extravagantes. Venetiis per Andream de cha- labriis anno 1485. in gr Fol.

Die äußerliche Geſtalt dieſer Ausgabe iſt eben ſo, wie die unmittelbar vorhergehende beſchaffen; nur das hat ſie eigen, daß die collationes und libri eben an dem Rand z. B. Colla. VIII. Liber X. angezeigt ſind. Auf der Kehrſeite des 158ten Blattes iſt folgende kurze Schlußanzeige zu leſen: Venetiis per Andre- am de calabriis Papienſem dic. x. May. M. CCCC. LXXXV. Mit dem darauf folgenden Blatt fangen die Extravagantes cum apparatu domini Bartholi an. Sie füllen nicht ganze 7 Blätter. Am Ende ſteht Explicit, und darunter das Regi- ſtrum chartarum. Das Ganze beträgt 165 Blätter. In catalog. Bibl. Schwarz. P. II. p. 197. iſt dieſe Ausgabe angezeigt.

164) Infortiatum cum gloſſis. Venetiis per Johannem et Grego- rium fratres Furlivienſes anno 1485. in gr. Fol.

Dieſe Ausgabe iſt von Hrn. Seemiller faſc. III. p. 36. hinlänglich be- ſchrieben worden. Unſer Exemplar, ſo wie beyde unmittelbar Vorherbeſchriebene ſind zu Anfang mit vielen Verzierungen und mit Gold dick belegten Bildern und Anfangsbuchſtaben verſehen. Unten auf dem Rand des erſten Blattes iſt in allen dreyen ein Benediktiner Abt gemalt, welcher neben ſich einen Bären, und Links und Rechts einen Schild liegen hat, in einem davon ſtehen die verzogenen Buch- ſtaben G. und A. Vermuthlich ſoll der Abt den heiligen Gallus vorſtellen, und iſt vielleicht zu Ehren eines Prälaten, der dieſe Bücher gekauft, und den Namen Gallus führte, gemalt worden. — Das Ganze iſt 247 Blatt ſtark. Auf dem letzten Blatt ſteht das Regiſtrum huius operis, und die Wappen der beyden Dru- cker. Dieſe ſind faſt 2 1/2 Zoll hohes Vierek, in deſſen Mitte ſteht ein Creutz, welches von zwey über die Quer liegenden Linien durchſchnitten wird. In den Sei- tenwinkeln der beeden Linien ſtehen die Buchſtaben Z und G.

165) Vocabularium Juris utriusque. Venetiis per Mattheum Cap- caſam, et Bernardinum pinum ſocios. anno 1485. in Fol.

Dieſes juridiſche Wörterbuch iſt mit gothiſchen Typen in geſpaltnen Co- lumnen auf ein ſehr weißes und ſtarkes Papier gedruckt. Auf der erſten Seite des erſten Blattes ſteht folgende Anzeige: Terminorum frequētatoru ta i potificio q3 civili jure: Opus preclarum et utile feliciter incipit. Unmittelbar darauf folgt eine kurze Einleitung, in der die Nutzbarkeit und Nothwendigkeit, die juridiſche Terminologie und Signifikate vorläufig zu wiſſen, ehe man die Rechte ſtudiert, vorgeſtellt wird. Darauf fängt das Werk ſelbſt in alphabetiſcher Ordnung an. Kleine Anfangsbuchſtaben ſtatt der großen, und Signaturen ſind da, Die Cuſtoden hingegen und Blattzahlen mangeln. Das Ganze beträgt 97 Blätter. Auf der Kehrseite des letzten Blattes macht folgende Anzeige den Beschluß: Explicit Juris vocabularii Venetiis Impreſſu per Mattheum Capcaſam parmenſem et Bernardinum pinum novacomenſem ſociof Anno Salutis M. cccc. LXXXV. die XVIII. menſis Juny. Darunter ſteht noch das Regiſtrum chartarum.

Dieſe Ausgabe wird von Hrn. Denis in Supplem. Annal. Maittaire pap. 206. nur ganz kurz angezeigt. Ein Exemplar davon befindet ſich auch zu Weingarten.

166) Ubertini de Caſali Ord. Min. Arbor vitae crucifixae Jeſu. Venetiis per Andream de Bonettis de Papia anno 1485. in Fol.

Dieſe Ausgabe iſt von Herrn Braun lib. cit. P. II. p. 123. hinlänglich beſchrieben worden. Ein Exemplar iſt auch in Irſee vorhanden.

167) Ciceronis opuſcula 1) de Univerſitate 2) de Fato. 3) de Topicis cum commentariis Georgii Vallae. Venetiis per Antonium de Strata cremonenſem anno 1485. in Fol.

Dieſe 3 Werkchen ſind von Hrn. Seemiller faſc. III. p. 36. angezeigt und beſchrieben worden. In unſerm Exemplar befinden ſie ſich gleichfalls in einem Band beyſammen, und zwar in der oben angezeigten Ordnung. Das Erſte beſteht aus 3 Lagen, davon die Erſte 8 Blatt, die übrigen zwey Lagen aber bloß 6 Blätter ſtark ſind, und kann auch leicht von den zwey Folgenden getrennt werden. Das zweyte Werkchen beſteht aus zwey Lagen, von denen die Erſte 8 Bl., die Zweyte 10 Blätter füllet, kann aber von dem dritten Werkchen nicht abgeſondert werden, indem auf der Kehrſeite des letzten Blattes des zweyten Werkchens ſchon der Brief des Georgius Valla an ſeinen Schüler den Bernardus Salvaticus genuenſis Patricius anfängt. Man S. Denis Supplem. Annal. Maittaire p. 197.

168) Antonini Archiepiſc. Florentin. Ord. Praed. P. I. II. tertiae partis Summae theologicae. Venetiis per Andream de Catharo anno 1485. in Fol.

Von dieſer Ausgabe des in Deutſchland ſowohl, als in Italien ſo oft gedruckten Werkes beſitzen wir nur den dritten Theil. Der Anfang wird mit einer zwey Blätter ſtarken Tabula titulorum gemacht. Dann folgt die Vorrede, und nach dieſer nimmt das Werk ſelbſt auf der Kehrſeite des 5ten Blattes ſeinen Anfang mit folgender Anzeige: Explicit prologus. Incipit prima pars tertie partis

summe

ſumme beati Antonini Archiepi Florentini ordinis predicatoru̅ de cu̅ctis ſtatibus, exercitiis ſive artificiis hominu̅z. Primus titulus de ſtatu conjugatoru̅ de matrimonio per modum predicationis. Zu Ende des erſten Theils wird folgende Schlußanzeige geleſen: Domini anthonini archipſulis florentini ſacre ſcripture profeſſoris eximii explicit ſumme prima pars tertie ſequitur ſecunda. Dieſer iſt 215 Blätter ſtark. Der zweyte Theil fängt gleichfalls mit der Tabula Titulorum — die aber nach der Anzeige der Signaturen zuletzt ſollte gebunden ſeyn — an. Sie beträgt 3 Blätter. Darauf folgt ſogleich ohne Vorrede das erſte Capitel de ſtatu Religioſorum. Am Ende macht folgende Unterſchrift den Beſchluß: Domini anthonini archipreſulis florentini ac ſacre ſcripture interpretis eximii ſcd'a p3 tertie ſumma cu̅z diligentia ac impenſa magiſtri andree de Catharo impreſſa Venetiis explicit felicit⁹ Anno dn̅i. MCCCCLXXXV. die. XXI. menſis Aprilis. Darunter ſteht noch das Regiſtrum chartarum. Der zweyte Theil beträgt 206 Blätter. Das Ganze iſt in geſpalten Columnen auf ein weißes und ſtarkes Papier mit kleinen gothiſchen Typen gedruckt. Dieſe Ausgabe wird in Denis ſupplem. Annal. Maitt. pag. 194 angezeigt.

169) In dieſem buch findet der andechtig menſch ein gar nutzperliche materi. die ym wol dienet zu dem hail ſeiner ſele. Wann da iſt begriffen ein lobliche andechtige und kunſtreiche erklarung der zwölff artickel des chriſtenlichen glaubens. mit ſchönen fragen und leren. als der fleiſſig leſer wol erkunden mag. Ulm durch Cunrad Dinckmut in dem Jahre 1485. in Fol. mit Holzſtichen.

Mit obigen Titel fängt gegenwärtige Ausgabe auf der Kehrſeite des erſten Blattes an. Unmittelbar darauf folgt das Regiſter. Alsdann fängt mit dem 5ten, und mit I folürten Blatt die Vorrede alſo an: Ir liebhaber des heiligen glaubens ſind wachen in euwerem gebet das ir in den notturfftigen ſachen des glaubens mit der Hilff gottes durchleuchtet werdent Und den anefang artikel und inhaltung durchfragent u. ſ. w. Dieſe endet ſich auf der erſten Seite des 9ten Blattes mit den Worten: Ein end der Vorred. Endlich beginnt das Werk ſelbſt. Vor einem jeden Artikel ſteht ein Holzſchnitt, der die ganze Seite des Blattes füllt, und zwey Vorſtellungen enthält. Die erſte davon iſt durchgehends auf den dabey zu erklärenden Artikel gerichtet, die zweyte aber ſtellt einen Apoſtel mit einem gegen den Artikel ſtreitenden Ketzer vor. So wird z. B. bey dem erſten Artikel credo in Deum patrem &c. in der erſten Vorſtellung die Schöpfung der Welt, und in der untern, oder der zweyten zur Rechten Hand Petrus mit den Schlüſſeln, und zur Linken ein Ketzer, und zwiſchen Beyden ein Nelkenſtock vorgeſtellet. Der erſte Artikel endet ſich auf der erſten Seite des mit XXII foliirten Blattes. Die Unterſchrift dabey heißt: Hie nach volget der ander artickel den uns ſetzt Sanctus Andreas

Andreas und spricht. Den letzten Artikel spricht der heilige Mathias, welcher auch am weitläuftigsten ausgeführt ist. Am Ende wird folgende Schlußanzeige gelesen: Erklerung der zwölff Artickel des Cristenlichen gelaubens. mit nutzperlichen fragen. wol dienend einem yeglichen menschen zu seinem seligen heile. Seligklichen vollendet zu Ulm. durch Cunraden Dinckmut. In dem jare als man zahlt von der geburt unsers herren Jhesu Cristi. Tausent fierhundert und im fünff und achtzigsten. An dem ain und zweintzigisten Tage des Augsten. Deo gratias.

Uebrigens sind die großen Anfangsbuchstaben von einem jeden Artikel ziemlich gute Holzschnitte. Blattzahlen, Aufschriften und Signaturen sind vorhanden, die Custoden hingegen fehlen. Das Ganze ist in ununterbrochenen Zeilen auf ein ziemlich weißes und starkes Papier gedruckt, und beträgt ohne das Register CLIX. foliirte Blätter. In Denis supplem. Annal. Maittaire p. 198 wird diese Ausgabe angezeigt. Herrn Panzer hingegen blieb sie in den deutschen Annalen unbekannt, daher man auf ihre Seltenheit schließen kann. Doch hab ich in Irsee und Staingaden davon Exemplare gefunden.

170) Johannis Gerson Cancellarii Parisiensis de Imitatione Christi libri IV. accedit eiusdem tractatus de Meditatione cordis. Per Dyonisium et Peregrinum socios Bononienses anno 1485. in 4to. Ohne Anzeige des Ortes.

Diese Ausgabe ist von Herrn Braun lib. cit. P. II. p. 126 hinlänglich beschrieben worden, wird auch von Maittaire Tom. IV. p. 461 angeführt. Ein Exemplar ist auch zu Rottenbuch befindlich.

171) Antonini Archiepisc. Florentini Summae theologicae Tom. IV. anno 1485. in Fol. Ohne Anzeige des Ortes und Druckers.

Von diesem Werke ist mir bis jetzt noch keine Ausgabe bekannt, welche in einem Jahre complet, als wie die gegenwärtige erschienen ist. In der Einrichtung und Hauptsache kommt sie mit der Koburgerischen unter den Jahren 1477, 1478 und 1479 vollkommen überein, bloß der Format ist um etwas kleiner, und zwischen den Typen beyder Ausgaben wird ein grosser Unterschied wahrgenommen. Den Anfang macht in allen 4 Theilen in der Mitte der ersten Seite des ersten Blattes mit grössern Typen gedruckte Titel z. B. Prima Pars Summe Antonini. In dem zweyten Theile wird er gerad umgekehrt gelesen, nämlich: Summe Antonini Pars secunda. In dem dritten, und 4ten Theile ist er mit dem Wörtchen Totius Summe &c. vermehrt zu lesen. Unmittelbar darauf folgt in allen 4 Theilen die Vorrede, und die tabula titulorum. Im ersten Theil heißt die Schlußanzeige: Finis prime partis summe domini Antonini archiantistitis Florentino4. debita cura et et opera (quemadmodū et tres eiusdeȝ partes sequêtes) post nuper factas correctiones denuo emendate. Anno legis gratie. M. CCCC. LXXXV. Decimo Kalendas Aprilis. Er ist 245 Blätter stark. Der zweyte Theil beträgt 322 Blätter. Am Ende desselben steht: Opus hoc celeberrimum Scd'e partis sume beati Antonini arch. epi florentini. sacreȝȝ pagine Interpretis eximii. moraliter agens de singul' vitiis in pticulari per modum predicatiois ac doctrine. factum anno christi iesu. M. CCCC. LXXXV. pridie nonas Januarias. explicit feliciter. Zu Ende des dritten Theils wird gelesen: Acta est hec pars sume domini Antonini tertia. laboriosissime haud dubiu denuo revisa anno nostre salutis Millesimo quadringentesimo octogesimo quinto. Kalendas vero Juny. XII. Die tabula titulorum fängt in diesem auf der Rückseite des 444sten Blattes an. Der ganze Theil enthält 447 Blätter. Zu Ende des vierten Theils steht nach der Nachricht von des Verfassers Tod, und nach dem Epithaphium Folgendes: Hoc preclarissimu opus quarte. partis sume Anthonini (sic) archipresulis Florentini sacrarumqȝ litterarum interpretis celeberrimi (tractans de virtute in genere atqȝ in specie. de gratia divina et donis spiritus sancti. interpositȝ Innumerabilibuȝ aliis valde utilibus. precipue de intemerata christifera ac gloriosa. virgine Maria. de antichristo. inferno. purgatorio. finali judicō &c. velut triplices eius tabule qȝclare ostendunt). Actum anno nostre salutis MCCCCLXXXV. undecimo Kalendas Marcy finit feliciter. Ist 372 Blätter stark. Das Ganze ist in gespaltnen Columnen auf ein schön weißes, und starkes Papier mit mittelmäßig großen gothischen Typen gedruckt. Große Anfangebuchstaben, Blattzahlen, und Custoden mangeln. Die Aufschriften oben am Rand, Columnentitel, und Signaturen sind da.

Diese Ausgabe blieb nicht nur Maittaire, sondern auch Hrn. Denis in Supplem. Annal. Maittaire unbekannt. Sie verdient daher als eine sehr große Seltenheit hier angerühmt zu werden, da alle übrige mir bekannte berühmte Bibliographen gleichfalls tiefes Stillschweigen von ihr beobachten. Ein Exemplar ist auch zu Neresheim befindlich.

Jahr 1486.

172) Gulielmi Duranti Episc. Minatensis Rationale divinorum officiorum. Argentinae anno 1486. in Fol.

Von diesem liturgischen Werke sind schon einige ältere Ausgaben angezeigt worden, mit welchen die Gegenwärtige in der Hauptsache überein kommt. Diese ist eine ziemlich unbekannte Ausgabe. Sie fängt auf der ersten Seite des ersten Blattes mit dem Titel Rationale divinorum officiorum an. Darauf folgt auf zwey Blättern die tabula generalis. Mit dem vierten Blatt beginnt die Vorrede,
und

und zugleich die Blattzahl mit der Ueberschrift: Incipit rationale divino4 officiorum guilhelmi minatensis eccl'ie episcopi. Das Werk endet sich auf der Kehrseite des letzten und mit Folium CCLXXII. numerirten Blattes. Die darauf folgende kurze Unterschrift lautet also: Explicit rationale divinoru3 officioru Impressum argentine Anno dñi. M. cccc LXXXVI. Der Druck ist eine mittelmäßig große Mönchschrift a Columnen. Ohne große Anfangsbuchstaben und Custoden, doch mit Signaturen.

173) **Sermones Thesauri novi de sanctis.** Argentinae anno 1486. in Fol.

Diese Ausgabe ist von Hrn. Seemiller fasc. III. p. 54. hinlänglich beschrieben worden. Das Ganze beträgt 297 Blätter.

174) **Vocabularius Predicantium.** Argentinae anno 1486. in 4to. Ohne Anzeige des Druckers.

Ist von Hrn. Braun lib. cit. P. II. p. 128. angezeigt worden. Ein Exemplar davon ist auch in Irsee vorhanden. Die lateinischen Wörter werden in diesem Werkchen fast durchgehends mit mehr als bloß einem deutschen Signifikate gegeben. Z. B. *Abdicare*, verwerffen. abziehen. abnehmen. mindern. abschlagen. trennen. wiederseßen. Ich vermuthe daher, daß, wenn diese Ausgabe Hrn. Panzer nicht unbekannt geblieben wäre, er derselben sicher einen Platz in den Annalen der ältesten deutschen Litteratur würde angewiesen haben.

175) **Liber Sextus Decretalium cum adparatu Johannis Andreae.** Basileae per Michaelem Wenssler anno 1486. in Fol.

Ist ein Nachdruck des schon öfters beschriebenen Werkes. Der mit größern Typen gedruckte Titel: Sextus Decretalium steht ganz allein auf der ersten Seite des ersten Blattes. Die Kehrseite desselben füllt das Register der Rubriken. Dann folgt auf dem nächsten Blatt: Lectura arboris consanquinitatis et affinitatis. Mit dem 5ten, welches mit I. foliirt ist, fängt das Werk selbst an. Auf dem letzten und mit CXXXIX. numerirten Blatte wird folgende Schlußanzeige gelesen: Liber sextus decretalium unacum apparatu dñi Johannis andree accuratissime castigatus feliciter explicit. Basilee. impressus per michaelem Wenssler. Anno salutis christiane Millesimo quadringentesimo octuagesimo sexto. Darunter steht noch das Registrum chartarum. Die Inscriptionen oben am Rand z. B. De dolo et contumacia sind mit größern Typen als das Folgende angezeigt. Große Anfangsbuchstaben und Custoden fehlen. Die Signatur ist da.

176) Con-

176) Conſtitutiones Clementis Papae V. unacum commentis Johannis Andreae. Baſileae per Michaelem Wenſsler anno 1486. in Fol.

Der Druck und die ganze äußerliche Gestalt dieses Werkes kommt mit dem unmittelbar Vorhergehenden vollkommen überein. Den Anfang macht auf der Rückseite des ersten Blattes das Register. Auf dem Folgenden fängt das Werk selbst mit dem schon bekannten Titel an. Der Beschluß wird auf der ersten Seite des mit LXIX. foliirten Blattes gemacht. Die Unterschrift heißt also: Opus Clemētina4 impenſa atq3 induſtria Michaelis Wenſsler Baſilee impſſu finit feliciter Anno ſalutis Milleſimo quadringenteſimo octuageſimo ſexto. Die Rückseite ist leer. Auf dem folgenden Blatt fangen die Decretales Extravagantes an, und füllen 8 Blätter. Am Ende derselben wird mit dem Regiſtrum chartarum der Beschluß gemacht. Diese Ausgabe wird auch zu Weingarten angetroffen.

177) Libri IV. Sententiarum. Baſileae per Nicolaum Keſsler anno 1486. in Fol.

Die Worte Textus Sententiarum — welche mit großen in Holz geschnittnen Typen gedruckt sind — stehen auf der ersten Seite des ersten Blattes. Dann folgt auf dem nächsten Blatt die Vorrede, die mit der ersten Seite dieses Blattes zu Ende geht. Auf der Kehrseite fangen die Rubriken des ersten Buchs an. Endlich nimmt auf der Rückseite des 4ten Bl. das erste Buch selbst mit der Ueberschrift: Incipit primus liber de miſterio trinitatis seinen Anfang. Die Rubriken stehen vor einem jeden Buch. Große Anfangsbuchstaben, Cuſtoden und Blattzahlen werden vermißt. Die Signaturen sind gegenwärtig. Auf beyden Seitenränden stehen Noten und Citationen aus den heiligen Vätern, und berühmten Theologen. Zu Ende des Werkes vor dem Register macht folgende Unterschrift den Beschluß: Anno dn̄i Milleſimo quadringenteſimo octuageſimo ſexto. Octavo nonas marcy Textum Sententiariu non attramentali penna cannave. Sed quadā ingenioſa arte imprimendi cunctipotenti aſpirate deo in egregia urbe Baſileeñ. Nicolaq Keſler foeliciter coſummavit. Darunter stehen die Wappen des Druckers. Alsdann wird mit einem 17 Bl. starken alphabetischen Register über alle 4 Bücher der Beschluß des ganzen Werkes gemacht.

178) S. Auguſtini Epiſc. Sermones ad fratres heremitas. Brixiae per Jacobum Britannicum Brixianum anno 1486. in 8.

Diese ganz unbekannte Ausgabe hat Herr Braun l. c. P. II. p. 130. beschrieben. Ingleichen wird sie in Denis Supplem. Annal. Maittaire p. 208. angezeigt. In unserm Exemplar fand ich ſtatt 21 plagularum faſciculos — welche Herr Braun angiebt — 22 Lagen, davon eine Jede 8, die Letzte aber bloß 4 Blätter ſtark iſt.

179) Sermones Parati nuncupati de tempore et de sanctis. Coloniae per Johannem Koelhoff de Lubeck anno 1486. in Fol.

Der Verfaſſer dieſer Predigten giebt ſich nirgends zu erkennen. Der Titel, welchen dieſe Predigten führen, ſcheint nur von der erſten Sermon, welche anfängt Paratus eſt judicare vivos et mortuos, entlehnt zu ſeyn. Den Anfang macht auf der erſten Seite des erſten Blattes folgender Titel: II. Sermones Parati de tēpore et de ſanctis. Mit dem folgenden Blatt fängt die erſte Predigt — die auf den erſten Adventſonntag gerichtet iſt — mit folgender Aufſchrift an: Paratus de tempore continens evangeloru de tempore exponens nec non de tempore epiſtola4 Sermones. elaboratum opus et correctiſſimum incipit feliciter. Der erſte Theil beſteht aus CLVII. Sermonen. Zuletzt wird Finis Sermonu-parati de tempore geleſen. Dann fängt der zweyte Theil an. Voran ſteht: Paratus continēs ſermoēs de ſanctis incipit felicit?. De ſ. andrea Ser. I. Der Text dieſer Predigt — welcher gleichfalls eine Anſpielung auf den Titel des Werks iſt, heißt: Paratus ſum et non ſum turbatus, ut cuſtodiam mandata tua. Die letzte Predigt iſt de beata Katherina. Alsdann wird folgende Schlußanzeige geleſen: Paratus ſtinēs ſermoēs de factis p añi circulu. Finit feliciter. per me Johañē Koelhoff de Lubeck. civem colonie Anno gratie. 1ʌ86. (1486.) Darauf folgt noch eine 4 Bl. ſtarke tabula ſermonum. Das Ganze iſt in geſpaltnen Columnen auf ein ziemlich weißes und ſtarkes Papier mit nieblichen gothiſchen Typen gedruckt. Die Aufſchriften oben am Rand z. B. Dominica quarta Sermo LXI. und die erſte Zeile einer jeden Sermon iſt durchgehends mit größern Typen als das Folgende gedruckt. Anfangsbuchſtaben, Blattzahlen und Cuſtoden fehlen. Signaturen ſind da.

180) Bonaventurae Ord. Min. Libri et tractatus diverſi. Coloniae per Johannem Coelhoff de Lubeck anno 1486. in Fol.

Dieſe Ausgabe iſt von Hrn. Braun lib. cit. P. II. p. 131. beſchrieben worden. In der Schlußanzeige fand ich in unſerm Exemplar einen Druckfehler, den Herr Braun in ſeiner von dieſem Werke gemachten Beſchreibung nicht bemerkt hat. Es heißt nämlich: Libri et tractatus ſancti Bonaventure — — — et ſacre *theologice* nicht *theologie* doctoris &c. Uebrigens iſt dieſe Ausgabe zu Erlangen, Burheim und Rottenbuch. Clement hat ſie in der bibliotheque curieuſe Tom. cinquieme aus Weiſlingeri bibliotheca S. Johannis Hieroſolymitani Argent. 1749. pag. 31. richtig citirt.

181) Johannis Beets Ord. Carmelit. Commentarii in decem Praecepta Decalogi. Lovanii per Aegidium Vander Heerſtraten anno 1486. in Fol.

Dieſe Ausgabe iſt von Hrn. Braun l. c. P. II. p. 120. hinlänglich beſchrieben worden. Es ſoll auch nach des Hrn. von Murr Anzeige ein Exemplar dieſer

dieſer Ausgabe in der Bibliothek zu Nürnberg ſeyn. Der Verfaſſer blieb Ant. Poſſevin. In Adparat. Sac. und Cave de Script. Eccl. unbekannt. Hingegen wird in dem von Joan. Trithem. verfertigten Regiſter der Scribenten aus dem Carmelliter Orden, welches von P. Maximilian a S. Joſeph. Carmel. vermehrt, und in das Deutſche überſetzt worden iſt, Edit. Monacenſ. 1746. pag. 100. folgende Nachricht von dem Verfaſſer gegeben: Johannes Beets ein Deutſcher, aus dem Convent zu Tilemont, war der heiligen Schrift Doktor, auch ein bewährter Ariſtotelicus, und berühmter Paraphraſtes, nit weniger wegen ſeiner Kunſt zu predigen in gutem Anſehen, und bey männiglich wegen ſeiner Wiſſenſchaft und großen Belaſenheit angenehm. Er ſchrieb mehrere Werke, und ſtarb im Jahr 1476 den 17ten July.

182) Pauli Florentini Ord. S. Spiritus Breviarium, ſeu Summa tam Decretorum, quam Decretalium. Memmingae per Albertum Kune de Duderſtat anno 1486. in Fol.

Iſt von Hrn. Seemiller faſc. III. p. 56. und Hrn. Braun l. c. P. II. p. 133. beſchrieben worden.

183) Bernardi de Breydenbach Decani et Camerarii Moguntini Itinerarium in terram ſanctam &c. Moguntiae per Erhardum Reuwich de trajecto anno 1486. in Fol. mit Holzſtichen.

Dieſe ſchöne und ſeltene Ausgabe iſt von Hrn. Seemiller hinlänglich beſchrieben worden. M. S. deſſen faſc. III. p. 66. In unſerm Exemplar ſtellt der erſte Anfangsbuchſtabe vor der Dedikation nebſt dem Gräflich-Hennebergiſchen Familienwappen auch das Mainziſche, ein Rad nämlich vor, welches Herr Seemiller in der Beſchreibung ſeines Exemplars entweder nicht gefunden, oder anzuzeigen unterlaſſen hat. Ferner S. M. Hrn. Braun l. c. P. II. p. 134.

184) Anitii Torquati Severini Boethii de conſolatione philoſophiae libri V. cum commentariis S. Thomae de Aquino. Norimbergae per Ant. Koburger anno 1486. in Fol.

Dieſe Ausgabe iſt von Hrn. Panzer in der älteſten Buchdruckergeſchichte Nürnbergs S. 100. und von Hrn. Braun l. c. P. II. p. 136. hinlänglich beſchrieben worden. Herr Straus hat ſie gleichfalls in Monum. typ. Rebdorf. p. 183. angezeigt.

185) Johannis Molitoris Ord. Praed. tabula quintuplex totius Summae theologicae Antonini Archiepifc. Florentin. Norimbergae per Anton. Koburger anno 1486. in gr. Fol.

Von dieser Ausgabe besitzen wir nichts, als das gegenwärtige Register. Hierüber sehe man Hrn. Panzers älteste Buchdruckergeschichte Nürnbergs S. 101, allwo das Werk selbst nebst dem Register ausführlich beschrieben wird. Ingleichem Herrn Seemillers fasc. III. p. 46.

186) Aeneae Sylvii Piccolomini, five Pii II. Papae, epistolae in quadruplici vitae statu exaratae. Norimbergae per Anton. Koburger anno 1486. in 4to.

Diese Ausgabe ist von Herrn Panzer in der ältesten Buchdrucker-Geschichte Nürnbergs S. 101 beschrieben, und das Nöthigste dabey angemerkt worden. Befindet sich auch in Irsee.

187) Johannis de Janua fumma, quae vocatur Catholicon. Norimbergae per Anton. Koburger anno 1486. in gr. Fol.

Ist in des Herrn Panzers ältesten Buchdrucker-Geschichte Nürnbergs S. 103 angeführt, und kurz beschrieben worden. Unser Exemplar beträgt gleichfalls 2 Alphabet und 5 Lagen bis E e. wovon eine jede Lage 4 Bögen hat, von denen die 4 ersten Blätter durchgehends signirt sind, z. B. d II. d III. d IIII. u. f. f. Daß Herr Panzer loc. cit. sagt, die Lagen bestehen nur aus 3 Bögen, mag wohl gleich die erste Lage zu diesem Fehler Anlaß gegeben haben, indem in dieser nur die ersten 3 Blätter mit Signaturen versehen sind.

188) Viola Sanctorum. Norimbergae anno 1486. in 4to. Ohne Anzeige des Druckers.

Gegenwärtiges Exemplar kommt mit demjenigen, welches Herr Panzer in der Buchdrucker-Geschichte Nürnbergs S. 98. n. 147. mit Kl' July datirt, anführt, überein. Ein Exemplar davon ist auch in Irsee befindlich.

189) Nicolai Tinctoris de Guntzenhusen Commentarii super summulas Petri Hispani. Reutlingae per Michaelem Gryff anno 1486. in Fol.

Diese Ausgabe ist von Herrn Seemiller fasc. III. pag. 60 beschrieben worden.

190)

190) Liber fextus Decretalium cum Commento Johannis Andreae. Venetiis per Andream de Bonetis de Papia anno 1486. in gr. Fol.

Mit der unter dem Jahre 1484 beschriebenen Ausgabe stimmt die gegenwärtige in aller Hinsicht überein. Der Anfang wird gleichfalls mit der Lectura arboris consanquinitatis et affinitatis gemacht. Auf dem dritten Blatt nimmt das Werk selbst seinen Anfang. Voran steht die rothgedruckte Ueberschrift: Incipit fextus liber decretalium. Die äusserlichen Verzierungen, als da sind das zu Anfang stehende und stark mit Gold belegte Bild, welches den Pabst sitzend vorstellt, die vergoldeten grossen Anfangsbuchstaben, die schöne mit lebendigen Farben gemalte Randverzierungen, die breiten leeren Ränder, das weiße, und starke Papier, die niedliche schwarze und gute Mönchschrift geben dem Werk ein recht prächtiges Ansehen. Das Ganze ist 105 Blätter stark. Die Anfangsbuchstaben des Textes, Aufschriften am Rand, Custoden, und Blattzahlen fehlen. Die Signaturen sind da. Am Ende steht folgende Schlußanzeige: Venetiis per Andream de Bonetis de Papia. XXII. Mai. M. CCCC. LXXXVI. Laus deo. Finis. Auf dem letzten Blatt steht noch das Registrum chartarum. Ein Exemplar ist auch zu Weingarten.

191) Conftitutiones Clementis Papae V. unacum adparatu Johannis Andreae. accedunt decretales Extravagantes. Venetiis per Andream de Bonetis de Papia anno 1486. in gr. Fol.

Diese Ausgabe ist noch ganz unbekannt, und ich habe sie nirgends als in Denis supplem. Annal. Maittaire p. 212. n. 1655. aber nur sehr kurz, und haben sehr fehlerhaft angezeigt gefunden. Es heißt nämlich dort: die XIII. Juny. und sollte heissen XII. Juny. Uebrigens kommt diese Ausgabe mit der unter dem Jahr 1484. angezeigten überein, bloß die Schlußanzeige ist geändert. Was die typographischen Eigenschaften betrifft, hat sie dieselben mit der Vorhergehenden gemein. In Anfang steht in unserm Exemplar ein mit Gold, und Farben herrlich gemaltes Bild. Darunter ist der rothgedruckte Titel: Incipiunt conftitutiones &c. Auf der Kehrseite des 50sten Blattes liest man folgende Schlußanzeige: Venetiis per Andream de Bonetis de Papia. die XII. Juny. M. CCCC. LXXXVI. Die noch folgende 8 Blätter enthalten die Decretales Extravagantes und das Registrum chartarum.

192) Johannis de Imola Opus in Clementinas. Venetiis per Bernardinum de Novaria. anno 1486. in gr. Fol.

Diese sehr schöne Ausgabe ist 158 Blätter stark, und von Herrn Braun bis auf die Schlußanzeige sehr genau beschrieben worden. Dieselbe fängt in unserm Exemplar also an: Clariffimi utriusq3 iuris interpretis &c. nicht clariffimi ac utriusq3 iuris &c. Ein Exemplar ist auch zu Weingarten.

193) Raynerii de Pifis Ord. Praed. Pantheologia feu fumma theologiae univerfae a Jacobo Florentino edita. Erſter Band. Venetiis per Hermannum Liechtensteyn colonienſem anno 1486. in Fol.

Gegenwärtige Ausgabe kommt in der Hauptſache mit der Nürnbergiſchen Ausgabe von Johann Senſenſchmid, und Heinrich Kefer unter dem Jahre 1473. in ſoweit überein, daß nur der Format, und die Typen nebſt noch ein, und aus dem zufälligen, welche das Aeuſſerliche betreffen, verſchieden ſind. Den Anfang macht ein dreyfaches Regiſter — wie der Verfaſſer ſagt — in honorem ſſmae Ʈinitatis. Alsdann die Zueignungsſchrift u. ſ. w. S. Herrn Panzers älteſte Buchdruckergeſchichte Nürnbergs S. 11. Nach den Regiſtern fängt in dieſer Ausgabe die Blätterzahl — die mit arabiſchen Ziffern angezeigt iſt — an. Auf der Kehrſeite des letzten, und mit 291 foliirten Blattes wird der erſte Band mit folgender Unterſchrift beſchloſſen: Finit prima ps ſumme fratris Rainerii de Piſis ordinis pdicato4: q3 diligentiſſime accuratiſſimeq3 emendata: atq3 impreſſa Venetiis cura ac impenſis Hermanni Liechtèſteyn Colonienſis: Anno ab incarnatoe dñi milleſimo quadringenteſimo ſexto: pridie idus Septembris. Unmittelbar darunter ſteht das Regiſtrum chartarum. Alsdann Laus deo. Sequitur ſecunda Pars de Littera L. Die letzten Worte Sequitur &c. ſind mit gröſſern Typen gedruckt.

194) Raynerii de Piſis ord. Praed. Pantheologia &c. Zweyter Band. Venetiis &c. wie oben.

Der zweyte Band dieſes Werks fängt gleichfalls mit einem dreyfachen Regiſter an, die zuſammen 23 Blatt ausmachen. Mit dem darauffolgenden Blatt, welches zugleich mit a numerirt iſt, beginnt das Werk ſelbſt mit der Aufſchrift: De laude Dei. Q tribus modis ɔtingit laudare deu. CAP. I. Der Beſchluß wird auf der erſten Seite des mit 300 foliirten Blattes mit nachſtehender Unterſchrift gemacht: Finit ſecuda ſumme fratris Rainerii de Piſis ordinis pdicato4: et in hoc copletu eſt totu opus ſumme Raineriane maxima cum diligentia: ſumaq3 cura ac vigilia emendatu atq3 ordinatu: Impreſſum venetiis impenſis Hermañi Liechtenſteyn colonienſe: Anno ab incarnatoe dñi. M. CCCC. LXXXVL pridie Idus Septembris. Darunter ſteht das Regiſtrum chartarum und Laus deo. Beyde Bände ſind mit kleinen, ſchwarzen, und ſehr niedlichen gothiſchen Typen auf geſpaltnen Columnen gedruckt. Das Papier iſt weiß und ſehr ſtark. Die Stellen der groſſen Anfangsbuchſtaben ſind hier und da mit kleinen beſetzt. Die Aufſchriften oben an dem Rand, Blattzahlen, und Signaturen ſind von dem Drucker angezeigt, die Cuſtoden hingegen mangeln. Dieſe Ausgabe wird von Maittaire Tom. IV. p. 475. angeführt. Henr. Warthon in Apend. ad Cave Hiſtor. Litter. Edit. Genevenſ.

Genevenſ. anno 1693. p. 4. hat folgendes Urtheil über dieſe und die genannte Nürnbergiſche Ausgabe gefällt: Extat Pantheologia ſeu ſumma univerſae theologiae alphabetice diſpoſita; quam multis additis, multis detruncatis, et ſtylo ubique immutato edidit Jacobus Florentinus Minorita Norimbergae 1473. Corruptam iſtam editionem expreſſerunt Veneti 1486 &c. &c.

195) Johannis Gerſonis Libri IV. de Imitatione Chriſti, unacum tractatu de meditatione Cordis. Venetiis per Franc. de Madiis anno 1486. in 8vo.

Dieſe noch ziemlich unbekannte Ausgabe iſt von Herrn Braun l. c. P. II. p. 138. et ſq. angezeigt worden. Denis in ſupplem. Annal. Maittaire p. 214. führt ſie gleichfalls an. Auch befindet ſich ein Exemplar davon in Steingaden.

Jahr 1487.

196) Speculum Exemplorum omnibus chriſticolis ſalubriter inſpiciendum &c. Argentinae anno 1487. in Fol.

Iſt von Herrn Seemiller faſc. III. p. 82. hinlänglich beſchrieben worden. Befindet ſich auch in Irſee.

197) Ruperti abbatis Tuicienſis de victoria verbi dei libri XIII. Auguſtae per Anton. Sorg anno 1487. in Fol.

Dieſe Ausgabe hat Herr Seeemiller faſc. III. p. 83. hinlänglich beſchrieben, ingleichen auch Herr Braun l. c. P. II. p. 147. Herr Zapf hat ſie ebenfalls in der Augsb. Buchdrucker-Geſchichte S. 79. angezeigt.

198) Miſſale Eccleſiae Friſingenſis. Bambergae per Johannem Senſenſchmidt anno 1487. in gr. Fol.'

Von dieſer herrlich ſchönen, und ſeltnen Ausgabe fand ich in den Bibliographen, die ich beſitze, keine Nachricht. Weder Maittaire noch Denis in ſupplem. Annal. Maittaire thun von ihr eine Meldung. Herrn Panzer, der in dem Vorbericht zu der älteſten Buchdr. Geſch. Nürnbergs von Johann Senſenſchmidt ſehr reichhaltige Nachricht giebt, und viele Werke, die er in Bamberg gedruckt hat, anzeigt, hält von dieſem Miſſale tiefes Stillſchweigen. Ich trage daher kein fein Bedenken, dieselbe unter die größten Seltenheiten der ersten Druckerdenkmale zu zählen.

Den Anfang macht ein Brief des Bischofes von Freysing Sirtus mit Namen, in welchem er der Klerisey seines Kirchsprengels meldet, daß er wegen den vielen Schreibfehlern, die durch das Ab- und Umschreiben in dieselbe eingeschlichen sind, gegenwärtiges Missale zum Druck befördert habe: libros missarum — sind dessen eigene Worte — magistro cuidam ingenio ac impressoria arte pollenti ex emendatissimis codicibus imprimendos comisimus. — — — Monemus igitur et propensius in domino exhortamur atque requirimus vos omnes et singulos: quatenus ad comparandos, emendos, et retinendos libros hos missales solicite intendatis, ac negotiorum gestores seu procuratores ecclesiarum et capellarum vestrarum diligentius inducatis, quos congruo precio vendi taxavimus, librum videlicet in papiro ad quinque florenos ren. et in carta bona ad XIIII. — — Datum in civitate nostra Frisingen die ultima mensis Augusti, Anno dñi Millesimo qdringentesimo octuagesimo septio. Dieser Brief endet sich auf der Halbscheide der Kehrseite des ersten Blattes. Den übrigen Raum dieser Seite füllet ein Holzschnitt, auf welchem Maria mit dem Jesuskindlein sitzend in der Mitte vorgestellt wird. Zur rechten Hand steht der heilige Corbinian nebst dem Bären zu seinen Füßen. Zur Linken der Kaiser — vermuthlich der Kaiser Heinrich — mit dem Reichsapfel in der Hand, und dem Scheine eines Heiligen umgeben. Bey den Füßen der Mutter Gottes liegen die Freysingische Wappen. Alsdann folgt auf 6 Blättern der Kirchenkalender. Nach diesen Incipit ordo missalis secudum breviariu chori ecclesie frisingeñ. Domica prima in advctu domini. Dieser ordo missalis besteht aus CCCXXIII. foliirten Blättern — darunter aber der Gesang der Praefationen, und der Canon auf Pergament gedruckt, nicht begriffen ist — Diese fangen nach dem CXLI. foliirten Blatt an, und machen zusammen 36 Blätter aus. Das Ganze ist mit Missalettern auf ein ziemlich weißes, und ungemein starkes Papier in gespaltnen Columnen gedruckt. Die großen Anfangsbuchstaben sind durchgehends sehr einfache Holzschnitte, und rothgedruckt. Die Custoden und Signaturen mangeln. Am Ende wird folgende Schlußanzeige gelesen: Liber missalis per mgrm iohañem Senfenschmidt de Babeberga. Anno dñi MCCCC LXXXVII. fecudo vo Kl'. Septébris impssus. finit feliciter;

199) Textus Sententiarum Petri Lombardi, unacum conclusionibus Henrici Gorichem. Basileae per Nicolaum Kefsler anno 1487. in Fol.

Gegenwärtige Ausgabe wird in catalog. Biblioth. Schwarz. P. II. p. 205. und in Hrn. Straußens Monum. typ. Rebdorf. p. 194. kurz angezeigt. Eine frühere bere Ausgabe dieses Werkes ohne die Conclusiones Henrici Gorichem ist unter dem vorigen Jahrgange 1486 angezeigt worden. In dieser wird der Anfang auf der ersten Seite des ersten Blattes mit dem Titel Textus Sententiarum unacum Conclusionibus — der mit sehr großen hölzernen Buchstaben gedruckt ist — gemacht. Mit dem zweyten Blatt fangen die Tituli und Distinctiones des ersten Buchs an. Der Lombardische Text ist mit größern, die Conclusiones hingegen mit kleinen gothischen Typen gedruckt. Letztere laufen gleichfalls auf den Columnen des vorausstehenden Textes fort, und fangen durchgehends mit nachstehenden Worten an, z. B. Ista est distinctio XII. XV. XXV. XLII. huiq pmi libri. In qua magist &c. Zu Ende des Werkes steht eine sehr weitläufige Nachschrift des Druckers, welche, weil sie zum Theil schon von Hrn. Straus loc. cit. und vollständig von Weislinger in Armament. cathol. p. 399. angezeigt worden ist, ich hier ihrer Länge wegen nicht wiederholen will. Den Beschluß macht ein 15 Blätter starkes Register.

200) Sermones sancti Vincentii fratris ordinis predicato4 sacre theologie professoris eximii de sanctis per totum annum in hoc libro continetur. Coloniae anno 1487. in Fol. Ohne Anzeige des Druckers.

  Von dieser Ausgabe machen die oben stehenden Worte den Titel aus. Sie ist 137 Blätter stark. Hierüber S. M. Hrn. Bibliothekars Braun lib. cit. P. II. p. 151. Uebrigens ist diese Ausgabe noch wenig bekannt, indem sie sowohl bey Maittaire, als in Mich. Denis Supplem. Annal. Maitt. vermißt wird.

201) Sermones eclectissimi (sic) sancti Vincentii Ferrariensis regni Arrogoie fratris divi ordis predicatoru3 conveto Valesie sacreq3 theologie professoris subtilissimi per tepq estivale. Coloniae anno 1487. in Fol. Ohne Benennung des Druckers.

  Diese Ausgabe ist gleichfalls noch sehr wenig bekannt. Weislinger führt sie in catalog. chron. Biblioth. S. Johannis Hierosolymitani Argent. p. 403. an. Von Hrn. Braun wird sie l. c. P. II. p. 150. hinlänglich beschrieben. Das Ganze beträgt 256 Blätter. So viel sich aus der Aehnlichkeit der Typen schließen läßt, so ist die Gegenwärtige nebst der darauf folgenden, und der unmittelbar Vorhergehenden aus einer und der nämlichen Presse gekommen.

202) Sancti Vincentii &c. Sermones de tempore per tempus Hyemale. Coloniae anno 1487. in Fol. Ohne Anzeige des Druckers.

  Die äußere Gestalt, Typen, Papier u. s. w. sind wie in den unmittelbar Vorhergehenden beschaffen. Der größer gedruckte Titel wird auf der ersten

Seite des erſten Blattes geleſen. Dann fängt auf dem Zweyten der erſte Sermon mit der Ueberſchrift: Dominica prima in Adventu dñi an. Das Ganze iſt 210 Blätter ſtark. Am Ende vor dem Regiſter wird folgende Schlußanzeige geleſen: Divini verbi preconis et predicatoris facreq3 theologie profeſſoris eximii ſancti Vincentii Conſeſſoris divi ordinis predicatorum. Sermones validiſſimi temporis hyemalis. In felici Colonia. puigili cura correcti et impreſſi ſalubri peryodo finiunt. Anno domini. Milleſimo qdringenteſimo octuageſimo ſeptimo. Darauf folgen noch 9 Blätter, die das Regiſter enthalten. Dieſe Ausgabe ſcheint Denis in Supplem. Annal. Maittaire pag. 237. n. 1877. anzuzeigen.

203) Theſaurus novus Sermonum de Sanctis. Norimbergae per Anton. Koburger anno 1487. in Fol.

Gegenwärtige Ausgabe wird von Hrn. Seemiller faſc. III. p. 74. ingleichen von Panzer in der älteſten Buchdruckergeſchichte Nürnbergs S. 104. angezeigt und kürzlich beſchrieben. In unſerm Exemplar lautet die Schlußanzeige, wie ſie von Hrn. Panzer l. c. angeführt worden iſt. Die Worte de Tempore werden vermißt. Das Ganze beträgt 224 Blätter.

204) Teſtamentum novum cum gloſſa Nicolai de Lyra, Additionibus Pauli Burgenſis, et Replicis Matthiae Doringii. Norimbergae per Anton. Koburger anno 1487. in Fol.

Von dieſer Ausgabe beſitzen wir nur den vierten Band, welcher das neue Teſtament enthält. Die vollſtändige Ausgabe dieſes ſtarken Werks haben Hr. Panzer in der Geſchichte der Nürnb. Bibelausgaben S. 77. Herr Seemiller faſc. III. p. 85. und Braun l. c. P. II. p. 151. hinlänglich beſchrieben.

205) Summa Rudium, ſeu compendium doctrinae chriſtianae. Reutlingae per Johannem Otmar anno 1487. in Fol.

S. Hrn. Seemillers faſc. III. p. 72. ingleichem Hrn. Braun l. c. P. II. p. 153. Das Ganze iſt 71 Blätter ſtark, und auch in Irſee befindlich.

206) Angeli de Clavaſio Ord. Min. Summa de caſibus conſcientiae &c. Venetiis per Georgium de Rivabenis anno 1487. in 4to.

S. Hrn. Seemillers faſc. III. p. 80. und die allda citirten Authoren, ingleichem Herrn Braun l. c. P. II. p. 157.

207) Angeli

207) Angeli de Clavaſio Ord. Min. Summa de caſibus conſcientiae, vulgo Summa Angelica. Venetiis per Nicolaum Franckfort germanum anno 1487. in 4to.

Gegenwärtige Ausgabe hat um 8 Tage später — wie es aus der Schlußanzeige erhellet — als die unmittelbar Vorhergehende die Presse verlassen. In der Hauptsache kommt sie mit derselben vollkommen überein. Der Anfang wird auf der Kehrseite des ersten Blattes gleichfalls mit dem Briefe des Hieronymi Tornielli an den Angelus de clavasio nebst desselben Antwort gemacht u. s. w. Mit dem 7ten Blatt fangen die Blattzahlen — die mit arabischen Ziffern angezeigt sind — an. Die großen Anfangsbuchstaben sind durchgehends mit kleinen ersetzt. Die Aufschriften oben am Rand und die Custoden fehlen. Auf der vierten Columne des fehlerhaft numerirten 369ten — sollte heißen — 396ten Blattes stehen die von Herrn Braun und Seemiller l. c. angeführten 6 Distichen mit der Ueberschrift: Nicholaus de Franckfordia huius impreſſionis auctor ad lectorem. Die letzten zwey Distichen sind in dieser Ausgabe von denjenigen der Vorhergehenden unterschieden. Sie heißen:

> Auctorē genuit clauaſſina : Veneta dedit
> Terra impreſſorē : loca beata viris
> Frackfort neq3 minus : gens felix unde creatꝫ
> Angelus : angelicis dignꝰ adeſſe choris.

Sodann folgt nachstehende Schlußanzeige: Opus quoq3 hoc Angelicū: arte: opera et impensis non minimis: maxima cu emendatione Nicholaus Franckfort germanus Impreſſione Anno ſalutis. 1487. kal's. 3. Novembris complevit: Venetiis. Deo gratias. Darunter das Regiſtrum chartarum. Mit dem nächsten Blatt nehmen die Rubrice juris civilis et canonici ihren Anfang, und füllen 11 Blatt, die nicht mit Blattzahlen versehen sind. Der Druck ist zierlich und rein, doch das Papier ist ziemlich bräunlicht, und kommt demjenigen der unmittelbar vorhergehenden zeigten Ausgabe an Weiße und Schönheit nicht gleich. Dieser Umstand mag dennoch ihr an der Seltenheit und Achtung, die sie vor der andern verdient, da sie den berühmtern Bibliographen unbekannt geblieben ist, nichts benehmen. Beyde Ausgaben werden von Denis in Supplem. Annal. Maittaire p. 227. kurz angezeigt.

208) Biblia latina. Venetiis per Georgium de Rivabenis anno 1487. in kl. Fol.

Maſch in Edit. Biblioth. Sac. le Long P. II. vol. III. Cap. II. ſect. L p. 132. hat diese Ausgabe angezeigt. Das Pſalterium — welches in unserm Exemplar die Aufschrift *Pſalterium* und nicht *Pſalmiſta* hat — erreicht sein Ende auf der

der Mitte der Kehrſeite des 207ten Blattes. Der übrige Raum iſt leer. Hier könnte das Werk füglich in zwey Theile getheilet werden, welches auch die Abſicht des Druckers geweſen zu ſeyn ſcheint, da er auf dem nächſten Blatt die Signaturen mit Capitalbuchſtaben z. B. A. B. C. bezeichnete. Zu Ende der Apokalyppſe wird folgende Schlußanzeige geleſen: Explicit Biblia Venetiis impreſſa per Georgium de rivabenis Mantuanum al3 Parenté. Anno dñi. M. CCCCLXXXVII. III. Cal. Marty. Darnach das Regiſtrum chartarum. Mit dem 432ten Blatt fangen die Interpretationes nominum hebraicorum an. Am Ende derſelben ſtehen die Worte Laus Deo. Das Ganze beträgt 465 Blätter, und iſt auf geſpaltnen Columnen mit eben den Typen, wie oben Angeli de clavaſio ſumma &c. auf ein ſchön weißes und ſtarkes Papier gedruckt.

209) M. Antonii Cocii Sabellici rerum Venetarum libri XXXIII. Venetiis per Andream de Toreſanis de Aſula anno 1487. in Fol.

Dieſer ſowohl an typographiſcher Schönheit reichen, als des Inhalts wegen prächtigen Ausgabe würde ich nie das Alter zugemuthet haben, welches ſie am Ende gedruckt mit ſich führt. Dann man mag ſowohl das Papier, als die Typen betrachten, ſo ſieht man, daß an ihr die Kunſt ſchon bis aufs Höchſte getrieben worden; und ich ſage nicht zu viel, wenn ich ſie den ſchönſten Producten der heutigen Italieniſchen, Niederländiſchen oder Deutſchen Offizinen an die Seite ſtelle. Das Papier iſt ausnehmend weiß, und ziemlich ſtark. Die Typen ſind lateiniſch, und von mittlerer Größe, davon aber die Inscriptiones oben an dem Rand und die Titel zu Anfang eines jeden Buchs ausgenommen, welche mit Capitalbuchſtaben durchgehends gedruckt ſind. Von den Abbreviaturen kommt keine vor, als das que, z. B. atq3. plerlq3. nunq. Das Abſetzungszeichen wird durch ein ſchiefliegendes Colon angezeigt. Von den Unterſcheidungszeichen wird allein der Punkt und Doppelpunkt angetroffen. Die Doppellauter ae und oe ſind dem Drucker nicht unbekannt. Ingleichem die Signaturen und Cuſtoden, Letztere hat er aber nur auf einer Seite angezeigt. Große Anfangsbuchſtaben und Blattzahlen mangeln. Doch ſind ſtatt der Erſtern kleine hingeſetzt. Den Anfang des Werks macht auf der Kehrſeite des erſten Blattes eine 6 Blatt ſtarke Ueberſicht des ganzen Werks. Woran ſteht: M. Antonii Sabellici in tris (ſic) et triginta ſuos ren Venetar. Libros Epitoma. Dann folgt die Epiſtola. ad Principem et Patres, und ſodann die Praefatio. Endlich auf dem 9ten Blatte nimmt das Werk ſelbſt mit folgender Anzeige ſeinen Anfang: M. Antonii Sabellici rerum venetarum ab urbe condita ad Marcum Barbadicum ſereniſſ. Venetiarum principem et Senatum liber primus primae Decadis foeliciter incipit: Der unmittelbar darauf folgende Anfangsbuchſtabe beträgt in der Höhe 14 Zeilen. Die auf den Rändern durchaus angebrachten Noten, die allezeit ganz kurz den Inhalt der vorkommenden Geſchichte anzeigen, leiſten dem Leſer recht gute Dienſte. Folgende Schlußanzeige wird auf der erſten Seite des 239ten Blattes geleſen. Sie heißt: Hoc opus impreſſum Venetiis Arte et induſtria optimi viri Andreae de Toreſanis de Aſula Anno M. CCCCLXXXVII. Die XXI. Madii. (ſic) Auguſtino Barbadico Inclyto principe.

Darauf

Darauf folgt noch auf zwey Blättern die Anzeige der in diesem Werke eingeschlichenen Druckfehler. Die Ueberschrift dabey heißt: Recognitio ex collatione Archetypi et impressionis. Dieser Fleiß und Genauigkeit, welche ich bis jtzt noch in keiner in dem XVten Jahrhunderte erschienenen Ausgabe gefunden habe, ist schon allein hinlänglich, meine dieser prachtvollen Ausgabe beygelegte Lobeserhebung zu bestätigen. Uebrigens ist das Ganze 240 Blätter stark, und in ununterbrochnen Zeilen gedruckt. Diese Ausgabe habe ich nirgends als in des Herrn Brauns lib. cit. P. II. p. 157. angetroffen.

210) Michaelis de Mediolano Ord. Min. Sermonarium duplicatum per Adventum et quadragesimam. Venetiis per Nicolaum Franckfort anno 1487. in 4to.

Das größere Werk des Verfassers ist schon unter dem Jahre 1479 n. 95. beschrieben worden. Gegenwärtige Ausgabe, die zwar den Titel, wie das schon angezeigte führt, ist von demselben ganz verschieden, und behandelt ganz andere Gegenstände in einem zu seiner Zeit ziemlich zuverbaulichen theologischen Lehrsysteme. Uebrigens sehe man Herrn Braun l. c. P. II. p. 155. Ein Exemplar dieser Ausgabe ist auch in Burheim befindlich.

211) Gerson de ymitatione Christi cum tractatulo de meditatione cordis. Ulmae per Johannem Zainer anno 1487. in 8vo.

Der oben angeführte Titel wird ganz allein auf der ersten Seite des ersten Blattes mit größern Typen, als das Folgende, gedruckt gelesen. Mit dem Zweyten fängt das 6 Blätter starke Register mit der Ueberschrift: Tabule capitulorū in libros sequentes an. Dann beginnt auf dem 8ten, und mit i foliirten Blatt Liber I. tractatus aureus et perutilis de perfecta ymitatione xpi et vero mundi contemptu. capitulum. I. Das erste Buch endet sich auf der ersten Seite des mit XXXVI. numerirten Blattes. Die Nachschrift dabey heißt: Explicit liber primus Incipit Secundus. Auf dem CLXXII. Blatt Incipit tractatus de meditatioñe cordis Johannis Gerson. Am Ende desselben wird auf der ersten Seite des letzten mit CLXXXII. foliirten Blattes folgende Schlußanzeige gelesen: Tractatus aureus et perutilis de perfecta ymitatione xpi et vero mundi contemptu cum tractatulo de meditatione cordis finiunt feliciter Per Johannem Zeiner vlmensˉ. Anno LXXXVII. Große Anfangsbuchstaben, Custoden und Signaturen fehlen. Die Aufschriften oben am Rand, und Blattzahlen z. B. Liber III. fol. LXXIII. sind von dem Drucker angezeigt. Vor einem jeden Capitel steht der kurze Innhalt. Die Zeilen laufen ununterbrochen fort. Das Ganze ist mit saubern gothischen, Johann=Zainerischen Typen auf ein starkes, aber dabey rauhes, doch ziemlich weißes Papier gedruckt.

Ob gegenwärtige Ausgabe, oder diejenige, welche unter dem Jahre 1486. n. 195 angezeiget worden ist, seltener seye? — lasse ich dem Urtheile der Litteratoren zu bestimmen über; in J. G. Meusels Historisch-Litterarisch-Bibliographischen Magazin S. 188 u. ff. scheint die Gegenwärtige vor jener den Vorzug zu erhalten, indem sie allda als äusserst selten, und beynahe ganz unbekannt angerühmt wird. Zugleich werden sehr viele der berühmtesten Litteratoren angeführt, denen diese Ausgabe völlig unbekannt geblieben ist. Doch ist sie auch zu Irsee, und war ehemals in der Raimund-Krafftischen Bibliotheck zu Ulm. ingleichen hat dieselbe Theophilus Sincerus in seinen neuen Nachrichten S. 168 und Schnitzer in der vierten Anzeige der Bücher in der Kirchenbibliotheck zu Neustadt an der Aisch S. 43 angeführt.

Noch eines darf ich hier nicht mit Stillschweigen übergehen, weil es mehr als hinreichend ist, den Fehler, welchen Herr Braun lib. cit. P. I. in Animadversione praevia ad libros Ulmae per Johannem Zeyner de Reutlingen impressos pag. 96 begangen, zu verbessern. Dort sagt er unter andern: Hoc tamen perspectum habetur, ab isto nullum monumentum typographicum loci, anni indicio, suoque nomine instructum ante annum 1473 in lucem fuisse emissum. Anno 1484 elapso nullum opus ab illo impressum invenitur. &c. Ich begnüge mich mit der gethanen Anzeige, und zweifle nicht, das von Herrn Braun irrig bestimmte letzte Druck-Jahr des Johann Zainers so gut als bewiesen zu haben.

212) Bernardi de Parentinis Ord. Praed. Elucidarius Missae, aliás Lilium Missae nuncupatus anno 1487 in Fol. Ohne Anzeige des Ortes und Druckers.

Diese Ausgabe wird von Weislinger in Armament. cathol. p. 411 angezeigt, und zugleich von dem Verfasser einige Nachricht gegeben. Ingleichen von Denis in supplem. Annal. Maittaire p. 233. Der Titel: Bernardi de Parentinis Officii misse: totiusque canonis expositio steht ganz allein auf der ersten Seite des ersten Blattes. Mit dem Folgenden nimmt das Dedikationsschreiben des Verfaßers an den Albinensischen Bischoff seinen Anfang. Voran steht: Elucidarius omniu difficultatu circa officiu misse occurrentiu fratris ber. de parentinis ordinis pdicato4 puicie tholosane: Juentus orthesii in vasconia: qui in hoc ope sequit? illustrissimi ac eximii doctoris sancti tho. de aquino. determinationes et dicta quo ad oclusiones qui aliter liliu misse nuncupatur Incipit feliciter. Diese Dedication, oder vielmehr der Brief ist in dem demuthsvollesten Tone geschrieben. Als Belege will ich nur Einiges anführen. Unter andern heißt es: Ego servus Celsitudinis vestre, non habeo nisi modicum olei, quo ungar, imo paululum aceti, quo sub diebus festivis liceat mihi cum messoribus bonam buccellam panis intingere, talentum etiam non habeo, sed minutum, quod in gacophilacium ponam. — — quod non discendum sed corrigendum offero. Impolitum referatur ad fabricam, retortum proprie reddatur
incudi.

incudi. et incompofitum fuo artifici reportetur. cenfuram potius expectans, quam gratiam expetens. Et in hoc fummam premii conftituens. fi non reiciatur. fi non exponatur. fi tandem quod maximum eft, indulgentiam mereatur. — — parcite mee infipientie. ruditati et ignorantie, quia magne funt et extenfe. u. f w. Zuletzt schließt er denselben also: Placeat ergo veftre benignitati me veftrum facerdotem et famuhim et veftris confpectibus indignum. unacum ordine meo habere in veftre charitatis vifceribus comendatum. Datum et completum tholofane in vigilia beati Dominici Anno domini M. CCCC. quadragefimo fecundo. Unmittelbar darauf folgt die Vorrede, und sodann das Werk selbst mit der Aufschrift: de rebus facramentum precedentibus. Das Ganze ist in gespalten Columnen auf ein weißes, und starkes Papier mit mittelmäßig großen gothischen Typen gedruckt. Ohne Anfangsbuchstaben und Custoden, doch mit Blattzahlen und Signaturen. Der Beschluß wird auf dem mit LXXXVIII. folirten Blatt gemacht. Die ziemlich lange Schlußanzeige fängt also an: Anno dominice nativitatis. M. CCCC. LXXXVII. pridie vero Kalendas novembris Explicit elucidarius feu lilium miſſe &c. Darauf folgt noch eine 6 Blätter starke Tabula materiarum.

Jahr 1488.

213) Sermones difcipuli de tempore et d' factis unacū promtuario exemploꝝ (Johannis Herolt ord. Praed.) Argentinae anno 1488. in Fol. Ohne Anzeige des Druckers.

Obiger Titel steht auf der ersten Seite des ersten Blattes. Uebrigens kommt diese Ausgabe mit der Koburgerischen unter dem Jahre 1480. — die Herr Panzer in der älteft. Buchdr. Gesch. Nürnbergs S. 55. beschrieben hat — überein. Das Ganze ist a 1/2 Alphabeth, wovon das Dritte bis zur Signatur i i. geht, stark, und in gespaltnen Columnen gedruckt. Ohne grosse Anfangsbuchstaben, und Custoden. Am Ende wird folgende Schlußanzeige gelesen: Finit opus putile fimplicib9 cura, animaru gerentib9. p venerabileȝ et devotum Johanneȝ herolt fancti dominici fectatorem pſeſſum. de tp̄e et de fanctȝ cū promptuario exemploru atq3 tabulis fuis collectū Difcipulus nucupatu. Impreſſum Argentine anno a chriſti natali Octogefimo octavo. fupra mileſimu quaterq3 centeſimum. Laus deo. Dann werden noch die Allegationes abbreviate in pcedentib9 fermonib9 pofite gelesen. Diese werden in der angezeigten Nürnbergischen Ausgabe vermißt.

214) Flores

214) Flores Musice omnis Catus Gregoriani. Argentinae per Johannem Pryss anno 1488. in 4to.

Die Typographischen Eigenschaften und äusserliche Gestalt dieses musikalischen Werkchens ist von Herrn Braun lib. cit. P. II. p. 160. hinlänglich beschrieben worden, ingleichen wird ein Exemplar dieser Ausgabe in des Hrn. Straussens Monum. typ. Rebdorf. p. 206. angezeigt. Ferner wird auch eines von Suhl in der Beschreibung auf der Bibliothek zu Lübeck befindlichen alten Bücher bis 1500. S. 49. angeführt.

Mit der geschehenen Anzeige und Hinweisung, auf Herrn Brauns lib. cit. könnte ich mich begnügen; aber um meine Leser — besonders die Herrn Musikanten — mit dem Geiste des Verfassers bekannter zu machen, will ich hier einige Stellen ausheben. In der Vorrede — die mit dem dritten Blatt anfängt — spricht der Verfasser von dem Erfinder der Musik, dem Tubal, und citirt den Vers ex libr. IV. Genes. Tubal, qui fuit pater canentium in cithara et organo: Iste tubal — fährt er fort — inventor musice artis cognoscens, quod Adam primus homo (a quo ipse Tubal erat octavus in geneloya) predixerat mundum periturum, et deletum per aquam et ignem. Ne musica periret: scripsit ipsam in duas columnas: quarum una fuit latericia. Altera marmorea. ut si marmorea per ignem periret, latericia permaneret. Vel si per aquam latericia periret, marmorea permaneret. Pro maximo enim thesauro habebat illam scientiam: que etiam post diluvium (quo omnes homines preter Noe et tres filios suos cum suis uxoribus deleti per iram dei fuerant) in tabula marmorea post egressionem Noe de archa fuerat denuo adinventa. Auf der ersten Seite des 6ten Blattes ist ein Holzschnitt, der eine flache Hand vorstellt. Auf dieser ist das ut. re. mi. fa. auf eben die Art, wie man den Knaben das Skandiren der Verse zu lehren gewohnt war, angezeigt. Auf die Letzt dankt der Verfasser dem Allmächtigen für die Gabe der musikalischen Kenntnisse, die ihm Gott gegeben hat. In diesem Enthusiasmus kommt er soweit, daß er seinen Verstand mit dem Felle Gideons vergleicht. Er sagt nämlich: Sicut deus rore celesti implevit primo vellus gedeonis, et deinde terram siccam, qui eodem modo intellectum suum siccum, et aridum perfuderit rore celesti ad hoc opus perficiendum pro junioribus clericulis musicam discere volentibus, quorum intellectus per scientiam huius libri! si fuerint in eo studiosi! a rore celesti perfundentur. Darauf sucht er seine Ehre und guten Namen vor den Verläumdern und Ehrabschneidern zu versichern, und hat daher zur heilsamen Warnung für diese Gattung Leute 11 Beyspiele aus dem Alten Testamente angeführt. Das Erste davon ist Cains Brudermord. Die Moral, so er aus demselben herausgezogen, lautet also: Sic adhuc multi nequam christianos suos bona et laudabilia opera facientes, si non gladio, tamen lingua occidunt viperea et venenosa. &c. &c. Am Ende steht die Schlußanzeige: Impssum Argentine p Johannem pryss Anno MCCCCLXXXVIII. Das Ganze beträgt 97 Blätter.

215) Die

215) Die fart oder reyſz über mere zu dem heyligē grab unſers herren Jheſu Criſti gen Jheruſalem, Auch zu der heyligen iunckfrawen ſant Katherinen grab auf dem Synai. Augsburg durch Anton Sorg in dem Jahr 1488. in Fol. mit Holzſtichen.

 Obiger Titel, welchen ich genau mit deſſelben Abbreviaturen, und nach der damaligen Orthographie angezeigt habe, ſteht ganz allein auf der erſten Seite des erſten Blattes. Die weitere Beſchreibung dieſer Ausgabe iſt in des Herrn Panzers Annalen der älteſt. deutſch. Litteratur S. 175 zu finden. Herr Zapf hat dieſe Ausgabe ebenfalls in der Augsb. Buchdr. Geſch. S. 86 kurz angezeigt.

216) Der altväter Buch. Augsburg von Peter Berger in dem Jahr 1488. in Fol. mit Holzſtichen.

 Dieſe Ausgabe iſt von Herrn Zapf in der Augsb. Buchdruckergeſchichte S. 87. und Herrn Panzer in den deutſchen Annalen S. 171. angezeigt worden.

217) Johannis Gerſon de Imitatione Chriſti libri IV. Auguſtae per Erhardum Ratdolt anno 1488. in 4to.

 Dieſe Ausgabe iſt von Herrn G. R. Zapf in der Augsb. Buchdruckergeſchichte S. 81 angezeigt, und von Herrn Braun lib. cit. P. II. p. 162. hinlänglich beſchrieben worden. Die Ratdolſchen Wappen werden in dieſer Ausgabe vermißt.

218) Inſtructio an die künfflich majeſtät von wegen meines genedigeſten herrē Herczog phillipſz von öſtereich und burgunden mit underrichtung des handels wie es ſich mit der kunfflichen maleſtat zu bruck begeben hat. Augsburg in dem Jahre 1488. in 4to. Ohne Anzeige des Druckers.

 Dieſe kleine nur 4 Blätter ſtarke Schrift ſcheint eine große Seltenheit zu ſeyn, indem ſie Herrn Zapf, Panzer und Denis ganz und gar unbekannt geblieben iſt, und dieß um ſo mehr, da dergleichen kleine Werklein der Gefahr verlohren zu gehen weit mehr, als die ſtärkern ausgeſetzt ſind. Hier muß ich es zum Ruhme der fleißigen Männer unſers Stiftes anzeigen, daß ſie auch die unbedeutenſten Kleinigkeiten von zwey oder drey Blättern durch ſorgfältige Zuſammenbindung ſolcher Stücke ihrer Nachkommenſchaft aufbewahrt haben, wovon den Sachverſtändigen mehrere dergleichen Bände in unſerer Bibliothek, beſonders von der

Reformationsepoche und den Schriften, welche vor - und nach dem Tridentinischen Concilium erschienen sind, gezeigt werden können. Die oben statt des Titels angeführten Worte werden zu Anfang dieser Schrift gelesen. Die Schrift selbst scheint mir ein Diarium der Niederländischen Unruhen zu seyn, indem alles in gedrängter Kürze und Berichtweis erzählt wird, und die Geschichte selbst ohne Zusammenhang sich bloß auf Facta, die an bestimmten Tägen geschehen sind, bezieht. Auszüge davon lassen sich daher schwer machen, weil immer ein Paragraph sich auf den andern bezieht. Doch will ich, um eine Probe davon zu geben, einen und den andern hieher setzen. Der zweyte heißt also: Es hat sich begeben, als die von Gent die stat und schloß Portrick mit grosser verreterey eingenomen haben: daß seinen künstlichen gnadn gewiß und warhafftige vorschafft und anschlag zugeschriben sind, die statt und schloß wider zubekumen: uñ die ursacher aller ungehorsamen darin zu finden. Der dritte Paragraph lautet also: Uñ auff donerstag des leczsten tags january hat sein k. ma. seiner k. ma. stalmaister Hanns Leschicz auß bruck geschickt mit 11. hundert Pferdn und 111. hundert zu fuß. uñ hat sein gnad selbst persönlich gewellt nachzieh̃ gen Portrick gegen den abent. u. s. w.

Die letzten 4 Paragraphen sind folgenden Innhalts:

Sie begeren von der k. m. alles das seinen genaden unmäglich ist: mit namen alle schloß und stet des landes flandern.

Allein gewandt zu machen zu gend und zu pruck vor allen dingen: wellen sy herczog philippen haben: ist alles der k. m. unmäglich on der landen uñ stet willen.

Si begertẽ auch von den herren mit namẽ her martin und her wolfgang von polheym zu wissen: wer die verpüntnuñff mit brittanien gemacht hat: und wer den frid mit den franczosen gebrochen hat ꝛc.

Item nach diser geschickt aller so haben des künigs herrẽ und sein diener den von gend vor hulßen ein stätlyn also genant: erslagen zwey tausent mañe die genen die verbrant und erdruncken sint und haben XI. hundert gefangẽ: wan si lagen mit V. tausent mañ vor dem stätlin der selbigen sint nit vil darvon kumen: und die diselben erslagen haben sint mit stercker gewesen dan fünffzehen hundert zu fuß, und eyn hundert zu pherr. Getruckt zu Augspurg. M. CCCC. LXXXVJJJ.

Das Ganze ist auf ein ziemlich weißes und starkes Papier in fortlaufenden Zeilen mit kleinen lateinisch-gothischen Typen — die mit denen des Johann Froschauers viel Aehnliches haben — gedruckt. Von großen Anfangsbuchstaben, Blattzahlen, Custoden und Signaturen wird nichts gefunden.

219) Ser-

219) Sermones electissimi sancti Vincetii Ferrarien. fratris divi ordinis predicatoꝝ coventus valentie Sacreqꝫ theologie pfessoris subtilissimi pars Estivalis. Basileae anno 1488. in Fol. Ohne Anzeige des Druckers.

  Eine vollständige Ausgabe dieser Sermonen ist unter dem vorhergehenden Jahrgange n. 200. 201. und 202. angezeigt worden. Gegenwärtiger so schnell in Basel gefolgte fast wörtliche Nachdruck mag allenfalls die Schätzung und den damaligen Werth dieser Sermonen bestimmen. Der oben angeführte Titel macht auf der ersten Seite des ersten Blattes den Anfang. Dann folgt mit dem nächsten Blatt Sermo I. In die sancto Pasce. Am Ende wird folgende Schlußanzeige gelesen: Sancti Vincentii ferrarien̅. regni Aragonie ordinis fratrum p̄dicatoru. Convētus Valētie. sacre theologie pfessoris resolutissimi atqꝫ sancte fidei catholice directorǀ cristianissimi. Sermones partis Estiralꝰ Basilee impressi finiunt. Anno domini. M. CCCCLXXXVIII. XVI. Kalꝰ January. Darauf folgt noch ein 6 Blätter starkes Register. Das Ganze ist in gespaltnen Columnen auf ein weißes und starkes Papier gedruckt. Große Anfangsbuchstaben, Custoden und Blattzahlen mangeln. Doch sind die Aufschriften und Signaturen vorhanden.

  Diese Ausgabe scheint noch ganz unbekannt zu seyn. Ich wenigstens habe dieselbe nirgends als in Mich. Denis Supplem. Annal. Maittaire p. 246. gefunden.

220) Sermones sancti Vincetii fratris ordinis predicatorum Sacre theologie professoris excellentissimi de Sanctis. Basileae per Nicolaum Kessler anno 1488. in Fol.

  Gegenwärtige Predigten machen den dritten Theil des Sermonariums des Vincentius aus. Der Wintertheil geht uns von dieser Ausgabe ab. Obiger Titel wird auf der ersten Seite des ersten Blattes gelesen. Auf der Kehrseite desselben steht die Tabula Sermonum Scti Vincentii de Sctis. Mit dem folgenden Blatt fängt De sancto Andrea Sermo I. an. Am Ende steht folgende Schlußanzeige: Sermones venerandi patris sancti Vincentii ferrarien̅. — — Trium sermē partiuꝫ voluminibus: Hyemali videlicꝫ, Estivali et de Sanctis, per totius anni circulu qꝫ ordinate distincti. Singulari insuper cura et impensis Nicolai Keslers civis Basileen̅. ad honorꝫ omnipotentis dei, ac totius hyerarchie celestis. Eam quoqꝫ ipam, ipsius sancti Vincentii doctrina et vite exēplo desideratiu, solamen eruditionēqꝫ impressi finiunt. Anno a nativitate christianissima post millesimu quaterqꝫ cētesimu, octuagesimo octavo. Sedecima Vº Kalēdas January. Darauf wird

wird mit einem 6 Blätter starken alphabetischen Sachenregister der Beschluß gemacht. Typen, Format, Papier, und die ganze äußerliche Gestalt ist wie in dem unmittelbar vorhergehenden beschaffen, daher auch jenes ganz sicher — wie es auch die oben angeführte Schlußanzeige beweißt — aus des Nikolaus Keßlers Offizin gekommen ist. Die Wappen, die sonst in den von ihm gedruckten Werken angetroffen werden, werden in diesen beyden Theilen vermißt. Diese Ausgabe habe ich gleichfalls nirgends als in Denis Supplem. p. 246. angetroffen.

221) Sumariū textuale et conclusiones super sextum et clementinas (Johannis Coelner de Vanckel) Coloniae per Johannem Koelhoff de Lubeck anno 1488. in Fol.

Gegenwärtige Ausgabe ist von Herrn Seemiller fasc. III. p. 113. beschrieben worden. In unserm Exemplar lese ich zu Ende der Schlußanzeige des ersten Theils noch das Wörtchen *feliciter*: nämlich: impressa finem acceperut *feliciter*. Dieses muß Herr Seemiller in seiner Beschreibung übersehen haben.

222) Sumariū textuale et Conclusiones Clementinarum. Coloniae ut supra in Fol.

Obige Worte machen den Titel des zweyten Theils des unmittelbar vorhergehenden Werks aus. Auf der Rückseite des ersten Blattes stehen die Titel in alphabetischer Ordnung. Dann nimmt das Werk selbst seinen Anfang. Voran steht: Nomen Jesu dulce. precor da finem votive. Der Beschluß wird auf der zweyten Columne des mit Pv. signirten Blattes mit der von Herrn Seemiller angezeigten Unterschrift gemacht. Das Ganze besteht aus 38 Lagen, deren eine jede 8 Bl. stark ist.

Der zweyte Theil dieser Ausgabe wird auch von Denis in supplem. Annal. Maittaire freilich nur sehr kurz, und nicht deutlich genug pag. 244. angezeigt.

223) Summa Angelica de Casibus Conscientiae per Fr. Angelum de Clavasio. Norimbergae per Anton. Koburger, anno 1488. in Fol.

Gegenwärtige Ausgabe ist von Herrn Seemiller fasc. III. von Braun lib. cit. P. II. p. 167. und von Herrn Panzer in der Buchdruckergeschichte Nürnbergs S. 109. u. f. beschrieben worden.

Hier

Hier muß ich noch bemerken, daß die gegenwärtige Ausgabe nicht die zweyte ist, wie Herr Panzer loc. cit. vermuthet, indem ich unter dem Jahre 1487 schon zwey verschiedene Venetianische Ausgaben S. n. angezeigt, und beschrieben habe.

224) Fr. Baptiste de Salis Ord. Min. Summa casuum, quae aliás Baptistiniana vocatur. Spirae per Petrum Drach anno 1488. in Fol.

Gegenwärtige Ausgabe kömmt mit der Nürnbergischen, welche Herr Panzer in der ältest. Buchdr. Gesch. Nürnbergs S. 108 beschrieben, in dem Hauptwerk vollkommen überein, nur die Schlußanzeige, der Abgang der lateinischen Verse zu Ende des Werks, nebst noch ein und andern Zufälligen, das in der Willkühr des Druckers stund, machen den Unterschied aus. Unser Exemplar fängt mit dem Titel Summa Baptistiniana auf der ersten Seite des ersten Blattes an. Darauf folgt auf dem zweyten Blatt die Vorrede. Dann beginnt das Werk selbst mit dem Artickel Abbas. Voran steht die Ueberschrift, wie Herr Panzer dieselbe aus der Nürnbergischen Ausgabe loc. cit. angezeigt hat. Anfangsbuchstaben, Blattzahlen, und Custoden mangeln. Die Signaturen sind da. Das Ganze ist auf gespaltnen Columnen mit gothischen Typen gedruckt, und 323 Blätter stark. Die Worte, iesus. i. salvator. In quo uti sponso sanctae matris ecclesie fixa sint corda opationesq3 nostre &c. welche Herr Schrank — (S. dessen Baierische Reise S. 189) — in seiner Nürnbergischen Ausgabe zu Anfang gefunden hat, stehen in der Unsrigen auf der ersten Columne des 313ten Blattes, und lauten noch ferner also: Cuius quidem sponfe sanctae matri ecclesie op9 hoc submitto corrigendu. si q'd in eo minus imperite incauteve per me dictum existat. Quod qde3 opus ad laudē ipsius totiusq3 trinitatis. ac virginis gloriose ——— expletum est. Currēte anno. M. CCCC. LXXXVIII. Unmittelbar darnach folgt das Breve des Pabstes Sixtus IV. Dieses wird mit nachstehenden Worten beschlossen: Datum Spire Anno domini M. CCCC. LXXXVIII. Die Rubrice juris civilis et canonici &c. welche noch die letzten 10 Blätter füllen, machen den Beschluß des ganzen Werkes.

Diese Ausgabe habe ich nirgends, als in Mich. Denis supplem. Annal. Maittaire pag. 240. angetroffen, nebst der Bemerkung: Hinc ad officinam Drachianam (descriptam hanc editionem) spectare credibile. und diese Vermuthung scheint mir um desto gewisser zu seyn, weil in der von Herrn Panzer, und D. Schrank angeführten Ausgabe die Bulle ohne Anzeige des Ortes, und mit der Jahrzahl 1479 datirt ist.

229) Ambro-

225) Ambrosii Spierae Ord. Servorum B. V. M. Quadragesimale, de floribus sapientiae dictum seu sermones XLV. quadragesimales. Venetiis per Bonetum Locatellum sumptibus vero Octaviani Scoti anno 1488. in gr. 4to.

Herr Seemiller hat diese Ausgabe bis auf die am Ende stehende Wappen hinlänglich beschrieben. S. dessen fasc. III. p. 95. Dieselben stellen in einem Quadrat einen Zirkel vor, welcher durch eine Diagonallinie in zwey Theile getheilt wird. Auf der Diagonal steht eine Perpendikularlinie auf, die den obern Theil des Cirkels durchschneidt, und gleichfalls an der Spitze von zwey Linien über die Quer durchschnitten wird, so, daß sie ein doppeltes Creutz vorstellt. In dem obern Theil des Cirkels stehen zwischen der Perpendikularlinie die Buchstaben O und S. darunter M.

226) Roberti Caracholi Ord. Min. Quadragesimale de peccatis; Venetiis per Andream de Toresanis de Asula anno 1488. in 4to.

In unserm Exemplar wird sogleich der Anfang mit dem 2. signirten Blatt gemacht, es wird daher ganz sicher ein Blatt, worauf der Titel stehet, vorausgehen. Auf dem angezeigten zweyten Blatt steht zu Anfang folgende rothgedruckte Ueberschrift: In nomine domini iesu Christi. Incipit qdragesimale de peccatis f'j frēm Robertu Caracholu de licīo : ordinis mino4 epm liciēsem. Et primo dñica septuagesime: de numero damnato4 ppter eorum peccata. Sermo primus. Eine jede Predigt — deren in allen 59 sind — ist in 3 Capitel, oder Theile eingetheilt. am Ende ist folgende Schlußanzeige zu lesen: Explicit quadragesimale de peccatis ceptum in civitate Litii: ibiq3 copletu3 ad laudē et gl'iam oīpotētis dei et virginis gl'iose Marie — — Finitum est anno dñi 1483. 9a mensis octobris hora' vespertina. Et ipressū Venetiis per Andrea de toresanis de Asula: Anno dñi 1488. die 5 Kal'. octobris. Auf dem nächsten Blatt folgt ein Brief des Verfassers an den Johannes de Aragonia Presbyt. Card. in welchem er in den bittersten Ausdrücken über die verderbte Zeiten und boshafte Menschen klagt, und zugleich das Geständniß ablegt, daß er von dem Pabst Sirtus IV. durch Briefe wäre ermahnet worden, gegen die eingerissene Laster und Gräuel der Menschen zu predigen. Summe igitur — schließt der Verfasser — presul optime opusculum hoc nostrum, quod pro animi recreatione tui quoq3 legere ac repetere digneris: qui me predicantem tua presens benignitate audire plurimum delectatus es. et bene vale virtutum omnium decus et speculum ecclesie dei. Dann macht eine Tabula sermonum et capitulorum den Beschluß. Das Ganze ist auf gespaltnen Columnen mit einer kleinen Mönchschrift gedruckt. Große Anfangsbuch-

Buchſtaben, Auffchriften, und Cuſtoden fehlen. Blattzahlen, und Signaturen ſind da.

227) Neſtoris Dyoniſii Novarienſis Ord. Min. Operis grammatici libri VIII. quibus accedunt ſcripta diverſa eiusdem authoris. Per Guillelmum de Trydino anno 1488. in Fol. Ohne Anzeige des Ortes, zuverſichtlich aber in Venedig.

Herr Seemiller hat dieſe Ausgabe faſc. III. p. 92. hinlänglich beſchrieben. Die griechiſchen Typen waren dieſem Drucker ſchon bekannt, indem er alle vorkommenden griechiſchen Worte mit griechiſchen aber noch ziemlich unvollkommenen Lettern gedruckt hat.

228) Alberti Magni libri IV. Metheororum. Per Renaldum de Novimagio anno 1488. Ohne Anzeige des Ortes, der ſicher auch Venedig iſt, in Fol.

Dieſe ſchöne Ausgabe beträgt 97 Blätter. Uebrigens S. die von Herrn Seemiller faſc. III. p. 107. davon gemachte Beſchreibung.

229) Hiſtoria Lombardica, ſeu Jacobi de Janua Legendae Sanctorum. Ulmae per Conradum Dünckmut anno 1488. in Fol.

S. Hrn. Seemiller faſc. III. p. 104. ingleichen Braun lib. cit. P. II. p. 172. Ein Exemplar iſt auch in Irſee verhanden.

230) Johannis Gerſon Cancellarii pariſienſis opera tribus voluminibus comprehenſa. anno 1488. in Fol. Ohne Anzeige des Ortes und Druckers.

Ausführlich hat dieſe Ausgabe Herr Seemiller faſc. III. p. 118. et ſeq. beſchrieben. In unſerm Exemplar werden die in dem Regiſter angezeigten Traktate gleichfalls vermißt. Braun hat ſie ebenfalls l. c. P. II. p. 173. ingleichen auch Denis in Supplem. Annal. Maittaire p. 247. angezeigt.

231) Bar-

231) Bartholomei Anglici Ord. Min. de Proprietatibus rerum libri XIX. anno 1488. in Fol. Ohne Bemerkung des Ortes und Druckers.

S. hierüber Herrn Seemillers fasc. III. p. 101. Das Ganze beträgt 326 Blätter. Ein Exemplar davon besitzt auch das Reichsstift Neresheim.

Jahr 1489.

232) Historia Lombardica, seu aurea Legenda sanctorum nuncupata. Argentinae anno 1489. in Fol. Ohne Anzeige des Druckers.

M. S. Herrn Seemillers. fasc. III. p. 146. und Braun l. c. P. II. p. 176.

233) Sermones Thesauri novi de sanctis. |Argentinae per Martinum Flach anno 1489. in Fol.

Mit dem oben angeführten Titel wird der Anfang des Werks gemacht. Dann folgen auf 10 Blättern zwey Register, deren eines die Materien, und das andere den numerum und quottam sermonum enthält. Mit dem 12ten Blatte fängt die erste Predigt an. Das Ganze beträgt 38 Lagen, davon die Meisten Quaternen, und nur wenige Quinternen sind. Große Anfangsbuchstaben, Custoden und Blattzahlen fehlen. Signaturen sind da. 2 Columnen. Eine mittelmäßige Mönchschrift. Am Ende: Opus perutile sermonū de sanctis p circulum anni Thesaurus novus nuncupatꝯ impressūm Argentinę p Martinū flach Anno dñi. M. cccc. LXXXIX. finit feliciter.

Den Bibliographen, welche ich bey der Hand habe, blieb diese Ausgabe unbekannt. Ein Exemplar davon befindet sich zu Rottenbuch.

234) Nicolai saliceti |:Liber meditationū ac orōm devotarū qui anthidotariꝯ anīe dicitur:| accedunt quoque aliae devotae orationes et contemplationes. Argentinae per Johannem Grüninger anno 1489. in 8vo.

Die Worte, welche in dem angeführten Titel mit |: :| eingefaßt sind, werden auf der ersten Seite des ersten Blattes gelesen. Das zweyte fängt mit der roth-

rothgedruckten Ueberſchrift folgender Geſtalt an: Nicholai Saliceti artiu et medicine doctoris: abbatis monaſterii bte marie de pomerio al's bogart. ordis ciſtercien. argentiñ. dioceſſ. in anthidotariu anime prefatiuncula. Darauf folgen ein Sachenregiſter, kurze Exhortationen und Gebethe. Mit dem 17ten Blatt nimmt die Blätterzahl ihren Anfang. Die Schlußanzeige iſt rothgedruckt, und ſteht auf der erſten Seite des mit 120 foliirten Blattes. Die letzten Zeilen derſelben lauten alſo: ad imprimendum tradidit induſtrioſo viro magiſtro Joanni Reynardi (alias Grünynger) in inſigni civitate Argentinenſi. ubi completus extitit. Anno noſtro ſalutis. M. CCCC. LXXXIX. ydus vero July ſeptimas. Darauf folgen noch zwey Bögen, welche Gebethe und Betrachtungen enthalten. Das Ganze iſt 152 Blätter ſtark, und auf ein weißes und glattes Papier in geſpaltnen Columnen gedruckt.

In Weißling. Armament. cathol. pag. 495. wird dieſe Ausgabe angeführt, ingleichen von Denis in Supplem. Annal. Maittaire p. 275. Ein Exemplar davon iſt auch zu Nereśheim befindlich.

235) Roberti Carazoli de Licio Ord. Min. Sermones de laudibus ſanctorum. Auguſtae per Erhardum Ratdolt anno 1489. in 4to.

Dieſe Ausgabe wird von Herrn Zapf in der Augsburgs Buchdruckergeſchichte S. 89. angezeigt; weitläuftiger wird ſie von Herrn Braun lib. cit. P. II. p. 178. beſchrieben.

236) Compilatio Leupoldi (ſic) Ducatus Auſtrie filii de aſtrorum ſcientia decem continens tractatus. Auguſtae per Erhardum Ratdolt anno 1489. in 4to. mit Holzſchnitten.

Der Titel und die Schlußanzeige dieſer ſchönen und ſeltenen Ausgabe ſind mit größern Typen als das Uebrige gedruckt. Das Ganze beträgt 109 Blätter. S. hierüber Herrn Zapfs Augsburgs Buchdr. Geſch. S. 88. und des Herrn Bibliothekars Braun lib. cit. P. II. p. 178.

237) Lavacrum Conſcientiae. Auguſtae per Anton. Sorg anno 1489. in 4to.

S. Herrn Zapfs Augsb. Buchdruckergeſchichte S. 90. ferner Braun l. c. P. II. p. 179. und endlich Herrn Seemillers faſc. III. p. 135. der ſie am ausführlichſten beſchrieben hat.

238) Joh. Moeſch tractatus de horis canonicis dicendis. Auguſtae per Anton. Sorg anno 1489. in 4to.

    S. die bey dem unmittelbar vorhergehenden Werk angeführten Litteratoren. Unſer Exemplar iſt dem Vorhergehenden beygebunden, und beträgt 60 Blätter.

239) Tractatus Heinrici de Saxonia Alberti magni diſcipuli de ſecretis mulierum. Auguſtae per Anton. Sorg anno 1489. in 4to.

    Dieſe Ausgabe wird von Herrn Zapf in der Augsb. Buchdruckergeſch. S. 89 nur ganz kurz angezeigt. Obiger Titel wird auf der erſten Seite des erſten Blattes geleſen. Mit dem zweyten fängt die Einleitung oder Preambula — wie ſie der Verfaſſer nennt — an. Auf dem dritten Blatt nimmt das Werkchen ſelbſt mit der Ueberſchrift: Tractatus Heinrici de Saxonia Alberti magni diſcipuli de ſecretis mulierum quem ab Alberto excerpſit feliciter incipit, ſeinen Anfang. Der Text des Albertus ſteht durchgehends voran, und iſt mit gröſſern gothiſchen Typen als die Auslegung des Heinrichs, welche unmittelbar darunter ſteht, gedruckt. Die Aufſchriften an dem Rande, groſſe Anfangsbuchſtaben, Blattzahlen und Cuſtoben fehlen, doch ſind die Signaturen vorhanden. Das Ganze iſt in fortlaufenden Zeilen auf ein ziemlich bräunlichtes Papier gedruckt, und 76 Blätter ſtark. Zu Ende lieſſt man: Explicit tractatus Heinrici de Saxonia Alberti magni diſcipuli de ſecretis mulierum Impreſſus Auguſtae per Anthonium Sörg feria ſexta poſt Boniſacii. Anno ſalutis Milleſimo quadringenteſimo octuageſimo nono.

    Andere Ausgaben dieſes Werkchens, welches dem Albertus dem Groſſen falſch zugeſchrieben wird, führen die Herren Bibliothekare Seemiller und Braun an; der Erſte hat dabei die Bemerkung gemacht, daß diejenigen Ausgaben, welche die Anzeige des wahren Verfaſſers Heinrici nämlich de Saxonia führen, groſſe Seltenheiten ſeyn.

240) S. Auguſtini III. Quinquagenae, ſeu comentarius in CL. pſalmos. Baſileae per Johannem de Amerbach anno 1489. In Fol.

    Dieſe ſchöne Ausgabe wird von Herrn Seemiller faſc. III. p. 164. kurz und ſehr deutlich beſchrieben. Ingleichen von Herrn Braun lib. cit. P. II. p. 181. Ferner wird ſie von Weiſlinger in Armament. cathol. p. 502. angeführt. Die Reichsſtifte Irſee und Nereshеim beſitzen gleichfalls Exemplare von dieſer Ausgabe. Letztern haben wir das Exemplar nebſt noch mehrern für andere Inkunabeln ausgetauſcht. Hier und zu Irſee ſind ſie gewiß nicht für die ältere Litteratur verlohren. Mein Wunſch war immer, daß die vereinigten Klöſter unſrer Niederſchwäbiſchen Congregation gegen einander ihre Dupletten austauſchen möchten; aber alle waren nicht auf gleichen Schlag geſtimmt! —

241) Pe-

241) Petri Lombardi |:Textus sententiarum cum conclusiouibus (sic) ac titulis questionu sancti Thome Articulisq3 Parisien. et in quibus mgr̄ coiter nō tenet°. :| Basileae per Nicolaum Kefsler anno 1489. in Fol.

Diese Ausgabe ist von Herrn Seemiller fasc. III. p. 140 sehr genau und ausführlich beschrieben worden. Weiflinger in Armament. cathol. p. 140. hat dieselbe gleichfalls angezeigt.

242) Dicta Versoris super septē tractactus magistri petri hyspani cum textu. Coloniae per Henricum Quentell anno 1489. in 4to.

Dieses Werklein ist mit niedlichen gothischen Typen, der Text nämlich des Petrus Hispanus mit grössern, der Commentar hingegen mit kleinern in fortlaufenden Zeilen gedruckt. Das Papier ist ziemlich weiß, und sehr stark. Anfangsbuchstaben, Seitenzahlen, und Custoden mangeln. Die Signaturen sind da. Den Anfang macht der obenangeführte Titel. Darunter steht ein Holzschnitt, welcher einen Lehrer auf dem Catheder sitzend, und unter demselben 4 Schüler vorstellt, mit dem zweyten Blatt fängt der Tractatus primus an. Voraus geht noch eine kurze Einleitung, in der über den Titel des Werks, und den Gang der Materien Erwähnung geschieht. In allen sind es 13 Tractate, die oben an dem Rande angezeigt sind, z. B. Tractatus decimus Petri Hyspani. Das Ganze beträgt 259 Blätter. Am Ende heißt es: Finiunt Notata pulcherrima ac summe necessaria venerabilis magistri Joañis versoris super tractatus magistri Petri hyspani cu textu eorudē summa diligentia iteru atq3 iterum perlecta et correcta In florentissimo et nuc demum impressa per honestum virum Henricu Quentell Civē Coloniensem. Anno octuagesimo nono.

Diese Ausgabe wird auch in dem Suhlischen Verzeichniß pag. 50. num. 154. angeführt.

243) Joannis Carthusiani Libri III. Nosce teipsum nuncupatī Heidelbergae anno 1489. in 4to.

Diese Ausgabe hat Herr Braun lib. cit. P. II. p. 53. unter der Rubrick: Libri, quos ex defectu cognitionis characterum nulli certo typographo adscribere audeo: beschrieben. Warum er die Stadt Heidelberg nicht für den Druckort anerkennt, sehe ich nicht ein! — Indem doch die Stadt in der Schlußanzeige genannt wird, und selbst von ihm, so wie von Herrn Seemiller in fasc. III. ein und anderes Stück, welches in Heidelberg in eben dem Jahre 1489. gedruckt worden,

worden, angeführt wird. Daher scheint es mir höchst wahrscheinlich zu seyn, daß auch dieses Werklein gleichfalls aus einer Offizin dieser Stadt gekommen sey.

244) Alphabetum divini amoris de elevatione mentis in deum. Memmingae per Albertum Kune de Duderstat anno 1489. in 4to.

Diese Ausgabe ist von Herrn Seemiller fasc. III. p. 134. ingleichen von Herrn Braun lic. cit, P. II. p. 188. hinlänglich beschrieben worden. Ein Exemplar davon ist auch in Irsee befindlich. M. f. auch Herrn Hofrath Meusels historisch=litterarisch=Bibliographisches Magazin, erstes Stück 1788. S. 89.

245) Mammotrectus. Norimbergae per Georgium Stuchs de Sulzbach anno 1489. in 4to.

Ist von Herrn Seemiller in fasc. III. p. 128. ingleichen von Herrn Panzer in der ältesten Buchdrucker=Geschichte Nürnbergs S. 114. hinlänglich beschrieben worden. Exemplare davon sind auch zu Irsee, und in Rebdorf. S. Hrn. Straußens Monum. typograph. p. 212.

246) Richardi a media villa super Quartum sententiarum. Venetiis per Dyonisium bononiensem anno 1489. in Fol.

S. Hrn. Braun lib. cit. P. II. p. 192.

247) S. Aurelii Augustini Episcopi Hipponen. de Trinitate libri XV. Venetiis per Paganinum de Paganinis anno 1489. in 4to.

Diese Ausgabe mag wohl nur ein Nachdruck derjenigen Amerbachischen seyn, welche in eben diesem Jahre zu Basel erschienen, und von Herrn Braun P. II. p. 182. beschrieben worden ist, indem alles so genau mit desselben Beschreibung zutrifft, und noch sogar in den 10 Distichen nach dem Register der Name Johann Amerbach gelesen wird. Dem ungeachtet ist sie gewiß eine große Seltenheit, da sie nicht nur dem Maittaire sondern auch Herrn Denis in supplem. Annal. Maittaire. unbekannt geblieben ist.

Sie fängt ohne Titel, gleich mit der Ueberschrift: Aurelii Augustini hipponensis epi in libros de Trinitate: Argumentu opis totius ex libro retractationu. an. Vor einem jeden Buch stehen die Capitula voran. Das Ganze ist sammt dem Register 91 Blätter stark. Der Druck eine sehr schwarze, und kleine Mönchschrift. Ohne große Anfangsbuchstaben, Seitenzahlen, und Custoden, doch mit
Auf=

Aufschriften und Signaturen. In 2 Columnen. Auf der ersten Columne des 26sten Blattes steht folgende Schlußanzeige: Aurelii Auguſtini d' trinitate liber explicitus eſt: Venetiis feliciter impſſus p Paganinu de Paganinis Brixieſez. Anno dñi. M. CCCC. LXXXIX. die XII. novēbris. Darunter das Register und die Diſtichen. Das Letzte davon heißt:

Numine ſancte tuo pr tuare. Johañem
De Amerbach: pſens qui tibi pſſit opus.
Finis.

Dann folgen noch 4 Blätter, welche mit eben den Typen, wie das eben beſchriebene Werk gedruckt ſind. Die Aufſchrift dabey heißt: Incipit liber Boetii ad Symachum qqno trinitas ē unus de9 et non tres dii. Den Beſchluß dieſer kleinen Schrift machen: De trinitate carmina ex libro de philoſophie conſolatione boetii excerpta.

O qui perpetua mundum ratione gubernas:
Terrarum celiq3 ſator: qui tempus ab evo
Ire jubes: ſtabiliſq3 manenſ daſ cuncta moveri
Quem non externe pepulerunt fingere causẽ:
Materie fluitantis opuſ: verum inſita ſummi
Forma boni livore carens: tu cuncta ſuperno
Ducis ab exemplo pulcrum pulcherrimus ipſe:

Mundum mente gerens ſimili que imagine formans
Perfectasque jubes perfecti abſolvere partes.
Tu numeris elementa ligas: ut frigora flammis
Arida conveniant liquidis ne purior ignis
Evolet: aut merſas deducant pondera terras.

Da fontem luſtare boni. da luce reperta
In te preſpicuos — ſic — animi defigere viſus.
Diſſice terrene nebulaſ: et pondera mollis:
Atq3 tuo ſplendore micans: tu namq3 ſerenum:
Tu requies tranquilla piis: te cernere finis:
Principium: vector: dux: ſemita: terminuſ idem.

Laus: Altitonanti.

Dieſe Ausgabe wird übrigens in Mylii memorabilibus biblioth. acad. Jenenſ. p. 168. und in catalogo biblioth. Schadelook Vol. I. p. 135. angeführt.

248) Biblia latina cum Concordantiis et nominum hebraicorum interpretationibus. Anno 1489. Ohne Anzeige des Ortes und Druckers in Fol.

   Von dieser Ausgabe hat Hr. Masch in Biblioth. sacra le Long P. II. Vol. III. Cap. II. Sect. I. §. XXX. p. 94. hinlängliche Nachricht gegeben. Ein Exemplar ist auch in Biblioth. f. Johannis Hierosolymitani Argent. vorhanden. S. Weisling. Catalog. Chron. p. 511.

249) Johannis Gerson. Operum Pars secunda. Anno 1489. in gr. 4to. Ohne Anzeige des Ortes und Druckers.

   Die vollständige Ausgabe dieses Werks, welche aus 3 Theilen besteht, ist von Herrn Braun l. c. P. II. p. 194. beschrieben worden. Ingleichen hat auch Herr Seemiller in fasc. III. p. 167. von dem ersten und zweyten Theile hinlängliche Nachricht gegeben. Wir besitzen davon bloß den zweyten Theil.

Jahr 1490.

250) Discipulus de eruditione Cristi fidelium. cum thematibus sermonū dñicalium. Argentinae per Johannem Pryss anno 1490. in Fol.

   Obiger Titel steht auf dem ersten Bl, und ist mit Missallettern gedruckt. Darauf folgt die Tabula thematum dominicalium totius anni nebst einem alphabetischen Sachenregister. Alles zusammen 12 Blatt. Dann nimmt das Werk selbst mit der Aufschrift: Liber discipuli de eruditione christi fidelium incipit seinen Anfang. Das Ganze ist in gespaltnen Columnen mit kleinen gothischen Typen gedruckt. Ohne grosse Anfangsbuchstaben, Seitenzahlen, und Custoden. Die Signaturen gehen von A — T. Am Ende steht folgende Endschrift: Tractatus de septe3 donis spūs sancti explicit. Et per ɔsequens totus liber discipuli de eruditione xpi fidelium. Impssus Argeñ. per Johañem pryss. Anno salutis. M. CCCC. LXXXX.

   Diese Ausgabe wird von Maittaire aus ein paar Catalogis angeführt.

251) Divi

451) Divi Antonini Archiepifc. Florentini Ord. Praed. fummae theologicae Vol. IV. Argentinae per Johannem Grüninger anno 1490. in Fol.

Mehrere Ausgaben dieſes bekannten Werkes ſind ſchon von verſchiedenen und berühmten Bibliographen und ſelbſt in dieſem Verzeichniſſe beſchrieben worden, mit denen auch die Gegenwärtige in der Hauptſache übereinkommt; ich will daher von derſelben nur das Nothwendigſte hier anzeigen. Jeder Theil hat ſeinen Titel auf der erſten Seite des erſten Blattes. Sodann die Vorrede, und eine Tabula titulorum. Der erſte Anfangsbuchſtabe iſt in unſerm Exemplar durch alle Theile herrlich von Gold, und mit lebendigen Farben geziert. Den Anfang des erſten Theils macht das Hauptregiſter mit der Ueberſchrift: Repertoriu five inventariu totius Summe domini Anthonini archiantiſtitis floré. Dieſes beträgt 98 Blätter. Dann fängt der erſte Theil mit einem beſondern Titel an. Am Ende deſſelben heißt die Schlußanzeige: Hic prima pā Suṁe Anthonini ordinis pdicato4 viri clariſſimi. archiprefulis florentino4. vigilanti cura ac impenſis Johannis grüninger (al's Reynardi) in inclita cluctio4 Argentina. Mcccxc. nativitatis dñice anno Kalendaru Vo octobriu IIII. finit q3 feliciter. In dem zweyten Theil, welcher die Signaturen A — Z. und AA — TT. führt, wird am Ende geleſen: Anno incarnatiois dñice Milleſimo qdringenteſimo nonageſimo. Kalendaru Vo ſeptembriu ſexto decimo. Pars hec ſuṁe ſecunda dñi anthonini archiantiſtitis florentiñ. preclariſſimi. In inſigni cluetio4 Argentina p Johanné Reynardi (al's gruninger) virum q3 ſolertem. accuratiſſime nitidiſſimeq3 elaborata. felicit? finit. Zu Ende des dritten Theils, der mit zwey Alphabethen, und von dem Dritten noch mit den Buchſtaben Aa — Mm. ſignirt iſt, ſteht: Tertia pars ſumme beati Antonini viri q3 preclariſſimi tractans de officio cui9 q3 hois cuiuſcuq3 exiſtat ɔditionis. ſtatq. dignitatis ul gradus. de omni decēti arteq3 arte et vivēdi uſu. — .— haud ſine ingenti labore ite4 reuiſa. atq3 in cluetio4 argentina impenſis ac induſtria viri q3 puidi Johannis Raynardi (alias gruninger) officioſiſſime pacta. Dominice nativitatis anno Mcccxc. pridie vero nonarum decembrium. finit feliciter. Zu Ende des vierten Theils, welcher zwey volle Alphabethe ſtark iſt, wird nach der Nachricht von dem Tode des Verfaſſers und dem Epitaphium Folgendes geleſen: Quarte partis ſumme Anthonini florentino4 archipſul‾ opus pclariſſimum. tractans de virtutibus. de donis ſpiritus ſancti. deq3 divina gra annexis q3 plurimis aliis valde utilibus. — — — Explicit feliciter Anno nativitatis dominice Mcccxc. nonarum vero Julia4 quinta. Das Ganze Werk iſt auf ein ziemlich weißes und ſtarkes Papier mit kleinen gothiſchen Typen in geſpalten Columnen gedruckt. Große Anfangsbuchſtaben, Blattzahlen und Cuſtoden fehlen.

Uebrigens wird diese Ausgabe von Weißlinger in Armament. cathol. p. 547. von Maittaire und Lackmann angeführt. Auch befindet sich ein Exemplar davon zu Burheim.

252) Decreta patrū sive Concordia discordantiū canonū cū suis apparatibus. Argentinae anno 1490. in gr. Fol. Ohne Anzeige des Druckers.

Obiger Titel ist roth gedruckt, und steht auf der ersten Seite des ersten Blattes. Mit dem Folgenden fängt das Werk selbst an. Der Text steht in zwey Columnen auf der Mitte, und wird auf allen Seiten von den Glossen umgeben. Jener ist mit größern, diese mit kleinern gothischen Typen gedruckt. Die Rubricken, Aufschriften und große Anfangsbuchstaben sind durchgehends von dem Drucker mit rother Farbe, so wie die Inscriptiones oben an dem Rande, z. B. Distinctio XL. Causa V. angezeigt. Das Papier ist etwas rauh, und wie Pergament so stark. Ohne Blattzahlen und Custoden, doch mit Signaturen. Das Ganze beträgt 253 Blätter. Am Ende macht folgende rothgedruckte Unterschrift den Beschluß: Insignis ac divinus decretorum codex accuratissime feliciterq3 est Argentine ɔsumatus. Anno Christi dñi salutifero: Millesimo quadringentesimo nonagesimo. Kalendarum deniq3 februariū. XIIII.

Diese Ausgabe habe ich weder bey Maittaire, noch in Denis Supplem. Annal. Maittaire, noch bey andern Bibliographen, die ich bey der Hand habe, gefunden. An ihrer Seltenheit läßt sich daher nicht zweifeln.

253) Sermones tres de passione christi triū venerabiliū doctorū Quorū primū copilavit siue Guilermuſ de Aquiſgrano. sive Gabriel de Wrach. ceterorum nomina ignorantur. Argentinae anno 1490. in 4to. Ohne Anzeige des Druckers.

Gegenwärtige Ausgabe ist eben so unbekannt, wie die unmittelbar vorhergehende. Eine andere Ausgabe Argentine 1496. V feria post festum S. Dorotheae findet sich zu Irsee.

Der Anfang wird in dieser auf der ersten Seite des ersten Blattes mit obigem Titel gemacht. Darauf nehmen die Predigten mit dem zweyten Blatt nach der mit dem angeführten Titel fast gleichlautenden Ueberschrift ihren Anfang. Im Ganzen enthält diese Ausgabe mehr, als bloß die drey auf dem Titelblatt angezeigte Predigten, indem noch einige Traktate und Betrachtungen über die Leidensgeschichte Jesu vorkommen. Die Predigten bestehen aus 170 Blättern. Am Ende derselben wird auf dem mit y2 signirten Blatt folgende kurze Schlußanzeige gelesen:

Sermones

Sermones tres de paſſione dñi finiūt. Impreſſi Argētine. Anno dñi. M. cccc. xc. Finiti in die ſancti Luce evangeliſte. Das unmittelbar darauf folgende Blatt iſt ganz leer gelaſſen. Das nächſte darauf hingegen iſt mit der Signatur y 4. verſehen, und fängt mit einem Dyalog an, deſſen Ueberſchrift alſo heißt: Anſelmi devotiſſimi de paſſione Jh'u xpi querēti. et glorioſiſſime Marie vginis reſpondentj. dyalogus incipit feliciter. Nach 6 Blättern, wo ſich dieſer Dyalog endet, folgt auf dem mit z 2. ſignirten Blatt: Tractatus bti Bernardi de planctu beate Marie virginis. Mit dieſem wird das Werklein beſchloſſen. Alles zuſammen beträgt 182 Blätter. 2 Columnen. Der Druck iſt eine mittelmäßig große, aber nicht gar gut in das Aug fallende Mönchsſchrift. Ohne große Anfangsbuchſtaben, Blattzahlen und Cuſtoden, doch mit Columnentiteln und Signaturen.

254) Precordiale ſive prepatorium ſacerdotum devote celebrare cupientiū valde conſolatorium. Argentinae anno 1490. in kl. 8vo. Ohne Anzeige des Druckers.

Gegenwärtige Ausgabe ſcheint nicht mehr als ein Nachdruck derjenigen Strasburger Ausgabe von dem Jahre 1489 zu ſeyn, welche Herr Braun l. c. Th. II. S. 177. und Herr Seemiller in dritten Faſcikel S. 153 beſchrieben haben. Bloß, was den Titel und die Schlußanzeige betrift, ſind ſie von einander verſchieden. In dieſer machen die oben angeführten Worte, welche rothgedruckt auf der erſten Seite des erſten Blattes ſtehen, den Titel aus. Auf der Rückſeite erſcheint der Holzſchnitt, wie Herr Braun denſelben loc. cit. beſchrieben hat. Die Schlußanzeige iſt gleichfalls rothgedruckt. Der Anfang derſelben und das Ende lautet alſo: Univerſos et ſingl'os dñi Jeſu paſſiones: eiusq3 matris Marie copaſionis doloroſiſſime devotos zelatores. Hoc precordiale ſaluberrimum. — — — Impreſſum Argentine. Anno ſalutis Mccccxc. Kalēda4 dñiq3 februariu. XIII.

Von dieſer Ausgabe iſt mir ſonſt kein Exemplar bekannt worden. Maittaire und Deniſ in Supplem. Maittaire wiſſen von ſelber nichts.

255) Concordantia aſtronomie cum theologia. Concordantia aſtronomie cum hiſtorica narratione. Et Elucidarium duorum precedentium: domini Petri de aliaco Cardinalis Cameracenſis. Auguſtae per Erhardum Ratdolt. anno 1490. in 4to.

Dieſe Ausgabe hat Herr Zapf in der Augsb. Buchdruckergeſchichte S. 95 angezeigt, und Herr Braun lib. cit. P. II. p. 198. hinlänglich beſchrieben.

256) Sermones de laudibus sanctorum clarissimi fratris Carazoh de Licio ordinis minorum ac pontificis Aquinatensis. Augustae per Antonium Sorg anno 1490. in Fol.

Man sehe hierüber Herrn Zapfs Augsb. Buchdruckergeschichte S. 97. und die hinlängliche Beschreibung des Herrn Braums in lib. cit. P. II. p. 197.

257) Das Buch Regimen sanitatis genannt. Das ist, wie sich d' mensch halten sol das er in gesuntheit beleib. Augsburg durch Anton Sorg in dem Jahr 1490. in 4to.

Ist von Herrn G. R. Zapf in der Augsb. Buchdruckergeschichte S. 95. und in Herrn Panzers Annalen S. 186. angezeigt worden. Obiger Titel steht auf der ersten Seite des ersten Blattes. Das Ganze ist XLIIII. Blätter stark. Die Anfangsbuchstaben sind Holzschnitte. Blattzahlen und Signaturen sind da. Die Custoden werden vermißt.

258) Das ander Teyl der Bibel. Augsburg durch Johann Schönsperger in dem Jahr 1490. in kl. Fol.

Ueber diese Ausgabe S. man Herrn Panzers Beschreibung der ältesten Augsburgischen Bibelausgaben S. 29 und folg. Der erste Theil geht uns leider ab; den gegenwärtigen verglich ich mit desselben Beschreibung um so sorgfältiger, fand aber, daß seine davon gemachte Beschreibung mit unserm gut behaltenen Exemplar genau übereinstimme, bloß in der Endschrift, welche Herr Panzer aus Freytags Analectis litterariis entlehnt hatte, könnten die Unterscheidungszeichen genauer und richtiger angemerkt seyn, auch kömmt einigemal ein T für das D. und ein n für m. vor. Der Ganze Theil besteht aus CCCCCVIII. foliirten Blättern. Die Schlußanzeige besteht aus 27 Zeilen. Davon die ersten 11 auf der dritten Columne, und die übrigen 16 Zeilen auf der 4ten Columne des letzten Blattes den Beschluß machen.

259) Missale secundum ritum Ecclesiae Bambergensis. Bambergae per Johannem Senfenschmidt et Henricum Petzensteiner anno 1490 in gr. Fol.

Gegenwärtige Ausgabe kommt derjenigen, welche unter dem Jahre 1487. num. 198. beschrieben worden, an typographischer Schönheit, und äussern Gestalt völlig gleich, nur die innere Einrichtung ist in etwas von der obigen verschieden.

Ten

Den Anfang macht auf der ersten Seite des ersten Blattes unmittelbar der Exorcismus salis et aque, darauf auf 6 Blättern der Kirchenkalender folgt. Auf dem 8ten Blatt steht der Brief des Bischofs Heinrich von Bamberg an die Klerisey seines Kirchsprengels, wobey nebst andern gemeldet wird: Ipsos inquam missales unanimi venerabilis capituli nostri accedente voto. In hac urbe nostra ubi eius artis singulari habundamus magisterio. adhibitis quibusdam ecclesiasticis occulatis viris in emendatione exemplarium exquisitis. compertum habuimus. cum originali. noviter impressos missales ipsos per omnia concordare. Hortamur itaque in domino vos singulos supradictos. quatenus ad comparandum missales ipsos. quorum unius non ligati quatuor. ligati vero quinqʒ florenorum taxam pretium excedere nolumus. — — Datum in civitate nostra Babenbergh. Anno Incarnationis doīnice. Millesimo quadringentesimo nonagesimo. Nono vero Kl' aprilis; Sanctorum Heinrici et Kunegundis ecc̄lie n̄re Babenbergn̄ patrono4: ac n̄ris insigniis p̄ntibus subimpressis. Darunter steht der Holzstich, auf welchem rechter Hand die beyden Stifter Heinrich und Kunegund das hohe Domstift mit vier Thürmen auf ihren Händen tragen. Zu ihren Füssen liegen ihre Wappen. Linker Hand stehen die Wappen des Bischofs Heinrich. Mit dem darauf folgenden Blatt Incipit Liber missalis scd'm ordinē eccl'ie Bamberg. Doīnica prima in advētu dn̄i. Das Missale besteht aus CCLXXXVII. foliirteu Blättern die Praefationes und den Canon nicht gerechnet — Das Papier ist herrlich schön, weiß, glatt, aber nicht zu stark. Die Typen sind, wie in dem oben beschriebenen. Die Rubricken, Aufschriften, und große Anfangsbuchstaben sind durchgehends roth gedruckt. Custoden, und Signaturen fehlen. Der Canon ist auf Pergament, und mit merklich kleinern Typen, als in dem Obigen gedruckt. Am Ende: Anno Incarnatiois dn̄ice MCCCCXC. Nono vo Kl'. apl'. Liber Missalis. in laudeʒ et gl'iam s̄c̄te ac individue trinitatis. Intemerate virginisqʒ marie. In civitate Babenbergh. Per magistrum Johannē Sensenschmidt. prefate civitatis incolam. et Heinrʒ petzensteiner qʒ diligētissime impressus: finit feliciter; Alsdann folgen noch auf drey Blättern: informaciones et cautele observade presbitero volēti divina celebrare. Zuletzt macht die sequentia pro Defunctis: Dies ire, dies illa, solvet seclum in favilla &c. den Beschluß.

260) Sermones de laudibus sanctoru̅ Fratris Roberti de Litio ordinis mino4 Episcopi Aquinatn̄. Basileae per Nicolaum Kessler anno 1490. in Fol.

Daß dieses Werk zu seiner Zeit in großer Achtung muß gestanden seyn, zeigen zur Genüge die sehr viele, und schnell wiederholte Ausgaben, indem wir allein nebst der gegenwärtigen noch zwey andere, die in eben diesem Jahre aus verschiedenen Pressen gekommen sind, besitzen. Die gegenwärtige mag aber wohl das von die seltenste seyn, indem ich sie in meinen Bibliographen nirgends, als in Bibliothecae Schwarzianae Part. II. n. 498. gefunden habe.

Obiger Titel macht auf der ersten Seite des ersten Blattes den Anfang. Darauf folgt ein 3 Bl. starkes Register. Mit dem a 5 signirten Blatt nimmt das Werk selbst seinen Anfang. Das Ganze besteht aus 28 Lagen, davon die ersten 13. mit a — n. und die letzten 15. mit A — P. signirt sind. Große Anfangsbuchstaben, Custoden und Blattzahlen fehlen. Das Papier ist schön weiß, und glatt. Am Ende wird folgende Unterschrift gelesen: Clariſſimi ac celeberrimi pconis fratris Roberti Carazoli de Licio: ordinis minorum: pontificis Aquinatis: opus de laudibus ſancto4 accuratiſſime p Nicolau Keſler Baſilee impreſſum. Anno dñi M. CCCC. XC. qrto Kal'. marcij ꝛc.

261) S. Aurelii Auguſtini Epiſcopi Hippon. de Trinitate libri XV. Baſileae per Johannem de Amerbach anno 1490. in Fol.

Das Ganze ist auf gespaltnen Columnen mit niedlichen gothischen Typen gedruckt, und beträgt 12 Lagen, welche der Drucker mit a — m bezeichnet hat. Auf der ersten Seite des ersten Blattes steht der Titel: Auguſtinus de Trinitate, Mit dem m 3. signirten Blatt endiget sich das Werk mit folgender Schlußanzeige: Aurelii Auguſtini de trinitate liber explicitus eſt. Anno domini M. CCCC. LXXXX. Darauf fängt die Tabula alphabetica materiarum an. Am Ende derselben stehen noch zehn Distichen, davon das letzte also lautet:

Numine ſancte tuo pater ó tuare (ſic) Joannem
De Amerbach: preſens qui tibi preſſit opus.

262) S. Auguſtini de civitate dei libri XXII. cum comment. Thom. de Valois, et Nicol. Triveth. Baſileae per Johannem de Amerbach anno 1490. in Fol.

Gegenwärtige Ausgabe ist ein sehr genauer Nachdruck derjenigen, welche eben dieser Drucker in dem Jahre 1489 geliefert, und von Herrn Braun l. c. Th. II. S. 182 beschrieben worden ist. Zu Anfang steht der Titel mit einer sehr großen Schrift; auf der Kehrseite des ersten Blattes der Holzschnitt u. s. w. Alles sehr genau, wie es Herr Braun angezeigt hat. Das Ganze besteht aus 36 Lagen, davon die ersten 22 mit a — y. und die übrigen 14 mit A — O. signirt sind. Zu Ende vor dem Register stehen zwey Distichen; nämlich

Hoc

Hoc opus exactum divina arte Joannis
Amerbacenfis: lector ubique legas.
Invenis in textu gloffis feu margine mirum:
Quo merito gaudet urbs Bafilea decus.

Anno falutiferi virginalis partus nonagefimo fupra millefimū quaterq3 centefimū
Idibus februariis.

Die letzten Worte könnten einen faft auf die Vermuthung führen, als
hätte Johann Amerbach in diefer Ausgabe — welche keine andere, als die von
dem Jahre 1489 zu ſeyn ſcheint, die Worte octogefimo nono, in nonagefimo ver-
ändert, und fie als eine neu aufgelegte Ausgabe in das Publikum geschickt.

Ueber diefe und die unmittelbar vorhergehende Ausgabe ſehe man Maſch
Beyträge zu der Geſchichte merkwürdiger Bücher II. Stück S. 72. Suhl von der
Lübecker Bibliothek S. 51. Gemeiner von der Regensburger Bibliothek S. 196.
Auch finden fich diefe Ausgaben zu Rottenbuch und Burheim, wie auch in dem
Uffenbachiſchen und Schwarziſchen Bücherverzeichniß.

263) Sebaſtiani Brant (Expoſitiones ſive declaratioes admoduʒ ne-
ceſſarie ac perutiles oim titulorū legaliū exacta repetitaq3 opera
ac diligetia interpretatorum) Baſileae per Michaelem Furter anno
1490. in 4to.

Diefe Ausgabe wird von Herrn Braun l. c. II. Theil S. 201. als eine
fehr große Seltenheit und als die erfte diefes Werkes angerühmt, zugleich auch
hinlänglich beſchrieben.

264) Sequentie et hymni per totum annum. Daventriae per Jacobum de Breda anno 1490. in 4to.

Obiger Titel wird auf der erften Seite des erften Blattes geleſen. Mit
dem zweyten fängt die erfte ſequenz In nocte Nativitatis domini an. Das Ganze
beträgt 40 Blätter. Ohne Anfangsbuchftaben, Seitenzahlen und Cuſtoden. Die
Signaturen a — f hat der Drucker angezeigt. Der Druck ift eine ziemlich gute und
ſchöne Mönchſchrift. Am Ende macht folgende Unterſchrift den Beſchluß: finiut
hymni gratia pneumatis almi .... Inpreſſi (ſic) Daventrie p me iacobu de breda. M. cccc.xc. vicefima Novembris.

Von der Seltenheit dieser noch ganz unbekannten Ausgabe werde ich nur das Stillschweigen Maittairs und Denis in Supplem. Annal. hier als Beweis derselben anführen dürfen.

265) Sermones Roberti Carazoli de Licio ord. min. de laudibus sanctorum. Venetiis per Bernardinum Benalium anno 1490. in 4to.

Von dieser Ausgabe wissen Maittaire, Denis und die Bibliographen, die ich darüber nachschlug, nichts. Sie verdient daher ganz gewiß seine große Seltenheit genannt zu werden.

Auf der ersten Seite des ersten Blattes werden statt des Titels bloß die Worte: Sermones Roberti de sanctis gelesen. Auf der Kehrseite dieses Blattes fängt die tabula an, welche 3 1/2 Blatt stark ist. Sodann die Sermonen selbst. Der Druck ist eine kleine sehr schwarze Mönchschrift. 2 Columnen. Sehr weißes und glattes Papier. Ohne große Anfangsbuchstaben und Custoden, doch mit Signaturen und Blattzahlen, die mit arabischen Ziffern angezeigt sind. Auf dem mit 215 foliirten Blatt ließt man folgende Schlußanzeige: Examinatu opus p egregiu sacre theologie doctorez magistru Gasparinu boro venetu sacri ordinis servoruz dive Marie regularis observatie. Et impressu venetiis per Bernardinum benalium. Anno dñi. M. CCCCLXXXX. Die Kl'. Octobris. Darunter noch ein Registrum chartarum.

266) Missale secundum morem sancte Romane Ecclesie. Venetiis per Johannem Baptistam de Sessa anno 1490. in kl. 4to.

Obiger Titel steht auf der ersten Seite des ersten Blattes. Darunter ist ein Holzschnitt, welcher vermuthlich das Wappen des Druckers vorstellt. Es ist eine Krone, von der an beyden Enden zwey schiefe Linien herunter hangen, und sich unterhalb schließen, zwischen denselben steht eine Katze mit einer Maus im Munde. Um die Figur herum stehen die Buchstaben J. B. S. Mit dem nächsten Blatt folgt der Kirchenkalender. Dann die Tabula annorum communium &c. Litterae dominicales &c. Auf dem 9ten und mit I. foliirten Blatt Incipit ordo missalis sz cosuetudinē Romane curie. Dñica prima de Adventu. Das Ganze besteht aus CCLXXX. Blättern. Der Druck ist eine niedliche lateinische Schrift. Das Papier schön weiß und glatt. 2 Columnen. Mit Aufschriften oben am Rande z. B. in die Palmarum. Ohne Custoden, doch mit großen gedruckten Anfangsbuchstaben, Blattzahlen und Signaturen. Am Ende steht folgende rothgedruckte Schlußanzeige: Accipite optimi sacerdotes Missale iuxta morē Romane ecclesie expletuz per Johannē Baptistam de Sessa Mediolanensem mira arte ipressuz: in florentissima civitate Veneciarum Tēpore sanctissimi Alexandri sexti papa — sic —
qui

qui pcepit festū Aureliſ Auguſtini ſoleñizare ſicut feſtū uniᵹ apl'i et Auguſtini Barbadici inclyti principis tēpeſtate: Anno incarnationis dñice Milleſimo quadringenteſimo nonageſimo. Zuletzt iſt ein Regiſtrum quaternorum. Dann noch ein Blatt, auf welchem gleichfalls in einem rothen Felde ein Wappen zu ſehen iſt, welches einen Zirkel, der durch eine Diagonal = und Perpendikularlinie durchſchnitten wird, vorſtellt. In der Perpendikularlinie, die ſich mit einem doppelten Kreutz endet, ſieht man den Buchſtaben I. Innerhalb des Zirkels auf der Diagonal A. und B. und unterhalb derſelben den Buchſtaben S. Dem Maittaire und Denis blieb dieſe Ausgabe ſowohl, als den übrigen Bibliographen, die ich bey der Hand habe, verborgen. Doch ſoll ein Exemplar davon in der Nürnberger Bibliothek vorhanden ſeyn.

267) Thomae Aquinatis LXXII. diverſa opuſcula. Venetiis per Hermannum Lichtenſtein colonienſem anno 1490. In fl. Fol.

Dieſe Ausgabe iſt von Herrn Braun lib. cit. P. II. p. 211. beſchrieben worden. Die zu Anfang ſeiner Beſchreibung angegebene Zahl der 51 plagul. faſcicul. wird vermuthlich ein Druckfehler ſeyn, indem es 53 faſciculi plagularum heißen ſollte. Man zähle nur das am Ende des Werks befindliche chartarum Regiſtrum.

Auf dem Deckelbande fand ich in unſerm Exemplar zwey Fragmente, welche ich, weil ſie deutſche Verſe von einem geiſtlichen Liede enthalten, der Mühe nicht unwerth achtete, ſie aufzulöſen, und hier davon eine kurze Anzeige zu geben. Bey beyden iſt die Kehrſeite leer gelaſſen. Das erſte führt die Aufſchrift: Der ſpruch ſagt von verlierung des menſchen gaiſt in gotes gayſt. Neben dabey ſteht: zu Augſpurg gedruckt. Die Reime ſelbſt ſind auf geſpaltenen Columnen mit den fetten Günther = Zaineriſchen Typen gedruckt. Sie fangen alſo an:

  Alle dye ſich criſten laſſent nennen.
  den ſag ich das all yr bekennen
  lieb und yr mainung ſoll auff erdє
  ain lauter ainfaltigkait werden
  Das unaufſprechenlich ſich auſſ.
  von gnaten in dem ploſſen gaiſt
  Und iſt auch aller namen ploß
  en pilde und auch form los
  Werckloß on alle weiß gemain
  was got der wirckt in yn allain.
  bekennen lieben und auch loben
  und gebrauchen on alles groben
  und des menſchen gaiſt muß zu mal
  gentzlich ſein ledig überal
  und ſych halten in eim vermeiden

bloß

bloß das er got allain mug leiben
Von disem und wye es do gat
kain zung nie außgesprochen hat

Das Lied ist auf den heiligen Geist gemacht, welches aus der Fortsetzung, und dem Ende desselben erhellet. Der Ausgang davon lautet folgendermaßen:

Dieser hirt ist der hailig gayst
der selbig seine schäflach aysicht.
das ist ain frei ledig gemüt
vor aller timernus behüt
Und gelassen in allem Ding
also spricht bruder iberg prening.

Das zweyte Fragment führt folgende Aufschrift: Der fünfft spruch sagt von brei Wegen zu d' wahrheit daburch die freund gotes gezogen werdent.

Drey weg sind zu ewigem leben
der will ich ein unterschid geben
Sant iohannes evangelist
dye weg all drei selb gangen ist.
Wan gott b'zeicht uns fru und spat
als er sant iohannes than hat
am ersten in Cristus berieft
von der welt darbei wirt gekrieft
Das man in aller ordnung wol
die ynneren eröfft regnieren sol
Nach obrester bescheydenheyt.

Der Beschluß lautet also:

In allem thun lassen und ler
do meint er allweg gottes er
und auch des menschen sälligkeyt
darzu salt du auch seyn bereyt
Das dir all ander sach werd wild
und sich das yn das lieblich bild.
Dann dich es niemaut leren kann
und hab ein fleissig war neman.
Und such wye ungeleich du bist
dem bild worden in dieser frist
Und scherz dann dein cleinheit darzu
got gindt dyr gar wol diese ru

Nun merckt yr werden cristē leit
zu dysem ist yn dyser zeit
der leib cristi ob allem Ding
also spricht bruder ibrg preining.

So klein diese Fragmente sind; so unbekannt und selten sind sie.

268) Formule epiſtolarū domini Karoli, anno 1490. Ohne Anzeige des Ortes und Druckers. in 4to.

Von diesen Briefen giebt es verschiedene Ausgaben, die theils ohne des Verfassers Namen deutlich zu nennen, theils mit dem Namen Caroli Manniken oder Mennigken, oder Meynigken, wie Maittaire sagt, oder Caroli Viruli herausgekommen sind. Maittaire führt im vierten Band, und in dem alphabetischen Anhang des fünften folgende Ausgaben an: 1482 und 1486 (die letzte ist auch zu Pfaffenhausen) zu Paris 1490 und 1499. zu Lion 1495 zu Cöln 1498 ebendaselbst 1493. (M. S. Hrn. Braun P. II. p. 244.) und per. Jo. de Westfalia ohne Jahr in 8vo unter dem Namen Karoli Viruli. Unbekannt blieben ihm auſſer der gegenwärtigen Ausgabe 1490. die auch zu Burheim ist, eine Reutlinger Ausgabe 1483. welche in der Erlanger Universitätsbibliothek ist, (wenn es anders nicht die ist, wo er nur den Druckort ausgelassen hat) die von 1488. so Herr Braun Seite 172 beschreibet, und coloniae 1495. die in Reimmanni catalogo generall pag. 433. stehet. Denis in Supplem. Annal. Maittaire Ind. Bibliograph. pag. 840. führt die Ausgaben von den Jahren 1485. 1487. 1488. 1490. davantriae 1493. und 1498. coloniae an. Die gegenwärtige blieb ihm gleichfalls unbekannt. Sie kann also mit Recht unter die größesten Seltenheiten gerechnet werden.

Zu Anfang steht der oben angeführte Titel. Darauf folgt auf 5 Blättern das Register. Mit dem 7ten nehmen die Briefe selbst mit der voranstehenden Ueberschrift, die auch in andern Ausgaben dieses Werkleins angetroffen wird, ihren Anfang. Numerirte Blätter sind es LXXXV. Der Druck ist eine kleine, schwarze, und ziemlich gute Mönchschrift. Signaturen und Blattzahlen, die mit römischen Ziffern z. B. Folium V. VI. X. angezeigt sind, sind da. Große Anfangsbuchstaben und Custoden mangeln. Auf der Rückseite des letzten Blattes macht folgende Unterschrift den Beschluß: Exarate funt hee formule Anno domini M. CCCC. XC. in die sancti Erhardi.

Jahr 1491.

269) Liber de proprietatibq̃ rerū Bartholomei anglici. Argentinae anno 1491. in Fol. Ohne Anzeige des Druckers.

Der oben angeführte Titel steht auf dem ersten Blatt. Mit dem zweyten Incipiunt tituli librorum et capitulo4 venerabilis Bartholomei anglici de pprietatibus rerum. Auf dem 7ten fängt nach einer kurzen Vorrede das Werk selbst an. Dieses ist in XIX Bücher, die durchgehends oben am Rand angezeigt sind, eingetheilet. Ohne große Anfangbuchstaben, Blattzahlen und Custoden, doch mit Signaturen und Columnentitel. 2 Columnen. Starkes aber bräunlichtes Papier. Mittelmäßige Mönchschrift. 257 Blätter. Zu Ende: Explicit liber de pprietatibus reru editus a fratre Bartholomeo anglico ordinis fratrum minorum Impressus Argentine Anno dūi M. CCCC. XCI. Finitus altera die post festum sancti Laurentii martiris.

Diese Ausgabe wird in catalogo Biblioth. Schwarz. P. II. p. 221. angezeigt. Ein Exemplar davon findet sich auch zu Neresheim.

270) Confessionale Bartholomei de Chaimis de mediolano ord. min. Augustae per Erhardum Ratdolt anno 1491. in 4to.

Diese Ausgabe ist von Hrn. Zapf in der Augsb. Buchdr. Gesch. S. 100 angezeigt, und von Hrn. Braun Th. II. S. 215. etwas weitläuftiger beschrieben worden.

271) Missale Augustanum. Augustae per Erhardum Ratdolt 1491. in Fol.

Ein in dem Hauptwerke mit gegenwärtigen ganz übereinstimmendes Exemplar haben Hr. Zapf in der Augsb. Buchdr. Gesch. S. 102. u. ff. und Hr. Braun II. Th. S. 216 beschrieben. Es ist daher nichts nöthig, als daß ich die kleine Abweichung des Unsrigen von dem Genannten anzeige. Diese besteht in dem Canon, der in unserm auf dem mit CXX. anstatt CXVII. follirten Blatt anfängt, und nur auf ein schön weiß und ziemlich starkes Papier so, wie das Uebrige des Missals gedruckt ist. Die Schlußanzeige. Die mit römischen Ziffern CCXLVIII. follirten Blätter. Das Wappen des Druckers auf der ersten Seite des letzten Blattes u. s. w. kommen genau mit der Beschreibung des Hrn. Brauns überein.

272) Biblia sacra latina. Basileae per Nicolaum Kessler anno 1491. in Fol.

Diese Ausgabe hat Masch in Biblioth. sac. le Long P. II. Vol. III. Cap. II. sect. I. pag. 134. hinlänglich beschrieben.

273) Biblia sacra latina. Basileae per Iohannem Frobenium de Hammelburck anno 1491. in gr. 8vo.

Ist gleichfalls in edit. Bibl. sac. le Long P. II. Vol. III, Cap. II. sect. I. p. 135. et seqq. ausführlich beschrieben. Ingleichen wird sie von Hrn. Braun Th. II.

Th. II. S. 217. bis auf die Schlußanzeige richtig angeführt. Diese sollte heissen: Explicita est Biblia presens Basilee — — Anno nonagesimo primo supra millesimum quaterque centesimum die vero vicesima *septima* Juny. Das *septima* ist ausgelassen. Weil die ganze übrige Beschreibung mit unserm Exemplar sonst genau übereinkömmt, so vermuthe ich um so weniger eine verschiedene Ausgabe, als es leicht geschehen konnte, daß das Wörtchen *septima* aus Uebersehen ausgeblieben ist.

274) Antonini Archiepisc. Florentini opus Historiarum, seu chronicarum. Basileae per Nicolaum Kesler anno 1491. in Fol. Vol. III.

Diese Ausgabe stimmt vollkommen mit der Nürnbergischen überein, welche Anton Koburger in dem Jahre 1484 gedruckt, und sodenn in eben diesem Jahre 1491 neu aufgelegt hat. Man sehe Hrn. Panzers älteste Buchdr. Gesch. Nürnbergs, S. 86 und 116 wo die nämliche Einrichtung, wie in der gegenwärtigen so, daß es nicht mehr als ein genauer Nachdruck genennet werden kann, gefunden wird. In einem jeden der drey Theile steht auf der ersten Seite des ersten Blattes Prima - secunda - tertia pars historialis venerabilis domini Antonini. Auf dem zweyten Blatt fängt jeder Theil mit der Aufschrift Summarium Primi - Secundi - Tertii voluminis partis historialis domini Antonini archiepiscopi florentini an. Zu Ende des ersten Theils, welcher CCXV. foliirte Blätter ohne das zu Anfang, und am Ende sich befindende Register stark ist, steht bloß: Prima p̄s hystorialis dn̄i Antonini archiepi florētini ordinis p̄dicato4 finit feliciter. Laus deo. Zu Ende des zweyten, der CCXLI Bl. beträgt, heißt es: Finit feliciter sed'a pars historialis dn̄i Anthonini archiepi florētini. Zu Ende des dritten Theils auf der zweyten Columne des mit CCLVI. foliirten Blattes macht nach der Erzählung seines Sterbejahres und dem Epitaphium folgende Unterschrift den Beschluß: Perfectu atq3 finitum est opus excellentissimuȝ trium partiu historialiu seu Cronice dn̄i. Antonini archiepi Florētini cum suis regiſtris in Basilea. Anno incarnate deitatis. M. CCCCXCL decima die February p Nicolaum Kesler civem Basiliensem. Ad laudē summi opificis gloriosissimeq3 semp virginis Marie gerule Jh'u xpi. Deo gratias. Darunter stehen die Wappen des Druckers. Blattzahlen, und Signaturen sind da. Große Anfangsbuchstaben hingegen und Custoden mangeln. Ein Exemplar davon ist auch in Jrsee befindlich.

275) Omnes Epistolae S. Pauli Apostoli. Davantrie in platea episcopi (per Richardum Paffroet) anno 1491. in 8vo.

Diese Ausgabe ist mit niedlichen kleinen gothischen Typen in fortlaufenden Zeilen auf ein glattes und ziemlich weißes Papier gedruckt. Ohne große Anfangsbuchstaben, Blattzahlen und Custoden, doch mit Inscriptionen oben an dem Rande

Rande, und Signaturen verſehen. Der Anfang wird mit der Vorrede des heiligen Hieronymus gemacht. Die Aufſchrift heißt: Prologus. Incipit prefatio ſancti Hieronymi in oes epiſtolas ſancti Pauli. Dieſe endet ſich auf der 25ſten Zeile der Rückſeite des erſten Blattes. Darauf: Incipit prologus ſpecialis in epiſtolam ad Romanos. Auf der Kehrſeite des zweyten Blattes Incipit Epiſtola beati Pauli apoſtoli. ad Romanos. capitulum primu. Die Auf- und Endſchriften ſind durchgehends mit größern Typen als das Folgende gedruckt. Die Briefe folgen in der Ordnung auf einander, wie ſie in der Vulgata ſtehen, nur der Brief ad Philemonem wird erſt nach dem ad Titum angetroffen. Auſſer einigen Abweichungen in den Bind- und Knüpfworten, welche den Sinn öfters viel deutlicher in dieſer Ausgabe, als in der Vulgata geben, und den Wörtern Chriſtus und Dominus, welche oft verwechſelt werden, da in der Vulgata Chriſtus, in der gegenwärtigen Ausgabe aber Dominus, nebſt noch mehr andern kleinen Verſchiedenheiten habe ich ſonſt keine beſondern Varianten bemerkt. Auf der Kehrſeite des 50ſten und letzten Blattes wird mit folgender Anzeige der Beſchluß gemacht: Expliciunt Epiſtole Pauli. Impreſſe Davantrie In platea epiſcopi. Anno dñi M. CCCC. XCI. Undecima January.

Von dieſer Ausgabe, die ſowohl Maittaire und Denis in ſupplem., als auch Hrn. Maſch in Edit. Biblioth. Sac. le Long unbekannt geblieben, habe ich nur noch ein einiges Exemplar in Lakmanni ſelectis capitibus annalium typographicorum p. 128. ganz ähnlich gefunden, nur mit dem veränderten Tag: ultima May. anſtatt: undecima January.

276) Matthaei de Cracovia Tractatus, utrum expediat & deceat Sacerdotes Miſſas continuare, vel laicos frequenter communicare? Memmingae per Albertum Kune anno 1491. in 4to.

Iſt 11 Blätter ſtark, und von Hrn. Braun Th. II. S. 221. angezeigt worden.

277) S. Anſelmi epiſcopi Cantuarienſis opera. Norimbergae per Caſparum Hockfeder anno 1491. in Fol.

Dieſe Ausgabe iſt von Hrn. Panzer in der älteſten Buchdruckergeſchichte Nürnbergs S. 120. ingleichen von Braun II. Th. S. 222. richtig angezeigt und beſchrieben worden.

278) Bonaventurae Ord. Min. in IV. Libb. Sententiarum. (Norimbergae per Anton. Koburger anno 1491) Vol. IV. in Fol.

S. die ausführliche Beſchreibung, welche über die Ausgabe dieſes ſtarken Werkes Herr Panzer in der älteſten Buchdruckergeſchichte Nürnbergs S. 117. u. f. geliefert hat,

279) Das

279) Das Buch der Schatzbehalter oder Schrein der waren Reichtümer des Heils. Nürnberg durch Anton Koburger in dem Jahr 1491. in Fol. mit 94 Holzschnitten.

Diese Ausgabe ist von Hrn. Panzer in den deutschen Annalen S. 189. ingleichen von Braun II. Th. S. 223. hinlänglich beschrieben worden. Wir besitzen von dieser Ausgabe zwey Exemplar, davon eines mit herrlich vergoldeten Anfangsbuchstaben und Holzschnitten, die sehr schön mit lebendigen Farben gemalt sind, pranget, das andere hingegen hat seine glatten und natürlichen Holzstiche.

280) Missale Romanum. Venetiis per Iohannem Hamanum de Landoia anno 1491. in Fol.

Gegenwärtige Ausgabe wird vermuthlich ein Titelblatt haben, das aber in unserm Exemplar vermißt wird. Den Anfang macht daher der Kirchenkalender mit der Ueberschrift: Annus habet menses XII. hebdomadas LII. et diem unum &c. Nach 6 Blättern, die der Kalender ausmacht, Incipit ordo missalis sm cosuetudinem Romane curie. Dieser Ordo ist CCXLI. Blätter stark, und mit römischen Ziffern bezeichnet. Mit dem CIX. Blatt fängt der Canon an, der gleichfalls bloß auf Papier und mit eben den Lettern, wie das Uebrige gedruckt ist. Zu Ende des Canons steht der Recessus oder die Gebethe, welche die Priester nach der Messe zu bethen pflegen. Der Druck eine schöne, mittelmäßig große Mönchschrift. 2 Columnen. Weißes und starkes Papier. Ohne große Anfangsbuchstaben und Custoden. Mit Blattzahlen und Signaturen und rothgedruckten Aufschriften oben am Rande. Auf dem CXXXIIII. foliirten Blatt kommt eine besondere Messe vor, die ich in den schon vorausgehenden Missalen nicht gefunden habe. Sie führt die Aufschrift: Missa pro cuius anima dubitatur. Weil die erste Oration so gut verklausulirt ist, will ich sie ganz hieher setzen: Oratio. Omnipotens et misericors deus inclina, quesumus, venarabiles aures tuas ad exiguas preces nostras, quas ante conspectum majestatis tuef pro anima famuli tui N. humiliter fundimus: ut qui de qualitate vite eius diffidimus, de abundantia pietatis tue consolemur: et si plenam veniam anima ipsius obtinere non potest: saltem vel inter ipsa tormenta: que forsitan patitur: refrigerium de abundantia miserationum tuarum sentiat. Per dominum &c.

Am Ende wird folgende rothgedruckte Schlußanzeige gelesen: Accipite optimi sacerdotes Missale juxta morem Romane ecclesie expletum: Joannis hamani de Landoia mira arte impressuṭ: in florentissima civitate venetiaru Augustini Barbadici inclyti principis tempestate: Anno incarnationis dominice Millesimo quadringētesimo nonagesimo primo: Ibus Augusti. Laus Deo. Darunter das Wappen des Druckers. Alsdann macht auf der Kehrseite des letzten Blattes — die erste

erſte Seite davon iſt leer gelaſſen — die Tabula dominicarum et feſtivitatum ſecundum ordinem menſium den Beſchluß.

Von dieſer Ausgabe ſchweigen Maittaire und Denis in Supplem. Annal. auch nirgends anderswo habe ich ein Exemplar davon finden können.

281) Queſtiones Antonii andree ſuper duodecim libros methaphyſice. Venetiis per Bonetum Locatellum anno 1491. in Fol.

Zu Anfang ſteht obiger Titel. Die Kehrſeite des erſten Blattes füllet die Tabula. Auf dem zweyten fängt das Werk ſelbſt mit folgender Aufſchrift an: Altiſſimi doctoris Antonii adree ſeraphici ordinis mino4. queſtiones ſubtiliſſime ſup duodeci libros methaphiſice Ariſtotelis feliciter incipiunt. In 2 Columnen. Schöne und große Holzſchnitte ſtatt der Anfangsbuchſtaben. Ohne Blattzahlen und Cuſtoden, doch mit Aufſchriften und Signaturen. Der Druck eine ſehr ſchwarze, kleine und ziemlich gute Mönchſchrift. Das Ganze 52 Blätter. Am Ende ſteht nebſt dem Regiſtrum chartarum und den ſchwarzgedruckten Wappen des Octavian Scotus folgende Schlußanzeige: Expliciunt qones ſubtiliſſime ſup. 12. libris meth. Ariſ. excellētiſſimi artium et ſacre theologie doctoris Antonii Andree ordinis mino4. accuratiſſime emēdate per doctiſſimum ſacre theologie bachalarium formatum fratrem Lucam de ſuberato eiusdem ordinis et provincie thuſcie. Impreſſe Venetiis. arte M. Boneti locatelli b'gomēſis: impenſis, d. Octaviani Scoti Modoetienſis. 1491. ſexto idus Auguſti.

Dieſe Ausgabe iſt ganz unbekannt, indem ſelbſt die berühmteſten Bibliographen nichts von derſelben wiſſen.

282) Decretales: cum ſummariis ſuis & textuum diviſionibus. ac etiam rubricarum continuationibus. Venetiis per Baptiſtam de Tortis anno 1491. in gr. Fol.

Frühere Ausgaben der Gregorianiſchen Dekretalen ſind ſchon angezeigt worden, mit denen auch die gegenwärtige in der Hauptſache vollkommen übereinskommt. Doch weicht ſie in Anſehung der Gloſſen von der Schoifferiſchen Ausgabe von dem Jahre 1473 und der Jenſoniſchen unter dem Jahre 1475 bisweilen durch Abkürzungen, bisweilen auch durch Zuſätze ziemlich ab, welches aber der Buchdrucker ſelbſt auf der Rückſeite des 5ten Blattes, um ſeiner neuen Auflage viele Liebhaber und Käufer zu verſchaffen, mit folgenden Worten anzeiget: Decretalium hanc Gregorianam compilationem candide lector: habes illuſtratam lucubrationibus clariſſimi utriusq3 juris doctoris Domini Hieronymi Clarii Brix. cum quibusdam additamentis ſuis preter emendationem certe rem novam. tam pro ſummulis

additis

additis singulis decretalibus cum earum divisionibus ac continuationibus rubricarum, quam etiam casibus presertim difficilioribus, sine quibus quam plures decretales facile intelligi non possunt, et notabilibus locis in textu ac magistralibus glossis sic diligenter: ut vides signatis miro ordine pro communi studentium utilitate. Aureis etiam impressionibus Venetis Baptiste de Tortis tricentis et bis mille exemplaribus. Den Anfang des Buchs macht auf der Kehrseite des ersten Blattes die vier Blätter starke Tabula mit der voranstehenden rothgedruckten Anzeige: Tabula omnium rubricarum cum suis capitulis: oia p alphabetum posita et ad loca sua p ordine remissa. Auf der ersten Seite des 5ten Blattes steht der oben angeführte Titel mit rothen, und auf der Kehrseite desselben die schon angezeigte Empfehlung dieses Werkes mit schwarzen Typen. Mit dem folgenden nimmt das Werk seinen Anfang. Die Dekretalen stehen mit größern Typen gedruckt auf der Mitte in zwey Columnen, und werden auf allen Seiten von den Glossen umgeben. Die Zusätze und Abänderungen des Clarius sowohl in dem Texte, als in den Glossen sind durch Einfassungen und Strichelchen, die hie und da einer Kette gleichen, angezeigt. Die Rubriken und Anfangsbuchstaben vor den minder wichtigen Artikeln sind durchgehends roth gedruckt. Die Anfangsbuchstaben bey einer anfangenden Decretale und die Custoden fehlen noch, hingegen sind die Inscriptiones oben am Rande, Blattzahlen — die aus arabischen Ziffern bestehen — und Signaturen vorhanden. Das Ganze beträgt 303 Blätter. Am Ende ließt man folgende Endschrift: Venetiis per Baptistam de Tortis. M. CCCC. LXXXXI. Die XX. Septembris. Darnach steht noch das Registrum chartarum und das Wappen des Druckers.

Ein Exemplar dieser Ausgabe findet sich auch zu Rottenbuch.

283) Sextus Decretalium. anno 1491. in gr. Fol. Ohne Anzeige des Orts und des Druckers.

Obiger Titel dieser bis itzt noch ganz unbekannten Ausgabe ist auf der ersten Seite des ersten Blattes roth gedruckt. Auf der Kehrseite folgt die Tabula titulorum. Dann auf zwey Blättern die Lectura arboris consanquinitatis, et affinitatis. Mit dem 4ten Blatt fängt das Werk selbst mit der Aufschrift: Incipit sextus liber Decretalium an. Der Text steht mit größern sehr niedlichen gothischen Typen in zwey Columnen auf der Mitte, und wird auf allen Seiten von den Glossen des Johannis Andreæ umgeben. Das Ganze ist XCVII. Blätter, die mit römischen Ziffern angezeigt sind, stark. Die großen roth gedruckten Anfangsbuchstaben werden hie und da angetroffen, sehr oft aber auch vermißt. Ohne Custoden, doch mit Signaturen. Zu Ende ist folgende roth gedruckte Unterschrift zu lesen: Liber sextus decretalium unacuꝫ apparatu domini Johannis andree accuratissime castigatus. Anno dominice nativitatis. Mccccxci. Kalēdarum vero marcy. XVI. finit feliciter.

284) Con-

284) Conſtitutioes Clementinarum. anno 1491. in gr. Fol. Ohne Anzeige des Ortes, und des Druckers.

Mit dem angeführten Titel wird der Anfang auf der erſten Seite des erſten Blattes gemacht. Auf der Kehrſeite folgt die Tabula titulorum. Mit Folium II. fängt das Werk ſelbſt mit der rothgedruckten Aufſchrift: Incipiut conſtitutioes Clementis pape quinti unacuȝ apparatu domini Johannis Andree an. Das Ganze beträgt ſamt den Decretalibus Extravagant. LII. Blätter. Auf der Rück ſeite des XLVII. Blattes macht folgende gleichfalls rothgedruckte Anzeige den Beſchluß: finit opus Clementinaru unacu apparatu dñi Joh'is andree Anno noſtre ſalutis. M. CCCC. XCI. VQ aprilis. XIIII.

Dieſe Ausgabe iſt übrigens, was das äuſſere betrift, eben ſo beſchaffen, wie die unmittelbar vorhergehende; daher ich auch ſicher vermuthe, daß ſie aus der nämlichen Preße, wie jene, und die unmittelbar darauf folgende gekommen ſey.

285) Juſtiniani Imperatoris Inſtitutionum libri IV. unacum adparatu. anno 1491. in gr. Fol. Ohne Anzeige des Ortes und Druckers.

Die äuſſerliche Einrichtung dieſer Ausgabe und Typen ſind eben ſo, wie bey den zwey vorhergehenden beſchaffen. Der Titel Inſtitutiones. ſteht auf der erſten Seite des erſten Blattes rothgedruckt. Auf der Rückſeite die Tabula titulorum. Mit Fol. II. fängt das Werk ſelbſt mit der voranſtehenden rothgedruckten Aufſchrift an. Das Ganze beträgt LXIX. Blätter. Auf der Kehrſeite des letzten Blattes wird folgende rothgedruckte Endſchrift auf drey Zeilen geleſen: Inſtitutionu opȝ elaboratum deq3 emedatu. Anno noſtre ſalutis Nonageſimo primo. poſt milleſimum et quadringenteſimum. Kalendas vero July XVII. finit feliciter.

Bey dieſen 3 hier angezeigten Werken ſcheint die Ausgabe, welche oben unter dem Jahre 1484 num. 149. 150. 151. angezeigt worden, als Grundlage gebraucht worden zu ſeyn. Indeſſen iſt die gegenwärtige bis itzt noch ganz unbekannt, und wird bey den berühmteſten Bibliographen umſonſt geſucht.

Jahr 1492.

286) S. Thomae de Aquino ſcripta ad Hanibaldum epiſcopum ſuper quatuor libros ſententiarum. Baſileae per Nicolaum Keſsler anno 1492. in Fol.

Dieſe Ausgabe iſt von Hrn. Braun II. Th. S. 231. angezeigt worden.

287) Tex-

287) Textus Sententiaru̅ cum conclusionibq Heinrici gorichem. necno̅ scriptis scti Thome de Aquino ad Hanibaldum episcopum. Basileae per Nicolaum Kessler anno 1492. in Fol.

Gegenwärtige Ausgabe kommt mit denjenigen, die unter den Jahren 1486 und 1487 aus eben der Keßlerischen Presse gekommen sind, überein. Obige Anzeige wird auf der ersten Seite des ersten Blattes mit grossen gothischen Typen gedruckt gelesen. Das Ganze besteht aus 37 Lagen, welche mit a — t und A — S von dem Drucker signirt sind. Ohne grosse Anfangsbuchstaben, Blattzahlen und Custoden. Auf der Kehrseite des mit Q 6 bezeichneten Blattes steht nebst den Keßlerischen Wappen unterhalb folgende Schlußanzeige: Liber Sententiarum magistri Petri Lombardi: cum conclusionibus magistri Henrici Gorichem: sacraru̅ litteraru̅ interpretis explicit. Impensis atque singulari opera Nicolai Ressers civis Basileeñ. ad honore̅ sancte et individue trinitatis ac fidei catholice augmentu̅ et tuitionem q̃ diligetissime impressus. Anno incarnationis dñi post millesimu̅ quater-q̃ centesimu̅ nonagesimo secundo. Duodecimo vero Kalē. Marty. Alsdann folgt noch ein 13 Blätter starkes Register.

288) Summa Angelica de casibus Conscientiae per Fr. Angelum de Clavasio. Norimbergae per Anton. Koburger anno 1492. in Fol.

Unser Exemplar ist schon von Hrn. Panzer in der ältesten Buchdr. Gesch. Nürnbergs S. 122 angezeiget worden. Ein Exemplar davon findet sich auch zu Steingaden. S. hierüber D. Schraucks Baiersche Reise S. 191.

Uebrigens scheint es, der Drucker habe mit dieser Ausgabe gestißendlich einen recht genauen Nachdruck von derjenigen, die er unter dem Jahre 1488 geliefert, machen wollen, dieweil er nicht nur den Titel, mit welchem doch die Werke aus diesem Dezennium fast durchgehends versehen sind, weggelassen, sondern dieselbe auch auf eben so viel Blätter CCCX. nämlich, und alle Worte an Orte und Stelle wie in der mehr genannten Ausgabe gedruckt hat.

289) Compilatio nova Decretalium Domini Gregorii pape noni. Spirae per Petrum Drach anno 1492. in gr. Fol.

Ohne einen andern Titel mit rother Schrift. Der Anfang des Werkes wird auf dem zweyten Blatt gemacht. Ohne Custoden und Blattzahl — es sind aber 273 Blätter — grossen Anfangsbuchstaben, doch sind diese bey den

Tom. I. R kleinern

kleinern Abſätzen rothgedruckt vorhanden. Der Text mit grßerer, die Gloſſen hin=
gegen mit kleinerer Mönchſchrift. Mit Signaturen, und Columnentitel. Auf der
erſten Seite des letzten Blattes iſt folgende rothgedruckte Schlußanzeige zu leſen:
celebratiſſimus preſens ac inſignis decretalium epiſtolarum codex unacum apparatu
domini Bernardi. nō ſine exacta diligentia vigiliq3 ſtudio. expenſis Petri drach
civis Spireñ. eſt coſummatus. Anno noſtre ſalutis Miileſimo — ſic — quadringenteſimo nonageſimo ſecundo. Kalendas vero. V. Junias.

Dieſe Ausgabe wird von Maittaire Tom. IV. p. 551. angeführt. Iſt
auch zu Nürnberg, und Burheim befindlich.

290) Sermones quadrageſimales fratris Antonii de Vercellis ord.
min. de XII. mirabilibus chriſtianae fidei excellentiis. Venetiis
per Joan. & Gregorium de Gregoriis anno 1492. in 4to.

Dieſe Ausgabe hat Herr Braun II. Th. S. 236. beſchrieben. Unſer
Exemplar kömmt mit deſſelben Beſchreibung ſowohl in der Blätterzahl, als in den
Typen und der Schlußanzeige überein; nur zu Anfang und am Ende habe ich
einige Variationen angetroffen, die in Folgenden beſtehen.

Die erſte Seite des erſten Blattes iſt ganz leer. Auf der Rückſeite
deſſelben folgt eine Empfehlung dieſes Werkes, die beſonders an die Religioſen und
Prediger gerichtet iſt. Sie beſteht aus 14 Zeilen, und fängt alſo an: Qua ſemper obſervantia habiti ſunt apud poſteros noſtros, hi, qui pro comuni omnium utilitate deſudarunt: nulluſsere peritorum ambigere valet, quorum mores aut
res optime geſte ad capeſcendas virtutes ipſorumq3 imitanda veſtigia: procul
dublo nobis ſunt adjumento. Ecce recenti impreſſione ad oblectamentum quod-
dam ſingulare omnium precipue verba dei preconizantium quam opportune ſe of-
ferat egregium illud ac preclariſſimum opus venerabilis cuiusdam fratris Antonii
vercellenſis ordinis minorum — — ſumite queſo venerandi patres religioſi, pre-
ſertim officio predicatores hanc celeſtem margaritam. Inſpicite, quot inde catholice veritates &c. Der Titel auf der erſten Seite des erſten Blattes ſowohl, als
der Brief des Ludovicus Brognolo an den Ludovicus á turri, die ſich in dem Exemplar des Herrn Brauns befinden, werden in dem Unſrigen ganz vermißt. Das
Uebrige hingegen trift mit deſſelben Beſchreibung, bis auf die Tabula operis am
Ende, welche ebenfalls abgeht, überein. Nach der Schlußanzeige: Explicit quadrageſimale — — — Impreſſum vero Venetiis Per Joañe et Gregoriu d’ gre-
goris nicht gregoriis, wie Herr Braun es in ſeiner Beſchreibung bemerkt hat,
folgt auf der erſten Seite des letzten Blattes das Regiſtrum chartarum, und auf
der Kehrſeite die Wappen der Drucker.

291) S.

291) S. Gregorii Magni libri IV. dialogorum. Venetiis per Hyeronimum de Paganinis anno 1492. in 4to.

Diese Ausgabe hat Herr Braun II. Th. S. 238. angezeigt.

292) Pastoralis S. Gregorii Pape. Venetiis per Hieronymum de Paganinis anno 1492. in 4to.

Wird gleichfalls von Hrn. Braun lib. cit. S. 238. hinlänglich angezeigt.

293) Syllius — sic — Italicus. cum commentariis Petri Marsi. Venetiis per Bonetum Locatellum anno 1492. in Fol.

Mit obigem Titel wird auf der ersten Seite des ersten Blattes der Anfang gemacht. Die Kehrseite ist leer. Auf dem zweyten fängt Petri Marsi interpretatio in Syllium italicum ad illu. principem Virginium Ursinum an. Dann Syllii vita, und nach diesem: Belli punici. II. compendium. Mit dem vierten Blatt nimmt das Werk selbst nebst dem Kommentar seinen Anfang. Der Text ist mit herrlich schönen und grössern, der Kommentar hingegen, welcher jenen auf drey Seiten umgiebt, mit kleinern lateinischen Typen gedruckt. Das Werk besteht aus XVII. Büchern, die durchgehends oben am Rande angezeigt sind. Die grossen Anfangsbuchstaben vor einem jeden Buch sind große und sehr feine Holzschnitte — wenn sie nicht gar Kupferstiche sind. — Die Signaturen sind da. Ohne Blattzahl und Custos. In allem 156 Blätter. Auf der Kehrseite des vorletzten Blattes wird noch einmal kurz die von Petrus Marsius schon zu Anfang gemachte Dedikation an den Virginius Ursinus erneuert, und darauf der Beschluß mit der nachstehenden Anzeige gemacht: Venetiis opera ingenioq3 Boneti Locatelli. Instinctu vero ac sumptibus Nobilis viri Octaviani Scoti Modoetiensis Anno salutiferae incarnationis nonagesimo secundo supra Millesimum ac quadringentesimum quinto decimo kalendas junias. Darunter das Registrum chartarum. Auf dem letzten Blatt stehen ganz allein die Wappen des Octavianus Scotus, diese bestehen aus einem Cirkel, der von einer Diagonal = und Perpendikularlinie durchschnitten wird, und innerhalb die Buchstaben O. S. M. hat.

Diese Ausgabe wird in Catalog. Biblioth. Schwarz. P. II. num. 533. angezeigt.

294) Divi Bernardi abbatis ad sororem: Modus bene vivendi in christianam religionem — sic — Venetiis per Bernardinum de Benaliis. anno 1492. in 8vo.

Gegenwärtiges Werkchen, das aus LXXIII. Kapiteln besteht, wird von Cave in Hist. litterar. de script. Eccl. Tom. I. p. 448 et seqq. unter die opera dubia et suppositicia S. Bernardi gezählt. Das Ganze ist 91 Blätter stark, und in gespaltnen Columnen mit ausnehmend schönen lateinischen Typen auf ein sehr weißes und glattes Papier gedruckt. Ohne Anfangsbuchstaben, Blattzahlen und Custoden, doch mit Columnentiteln und Signaturen. Der oben angeführte Titel wird auf der ersten Seite des ersten Blattes gelesen. Auf der Kehrseite beginnt die Tabula operis. Dann folgt die Vorrede mit der Ueberschrift: Divi Bernardi doctoris clarissimi et Abbatis clarevalensis: Ad sorore sua Modus bene vivendi: In quo continetur oium virtutum summa ad christianam religionem necessaria Prologus. Mit dem dritten Blatt fängt (Sermo) Primus: de Fide: an. Auf der vierten Columne des letzten Blattes macht folgende Unterschrift den Beschluß: Impressum Venetiis per Bernardinum de Benaliis Pergomensem. MCCCCLXXXXII. die XXX. May.

Von dieser Ausgabe wissen Maittaire und Denis in supplem. nichts. Ein gleiches erfuhr ich bey den übrigen Bibliographen, die ich darüber nachschlug. Woraus von selbst der Schluß auf die Seltenheit dieser Ausgabe mag gemacht werden.

Jahr 1493.

295) Tractatus sacerdotalis de sacramentis deq3 dinis — sic — officiis. & eoru administrationibus. Argentinae per Martinum Flach anno 1493. in 4to.

Dieses Werkchen ist 126 Blätter stark. Herr Braun II. Th. S. 243. hat dasselbe hinlänglich beschrieben.

296) Sermones sancti Vincentii fratris ordinis predicatorum de tempore. Pars estivalis. Argentinae anno 1493. in Fol. Ohne Anzeige des Druckers.

Von einer frühern Ausgabe dieser Predigten ist schon unter dem Jahre 1487. num. 201. Meldung geschehen. Gegenwärtige kömmt vollkommen mit derselben überein. Obiger Titel steht zu Anfang. Dann folgt eine 7 Blätter starke Tabula alphabetica. Mit dem 9ten Blatt fängt das Werk selbst an. In 2 Columnen. Ohne große Anfangsbuchstaben, Blattzahlen und Custoden, doch mit Aufschriften und Signaturen. Das Ganze beträgt 255 Blätter, und wird auf der vierten Columne des letzten Blattes beschlossen: Sermoes sancti Vincentii Illuminatissimi — sic — sacre theologie pfessoris acutissimi fratris divi ordinis pdicatoᵣ temporis estivalis finiunt. Impssi Argentine Anno dñi. M. CCCC. XCIII. Finiti in vigilia sancti Thome apostoli.

297) Ser

297) Sermones fancti Vincentii fratris ordinis predicatorum de tempore Pars hiemalis. Argentinae anno 1493. in Fol. Ohne Anzeige des Druckers.

Gegenwärtige Ausgabe unterscheidet sich von derjenigen, die gleichfalls unter dem Jahre 1487. num. 202. angezeigt worden ist, bloß in der Tabula alphabetica sermonum, welche in dieser ganz vermißt wird. Ob diese nur in unserm Exemplar, oder überhaupt in dieser Ausgabe fehlet, weiß ich nicht; doch läßt mich unser recht gut behaltenes Exemplar vielmehr das Letztere vermuthen. Es ist 199 Blätter stark, und endet sich mit folgender Schlußanzeige: Divini verbi preconis et predicatoris facreq3 theologie pfessoris eximii sancti Vincentii confessoris divi ordinis predicatoru sermones validissimi tpis hyemalis finiut. Impressi Argentine. Anno domini. M. CCCCXCIII.

Ein Exemplar dieser beyden Theile ist auch zu Burheim, und im Lackmann p. 130. angeführt.

298) Ein ware nachfolgung Christi. Augsburg in dem Jahre 1493. in 4to. Ohne Anzeige des Druckers.

Diese Ausgabe ist von Hrn. Braun II. Th. S. 244. hinlänglich beschrieben worden. Herr Panzer hat sie gleichfalls in den Annalen der ältesten deutschen Litteratur S. 200. und Herr Zapf in der Augsburgs Buchdruckergeschichte S. 107. angezeigt.

299) Homeliarius Doctorum (SS. Hieronymi, Ambrosii, Augustini, Gregorii, Originis, Alcuini, Chrisostomi, Bedae, Maximi, Haymonis, Leonis & Herici) Basileae per Nicolaum Kesler anno 1493. in Fol.

Obiger Titel steht auf der ersten Seite des ersten Blattes, und darunter ein Holzschnitt, welcher das ganze Blatt ausfüllet. In diesem wird auf der Mitte die streitende Kirche, und zur rechten und linken Seite die obengenannten Lehrer — deren Namen beygefügt sind — vorgestellt. Auf der Kehrseite folgt ein Brief mit der Ueberschrift: Johannes Uolricus Surgant: Artium et decretorum doctor: Curatus ecclesie parochialis Sancti Theodori martyris Minoris Basilee Constantiensis diocesis: Nicolao Kesler accuratissimo librorum impressori Basiliensi — — Salutem dicit. Inveni nuper in egregia insignis ecclesie Basiliensis bibliotheca: vetustissimum preclarumq3 opus Omeliarum et postillarum: excellentissimorum quattuor ecclesie doctorum et quorundam aliorum in evangelia per anni circulum: tam de tempore quam de sanctis occurrentia cum plurimis sermonibus sanctorum patrum, hinc inde sparsim interpositis &c. Den ganzen Brief kann man in Weisling. Armament. cathol. p. 602. allwo diese Ausgabe zugleich angezeigt wird, lesen. Auf dem folgenden mit fol. II. numerirten Blatt fängt das Werk selbst mit den Homelien de tempore an. Dasselbe besteht aus zwey Theilen. Der erste davon endet sich auf dem CLXI. Blatt mit der Unterschrift: Finis homeliarum de tempore. Dann noch eine brey Columnen starke tabula alphabetica. Der zweyte Theil fängt mit einem eigenen Titel Omelie — nämlich — Doctorum omniū de sanctis, an. Darauf die Tabula alphabetica, sobann mit Fol. II. die Homelien selbst mit der Ueberschrift: Incipiunt omelie de sanctis Et primo in vigilia sancti Andree. Diese gehen mit Fol. LXXII. zu Ende. Darunter wird nebst den Wappen des Druckers folgende Schlußanzeige gelesen: Omeliaru opus egregium: plurimo4 sanctorum aliorumve famosissimo4 docto4: super evangeliis de tempore et sanctis: quibusda eorundem annexis sermonib9: factore Nicolao Kesler: in inclyta Basiliensiu urbe impressum. Anno incarnatiois dnice: Millesimo qdringentesimo nonagesimo t'tio. p'drie kal. octobris finit feliciter.

Diese Ausgabe führt Maittaire Tom. IV. p. 556. an, ingleichen auch Suhl S. 56 aus der Silbecker. und Mylius S. 146. aus der Jenaischen Bibliothek. Sie ist auch zu Rottenbuch.

300) Copulata pulcerrima atq3 optima super octo libros Phisico4 Arestotel' cum textu. juxta doctrinā excellentissimi doctoris sancti Thome de Aquino ordinis predicatorum. Coloniae per Henricum Quentel anno 1493. in Fol.

Mit obigem Titel fängt das Werk auf der ersten Seite des ersten Blattes an. Auf dem folgenden, das mit Fol. I. bezeichnet ist, folgt die Vorrede. Alsdann auf Fol. IIII. das erste Buch mit der vorläufigen Anzeige: Incipit liber primus Aresto. stragerite filii Nichomaci de auditu phisico q' det'minat de pricipiis subjecti q'd est ens mobile in ɔmuni. Das Ganze besteht aus VIII Büchern. Der Text des Arestotelis ist durchgehends mit grössern, der Commentar hingegen mit kleinen gothischen Typen auf gespaltnen Columnen gedruckt. Ohne grosse Anfangsbuchstaben und Custoden, doch mit Signaturen und Blattzahlen. Letztere enden sich mit der CXXXVIII. Zahl. Worauf noch zwey nicht foliirte Blätter, die die Schlußanzeige, und die tabula questionum enthalten, folgen. Jene heißt also: copulata diligenti studio primo correcta. atq3 iterum emendata (circa octo libros phisicoru Arestotelis) artiu magistri Lamberti de Monte. ac sacre theologie professoris eximii. juxta doctrinam excellentissimi Doctoris sancti Thome de Aqui-
nu

ao ordinis predicatorum. feliciter finem habent Impreſſa Colonie per Henricum Quentel Anno nonageſimo tercio.

Dieſe Ausgabe hat Denis in ſupplem. Annal. Maittaire pag. 351. angezeigt.

301) Queſtioes magiſtri Iohanis verſoris ſuper libros de generatione & corruptione cũ textu Areſtotelis. anno 1493 (Coloniae per Henricum Quentel) in Fol.

Die äuſſerliche Geſtalt, die Typen nämlich, Papier u. ſ. w. ſind, wie in dem unmittelbar vorhergehenden beſchaffen, daher es ſicher auch zu Cöln aus Heinrich Quentels Offizin gekommen iſt. Mit dem oben angeführten Titel, der auf 5 Zeilen ſteht, wird der Anfang gemacht. Mit dem zweyten Blatt fängt das Werkchen ſelbſt an. Die Blätter ſind mit römiſchen Ziffern numerirt. In 2 Columnen. u. ſ. f. wie das Vorhergehende. Auf der dritten Columne des mit fol. XXVII numerirten Blattes wird nachſtehende Schlußanzeige geleſen: Et ſic terminantur queſtiones magiſtri Joãnis verſoris ſuper duos libros de generatione et corruptione Areſtotelis ſ'm verum proceſſum et mentem eiusdem verſoris diligentiſſime correcte. Anno incarnatois dñice M. CCCC. XCIII. die XXIIII. July. Dann folgen noch Recapitulationes Authoritates, et queſtiones librorum, welche auf der zweyten Columne des folgenden XXVIII. ten Blattes den Beſchluß machen, mit der Anzeige: finis tabule Laus deo. Sequitur liber Metheororum Arʒ. (iſtotelis.)

302) Joannis Verſoris Quaeſtiones ſuper IV. libros Metheororum Ariſtotelis. (Coloniae per Henricum Quentel) anno 1493 in Fol.

Gegenwärtiges Werkchen nimmt ſogleich auf der Kehrſeite des XXVIII. und letzten Blattes des unmittelbar vorhergehenden Werkes ſeinen Anfang. Oben am Rande werden ſowohl auf der eben genannten Kehrſeite, als auf der erſten des folgenden Blattes die Worte: Liber Primus Metheorum Fol. XXIX. geleſen. Der Columnentitel heißt: Incipit p'mus liber metheororum. Aus dieſen, und dem Schluße des Vorhergehenden ſieht man, daß beyde Werklein, ein jedes ohne dem andern beſtehen könne, doch aber in dieſer Lage von einander unzertrennlich ſind, und nur beyſammen einGanzes ausmachen. Uebrigens iſt die äuſſereEinrichtung von derjenigen des Beſchriebenen in Nichts verſchieden. Beyde zuſammen ſind LXIII.Blätter ſtark. Nach dieſen folgt noch ein nicht foliirtes Blatt, das die titulos queſtionum in libros Metheoroɤ Areſto (telis) nebſt folgender Unterſchrift enthält: Queſtiones magiſtri Joannis Verſoris ſupra libros Metheororum Areſtotelis cuʒ textu hic feliciter finem habent. Anno noſtre ſalutis M. CCCC. XCIII. ipſo die Sixti pape.

Dieſe

Diese eben angezeigten zwey Werklein habe ich weder in Maittaire, weder in Denis supplem. noch bey andern Bibliographen, die ich bey der Hand habe, gefunden.

303) Libri II. Elenchorum Aristotelis. (Coloniae per Henricum Quentel) anno 1493. in Fol.

Gegenwärtige Ausgabe ist mit eben den Typen gedruckt, und den übrigen typographischen Eigenschaften versehen, wie die drey unmittelbar vorhergehenden Werke; daher ich auch dieses ganz zuverläßig, wie die Obigen dem Heinrich Quentel zuschreibe.

Das Ganze besteht aus XLIII. Blättern, die oben am Rande mit römischen Ziffern angezeigt sind. In 2 Columnen. Der erste Anfangsbuchstabe ist ein Holzschnitt und stellt eine dreyfache Krone vor. Am Ende ließt man: Copulata in libros totius nove logice Arestotelis diligenter visa studiosissime atq3 corrogata secundum pcessum et frequens exercitium magistrorum florentissime universitatis Coloniensis regentium in Bursa Lamberti de Monte artium ac sacre theologie pfessoris eximii. juxta doctrinam insignis et divini doctoris sancti Thome Aquinatis. ordinis fratrum predicato4. siniunt feliciter. Anno incarnationis dominice. M. CCCC. XCIII. nonis Marty. Dann macht 1 1/2 Blatt Register den Beschluß.

304) Decretales cum summariis suis & textuum divisionibus ac etiam rubricaru Continuationibus. Norimbergae per Anton. Koburger anno 1493. in Fol.

Eine frühere Ausgabe dieses Werkes mit den Verbesserungen des Hiero. Clar. Brix. in dem Terte selbst sowohl als in den Glossen ist schon oben unter dem Jahre 1491 num. 282. beschrieben worden. Gegenwärtige haben Hr. Panzer in der ältesten Buchdr. Gesch. Nürnbergs S. 126. und Braun II Th. S. 247. hinlänglich beschrieben.

305) Decreta pat4 sive Concordia discordantium canonum Gratiani auctoris sive compilatoris: cum apparatibus Joannis ac additionibus Bartholomei Brixiensis. Norimbergae per Anton. Koburger anno 1493. in Fol.

Ist von Herrn Panzer in der ältesten Buchdruckergeschichte Nürnbergs S. 128. ingleichen von Hrn. Braun II Th. S. 247 angezeigt, und beschrieben worden.

306) Bi-

306) Biblia latina cum poſtillis Nicolai de Lyra. Vol. IV. Norimbergae per Anton. Koburger anno 1493. in Fol.

Ueber dieſe Ausgabe ſehe man Maſch in Edit. Biblioth. ſacr. le Long P. II. Vol. III. Cap. II. Sect. III. p. 369. und die alda citirten Authoren. Herr Panzer hat ſie gleichfalls in der Geſchichte der Nürnbergiſchen Bibelausgaben S. 78. angezeigt.

307) Regiſtrum huius libri Cronicarum cum figuris & ymaginibus ab initio mundi. Norimbergae per Anton. Koburger anno 1493. in gr. Fol.

S. die Merkwürdigkeiten der Zapfiſch. Bibliothek. St. I. S. 74. Ferner Braun II. Th. S. 246. Iſt auch in Irſee befindlich.

308) Regiſter des Buchs der Chronicken und geſchichten mit Figuren und Bildnüſſen von Anbegin der Welt bis auf dieſe unſere Zeit. Nürnberg durch Anton Koburger in dem Jahre 1493. in gr. Fol.

Ueber dieſe berühmte Ausgabe S. M. die neueſten Beſchreibungen, welche Herr Panzer in den Annalen der älteſten deutſchen Litteratur, S. 204. u. f. ingleichen Herrn Braun II. Th. S. 246. geliefert haben.

In unſerm Exemplar iſt auf der Kehrſeite eines Holzſchnittes die fürchterliche Theuerung, welche in dem Jahre 1622 gewüthet, von einer alten Hand genau beſchrieben und zugleich auch der Werth der Victualien ordentlich ſpezifizirt. Vielleicht wünſcht mancher Leſer mehr davon, als die hier bloß gemachte Anzeige zu wiſſen; ich will daher das MSS. von Wort zu Wort hieher ſetzen.

Als den 12 Hornung daß 1622 Jarß ein ſolche Theurung geweſen, daß ſich menigklich darob verwundert hat auch die do 90, und hundert Jerige leit dergleichen ſie weder gedenken noch gehert haben, noch ich ſelber ſolches niehmals geleſen, alſo daß ich bin verurſacht worden der lieben nachkümlingen zuegefallen ſolche hieher zuſetzen, und auch etlich 100 Jar davon (wann ich nit mehr wird leben) kunden ſagen wie folgt:

Daß Malter Roggen per	.	.	.	.		50 fl.
Das Malter Kern per	.	.	.	.		53 fl.
Die Gerſten per	.	.	.	.		34 fl.
Der Waitzen per	.	.	.	.		63 fl.

Die Fesen sind verlauf worden,

Das Viertel per . . . . 3 fl. 15 kr.
Das Malter haber per . . . 32 fl.
Das Viertel Lein per . . . . 5 fl.

Vich und Roß mechtig theur ein Khue per 100 fl. nur gemein bauren Vich will der oxen und albvich geschweigen. Ein gemeiner bauren hengst 200 fl. minder und mehr. Ein Sauglalb bis auf 9 fl. ein Saltzscheib bis auf 20 fl. ein gegerbte stierhaut 20 fl. die schwein mechtig theur, und das schmalz bis auf 1 fl. ein Pfundt. ein par schuch 5 fl. 6 fl. 7 fl. daß wulle thuech ballerweiß verkauft.

Ein solche schalderey, geltwucher, aufwerel, Blinderung, und betrug in allen sachen, darvon nit genugsam zuschreiben, bey Christen und Juden. und ist das silber und goldt in diesem Jahr mechtig gestiegen, also das meniglich gelt genug gehabt, das threit ist woll zubekommen gewest, bey den armen wahr auch kein mangel. Die 2 Rickblen gahrn haben 8 Bl. 9 Bl. golten, megt und knecht taglöhner nit zubekommen gewest. Aber eins ist auch zu merken, daß das gelb mechtig gestigen. Ein taler, der zuvor 20 Bl. golten, ist bis auf 10 fl. gestigen, das goltstuck, so vor 2 fl. golten, bis auf 15 fl. gestigen. ein 6 Bl. bis auf ein khronen, ein halber batz bis auf 4 bl. ein Straßburger Creutzer bis auf 15 Creutzer, das khlein gelb gahr verschmelzt worden, und das kupfergeld seinen Anfang genommen. Krieg, aufruer, leitsterbet, neber der Theurung herte man vollauf. die statt Ulm machte einen ziemlichen widerwertigkeit mit gelb, und ungehorsam gegen das Hauß Oestereich wie auch die Manßfelder, wozu hatt ehr viel leit verschreckt, verderbt, und gedrohet, niedergehauen hat. Das haus Bairen het aber widerstand gethan.

309) Liber Alberti Magni doctoris preclarissimi ordinis predicatorum. De Natura ac immortalitate anime cum commento compendioso. Norimbergae per Casparum Hochfeder anno 1493. in 4to.

Ist von Herrn Panzer in der ältesten Buchdruckergeschichte Nürnbergs S. 131. angezeigt worden.

310) Speculū peregrinarū qonū: Ad illustrissimū Principē Alfonsū: de Aragonia Invictissimū Ducem Calabrie. Romae per Eucharium Silber anno 1493. in 4to.

Obiger Titel steht in zwey Zeilen auf der ersten Seite des ersten Blattes. Mit dem zweyten fängt der Index capitum: questionum: ac questiuncularum trium decadum huius operis &c. an. Dann beginnt auf dem 13ten und mit I. folgenden Blatt die Vorrede. Voran steht: Ad invictissimum ac illustrissimum Principem

eipem Alfonfum de Aragonia ducem Calabriae: fratris Bartholomei Sybille Monopolitani theologie et ordinis predicatorum minimi profefforis: Prefatio in animarum rationabilium in conjuncto et feparatarum: bonorum et malorum demonum Tres decades. Das Ganze ist auf fortlaufenden Zeilen gedruckt. Ein prächtig weißes und starkes Papier. Die Schrift ist lateinisch, und ungemein schön, und groß. CC. LXXX. unmerirte Blätter. Ohne grosse Anfangsbuchstaben, Custoden und Signaturen. Am Ende hält der Verfasser noch einmal eine kurze Anrede an seinen Fürsten, in der er denselben bittet, seine geringe Arbeit gnädig aufzunehmen. Dann folgt die Anzeige der Druckfehler mit der Ueberschrift: Quedam in volumine corrigenda. Darunter macht folgende Unterschrift den Beschluß: Impreffu Rome p Euchariu Silber alias Franck natioe Alemanu: Anno nre falutis. 1493. die 27 mēfis Augufti. Auf dem letzten Blatt wird noch das Regiftrum huius operis gelefen.

Uebrigens wer Liebhaber ist von recht spitzfindigen Sentenzen oder von Scholastery überhaupt, der mag dieß Werkchen lesen; er wird gewiß für seinen Geist überflüßige Nahrung antreffen! — Ferner ist diese Ausgabe sehr selten, und ganz unbekannt, wenigstens habe ich sie bey meinen Litteratoren, die ich besitze, nicht gefunden. Anton. Poffev. in Adpar. facr. P. I. p. 175. führt zwey venetianische Ausgaben von den Jahren 1575. und 1582. an, nebst der Bemerkung: vivebat anno domini 1534. Letzteres ist ganz unwahrscheinlich.

311) S. Gregorii M. Homiliae numero XL. Venetiis per Peregrinum de Pafqualibus anno 1493. in 4to.

Eine ältere Ausgabe dieser Homilien ist schon unter dem Jahre 1473. angezeigt worden. Gegenwärtige ist mit gothischen Typen auf gespaltnen Columnen gedruckt. 109 Blätter stark. Ohne grosse Anfangsbuchstaben, Blattzahlen und Custoden, doch mit Signaturen aa — oo. Den Anfang macht die Tabula Homeliarum. Nach dieser heißt: Incipit epiftola beati Gregorii pape urbis rome miffa ad laurimitanum epifcopum. Darauf folgt noch eine tabula, die die Ordnung, nach welcher dieselben in der Kirche abgelesen werden, anzeigt. Endlich nimmt das Werk selbst mit dem dritten Blatt seinen Anfang. Am Ende: Hic finiut Homelie nuero. XL. fci gregorii pape iprefle Venetiis per Peregrinum de pafqualibus die XIIII. Marcy M. CCCC. LXXXXIII. Finis.

Diese Ausgabe führt Maittaire Tom. IV. pag. 562. an, aber falsch IIII. Marcy anstatt XIIII.

312) Opus aureum fancti Thome de Aquino super quatuor evangelia. Venetiis per Bonetum Locatellum anno 1493. in Fol.

Eine ältere Ausgabe dieses Werkes kommt unten bey den Büchern, ohne Anzeige des Orts, Jahres, und Druckers vor, mit der die gegenwärtige in dem Hauptwerke übereinkommt. In dieser wird obiger Titel zu Anfang gelesen. Mit dem zweyten Blatt fängt die Vorrede In Evangelium S. Matthei, und sodann das Werk selbst an. Uebrigens sind die Anfangsbuchstaben große, und sehr zierliche Holzschnitte. Der Druck eine kleine und gute Mönchschrift. In 2 Columnen. Ohne Custoden, doch mit Blattzahlen, und Signaturen. 318 Blätter. Zu Ende folgen noch 5 nicht foliirte Blätter. Diese enthalten 2 Tabellen, davon die erste die Aufschrift: Tabula Evangeliorum secundum ritum romane curie, die zweyte Tabula — — secundum ordinem fratrum Predicatorum hat. Darauf folgende Schlußanzeige: Beati Thome Aquinatis continuus in quattuor Evangelistas finit feliciter: magna cura diligentiaq3 emendatum atq3 correctum: ipressum venetiis arte ingenoq3 — sic — Boneti Locatelli: Impēsa nobilis viri Octaviani scoti modoetiensis. 1493. pridie nonas Junias. Alsdann macht das Regiſtrum chartarum, und das Wappen des Octavianus den Beschluß.

Maittaire hat diese Ausgabe Tom. IV. p. 564. ganz kurz aus ein paar holländischen catalogis angeführt. Sonst ist sie noch ziemlich unbekannt.

313) M. T. Ciceronis Epiſtolarum libri XVI. cum commentariis. Venetiis per Bernardinum Benalium anno 1493. in Fol.

Auf der erſten Seite des erſten Blattes iſt der Inbegriff des Werkes kurz angezeigt. Mit der Kehrſeite desselben fängt des Georgii Merulae in Epistolam ad Lentulum Spintherem Ennarratio an. Dieſe geht auf der Rückſeite des dritten Blattes zu Ende. Dann beginnt des Angeli Politiani in nonnulla loca Epiſtolarum Interpretatio. Endlich fängt auf dem fünften Blatt — wo zugleich die Blattzahl primo anfängt — das erſte Buch mit der Ueberſchrift: Mar. Tullii Ciceronis Epiſtolae Familiares cum commento Hubertini Crescentinatis: et Martini Phileteci super epiſtolis electis: et Georgii Merulae Alexandrini an. Der Text nimmt den innern Platz auf der Heftſeite ein, und iſt mit größerer lateiniſcher Schrift, der Kommentar hingegen, die drey Seiten des äuſſern Randes, mit kleinen lateiniſchen Typen gedruckt. Columnentitel, Blattzahlen, und Signaturen ſind vorhanden. Große Anfangsbuchſtaben, und Cuſtoden fehlen durchgehends. Numerirte Blätter ſind CCXXXIIII. Am Ende iſt nebſt dem Regiſtrum Chartarum folgende Unterſchrift: Impreſſum venetiis per Bernardinu benaliu. Anno dñi. M. CCCC. LXXXXIII. Die XXI. May.

Diese Ausgabe wird in Mich. Denis supplem. Annal. Maittaire num. 2835. angezeigt.

314) De Observatione in Peſtilentia. Venetiis per Joannem & Gregorium de Gregoriis anno 1493. in 4to.

Gegenwärtiges 27 Blätterſtarke Werkchen führet auf der erſten Seite des erſten Blattes den oben angeführten Titel. Auf der Kehrſeite desselben Blattes wird

wird folgendes gelesen: Quintii. Haemyliani. Cimeriaci. Poetae. Hendecasyllabi con. in V. li. Alexandri. Paeantii. Ad lect.

>   Qui non volt — *fic* — ſtygiis ſata ſub umbris.
>   Saeva Peſtilitate diſperire.
>   Nec ferrugineam videre puppim.
>   Nec vitae precium ſeni trientem.
>   Olli porrigere ore ſubtrementi.
>   Sed vivo eſſe potens ſui vigore.
>   Et ſervare animam diu valentem:
>   Haec hortor: legat Aure non ſupina:
>   Quae Pacantius exaravit: Artis
>   Ille aſſertor appolinaris: Ille
>   Ingens Caſtalidum decus ſororum.
>
>   Tekor:
>   D. S. G.

Mit dem zweyten Blatt fängt ein Brief mit folgender Aufſchrift an: Alexander Benedictus Veroneſis Phyſicus Jacobo cotareno patricio veneto philoſopho: Juris conſultiſſimo. Senatoriiq3 ordinis viro integerr. S. P. D. Nachdem der Verfaſſer vieles über die verſchiedene Meynungen der ältern Mediziner, welche das Entſtehen der Peſt dem Einfluſſe der Geſtirne beſonders des Mars, und Saturnus zuſchrieben, geſagt hat, verſpricht er ihm in dieſem ſeinem fünften Buch der XII. de febribus ganz beſondre Mittel zugeben, und zuzeigen, warum Venedig, und die benachbarte Städte öfters von dieſer Seuche überfallen werden? — Zu Ende des Briefes ſteht: Venetiis VIII. Kalendas Julias. M. CCCC. LXXXXIII. Dann folgt mit dem 4ten Blatt das Regiſter der XXVI. Capitel, in welche das Buch getheilet iſt. Darauf fängt das erſte Capitel mit der Aufſchrift: De definitione peſtilentiae: ac vulgi metu. Caput primum an. Das Ganze iſt mit lateiniſchen Typen auf fortlaufenden Zellen gedruckt. Anfangsbuchſtaben, Blattzahlen, und Cuſtoden mangeln. Die Signaturen, und Aufſchriften ſind vorhanden. Den Beſchluß macht auf der erſten Seite des letzten Blattes folgende Unterſchrift: Finis. Quinti libri de febribus. Impreſſum venetiis per Joannem et gregorium de gregoriis quarto Kalédas Auguſtas. M. CCCC. LXXXXIII Jacobi Cotareni Patricii Veneti: Philoſophi: Jurisq3 coſultiſſimi: optimis Auſpiciis. Auf der Kehrſeite ſteht die Anzeige der Druckfehler mit der Ueberſchrift: Errores ſparſim collecti.

Der Verfaſſer, und das Buch ſind unbekannt; wenigſtens hat es mir nicht geglückt, etwas davon irgendwo zu finden.

315) Miſſale

315) Missale secūdū morem sancte Romane Ecclesie. Venetiis per Johannem Hertzog de Landoia anno 1493. in 8vo.

Ein von eben diesem Drucker geliefertes Missale ist unter dem Jahre 1491. num. 280. weitläuftig beschrieben worden. Gegenwärtiges fängt mit obigem rothgedruckten Titel an. Dann der Kirchenkalender. Auf diesen die Tabula annorum communium et blsextilium &c. Alsdenn ein allgemeines Register mit der Aufschrift: Incipiunt tabule, per quas unusquisq3 si vult, potest faciliter reperire ea, que continentur in hoc missali &c. Mitunter kommt auch die Messe pro cuius anima dubitatur, vor. Endlich folgen Preparatio Misse, und Cautele Misse. Dieses alles zusammen macht 16 Blätter aus. Auf dem folgenden mit 1. foliirten Blatt Incipit ordo missalis sc̄dz consuetudinez romane curie Dn̄ica prima de advētu. Dieser Ordo beträgt 240 Blätter. Zu Ende ist folgende rothgedruckte Schlußanzeige zu lesen: Missale s'm cosuetudinē sancte ecclesie romane: singulari cura et vigilanti studio revisū emendatuq3 : Jussu et expensis nobilis viri Octaviani Scoti civis Modoetiensis: Arte itē et idustria̅ pb̄atlissimi viri Johannis Hertzog de Landoia Impressum venetiis: explicitu est : anno virginalis partus post mīllesimū quaterq3 centesimu nonagesimo tertio. Kalendis Decembribus. Darauf folgen noch die Benedictiones in Paschate, und der Exorcismus salis et aquae, welche samt dem rothgedruckten Wappen des Druckers den Beschluß machen.

In Mich. Denis supplem. Annal. Maittaire wird diese Ausgabe num. 2916. kurz angezeigt.

316) Petrus de Crescentiis zu teutsch. Mit Holzschnitten. Gedruckt in dem Jahre 1493. in Fol. Ohne Anzeige des Ortes, und Druckers.

Diese Ausgabe wird von Hrn. Panzer in den Annalen der deutschen Litteratur num. 358. nur ganz kurz angezeiget, welches vermuthen läßt, daß er sie vielleicht nicht selbst gesehen. Eine kurze nähere Anzeige desselben mag daher nicht überflüßig seyn. Obiger Titel wird auf der ersten Seite des ersten Blattes gelesen. Mit dem zweyten fängt das erste Buch vo erwelen wonestete unnd von hüsern unnd höfen und was nütze sy zu acker wonunng. und zu voran erkennen gütigkeit der Wonnstete ingemein. Die Holzstiche haben durchgehends bis auf einige wenige die Kartenform. Ohne grosse Anfangsbuchstaben und Custoden, doch mit Columnentitel und Signaturen. In Allen 234 Blätter. Auf der dritten Columne des 229sten Blattes liest man folgende Anzeige: Hie endet sich Petrus der — sic — crescenciis zu dutsche. Gedruckt uñ vollendet noch der geburt Cristi. MCCCCXCIII. Des Dinstags noch sant Michels tag — sic — . Die folgenden fünf Blätter enthalten das Register. Auf der Kehrseite des letzten Blattes macht eine Art von Vorrede,

in

in der vieles von den Vorzügen des ländlichen Lebens, und dem Nutzen des Ackerbaues gesagt wird, den Beschluß.

317) Sermones Peregrini de tempore & de sanctis. anno 1493. in 4to. Ohne Anzeige des Ortes, und Druckers.

    Obiger Titel wird mit grösserer Schrift als das Folgende gedruckt auf der ersten Seite des ersten Blattes gelesen. Auf dem zweyten fängt die Tabula an. Endlich nimmt das Werk selbst mit dem 11ten Blatte seinen Anfang. Der Druck eine mittelmäßige Mönchschrift. In 2 Columnen. Ohne grosse Anfangsbuchstaben, Seitenzahlen und Custoden. Aufschriften und Signaturen sind da. Letztere gehen von A — Z. und AA — KK. Am Ende: Fratris Peregrini in regionem divine pagine peregre profiscentis : doctoris clarissimi de tempore sanctisq3 per circulum anni sermones populares quam vigili cura denuo correcti. hic finem comprehendunt feliciter Anno domini. M. CCCC. XCIII.

    Diese Ausgabe habe ich nirgends als in Denis supplem. Annal. Maittaire num 2935. bloß mit ein paar Worten angezeigt gefunden. Ein Exemplar davon findet sich zu Jrsee.

Jahr 1494.

318) Johannis Gersonis operum Partes IIda & IIItia, Argentinae per Martinum Flach anno 1494. in Fol.

    Aeltere Ausgaben dieses Werkes sind schon angezeigt worden. Die Gegenwärtige kommt mit der unter dem Jahre 1488 num. 230. am genauesten überein. Der erste Theil geht uns davon ab. Die andern zwey Theile fangen mit dem ordentlichen Titel Secunda — Tertia Pars operum Johannis de Gerson an. Der Letzte hat noch besonders dabey doctoris Christianissimi. Auf der Kehrseite des ersten Blattes ist der bekannte Holzschnitt. Grosse Anfangsbuchstaben, Blattzahlen und Custoden fehlen. Die Aufschriften der Bücher oben am Rande, nebst den Signaturen sind da. Der zweyte Theil beträgt 257. und der dritte 359 Blätter. Die Unterschrift des ersten heißt: Secunda pars operum domini Johannis Gerson Cancellarii parisieñ. doctoris Christianissimi resolutissimiq3 continens opuscula ad mores accomodata. Finit feliciter. Anno nostre salutis. M. CCCC. XCIII. Idibus Decembris. Jene des dritten: Finiunt opera Cancellarii Parisiensis doctoris christianissimi Magistri Johannis de Gerson. Que ut frugem lectori uberrimam ferant emendatissima lima castigata fuere. Anno domini. MCCCCLXXXXIII. III. Idus mensis Augusti.

Noscere

Noscere forte voles quis sculpserit &c. S. Denis supplem. Annal. Maittaire num. 3090. ingleichen Weisling. Armament. cathol. pag. 623. Ein Exemplar findet sich auch zu Irsee.

319) Modus legendi abbreviaturas in utroq3 jure, sive processus Juris. Argentinae anno 1494. in Fol. Ohne Anzeige des Druckers.

Eine ältere Ausgabe dieses juridischen Werkes ohne Anzeige des Ortes, Jahres und Druckers wird in dem zwehten Theile beschrieben, mit der die gegenwärtige auch übereinkömmt. Diese ist auf der ersten Seite des ersten Blattes mit obigem Titel versehen. Dieser wird auf dem zwehten Blatt, wo das Werk seinen Anfang nimmt, nocheinmal wiederholt. In zwey Columnen. Eine mittelmäßige Mönchschrift. 125 Blätter. Mit Aufschriften oben am Rande, Columnentiteln und Signaturen. Ohne große Anfangsbuchstaben, Blattzahlen und Custoden. Am Ende: Finit liber plurimo4 tractatuu iur3 impressus Argetine Anno domini. M. CCCC. XCIIII. finit9 fecuda feria p9 Margarethe.

320) Vocabularius utriusq3 juris. Argentinae anno 1494. in Fol. Ohne Anzeige des Druckers.

Dieses juridische Wörterbuch scheint mit dem unmittelbar vorhergehenden Werke ein Ganzes auszumachen. Was die typographische Eigenschaften betrifft, haben Beyde dieselben miteinander gemein. Obiger Titel steht zu Anfang. In allem 129 Blätter. Zu Ende: Explicit vocabularius iuris Impressus Argentine pro comuni omnium utilitate et faciliori aditu ad utriusq3 iuris noticiam. Anno domini. M. CCCC. XCIIII. Finitus Idibus Augusti.

Diese und die Unmittelbar vorhergehende Ausgabe werden in Denis supplem. num. 3199. und 3214. angezeigt. Ferner von Weislinger in Armament. cathol. pag. 624.

321) Plura ac diversa divi Aurelii Augustini Sermonum opera videlicet ad fratres in heremo comorantes: sermones LXXVI. 2) de verbis domini: sermones LXIIII. &c. Basileae per Johannem de Amerbach anno 1494. in Fol.

Diese und die unmittelbar darauf folgenden Werke sind zum Theil in Weisling. Catalog. chron. pag. 624. zum Theil auch in Catalog. Biblioth. Schwarz. P. II. p. 235. kurz angezeigt.

Obiger

Obiger Titel steht auf der ersten Seite des ersten Blattes mit großen hölzernen Typen gedruckt. Darunter die Anzeige der vorkommenden Werke. Die Kehrseite füllet ein Holzschnitt, der den heiligen Augustin in der Mitte einer Kirche vorstellt, wo er von Bischöfen Priestern und Mönchen umgeben dem versammelten Volke prediget. Unten stehen die Worte: Salve Gema Confessorum: Augustine lux doctorum. Mit dem zweyten Blatt fängt das mit lateinischen Lettern gedruckte Epigramma mit der Aufschrift: Ad divum Aurelium Augustinum: Sebastianus Brant: an. Dann folgt: De ortu: ingenio: eruditione: errore: conversione: ac sacra baptismali regeneratione divi doctoris Augustini brevis narratio. Auf diese das Te Deum laudamus. Sermo sancti Ambrosii episcopi: factus postquam baptizatus et novis vestibus indutus fuit Augustinus. Hernach In regulas divi Aurelii Augustini prefatio, und die breyerley Regeln selbst. Endlich fängt das Werk selbst mit dem 8ten und b 2 signirten Blatt unter folgender Aufschrift an: sermones divi aurelii Augustini ad fratres suos in heremo comorantes: et quosdam alios: feliciter incipiunt. Der erste Anfangsbuchstab ist von Gold, und mit lebendigen Farben gezieret. In 2 Columnen. Ohne große Anfangsbuchstaben, Blattzahlen, und Custoden. Am Ende der Sermonen: Sermones divi Aurelii Augustini ad fratres suos in heremo comorantes et quosdam alios felliciter expliciunt. Darauf quedam ex diversis collecta et ad gloriam beati Augustini hic subjuncta, und die Annotatio principalium sententiarum. Letztere macht auf dem 76sten Blatt den Beschluß dieses Werkchens. Gleich darauf fängt das zwepte an. Woran steht: Precipuarum sentētiaru divi Aurelii Augustini: ex sermonibus de verbis domini collecta4: brevis ordinataq3 Annotatio. Nach diesen folgt auf einem Blatte ganz allein der Titel: Divus Aurelius Augustinus de verbis domini. Sodann das Werk selbst. Dieß beträgt 82 Blätter und geht mit folgender Schlußanzeige zu Ende: Explicit9 ē liber sermonu̅ de Verbis domini salvator3: divi Aurelii Augustini: Basilee p̄ magist.4 Johannē de Amerbach: Anno salutiferi virginalis partus: nonagesimo quarto sup millesimum quaterq3 centesimu.

322) Divi Aurelii Augustini sermones de Verbis apostoli. Basileae anno 1494. (per Johannem de Amerbach) in Fol.

Obiger Titel, der wie in dem unmittelbar vorhergehenden mit sehr großen, in Holzgeschnittenen Typen gedruckt ist, wird auf der ersten Seite des ersten Blattes gelesen. Auf dem zweyten fängt das Werk selbst nach der vorausgehenden Annotatio sermonum &c. an. Das Ganze beträgt 58 Blätter. Am Ende steht die Unterschrift: Explicitus est liber sermonu̅ de Verbis Apostoli: divi Aurelii Augustini: Basilee: Anno dn̄i. M. CCCC. XCIIII. Auf den noch folgenden 5 Blättern findet sich die Annotatio precipuarum sententiarum &c.

323) Ex-

323) Expofitio divi Aurelii Auguftini in Epiftolam beati Johannis, Bafileae anno 1494. (per Johannem de Amerbach) in Fol.

Gegenwärtiges Werkchen ift nicht mehr als 30 Blätter ftark. Der oben angeführte Titel fteht in brey Zeilen auf der erften Seite des erften Blattes mit eben der Schrift wie die unmittelbar vorhergehenden gedruckt. Das Werk felbft nimmt auf dem folgenden Blatte nach einer kurzen Anzeige der vorkommenden Materien, und einer eben fo kurzen Vorrede feinen Anfang. Den Befchluß macht auf der erften Seite des 28ften Blattes folgende Unterfchrift: Explicita eft Expofitio divi Aurelii Auguftini in Epiftolam beati Johannis: Bafilee: Anno domini M. CCCC. XCIIII. Darnach folgt noch die fchon öfters genannte Annotatio precipuarum fententiarum &c.

324) Opus Quinquaginta Homeliaru̅ divi Aurelii Auguftini. Bafileae anno 1494. (per Johannem de Amerbach) in Fol.

Mit obigem Titel wird der Anfang gemacht. Auf der Kehrfeite des erften Blattes fteht die Annotatio thematum. Mit dem zweyten fängt das Werk felbft an mit der Auffchrift: Divi Aurelii Auguftini Liber Quinquaginta Homeliaru̅ feliciter incipit. Das Ganze befteht aus 55 Blättern. Am Ende ließt man: Explicitus eft liber Quiquaginta homeliaru divi Aurelii Auguftini Bafilee: Anno domini. M. CCCC. XCIIII. die noch übrigen 8 Blätter enthalten die Annotationem notabillum fententiarum.

Die von num. 321. 322. 323. bis 324. befchriebenen Werke befinden fich in unferm Exemplar beyfammen in einem Bande, ich habe fie hier getrennet, und einzeln befchrieben, weil ein jedes derfelben fo wohl mit einem eignen Titel, als eignen Signaturen und Schlußanzeige verfehen ift, bloß die Typen, und äufsere Geftalt haben fie mit einander gemein.

325) Johannis de Trittenhem O. S. B. abbatis Spanhem. Liber de fcriptoribus ecclefiafticis. Bafileae per Joannem de Amerbach anno 1494. in Fol,

Diefe Ausgabe wird von Herrn Braun II Th. S. 255 hinlänglich befchrieben, und als die erfte und fehr feltne Ausgabe gerühmt.

326) Ro-

326) Rofetum exercitiorum fpiritualium & facrarum meditationū; In quo etiam habet? materia predicabilis per totum anni circulum. Bafileae per Jacobum de Pfortzen anno 1494. in Fol.

Mit dem oben angeführten Titel, der auf der erſten Seite des erſten Blattes ſteht, wird der Anfang gemacht. Darunter ſtehen 10 Diſtichen, davon die erſten drey, und das letzte alſo lauten:

  Noſſe volens dictus cur ſit liber iſte rofetum:
   Hoc epigrama breve lector amice nota
  Nempe velut circum p acutis ſentibus horrent:
   Et tamen eximio flore rofeta nitent.
  Sic liber afpectu licet horridulus videatur.
   Precipuos fructus proferet iſte tibi.

  Carpe rofas igitur que no marcefcere norunt:
   Illas invenies hoc: mihi crede: libro.

Auf der Kehrſeite fängt die Vorrede mit der Aufſchrift: Prologus cuiusdam canonici regularis in ſuu Rofetum exercitio4 et meditationum an. Der Verfaſſer nennt ſich in derſelben nicht. Zuletzt bittet er ſeine Leſer um Nachſicht mit den Worten: veniam dantes ſuper opere ſcabro et imperfecto: &c. Deinde quum contra vel preter voluntatem noſtram non á me, ſed ab aliis vulgatum eſt, atque editum opus iſtud. Mit dem nächſten Platt fängt das alphabetiſche Sachenregiſter, und die tabula predicandi an. Alles zuſammen beträgt 6 Blätter. Mit dem 7ten und fo. I. numerirten Blatt nimmt das Werk ſelbſt ſeinen Anfang. In 2 Columnen. Ohne große Anfangsbuchſtaben und Cuſtoden. Eine kleine Mönchſchrift. CCLXVII foliirte Blätter ſtark. Am Ende: In laudem ſancte et individue trinitatis: intemeratiſſimeq3 matris Marie: Roſeti opus excellentiſſimu cuiq3 ſacerdoti relligioſove inexplicabiliter utile et neceſſariu feliciter explicit. Impſſum p ſolertiſſimu Jacobu de pfortzen Baſilee urbis ameniſſime calographu. — ſic — Iteru atq3 iteru viſuʒ: reviſum per honorabilē dñm Johañem Speyſer ſingulari et induſtria et correctioe. Anno M. CCCC. IIII. Die Zahl LXXX. oder XC. iſt wahrſcheineinlich bloß aus Ueberſehen von dem Drucker ausgelaſſen worden. Ich vermuthe auch, daß es ehnder die letzte Zahl XC als die erſte ſeyn wird.

  Uebrigens blieb dieſe Ausgabe den Bibliographen, die ich bey der Hand habe, unbekannt.

327) Queſtĩoes magiſtri Johañis Verſoris ſuper libros ethicorum Areſtotelis et textus eiusdem. Cum ſingulari diligentia correcte. Coloniae per Henricum Quentel anno 1494. in Fol.

Eine ältere Ausgabe dieſes Werkes, die aus eben dieſer Preſſe gekommen iſt, hat Herr Braun II. Th. S. 219. unter dem Jahre 1491. beſchrieben. Gegenwärtige kommt mit derſelben ſo genau überein, daß weder in dem Titel, noch in der Blätterzahl, ja ſogar in der Schlußanzeige, auſſer der Jahrzahl, kein Unterſchied zu bemerken iſt. Ich verweiſe daher meine Leſer auf die angezeigte Stelle.

328) Copulata pulcherrima diverſis ex auctoribus logice in unũ corrogata in vetere artem Areſto. Cũ textu eiusdẽ ſcd'm via divi doctoris Thome de Aquino et juxta proceſsũ mgro4 Colonie in burſa Montis regetiũ. anno 1494. (Coloniae per Henricum Quentel) in Fol.

Obiger Titel iſt mit größerer und niedlicher Schrift auf der erſten Seite des erſten Blattes gedruckt zu leſen. Auf dem zweyten fängt das Werk mit einem großen Holzſchnitt, der eine dreyfache Krone vorſtellt, an. Das Ganze beträgt CXXXI. numerirte Blätter, und iſt mit eben den kleinen gothiſchen Typen, wie das unmittelbar vorhergehende, gedruckt, ſohin ſicher zu Cöln aus Heinrich Quentels Offizin gekommen. Nachſtehende Schlußanzeige wird auf der dritten Columne des 131ten Blattes geleſen. Dieſelbe heißt alſo: copl'ata oim libro4 Veteris art3 Areſtotel. etia3 Porphirii et Gilberti Porritani ſm pceſſu3 mgrorum Colonie Burſa3 Motṽ regẽtiñ. in via clariſſimi doctorũ ſci Thoe de Aqno ordis pdicato4 ſont3 totly philoſophice ac theologice vitat͛. attẽtiſſime correa. Finiut feliciter. Anno dñi. M. CCCC. XCIIII decimo ſexto marcy. Dann folgen noch die Tituli omnium queſtionum, mit denen das Werk beſchloſſen wird.

Dieſe Ausgabe wird bey Maittaire und in Denis Supplem. Annal. und den übrigen Litteratoren, die ich beſitze, vermißt.

329) Poſitiones circa libros phiſicorũ et de aĩa Areſtotelis iuxta ordinariũ et diſputativũ pceſſum magiſtrorũ Colonie in burſa montis regetiũ ad opponedũ et reſpodedũ no minus utiles q̃ necesſarie. anno 1494. (Colonie per Henricum Quentel) in Fol.

Was die äußerliche Geſtalt und überhaupt die Typographie betrifft, iſt dieſe Ausgabe denjenigen, welche num. 327. und 328. beſchrieben worden, vollkommen

kommen gleich, daher ich auch sicher schließe, daß sie ebenfalls zu Cöln aus Heinrich Quentels Presse gekommen sey. Obiger Titel ist mit größerer Schrift gedruckt, und steht auf der ersten Seite des ersten Blattes. Auf der Kehrseite findet sich ein Brief, der an die Jünglinge, so die Philosophie zu studieren denken, gerichtet ist, und zugleich statt einer Vorrede dienet. Mit dem zweyten Blatt fängt das Werk selbst an. Der erste Anfangsbuchstabe ist ein Holzschnitt, der eine dreyfache Krone, wie in dem unmittelbar vorhergehenden, vorstellt. Uebrigens ist das Ganze 47 Blätter stark. In 2 Columnen. Ohne große Anfangsbuchstaben, Blattzahlen und Custoden, doch mit Signaturen und Aufschriften oben am Rand versehen. Am Ende: Positiones ad opponendum et respondendum perquam necessarie circa octo libros phisicorum et tres libros de anima Arestotelis comatice congeste. ex scriptis post se relictis diversorum artium et sacre pagine professorum, qui suo evo bursam Montis felicissime rexerunt. videlicet magistri nostri Henrici Goryclem. magistri nostri Gerardi de Monte. magistri nostri Gerardi de Elten. magistri nostri Henrici de Orsoe. quo4 fama in universitate colonienfi pcelebris est et immortalis. ac tandem s'm doctrinam divi Thome Aquinatis. et juxta pcessum magistri nostri Lamberti de Monte summa lucubratioe impresse. finiut faulte. Anno salutis. M. CCCC. XCIIII die. XVI. May.

Diese Ausgabe ist eben so unbekannt, wie die unmittelbar vorhergehende, indem die alldort citirten Bibliographen von ihr gleichfalls tiefes Stillschweigen beobachten.

330) Ars epistolandi Francisci nigri Veneti doctoris clarissimi. Daventriae per Jacobum de Breyda anno 1494. in 4to.

Der oben angeführte Titel wird zu Anfang gelesen. Darunter steht ein Holzschnitt, in welchem auf der Mitte der Name Jesus mit verzogenen großen Buchstaben, und in den Ecken die Symbolen der vier Evangelisten vorgestellt sind. Mit fol. II. fängt die Dedikation an. Voran steht: Franciscus Niger Venet9 doctor clarissimo viro Jacobo geroldo Styro. Knltelfeldensi Patavini Gymnasii Moderatori excellétissimo ac utriusq3 vtutis cultori felicitatem. Das Ganze ist XLII. Blätter stark, und mit saubern gothischen Lettern gedruckt. Große Anfangsbuchstaben und Custoden mangeln. Blätterzahlen, Aufschriften und Signaturen sind vorhanden. Nachstehende Unterschrift macht den Beschluß: Opusculu hoc de arte scribēdi eplas qua diligētissime emēdatu charactere et impēsis Jacobi de breyda Impressu est Anno dnice incarnatois. M. CCCC. XCIIII, ultima July. Davētrie.

Von dieser Ausgabe wissen Maittaire und Denis in Supplem. Maittaire nichts. Ein Exemplar davon findet sich auch zu Irsee.

331) Ro-

331) Ropertus Hollrot — ſic — ſuper libros Sapietie. Hagenovae anno 1494. in Fol. Ohne Anzeige des Druckers.

Eine frühere Ausgabe dieses Werkes hat Herr Seemiller Faſc. II. S. 117. beſchrieben, mit der die gegenwärtige vollkommen übereinkommt. Obiger Titel ſteht zu Anfang. Mit dem zweyten Blatt fängt das alphabetiſche Sachenregiſter an. Dann beginnt das Werk ſelbſt mit der Aufſchrift: opus pclariſſimu eximii domini magiſtri Roberti holkot &c. Ohne große Anfangsbuchſtaben, Seitenzahlen und Cuſtoden, doch mit Aufſchriften oben am Rand z. B. Capitulum I. Lectio II. und Signaturen. In 2 Columnen: Der Druck eine gute und mittelmäßig große Mönch-ſchrift. Ohne das Regiſter 228 Blätter. Am Ende iſt folgende Anzeige zu leſen: Hoc opus pclariſſimu eximii dñi magiſtri Roperti Holkot ſacre theologie moralliſſi-mi atq3 ſapientia Salamois: impſſum in imperiali oppido Hagenowe. Anno in-carnationis dñice Milleſimo qdringenteſimo nonageſimo quarto. Finit feliciter. Auf dem letzten Blatt macht das Regiſtrum foliorum den Beſchluß.

Dieſe Ausgabe wird in Maittaires appendice alphabetica p. 525. aus dem Reich S. 135. angeführt: Robert Holkot coment. in ſapientiam Salomonis fol. Hagan. 1494. quam Philo collegit, welches wohl nichts anders, als die ge-genwärtige Ausgabe ſeyn wird.

332) Opera et libri Vite fratris Thome de Kempis ordinis Cano-nicorum regularium &c. Norimbergae per Caſparum Hochfeder anno 1494. in Fol.

Dieſe Ausgabe iſt von Hrn. Panzer in der älteſten Buchdruckergeſch. Nürnbergs S. 136. hinlänglich beſchrieben worden. Herr Braun hat dieſelbe II. Th. S. 262. ebenfalls angezeigt.

333) Rationale divinorum officiorum. Norimbergae per Anton. Ko-burger anno 1494. in 4to.

Dieſe Ausgabe iſt in des Hrn. Panzers älteſten Buchdruckergeſchichte Nürnbergs S. 135. beſchrieben worden. Ferner hat dieſelbe Weißlinger in Arma-ment. cathol. pag. 629. angezeigt.

334) Vocabularius breviloquus cum arte diphthongadi punctandi et accentuandi. Norimbergae anno 1494. in 4to.

Iſt von Herrn Panzer in der Buchdruckergeſchichte Nürnbergs S. 138. aus Röbers Catalog angeführt worden.

335) Pſal-

335) Pfalterium beati Brunonis epifcopi herbipolenſis. Norimbergae per Anton. Koburger anno 1494. in 4to.

Man ſehe Hrn. Panzers Buchdruckergeſchichte Nürnbergs S. 135. und die allda citirten Werke. Ingleichen Brauns II. Th. S. 261.

336) Fortalicium fidei contra judeos faracenos aliofq3 Chriſtiane fidei inimicos. Norimbergae per Anton. Koburger anno 1494. in 4to.

Obiger Titel ſteht in drey Zeilen auf der erſten Seite des erſten Blattes. Mit dem zweyten fängt die Tabula Fortalicii an, und endet ſich auf der Kehrſeite des 10ten Blattes. Auf dem 11ten und mit folium I. numerirten Blatt beginnt die Vorrede, und nach dieſer das Werk ſelbſt. In allen CCLXXXIX. foliirte Blätter.

Uebrigens ſehe man Hrn. Panzers Buchdruckergeſchichte Nürnb. S. 133.

337) Homeliarius doctorum. Norimbergae per Antonium Koberger anno 1494. in gr. 4to.

Darüber ſehe man Hrn. Panzers Buchdruckergeſchichte Nürnbergs S. 134. Hrn. Brauns II. Th. S. 261. und D. Schranks Baierſche Reiſe S. 194.

338) Repertorium in poſtillas famoſi et egregii doctoris fratris Nicolai de lyra. ſuper ve. et no. teſta. Norimbergae per Anton Koburger anno 1494. in 4to.

Dieſe Ausgabe hat Herr D. Schrank in ſeiner Baierſchen Reiſe S. 194. kurz beſchrieben. Wenn dieſer Gelehrte die Blätterzahl von ſeinem Exemplar genau angegeben hat, ſo iſt würklich zwiſchen dieſem und unſerm Exemplar ein weſentlicher Unterſchied vorhanden, indem ich in dem unſrigen ſtatt 114. 155. gedruckte Blätter gefunden habe. Uebrigens kommt es aber mit deſſen Beſchreibung überein. Herr Panzer hat dieſe Ausgabe gleichfalls in der Buchdruckergeſchichte Nürnbergs S. 133. angezeigt.

339) Opus Inſtitutionum. Venetiis per Bernardinum de Tridino anno 1494. in gr. Fol.

Dieſe Ausgabe kommt mit andern des nämlichen Inhalts, deren ſchon einige ſind beſchrieben worden, ſo wohl in der innern, als äußerlichen Einrichtung überein. Folgende Aufſchrift wird auf der erſten Seite des erſten Blattes in 5 Zeilen mit großen Typen rothgedruckt geleſen: Inſtituta Bernardini de tridino
de

de Montoferrato: noviter cum summa ac diligenti correctioe impressa. Auf dem folgenden mit 2 foliirten Blatt fängt das Werk selbst an. Ist 75 Blätter stark. Zu Ende liest man folgende Schlußanzeige: Institutionu opus preclaru solerti cura emendatum: operaq3 ac impensa Bernardini de Tridino de moteferrato venetiis impressu3 feliciter explicit. M. CCCC. LXXXXIIII. die quinto Decēbris. Dann folgt noch ein Blatt, welches nicht foliirt ist. Auf diesem befinden sich: Rubrice omnes per alphabetum posite &c. Das Registrum chartarum, und das Wappen des Druckers.

340) Decretales Gregorii IX. Venetiis per Baptistam de Tortis anno 1494. in gr. Fol.

Diese Ausgabe fängt auf der Rückseite des ersten Blattes mit einer vier Blätter starken Tabula omnium rubricarum cum suis capitulis &c. an. Auf dem folgenden wird sodann das Werk selbst seinen Anfang nehmen, welches ich aber aus Abgang der ersten Blätter in unserm Exemplar nicht sicher bestimmen kann. Die innere sowohl, als die typographische Einrichtung desselben ist wie bey andern schon früher angezeigten Ausgaben beschaffen. Das Ganze ist mit arabischen Ziffern numerirt. Auf dem letzten mit 303 foliirten Blatt macht nachfolgende Unterschrift den Beschluß: Venetiis per Baptistam de Tortis. M. CCCC. LXXXXIIII. die. XXVI. Juny. Darnach steht noch nebst dem roth gedruckten Schild des Druckers das Registrum chartarum.

Diese Ausgabe blieb den Bibliographen, die ich darüber nachschlug, unbekannt.

341) Constantini Lascaris Erotemata cum interpretatione latina. De litteris graecis ac diphthogis et queadmodu ad no3 veniat. Abbreviationes quibus frequentissime graeci utuntur. Oratio dominica et duplex salutatio Beatae virginis. Symbolum Apostolorum. Evangelium divi Joannis Evangelistae. Carmina aurea Pythagorae. Phocilidis viri sapientissimi moralia. Venetiis per Aldum Manutium anno 1494. in 4to.

Obiger Titel, oder vielmehr Innhalt dieses Werkchens wird auf der ersten Seite des ersten Blattes gelesen. Auf der Kehrseite folgt ein Brief mit der Aufschrift: Aldus Manutius Romanus studiosis S. D. Darauf fängt das Werkchen selbst an, so, daß auf einer Seite der griechische Text, und auf der andern die lateinische Interpretation davon steht. Der Druck ist eine ungemein schöne, und ziemlich große lateinische Schrift. Das Papier schön weiß und glatt. Ohne Blattzahlen und Custoden. Die Signaturen sind a — s. Auf der Rückseite des letzten Blattes wird folgende Schlußanzeige gelesen: Finis compendii octo orationis partium et aliorum quorundam necessariorum Constantini Lascaris Byzantii viri doctissimi optimiq3. Impressum est Venetiis sumo studio: litteris ac impensis Aldi Manucii Romani. Anno ab incarnatione Domini nostri JESV Christi. m. cccc. LXXXXIIII. Vltimo February. Et Deo gratias.

Diese wahre typographische Schönheit wird bey Maittaire und in Denis supplem. Annal. vermißt, hingegen wird sie in Solgeri biblioth. Tom. II. p. 353 und Fabricii bibliotheca graeca. Vol. XIII. p. 613. angetroffen.

342) Gesta romanorum cū applicatoib9 moralisatis ac misticis. anno 1494. in 4to. Ohne Anzeige des Ortes, und Druckers.

Nach obigem Titel, der in drey Zeilen auf der ersten Seite des ersten Blattes steht, würde man ganz andere Sachen in diesem Werke anzutreffen hoffen, als wirklich gefunden werden. Denn außer den erdichteten und abgeschmakten römischen Geschichten findet man nichts als Homiletick und Ascese, welche auf den Grad der jetzigen Kenntnisse und Aufklärung nicht gar gut zu passen scheinen. Mit dem zweyten Blatt fängt die Tabula generalis, und nach dieser das Sachenregister in alphabetischer Ordnung an. Auf dem 9ten oder folium I. nimmt das Werk selbst mit folgender Aufschrift seinen Anfang: Ex gestis romano4 historie notabiles de vitiis virtutibusq3 tractantes cum applicatoibus moralisatis et mysticis incipiunt feliciter. Der Druck ist eine saubere Mönchschrift, und derjenigen, womit Albertus Kune de Duderstat in Memmingen druckte, nicht viel unähnlich. Auf dem CXI. und letzten Blatt wird das Werk also beschlossen: Ex gestis romano4 cum plurib9 applicatis historiis de virtutibus et vitiis mistice ad intellectu transsumptis recollectorii finis. Anno nostre salutis. M. CCCC. XCIIII. In die sancti Adriani martyris.

Diese Ausgabe ist auch zu Erlang und Rottenbuch. Leich de typographia Lipsiensi p. 136. nennt den Verfasser: Petrus Berthorius Pictaviensis. Das Buch ist öfter gedruckt, als es verdient.

343) Rosetū exercitiorū spualiū et sacrarum meditationū. anno 1494. in Fol. Ohne Anzeige des Ortes, und Druckers.

Diese Ausgabe kommt mit derjenigen, die unter eben diesem Jahre num. 326. beschrieben worden, in der Hauptsache vollkommen überein, bloß die Typen, Schlußanzeige und andere äusserlichen Dinge machen den Unterschied aus. Obiger Titel nebst dem Epigramma, welches schon bey der vorhergehenden Ausgabe

Tom. I. u

gabe ist angezeiget worden, füllen die Halbscheibe der ersten Seite des ersten Blattes. Die andere nimmt ein Holzschnitt ein, auf dem von einer Seite ein Gebäude, und drey Jungfrauen zu sehen sind, welche von Christus in den gegenüber gelegenen Garten geführt werden. Hinter den Jungfrauen stehen auf einem fliegenden Zettel die Worte: osculetur me osculo oris sui, quia meliora sunt ubera tua vino. Vor dem Garten hängt ebenfalls ein Zettel mit den Worten: veni in ortum meum soror mea sponsa mesivi mitram meam cum aromatibɋ meis: In dem Garten sind 6 Mönche mit der Weinlese und Kornärndte beschäftiget. Auf der Kehrseite des ersten Blattes steht die Vorrede. Alsdann die Tabula u. s. w. Mit dem eilften und I. foliirten Blatt fängt das Werk selbst ohne Aufschrift, wie in dem vorherbeschriebenen, an. Der Druck ist eine gemeine Mönchschrift. In 2 Columnen. Ohne große Anfangsbuchstaben und Custoden. In allem CCLXXVIII. numerirte Blätter. Das Papier ziemlich weiß und stark. Nebst andern Papierzeichen wird der Kopf eines Mannes, und ein kleines Herz, auf welchem ein Kreutz steht, angetroffen. Am Ende wird folgende Unterschrift gelesen: Opus egregiu cuiqɋ sacerdoti ac religioso perutile feliciter explicit Ad laudē suɱe t'nitatɋ in etɦu3 Anno salutɋ M. CCCC. XCIIII.

Diese Ausgabe führt Sublt an S. 58. aus der Lübecker Bibliotheck, und Maittaire Tom. IV. p. 581. Vorher aber p. 541. hat er eine Ausgabe 1491 in Folio.

Jahr 1495.

344) Summa Angelica de Casibus Conscientie cu additionibus noviter additis. Argentinae per Martinum Flach anno 1495. in Fol.

Gegenwärtige vermehrte Ausgabe dieses so oft gedruckten Werkes führt obigen Titel. Dann folgen Hieronymi Tornielli ad Clavasium epistolae, desselben Rückantwort, die Vorrede, Tabula und Rubricken. Alles dieses zusammen beträgt 16 Blätter. Mit dem folgenden oder Folium I. fängt das Werk selbst an. Am Ende schließt daßelbe folgende Unterschrift: Finit summa Angelica de casibus conscictie per fratrē Angelu de Clavasio copilata: maxima cu diligētia revisa: et fideli studio emēdata: sicut ipsum opus per se satis attestabit?. Argentine impressa per Martinum Flach inibi concivej Anno domini. M. CCCC. XCV. quinta feria post festu Annuciationis virginis gloriose Marie. Darunter stehen noch die Verse: Humano angelicas quicunɋ3 audire loquelas &c. Große Anfangsbuchstaben, und Custoden mangeln. In 2 Columnen. CCCXLII. Blätter. Ein Exemplar davon findet sich auch zu Irsee.

345) Ser-

345) Sermones dominicales per totum annum per Anthonium de Bitonto ordinis fratrum minorum de obſervantia. Argentinae per Joannem Grüninger anno 1495. in 8vo.

Dieſe Ausgabe hat Herr Braun II. Th. S. 265. hinlänglich beſchrieben.

346) Sermones diſcipuli de tempore et de ſanctis unacum promptuario exemplorum. Argentinae anno 1495. in Fol. Ohne Anzeige des Druckers.

Gegenwärtige Ausgabe kommt mit der Nürnbergiſchen von dem Jahre 1480. überein, nur in dem weichen ſie von einander ab, daß in dieſer die Caſus papales, epiſcopales zu Anfang ſtehen. Obiger Titel macht den Anfang. Das Ganze beträgt 409 Blätter. In 2 Columnen. Eine mittelmäßige Mönchſchrift. Ohne große Anfangsbuchſtaben, Blattzahlen, und Cuſtoden. Der erſte Theil, oder die Sermones de tempore endigen ſich auf dem 251ſten Blatt mit der Unterſchrift: Finiunt ſermones collecti ex diverſis ſancto4 dictis et ex pl'ib9 libris &c. Dann beginnen mit dem nächſten Blatt nach der voranſtehenden Tabula und Vorrede die Sermones de ſanctis. Dieſe ſind an der Zahl 48. Dann folgt das Promptuarium. Zu Ende iſt folgende Schlußanzeige zu leſen: Finit opus putile. ſimplicib9 cura3 anima4 gerentib9. p venerabilē et devotu Johannē herolt ſancti Dominici ſectatorē pfeſſum. de tēpore et de ſanctis cu3 pmptuario exemploru atq3 tabulis ſuis collectum Diſcipulus nuncupatu Impreſſum argētine anno a chriſti natali nonageſimo quinto. ſupra milleſimu quaterq3 cēteſimu. Den völligen Beſchluß machen die Allegationes abbreviate in precedentibus ſermonibus poſite.

In catalog. Bibl. Schwarz. P. II. num. 611. und in Weiſling. Armament. cathol. pag. 636. wird dieſe Ausgabe kurz angezeigt.

347) Vocabularius rerum. (Wenceslai Brack) Argentinae anno 1495. in 4to. Ohne Anzeige des Druckers.

Zu Anfang ſteht obiger Titel. Auf dem zweyten Blatte nimmt das Werkchen ſelbſt nach der vorhergehenden Anrede des Wenceslaus Brack an die ſtudierende Jugend ſeinen Anfang. Das Ganze iſt LIIII. Blätter ſtark. Ohne große Anfangsbuchſtaben und Cuſtoden. Der Druck eine ziemlich gute, und ſchwarze Mönchſchrift. Die Blätter ſind nicht in Columnen geſpaltet. Am Ende: Impreſſum Argentine Anno dñi. M. CCCC. XCV. altera die poſt feſtu ſancti Thome apl'i.

Dieses Wörterbuch ist lateinisch, und deutsch. Denis in supplem. Annal. Maittaire n. 3263. hat es richtig angezeiget. Herrn Panzer hingegen blieb es in den Annalen der deutschen Litteratur unbekannt. Zu Irsee ist auch ein Exemplar.

348) Breviarium pro Dyocesi Ecclesie Augustensis. Augustae per Johannem Baemler anno 1495. in Fol.

Gegenwärtige Ausgabe mag den Litteratoren in diesem Verzeichniß ganz etwas unerwartetes seyn, indem sowohl der Herr G. R. Zapf in seiner Augsburger Buchdruckergeschichte den Johann Bämler nur bis auf das Jahr 1492. drucken läßt, als auch Herr Braun, der erst unlängst um die dunkle Bämlerische Geschichte in das Helle zu bringen, die Steuer=Register der Reichsstadt Augsburgs eingesehen, denselben von dem Jahre 1465 bis 1485 verzeichnet fand, und deßhalben bloß bis auf das genannte Jahr mit Ausübung der Buchdruckerkunst beschäftigt gewesen zu seyn behauptet. Das vor mir liegende Exemplar aber zeiget augenscheinlich, daß das Dunkle der Bämlerischen Geschichte noch lang nicht genug durch die Nachrichten aus den Steuer=Registern aufgeklärt sey. — Eine genaue Beschreibung unsers Exemplars kann daher nicht anderst als höchst angenehm und willkommen seyn.

Das erste Blatt ist in unserm Exemplar mit a 11. signirt, und hat obigen Titel, ich vermuthe daher, es werde noch ein Blat vorausgehen, welches mit dem eignen Titel versehen ist. Unmittelbar nach dem obigen Titel fängt das Werk selbst, ohne eine nähere Anzeige, mit folgender Aufschrift an: Regula prima de Adventu dñi. Diese Regeln bestehen in der Anzeige des Kirchenkalenders, Sonntags = und Martyrologiumbuchstaben, ingleichen was für Psalmen, Antiphonen, Hymnen u. s. w. bey einem jeden einfallenden Fest zu bethen sind. Zugleich sind die Regeln angegeben, wie der Kirchenkalender in Rücksicht der beweglich und unbeweglichen Feste auf viele zukünftigen Jahre zu machen sey. Für den Advent sind 7 Regeln angegeben, diese endigen sich auf der ersten Seite des mit dem größern A signirten Blattes. Dann folgen noch 36 andere, welche alle die Aufschrift haben z. B. Regula prima — vicesima — tricesima — tricesima sexta septuagesime. Die letzte davon heißt also: Si septuagesima fuerit. XXII. die mensis februarii Quod raro contingit Quia oportet q9 oita habetur Pro aureo numero In anno bisextili cu D et E funt littere Dnicalis — sic — Quod si potest fieri nisi cum numeratur ab Incarnacoe dñi M. d. CC. XXXVI. Et post hoc In quingentis triginta duobus annis non fiet x. Nach dieser wird auf 3 1/2 Zeilen folgende Schlußanzeige gelesen: Liber breviarium ſm chorum Augustenſz Ecclesie Impreſſos p̄ Johannē bāmler Cocivem ibidē finitusq3 secunda feria post palma4 Anno ſalutis nostre etc. Nonagesimo q̄nto Sit laus deo.

Uebrigens

Uebrigens ist es mit lateinischen und deutschen kleinen gothischen Typen gedruckt. 116 Blätter stark. Mit Signaturen und Anfangsbuchstaben, die große, und unzierliche Holzschnitte sind, versehen. Ohne Blätterzahlen und Custoden. Das Papier ist rau und bräunlicht. Die Blätter sind nicht in Columnen gespalten. Außer dem Punkt wird kein Unterscheidungszeichen angetroffen. Die Abkürzungen der Wörter sind häufig.

In des Herrn G. R. Zapfs Augsburgs Buchdruckergeschichte, bey Maittaire, in Denis supplem. Ahnal. Maittaire habe ich diese Ausgabe so, wie sonst überall, umsonst gesucht.

349) Divi Thomae de Aquino Commentaria in omnes epistolas S. Pauli Apostoli. Basileae per Michaelem Furter anno 1495. in Fol.

Ueber diese Ausgabe sehe man Hrn. Brauns II Th. S. 268.

350) Biblia integra: summata: distincta: acuratius reemedata: utriusq3 testamenti Cocordantiis illustrata. Basileae per Johannem Froben anno 1495. in 8vo.

Diese Ausgabe ist von Masch in edit. Biblioth. sacr. le Long. P. II. Vol. III. Cap. II. sect. I. p. 137. et seqq. ingleichen von Herrn Braun II Th. S. 266. beschrieben worden.

351) Tabula oīm operū Divini doctoris sancti Thome Aquīn. Basileae per Nicolaum Kesler anno 1495. in 4to.

Dieses Werk mag dem Verfasser Petrus de Bergomo viele Mühe gekostet haben, indem ihm alle Werke und Traktate des heiligen Thomas durchzulesen, alle Conclusiones, Dictiones, und Sentenzen auszuheben nothwendig war, um dieselbe in das gegenwärtige alphabetische Lexikon bringen zu können, und am Ende ist's doch nichts als ein Haufe leerer Citationen. Das Ganze besteht aus 285 Blättern, welche ununterbrochen fortlaufen, und mit sehr kleinen gothischen Typen gedruckt sind. Große Anfangsbuchstaben, Blattzahlen und Custoden fehlen. Die Signaturen sind da. Obiger Titel wird auf der ersten Seite des ersten Blattes gelesen. Das zweyte fängt mit der Erklärung dieses Lexikons unter der Aufschrift an: Religiosissimi viri fratris petri de Bergomo ordinis predicatorum sacre theologie professoris eximii sup omnia opera divini doctoris Thome aquinatis tabula feliciter incipit. Dann folgt das Verzeichniß der Thomistischen Werke. Auf diese die approbationes et confirmationes doctrinae S. Thomae. Endlich das Werk selbst. Am Ende steht nebst dem

dem Wappen des Druckers folgende Schlußanzeige: Religiosissimi viri fratris petri de Bergomo ordinis predicatoru: sacre theologie pfessoris eximii: sup oia opera divini doctoris Thome Aquinatis Tabula felicit^9 finit. Impressum Basilee p Nicolaum Kessler civem Basiliesi. Anno salutis. 1495. Darunter das Registrum chartarum.

    Diese Ausgabe blieb bis daher den berühmtesten Bibliographen unbekannt. Eine andere Ausgabe von Venedig 1497. befindet sich in der Nürnberger Bibliothek.

352) Sermones sancti Augustini de tempore. Basileae per Johannem de Amerbach anno 1495. in Fol.

    Obiger Titel wird auf der ersten Seite des ersten Blattes mit grössern Typen als das Folgende gedruckt gelesen. Die Kehrseite füllet ein Holzschnitt, welchen Weislinger in Armament. cathol. p. 636. wo er diese Ausgabe anzeigt, umständlich beschrieben hat. Dann folgt die Annotatio sermonum S. Augustini de tempore. Auf dem 7ten Blatt beginnt das Werk selbst mit der Aufschrift: Divi Aurelii Augustini Hipponēsis episcopi Opus sermonu de tēpore scd'm dominicās aliosq3 dies quibq apte coveniunt ordinate distinctorum: feliciter incipit. Ohne grosse Anfangsbuchstaben, Blattzahlen und Custoden, hingegen mit Aufschriften oben am Rand und Signaturen. In 2 Columnen. Ziemlich gute Mönchschrift. Auf dem 227sten Blatt liesst man folgende Unterschrift: Explicitu est opus sermonu de tempore Divi Aurelii Augustini: Basilee per magistru Joannē de Amerbach: Anno salutiferi virginalis partus Nonagesimo quinto supra millesimum quaterq3 centesimū. Dann folgt noch zum Beschluß eine 27 Blätter starke Materiarum ac sententiaru memoria dignaru ex sermonibus de Tepore Divi Aurelii Augustini collectarum: summaria brevisq3 Annotatio.

353) Sermones sancti Augustini de sanctis. Basileae per Joannem de Amerbach anno 1495. in Fol.

    Diese Ausgabe ist von der unmittelbar vorhergehenden, was die Typen, Papier und äussere Gestalt betrift, in keinem Stücke verschieden. Obiger Titel wird auf der ersten Seite des ersten Blattes gelesen. Auf der Kehrseite fängt die Annotatio Sermonum de sanctis an. Sodann das Werk selbst mit der Ueberschrift: Divi Aurelii Augustini hipponēsis episcopi opus sermonu d^e sanctis tam in specie q3 in genere sive comuni: quoru festivitates precipue sancta celebrat ecclesia: eo ordine quo occurrut: feliciter incipit. Auf dem 38ten Blatt geht

159

geht das Werk mit folgender Anzeige zu Ende: Explicitum est opus sermonum de sanctis: divi Aurelii Augustini: Basilee per magistrum Joannē de Amerbach: Anno salutiferi virginalis partus: nonagesimo quinto supra millesimu quaterq3 centesimum. Darauf macht die 5 Blätter starke Annotatio principalium sententiarum den Beschluß.

354) Margarita Poetica. Basileae per Joannem de Amerbach anno 1495. in Fol.

Gegenwärtige Ausgabe ist mit ungemein schönen lateinischen Typen in ununterbrochnen Zeilen auf ein sehr weißes und glattes Papier gedruckt. Große Anfangsbuchstaben, Blattzahlen und Custoden mangeln. Die Aufschriften oben am Rand, Titel und Signaturen sind vorhanden. Obiger Titel wird allein auf der ersten Seite des ersten Blattes gelesen. Die nächsten zwey Blätter füllet die Annotatio materiarum. Auf dem vierten fängt die Vorrede und Dedikation mit folgender Aufschrift an: ad Reverendissimu in christo patrem: dūm Joannē Monasterienfem Episcop uillustrissimuq3 Bavariae ducē: Alberti de Eyb utriusq3 Juris doctoris dissertissimi in excellentissimi opus suu quod Margaritam poeticam inscripsit: Praefatio. Mit der Rückseite eben dieses Blattes nimmt das Werk selbst seinen Anfang. Den Beschluß macht auf dem 223ten Blatt folgende Unterschrift: Fxplicit opus excellentissimu in se cotinens omniu sere Orator: Poetar: Historicor: ac Philosophor Auctoritates: collectu per clarissimu vir Albertum de Eyb utriusq3 Juris doctorem: quod Margarita poetica inscripsit: Impressu Basileae per magistru Joannem de Amerbach. Anno domini. M. CCCC. XCV. Daß auf folgt noch das Register auf 20 Blättern mit der Aufschrift: Principalium Materiarum Margaritae Poeticae Summaria Annotatio. Diese ist zwar mit eben den Typen, aber in gespaltnen Columnen gedruckt.

Diese Ausgabe ist auch zu Erlang und zu Buxheim. Auch führen sie Clement in seiner bibliotheque curieuse Tom. VIII. p. 198. und Weislinger in Armament. cathol. p. 636. an.

355) Esopus moralisatus cū bono Cōmeto Iterū textus de novo emedatus. Daventriae per Jacobum de Breda anno 1495. in 4to.

Obiger Titel steht auf der ersten Seite des ersten Blattes. Darunter der nämliche Holzschnitt, welcher schon oben num. 330. ist beschrieben worden. Mit dem folgenden fängt das Werkchen selbst an. Der Text ist eine gröbere, die Auslegung hingegen eine kleine, ziemlich gute Mönchschrift. Ohne Anfangsbuchstaben, Seitenzahlen und Custoden, doch mit Signaturen und Aufschriften. In

allem

allem 38 Blätter. Am Ende: Esopus fabulator preclarissimus — preclarissimus — cū suis moralisationibus ad noſtri inſtructoes pulcherrime appoſitis Impreſſus Daventrie per me Jacobum de Breda. Anno dñi. M. CCCC. XCV. XVI. menſis february.

Diese Ausgabe iſt ſehr unbekannt. Maittaire und Denis, ſo wie auch noch mehrere berühmte Bibliograhen wiſſen nichts von ihr.

356) Specula omnis ſtatus humane vite venerabilis patris Dyoniſii prioris domus Carthuſie in ruremund. Norimbergae per Petrum Wagner anno 1495. In 4to.

Iſt von Hrn. Panzer in der Buchdruckergeschichte Nürnbergs S. 140. Ingleichen von Hrn. Braun II. Th. S. 271. beſchrieben worden.

357) Alphabetum graecum cum multiplicibus litteris: de poteſtate litterarum omnium et diphtongorum: Abbreviationes perpulchrae: oratio dominica: ſalutationes duae ad B. V. Mariam &c. &c. Venetiis per Aldum Manucium anno 1495. In 4to.

Dieſes ſchöne 26 Blätter ſtarke Werkchen iſt von Hrn. Braun II. Th. S. 274. angezeigt worden.

358) Opuſcula divi Bernardi abbatis Clarevallenſis. Venetiis per Simonem Bivilaquam anno 1495. In 8vo.

Diese Ausgabe hat Hr. Braun II. Th. S. 272. angezeigt. Aus Uerſehen mag der Setzer in deſſelben Beſchreibung das Wort die. XVII. octobris in der Schlußanzeige ausgelaſſen haben. Weiſlinger führt dieſelbe in Armament. cathol. p. 642. gleichfalls an.

359) Angeli de Clavaſio. Ord. Min. Summa angelica de caſibus Conſcientiae. Venetiis per Georgium de Arivabenis anno 1495. In gr. 8vo.

Eine wiederholte Ausgabe des ſchon öfters vorgekommenen Werkes. Der Titel: Summa Angelica wird zu Anfang geleſen. Dann folgt der Brief des Hieronymi Tornielli an den Verfaſſer u. ſ. w. Mit dem 9ten Blatt, das mit I. foliirt iſt, fängt das Werk ſelbſt an. Dieſes iſt in 2 Columnen. Ohne Anfangsbuchſtaben und Cuſtoden. Mit Signaturen, Blattzahlen und Ziffern am Rande, welche

welche die Sylben bezeichnen. Der Druck eine gute und schwarze Mönchschrift. Sehr weißes Papier. Auf dem 519ten Blatt endet sich das Werk mit den Worten: Explicit suma agelica de casib9 cofcie per fratré Angelu de clavasio Dpilata: — —
Venctlis iprefla per Georgiu de arivabenis. mantuanum: Anno dñi. M. CCCC. nonagefimo. qñto. die vero fecundo Maj. Auf der Kehrseite dieses Blattes sind die Wappen des Druckers. Dann machen noch auf 12 Bl. die Rubrice Juris civilis et canonici den Beschluß.
Denis hat diese Ausgabe in fupplem. Annal. Maittaire num. 3275. angezeigt.

360) Thefaurus Magiftri Sententiaru cum plenis Sententiis in ordinem alphabeticum redactus. anno 1495. in 4to.

Gegenwärtiges Werk führt obigen Titel. Auf dem zweyten Blatt fängt es ohne alle Anfchrift an. Große Aufangsbuchstaben, Blattzahlen und Cuftoden fehlen. Die Auffchriften z. B. littera A. und Signaturen sind da. Auf dem 139ften Blatte wird daffelbe mit folgender Unterfchrift befchloffen: Tabula alphabetica complectens materiam quattuor librorum Magiftri fententia4 Imprefla. Anno dominice incarnationis. M. CCCC. XCV. finit feliciter. Darauf folgt noch ein Blatt, welches die Auffchrift hat: Casus in quibus Magifter cómuniter no tenetur.
Uebrigens ist das Ganze auf ein ziemlich weißes und ftarkes Papier in ununterbrochenen Zeilen mit niedlichen kleinen gothifchen Typen gedruckt. Exemplare davon finden sich zu Nürnberg, und im Stift Rottenbuch.

Jahr 1496..

361) Bernardini de Bufto Ord. Min. Mariale, feu fermones de feftivitatibus B. V. Mariae. Argentinae per Martinum Flach anno 1496. in Fol.

Diese Ausgabe hat Herr Braun II Th. S. 277. angezeigt. Das Wort *Argentine* impreffum &c. mangelt in der Schlußanzeige, das aber vermuthlich nur von dem Drucker in der Befchreibung des Hrn. Brauns mag ausgelaffen worden seyn.

362) Tractatus facerdotalis de facramentis deq3 divinis officiis. et eorū adminiftrationibus. Argentinae per Martinum Flach anno 1496. in 4to.

Zu Anfang wird obiger Titel gelesen. Mit dem zweyten Blatt fängt die Vorrede ohne vorläufige Anfchrift an. In dieser heißt es unter andern: Porro

nos Stanislaus dei et apoſtolice ſedis gratia epiſcopus Poſnonienſis paterna ſollici-
tudine paſtoralis officii excitati — — preſentem tractatum de amminiſtrandis ritu
eccleſiaſticis ſacramentis. celebrandisq3 miſſarum ſolenniis et cenſuris eccleſiaſticis
canonice obſervandis per venerabilem virum magiſtrum Nicolaum de Ploue decretorum doctorem capellanum noſtrum devotum fideliter collectum &c. &c.
Aus dieſem erkennt man den Verfaſſer. Darauf fängt die Schrift ſelbſt mit der
Aufſchrift: De Sacramentis in genere an. Zu Ende: Finit Tractatus perutilis
de adminiſtratione ſacrameto4. de expoſitione officii miſſe. de dicendis horis ca-
noice obſ'vadis Impſſus Argētine per Martinū flach Anno dñi M. CCCC. XCVI.
Dann folgt auf 3 Columnen noch die Tabula huius tractatus. Uebrigens iſt das
Werkchen 126 Blätter ſtark. In 2 Columnen. Ohne große Anfangsbuchſtaben,
Blattzahlen und Cuſtoden, aber mit Aufſchriften und Signaturen. Der Druck eine
mittelmäßige Mönchſchrift. Zu Irſee befindet ſich auch davon ein Exemplar.

363) Antonini Archiepiſc. Florentin. ſumma de caſibus Conſcientiae.
Vol. IV. unacum Repertorio totius ſummae. Argentinae per Joannem Grüninger anno 1496. in Fol.

Da gegenwärtige mit den ſchon früher durch den Druck bekannten und
zum Theil hinlänglich beſchriebenen Ausgaben in der Hauptſache vollkommen übereinkommt, ſo ſoll ſie hier nur kürzlich angezeigt werden. Jeder Theil hat ſeinen
Titel, z. B. Prima — ſecunda — tertia — quarta pars totius ſumme majoris
beati Antonini. Vor dem erſten Theil geht das Regiſter mit der Aufſchrift: Repertorium totius ſumme domini Antonini archiepiſcopi florētini ordinis predi. vot-
aus Dieſes iſt 86 Blätter ſtark, und wird mit der Unterſchrift: Finiunt qñtu-
plices tabule ſumme totius'dñi Antoñ. beſchleſſen. Jeder Theil hat ſeine Vorrede
und nach dieſer eine Tabulam Titulorum. Am Ende des erſten Theils ſteht:
Prima p̄ ſumme Antonini ordis p̄dicato4 viri q3 clariſſimi archiepi florētini. ſo-
lertiq3 cura emendate. Finis extat per mgrm Joh'em grüninger in inclita civitate
Argētina Anno nativitatis dñice. MCCCCXCVI. Pridie vo nonas Septēbrium.
Die Schlußanzeige am Ende des zweyten Theils heißt: Pars hec ſumme Secunda dñi. Anthonini archiantiſtitis florentiū. preclariſſimi. in nobili urbe Argētina
per magiſtrum Johāē Grüninger accuratiſſime: nitidiſſimeq3 elaborata: et denuo
reviſa Anno incarnatois dñice Milleſimo. quadringeteſimo nonageſimo ſexto. Kalendarum vero May octavo. finit feliciter. Zu Ende des dritten Theils: Pars
ſumme Tertia incliti Anthonini florentini archiepiſcopi ſacre pagine interpretis eximii: accuratiſſime per magiſt4 Johāē Grüninger Argentinenſis incoli. his ereis
litteris impreſſa. haud ſine ingenti labore reviſa et denuo correcta. Anno chriſti
domini ſalutifero Milleſimo quadringenteſimo nonageſimo ſexto: pridie vero nonas Marty. Finit feliciter. Zu Ende des vierten Theils wird nach der Nachricht
von des Verfaſſers Tod, und dem Epitaphium folgendes geleſen: Anno incarnationis

tionis dñice, M. CCCC. XCVI. Augusti vo ydus pridie: Pars summe quarta Anthonini archiepiscopi florentini ordinis predicatoru eruditissimi. Argentine per magistꝛ Johanné grüninger q3 vigilanti cura ipressa Finit feliciter.

Uebrigens ist der Druck eine kleine ziemlich gute Mönchschrift. In 2 Columnen. Ohne große Anfangsbuchstaben, Blattzahlen und Custoden, doch mit Aufschriften und Signaturen. Exemplare davon finden sich zu Irsee, Burheim, Nürnberg, Erlangen und Lübeck. Auch gedenket ihrer Maittaire Tom. IV. p. 661.

364) Sermones tres de Passione Christi. Argentinae anno 1496. in 4to. Ohne Anzeige des Druckers.

Eine ältere Ausgabe dieser Predigten und der noch angehängten kleinern Werkchen ist unter dem Jahre 1490 n. 253 beschrieben worden. Gegenwärtige unterscheidet sich von jener bloß in dem Titel — welchen die oben angeführte Worte ausmachen — und der Schlußanzeige. Diese heißt also: Sermones tres de passione dñi. M. CCCC. XCVI. Finiti qñta feria post festu sancte Dorothee.

365) Postilla cū sermonibus evangelioruȝ dñicalium eximii doctoris Nicolai de dynckelspuel per circulum anni. Argentinae anno 1496. in 4to. Ohne Anzeige des Druckers.

S. Herrn Braun II Th. S. 277.

366) Leben der Heyligen. Augsburg durch Hansen Schönsperger in dem Jahre 1496. in Fol. mit Holzschnitten.

Gegenwärtige Ausgabe blieb bis daher den berühmtesten Bibliographen als Maittaire, Denis, Zapf in der Augsburgs Buchdruckergeschichte, und Panzer in den deutschen Annalen unbekannt. Ich darf sie daher mit Recht eine der größten Seltenheiten nennen. — Schade ists, daß unser Exemplar zu Anfang defekt ist, und folglich der Titel, und das, was vielleicht noch voransteht, nicht kann angezeiget werden. Das Werk ist in der Hauptsache von frühern Ausgaben in keinem Stück verschieden. Die Holzschnitte haben den Kartenformat, und stehen aufrecht. Der Text auf 2 Columnen. Ohne Custos, aber mit Signaturen, Aufschriften und Blattzahlen. Das Papier ist ziemlich schwarz und rauh. Der Druck eine mittelmäßig starke Mönchschrift. Auf der zweyten Columne des cccxii. und letzten Blattes wird es also beschlossen: Hie endet sich d' heyligen Leben bȝ Wintertail. Gedruckt vo Hannsen schönsperger in der keyserlichen statt Augspurg. Und volen= der det am ſamßtage nach ſant Anbreas des heyligen zwölffpotten Do man zalt nach Criſti unſers lieben herren gepurdt. M. CCCC. und jm XCVI. jar.

367) Kalender maiſter Johannes Künigſperger. Augsburg durch Erhardt Ratdolt in dem Jahre 1496. in 4to.

   Frühere Ausgaben dieſes Kalenders werden von Herrn Zapf, und Panzer lib. cit. angezeigt, die gegenwärtige aber blieb ihnen unbekannt. Obiger Titel wird auf der erſten Seite des erſten Blattes geleſen. Auf der Kehrſeite ſind folgende Verſe:

   Das büchlin behende: du billich lernen ſolt
   Und es achten für edelgeſtain: ſilber: und gold
   Kalendarius gehaiſſen zu latein
   Leret dich der ſunnen Hoch und mones ſchein
   Zwelf zaichen: und baider liechte Winſternus
   Zaiget dir auf viel jare mit kürzer Gedächtnus
   Guldin zal: mittelzeit zwiſchen faſnacht: baide ciclen
   Suntagbuchſtab: oſtern. und pfingſten ſchon
   Durzu erkennen bruch und newen mon
   Arzney pflegen und gutte zeit zu aberſen
   Werkünder auch tages und nachtes leng durchs jar
   Darzu der ſunnen auf und nidergang offenbar
   Quadranten und ſtunden machen höfelich
   Allethalb zebrauchen gewiß und maiſterlich
   Das hat gemacht maiſter Hanns von künigſperg genant
   In teutſchen und welſchen landen wol erkant.

  Auf der Kehrſeite des 26ten Blattes ſteht folgende Schlußanzeige: Hie endet ſich dieſer kalender ſäligklich. der getruckt iſt worden von maiſter Erhardt ratdolt zu Augſpurg. Als man zalt nach Criſti geburt. M. CCCC. und in dem LXXXXVI jare. Den Beſchluß machen auf vier Blättern mehrere in Holz geſchnittene Figuren, welche die Zu= und Abnahme des Mondes, der Sonne und Mondesfinſterniſſe u. ſ. w. vorſtellen.

  Uebrigens blieb dieſe Ausgabe nicht allein Hrn. G. R. Zapf und Panzern, ſondern auch allen übrigen Bibliographen, die ich beſitze, unbekannt. Nur eine lateiniſche Ausgabe von 1496 fand ich in dem litterariſchen Muſeum II. Band S. 273. angezeigt. Faſt läßt ſich vermuthen, daß alle Jahre damals ein ſolcher Kalender zu Ungsburg herauskam, ob ſie gleich jetzt noch nicht alle entdeckt worden ſind.

368) Moralia ſancti Gregorii. accedit tabula authoritatum ſacrae ſcripturae. Baſileae per Nicolaum Kesler anno 1496. in Fol.

   Man ſehe hierüber Hrn. Brauns II. Th. S. 280.

369) Concordantie majores biblie tam dictionū declinabilium q̄3 indeclinabiliū diligenter vife cum textu ac fcd'm verā orthographiam emendate. Bafileae per Johannem Petri de Langendorff et Frobenium de Hammelburg anno 1496. in Fol.

Meines Wiſſens nach ſind von der Erfindung der Buchdruckerkunſt bis daher nur vier eigentliche ſogenannte Concordanzen durch den Druck bekannt geworden. Die erſte nämlich ohne Anzeige des Jahres, Ortes und Druckers, — doch läßt ſich an den Typen derſelben Johann Mentelin nicht mißkennen. — Die zweyte und dritte, die Koburgeriſche von dem Jahre 1485. und die Speyeriſche von Petrus Drach unter eben dem Jahre — S. Monum. typ. Rebdorf. p. 176. — Die vierte endlich wäre die gegenwärtige. Von dieſer und dem Verfaſſer Johannes de Segovia giebt Weiſlinger in Armament. cathol. p. 647. gute Nachricht.

Obiger Titel wird auf der erſten Seite des erſten Blattes geleſen. Auf der Kehrſeite folgt ein mit lateiniſchen Lettern gedruckter Brief des Sebaſtianus Brant an Johann Geyler ex Keiſerſperg, in dieſem wird vieles über den Nutzen und die Vortrefflichkeit dieſes Werkes geſprochen. Gegen das Ende heißt es: Id quod animadvertentes viri praeſtantes Joannes petri de Langendorff unacum Joanne froben de Hamelburg impreſſoriae artis primarii opifices : librum ſcilicet Concordantiarum legis divinae corruptum fuiſſe et abſque decenti lumine: tanquam alter Helchias repertum in domum domini inferre conati : emendationi elimationiq3 condignae operam navantes: quaecunq3 antea ab impreſſoribus corrupta: tranſpoſita: variata et minus integra fuere: in luculentam erexere conſonantiam: &c. &c. Ex Baſilea Idibus Juliis Anno M. CCCC. XCVI. Auf dem zweyten Blatt fängt das Werk ſelbſt nach einer voranſtehenden kurzen Nachricht von der Einrichtung der Concordanz an. Große Anfangsbuchſtaben, Blattzahlen und Cuſtoden fehlen. Die Signaturen ſind da. Jede Seite hat 3 Columnen. Der Druck iſt eine kleine und gute Mbuchſchrift mit vielen Abkürzungen. Am Ende: Concordantie Biblie partium ſive dictionum indeclinabilium : a preſtantiſſimo viro: magiſtro Joanne de Secubia ſacre pagine doctore eximio in concilio Baſileenſi edite: impreſſeq3 per Joannem Petrum de Langendorff et Joannem Froben de Hamelburgck ſocios. Anno domini Milleſimo quadringenteſimo nonageſimo ſexto expliciunt.

370) Expoſitio himnorum cum notabili comento qd' ſemper īplicat hiſtorias cum optimis allegationibus ſacre ſcripture illorum ſanctorum vel ſanctarum de quibus tales himni decantantur. ex quibus poſſunt faciliter de eisdem ſanctis colligi ſermones peroptimi. ſubjunctis

junctis quorundam vocabulorum expofitionibus. Coloniae per Henricum Quentell anno 1496. in 4to.

Auf der erſten Seite des erſten Blattes ſteht ein Holzſchnitt, welcher einen Lehrer auf der Kanzel, und darunter vier Schüler, die in einer Bank ſitzen, vorſtellt. Darüber iſt der oben angeführte Titel. Mit dem zweyten Blatt fängt die Blattzahl folium primum und zugleich das Werk ſelbſt an. Vorher geht eine kurze Anzeige über die Einrichtung deſſelben. Unter andern wird auch gemeldet: Quatuor fuerunt principales autores, qui himnos compoſuerunt. ſcilicet Gregorius, Prudentius. Ambroſius, et Sedulius. Sed quidam vir prudens nomine Hilarius videns illos ſic multos himnos compoſuiſſe. dignum duxit, placuitq3 quoſdam in unum colligere compendioſe. et unum brevem et utilem tractatum componere, in quo omnes himni continerentur &c. Ohne große Anfangsbuchſtaben und Cuſtoden, aber mit Aufſchriften, Blattzahlen und Signaturen. LXXVI. foliirte Blätter. Zu Ende: Hymnarius cum bona expoſitione notabiliq3 ɔmento magna cum diligentia correctus. cum q3 pluribus aliis hymnis prius non additis elaboratiſſime impreſſus in ſancta colonia per Henricum-Quentell Anno incarnationis dominice M. CCCC. XCVI. octava die Octobris. Dann macht ein drey Columnen ſtarkes Regiſter den Beſchluß.

Ein Exemplar dieſer Ausgabe iſt auch in Hrn. Schnitzers vierter Anzeige der Kirchenbibliothek zu Neuſtadt an der Aiſch S. 34. beſchrieben worden. Weiflinger führt gleichfalls eines in Armament. cathol. p. 651. an. Es giebt verſchiedne andre Ausgaben, davon Maittaire einige anführt. Eine zu Hagenau 1493. iſt zu Irſee, eine 1496. zu Reutlingen durch Michael greiff iſt zu Weingarten, Burheim und in unſrer Bibliothek, eine zu Cöln 1494. iſt zu Erlangen u. ſ. w.

371) Preceptorium Nicolai de Lira ordinis ſeraphici Franciſci. ſive expoſitio tripharia brevis et utilis in decalogum legis divine. Colonie per Johannem Landen anno 1496. in kl. 8vo.

Was der Hauptinhalt dieſes kleinen Werkchens iſt, zeiget der angeführte Titel, nebſt dieſem aber kommen noch kurze Traktätlein z. B. de Decimis dandis. Interrogationes faciende infirmo morienti. de vita Antichriſti &c. vor, die alle nach obigem Titel auf der erſten Seite des erſten Blattes verzeichnet ſtehen. Auf der Kehrſeite: Anthonii liberi Suſatenſis in laudem inclite Colonorum urbis Epygrama feliciter incipit. Die erſten und letzten Verſe lauten alſo:

O felix urbs ante alias Colonia falve. et
Pauperis ingenii munera fumelibens
Salve o metropolis fuperis cara. inclita falve.
Tellus aucta bonis nobilibusq3 viris.

Conſt-

Confiliis romam vincis. fapientia athenas
Parifius — fic — ftudiis. et Venetos opibus
Singula quid referam fuperas afiatica regna
Europe. atq3 tibi et affrica magna favet
Ergo ego carminibus laudans caftra, oppida, et urbes
Non potero laudis immemor effe tue.

Auf dem zweyten Blatte fängt die Vorrede mit dem wiederholten Titel, und als denn das Werkchen selbst an. Alles zusammen beträgt 88 Blätter. Ohne große Anfangsbuchstaben, Blattzahlen und Custoden, doch mit Aufschriften und Signaturen. Der Druck ist eine kleine, schwarze, und ziemlich gute Mönchschrift. Am Ende: Explicit p̄ceptoriū vene. Nicolay de lyra cū aliis quibusdam certis tractatulis perutilib3 predicantibus necno confeſſiones audientib3 multū conveniens Impſſu3 Colonie per me Johannem Landen Anno dñi. M. CCCC. XCVI. Nono menſis Marcy. Auf der Kehrſeite des letzten Blattes ist ein ziemlich guter Holzschnitt, er stellet einen Käfer zwischen zwey Sternen vor. Nach Linné wird er Cervus Lucanus, oder sonst der Schröter genannt. Vermuthlich hat ihn der Drucker als sein Wappen gewählt!

Diese Ausgabe habe ich bey keinem meiner Bibliographen gefunden.

372) Defenſiones curatorū cōtra eos qui ſe dicunt privilegiatos compofite ab archiepifcopo armachano. et privilegiato4 feu mendicantium ɔtra Armachanum a mgro Rogerio Chonoe. Lugduni per Johannem Trechſel anno 1496. in Fol.

Gegenwärtige zwey Schriftchen, welche zuſammen nicht mehr als 28 Blätter betragen, mögen in ſeiner Zeit eine ganz beſondere Erſcheinung geweſen ſeyn, und nach meinen Einſichten könnte noch hie und da einiges gefunden werden, welches dem vielen Schreiben für und wider die Mendikanten ungeachtet, Manchem neu und intereſſant ſeyn könnte.

Obiger Titel steht auf der erſten Seite des erſten Blattes. Auf der Rückſeite folgt ein Brief des Jodocus Badius an den Marcus Alexander Beneventanus. Er fängt alſo an: Ecce iterum Marce ſuaviſſime quiddam munuſculi, quod a Trechſel tuo hilari fronte fuſcipias velim. Cuius quidem imprimendi hanc accepimus occaſionem. ſi quidem cum poſt ſuām de ecclefia domini Joañis de turrecremata Trechſel tuus opuſculum octo queſtionum M. Guilhelmi de ockam ſuper poteſtate apoſtolica et imperiali tuo nomini dicatum impreſſiſſet: mirabantur nonnulli, in quorum manus devenerat: atqui tam diſſona et adverſa (ut ajebaiit) fronte pugnantia: ab una eademq3 officina ſua prodire ſineret &c. Ex
Lugduno

Lugduno ad idus octobris. Anno MCCCXCVI. Mit dem zweyten Blatte fängt die: Defenſio curatorum Richardi Armachani an. Am Ende derſelben heißt es: finis defenſionis curatorum contra eos, qui ſe privilegiatos dicunt: habite a Domino Richardo Armachano coram ſumo pontifice Innocentio ſexto et dominis cardinalibus. Anno domini MccсLVII. die vero. XIIII. menſis novembris. Pontificatus dicti Innocentii ſexti Anno quinto loco, quo ſupra dictum eſt. Auf dem 12ten Blatt fängt die zweyte Schrift — die aus 8 Kapiteln beſteht — mit folgender Aufſchrift an: Sequitur defenſio religionis mendicantium contra ea, que in precedenti et in aliis domini Richardi armachani archiepiſcopi operibus contra eam obiiciuntur. edita ab religioſo viro Magiſtro Rogerio chonoe ordinis minorum. Am Ende derſelben ließt man folgende Unterſchrift: Explicite ſunt defenſioes Rogerii chonoe pro mendicantibus contra armachanum. Impreſſe diligenter a Johanne Trechſel alemano: artisq3 impreſſorie magiſtro. Anno ſalutis noſtre MCCCCXCVI. die vero. XX. octobris. Große Anfangsbuchſtaben, Seitenzahlen und Cuſtoden fehlen. Die Signaturen hingegen und Aufſchriften ſind vorhanden. In 2 Columnen. Der Druck eine kleine und ziemlich deutliche Mönchſchrift. Zuletzt findet ſich noch ein Regiſtrum chartarum.

Denis hat dieſe Ausgabe in ſupplem. Annal. Maittaire p. 405. angezeigt.

373) Thomae Aquinatis Secunda et Tertia Partes Summae. Norimbergae per Anthonium Koberger anno 1496. in Fol.

Der erſte Theil geht uns von dieſer Ausgabe ab. Dieſer aber iſt ſchon nebſt dem dritten von Hrn. Braun II. Th. S. 283. hinlänglich beſchrieben worden. Es bleibt mir daher bloß der zweyte kürzlich anzuzeigen übrig. Den Anfang macht auf der erſten Seite des erſten Blattes folgender Titel: Secuda ſecude partis ſume theologice Angelici doctoris Thome Aquinatis de ordie pdicato4. Er beſteht aus CLXXXIX Quäſtionen. Am Ende werden bloß folgende Worte geleſen: Liher ſecundus partis ſcd'e beati Thome de Aquino finit. Dann folgt noch ein Regiſter, welches ſammt dem Ganzen 274 Blätter beträgt. Die übrige Einrichtung iſt wie in den andern zwey Theilen. S. auch Hrn. Panzers Buchdruckergeſchichte Nürnbergs S. 142.

374) Theſaurus novus, ſeu ſermones de tempore et de ſanctis. Norimbergae per Anton. Koburger anno 1496. in Fol.

Dieſe Predigten-Sammlung beſteht aus 2 Theilen, macht aber nach der äußern Einrichtung des Druckers zuſammen nur ein Ganzes aus. Der erſte Theil der Sermonen de tempore fängt ohne Titel mit der 11 Blätter ſtarken Tabula ſermonum theſauri novi de tempore an. Auf dem 12ten Blatt beginnt das Werk ſelbſt mit der Aufſchrift: Incipiut ſermones notabiles atq3 putiles quibus ab

editore

editore suo doctore et pdicatore famosissimo nomē ut thesaurus novus intitulentur inditus est. Dieser enthält 178 Sermonen, und ist 299 Blätter stark. Am Ende stehen bloß die Worte: Sermones dominicales Thesauri novi, totius anni finiūt feliciter. Nach einem leeren Blatt folgt der zweyte Theil, der ebenfalls ohne Titel mit der Tabula alphabetica sermonu de sanctis Thesauri novi seinen Anfang nimmt. Auf dem 8ten Blatt fängt De sancto Andrea sermo primus an. Dieser Theil hat CLX Sermonen, und beträgt 192 Blätter. Am Ende macht folgende Anzeige den Beschluß: Opus perutile sermonu de sanctis p circulum anni Thesaurus novus nuncupatum. impressum Nurimberge per Anthoniū Koburger. Anno M. CCCC. XCVI. finit feliciter. Große Anfangsbuchstaben, Titel, Blattzahlen, und Custoden fehlen. Die Signaturen und Aufschriften am Rand z. B. Sermo V. X. XV. sind da. In 2 Columnen. Der Druck eine gemeine Mönchschrift.

Herr Panzer scheint in der Buchdruckergeschichte Nürnbergs S. 147. Num. 254. 255. diese nämliche Ausgabe aus der Rottenbucher Bibliotheck anzuführen, obgleich die Unterschriften nicht vollkommen mit einander zu harmoniren scheinen.

375) Epistole Enee silvii. Norimbergae per Anton. Koburger anno 1496. in 4to.

Diese Ausgabe ist von Herrn Panzer in der Buchdruckergeschichte Nürnbergs S. 143. und in den Merkwürdigkeiten der Zapfischen Bibliotheck, I Stück, S. 68 beschrieben worden. Ist auch in Neresheim befindlich.

376) Malleus maleficaru. Norimbergae per Anton. Koburger anno 1496. in 4to.

Man sehe davon Herrn Panzers älteste Buchdruckergeschichte Nürnbergs S. 142.

377) Expositio hymno4 cū notabili cōmento qd' semp implicat historias cum optimis allegationibus sacre scripture illo4 sancto4 vel sanctaru de quibus tales hymni decantant? ex quibus possunt faciliter de eisdem sanctis colligi sermone, poptimi subjunctis quorundam vocabulorum expositionibus. Reuttlingae per Michaelem Greyff anno 1496. in 4to.

Eine Cölnische Ausgabe dieses Werkes ist unter eben diesem Jahre num. 370 angezeigt worden. Der ganze Unterschied zwischen beyden besteht in der

Schlußanzeige, und dem Holzschnitt, den die gegenwärtige auf der ersten Seite des ersten Blattes nach vorhergehendem obigem Titel hat. Dieser stellt Maria mit dem Jesuskindlein auf den Armen, und auf allen Seiten mit Glanz umgeben auf einem Halbmond stehend vor. Auf der Rückseite fängt das Werk selbst nach der kurzen Einleitung, wie in der schon angezeigten Ausgabe, an. Der Text der Hymnen ist mit grösserer, der Kommentar hingegen mit sehr kleiner Mönchschrift gedruckt. Das Ganze ist auf fortlaufenden Zeilen, ohne große Anfangsbuchstaben und Custoden, doch mit Seitenzahlen und Signaturen. Die letzte Blattzahl heißt Folium LIII. Dann folgt noch ein Blatt, welches nicht foliirt ist. Darauf wird folgende Schlußanzeige gelesen: Impſſum in Reuttlingñ per Michaelem greyſſ. Anno dñi M. CCCC. XCVI.

378) Sextus et Clementine de Tortis. Venetiis per Baptiſtam de Tortis anno 1496. in gr. Fol.

Auf der ersten Seite des ersten Blattes steht: cum Privilegio. roth gedruckt, und etwas weiter darunter der obige Titel. Auf der Kehrseite folgt die Tabula, alsdann die Lectura arborum confanquinitatis &c. Auf dem vierten Blatt beginnt das Werk selbst mit der voranstehenden rothgedruckten Ueberschrift: Sexti libri decretalium copilatio illuſtrata lucubrationibus et additamentis clariſſimi utriusq3 juris doctoris hieronymi clarii brixiani cum ſummulis et diviſionibus dñici de ſancto gemi. et aliorum in locis ubi deſunt ſumaria. Jo. an. Die schöne und deutliche Mönchschrift, das weiße und starke Papier, und die schön gemalte Anfangsbuchstaben tragen nicht wenig zu der äußerlichen Schönheit dieses und des folgenden Werkes bey. Aufschriften und arabische Blattzahlen sind vorhanden, so wie auch die Signaturen. Auf der Rückseite des 104ten und letzten Blattes steht: Venetiis per Baptiſtam de Tortis. die XX. Decembris. M. CCCC. LXXXVI. Darunter ein Regiſtrum chartarum.

379) Clementine. Venetiis per Baptiſtam de Tortis. in gr. Fol.

Diese Ausgabe hat Herrn Braun II Th. 285 angezeigt. Unser Exemplar ist zu dem unmittelbar vorhergehenden gebunden. Das Ganze beträgt nicht mehr als 57 Blätter. Auf der ersten Seite des letzten Blattes steht die von Herrn Braun richtig bemerkte Schlußanzeige, und auf der Rückseite — von der Herr Braun gar nichts gemeldet, das Regiſtrum ſexti und Regiſtrum clementinarum, nebſt den roth gedruckten Wappen des Druckers, oberhalb die mir zum erstenmal vorkommende Anzeige: cum privilegio ne quis audeat hoc opus imprimere citra decem annos ſub pena in eo contenta.

380) De-

380) **Decretales: cum summariis suis et textuum divisionibus. ac etiam rubricaruz continuationibus. Venetiis per Baptistam de Tortis anno 1496. in gr. Fol.**

Ohne die Tabula rubricarum beträgt das ganze Werk 303 foliirte Bl. Die Typographischen Schönheiten hat es mit den vorhergehenden gemein. Auf der ersten Seite des ersten Blattes stehen ganz allein die rothgedruckten Worte: Cum Privilegio. Dann folgt auf 4 Seiten die Tabula rubricarum &c. Auf dem fünften Blatt steht obiger Titel gleichfalls roth. Alsdann kommt eine kurze Empfehlung dieser neuen, und verbesserten Ausgabe dieses Werkes; Der Anfang und Schluß davon heißen also: Decretalium hanc gregorianam compillationem candide lector habes illustratam lucubrationibus clarissimi utriusque juris doctoris domini Hieronymi clarii Brix. cum quibusdam additamentis suis preter emendationem: certe rem novam. — — Aureis etiam impressionibus venetis Baptiste de Tortis tricentis et bis mille exemplaribus. Auf dem 6ten mit 2 foliirten Blatt nimmt das Werk selbst seinen Anfang. Am Ende steht: Venetiis per Baptistam de Tortis. M. CCCC. LXXXXVI. die X octobris. Dann folgt das Registrum chartarum, und das Wappen des Druckers, nebst der Anzeige: cum privilegio nequis audeat opus imprimere &c. wie in dem vorhergehenden.

381) **Decretum de Tortis. Venetiis per Baptistam de Tortis anno 1496. in gr. Fol.**

Gegenwärtige Ausgabe kommt an Papier, Typen, und dem ganzen äusserlichen Pracht mit den unmittelbar vorhergehenden überein. Obiger Titel steht ganz allein roth gedruckt auf dem ersten Blatt. Darauf folgt auf zwey nicht foliirten Blättern die Tabula Distinctionum et questionum. Endlich fängt das Werk mit folgender rothgedruckten Aufschrift an: In nomine sancte et individue trinitatis. Incipit concordia discordantium canonum &c. Das Ganze besteht aus 335 numerirten Blättern. Am Ende: Venetiis per Baptistam de Tortis. MCCCCLXXXXVI. die XXX. Marty. Den Beschluß machen das Registrum chartarum, und die Wappen des Druckers, nebst der Anzeige des schon erwähnten Privilegiums.

Uebrigens hat dieses und die drey unmittelbar vorhergehende Werke Denis in supplem. Annal. Maittaire P. I. p. 403. 408. angezeigt.

382) **Jasonis de Mayno Mediolanensis Commentaria in I. partem codicis. Item de Jure Emphyteutico. Venetiis per Bernardinum Benalium anno 1496. in gr. Fol.**

Diese Ausgabe zeigt Denis in supplem. Annnal. Maittaire p. 412. an. Sie ist auf gespaltnen Columnen mit einer mittelmäßig großen gothischen Schrift gedruckt.

gedruckt. Ohne große Anfangsbuchstaben, Seitenzahlen und Custoden. Die Signaturen gehen von aa — hli. Auf dem 60sten und letzten Blatt steht folgende Unterschrift: Expliciunt comentaria in primam partem codicis excellentissimi utriusq3 doctoris domini Jasonis de Mayno mediolanensis: composita pro magna parte padue et in parte Papie. Impressa Venetiis per Bernardinum benaliu: et omni diligentia exactissime correcta et revisa. Anno salutis M. CCCC. LXXXXVI. die 1 february. Darunter steht in einem Karteusförmigen Holzschnitt das Bildniß des h. Markus.

383) **Plutarchi Vitae.** Venetiis per Bartholomeum de Zanis anno 1496. in Fol.

Eine Ausgabe dieses schönen Werkes, die mit der vor mir liegenden in allen Stücken übereinkommt, hat Denis in supplem. Annal. Maittaire num. 2393. angezeiget. Den ganzen Unterschied erreget bloß die in der Schlußanzeige mit arabischen Ziffern gedruckte Jahrzahl. Die (o) Nulle ist nämlich in unserm Exemplar ziemlich undeutlich, und scheint eher einem 6. als einer Nulle zu gleichen. Durch Hülfe des Mikroskops aber vermuthe ich den 6 deutlich erkannt zu haben, glaube auch, weil ich nirgends eine Ausgabe 1490. finden kann, Herr Denis habe dieses Mahl falsch gesehen; und dieß um so mehr, da die Ausgabe 1496. in dem catalogo biblioth. Uffenbach. und im Maittaire Tom. IV. p. 620. aus dem Orlandi, Marchand u. s. w. angeführt wird.

Uebrigens ist sie in zwey Theile getheilt, davon der erste 145 Bl. stark, und mit einem eignen Registro chartarum versehen ist. Der zweyte fängt mit der Auffschrift: Cymonis viri illustris vita ex Plutarcho graeco in latinum per Leonardum Justinianum vesa — sic — an, und beträgt 144 Bl. welche durchgehends mit arabischen Ziffern numerirt sind. Am Ende: Viror. illustrium vitae ex Plutarcho graeco in latinum versae: solertiq3 cura emendatae foeliciter expliciunt: Venetiis impssae per Bartholameum de Zanis de Portesio Anno nri salvatoris 1496. die oct'o mensis Junius. Der Druck ist eine herrliche schöne lateinische Schrift. In fortlaufenden Zeilen. Wenig Abkürzungen. Obiger Titel steht zu Anfang. Der Holzschnitt, welcher den Theseus mit einem Minotaurus streitend vorstellt, findet sich auf der ersten Seite des zweyten Blattes.

384) **Quintus Curtius de rebus gestis Alexandri M. à Bartholomeo Merula castigatus.** Venetiis per Johannem de Tridino anno 1496 in Fol.

Gegenwärtige Ausgabe ist mit ungemein schönen und ziemlich großen lateinischen Typen gedruckt. Die große Anfangsbuchstaben sind sehr feine Holzschnitte.
Mit

Mit Blattzahlen und Signaturen. LXVI. Bl. stark. Auf der ersten Seite des ersten Blattes werden die zwey Worte: Quintus Curtius gelesen. Auf der Kehrseite folgt ein Brief mit der Aufschrift: Bartholomeus Merula generoso adolescenti francisco Georgii Cornelii equitis et Decemviri clarissimo filio salutem. Mit dem zweyten und I foliirten Blatt nimmt das Werk selbst seinen Anfang. Woran steht: Q. Curtii de rebus gestis Alexandri magni regis. Am Ende: Hos novem. Q. Curtii libros de rebus gestis Alexadri magni regis Macedonum q accuratissime castigatos ab eruditissimo viro Bartholomaeo merula. Impressit Venetiis Joañes de Tridinō alias Tacuinus. Anno. M. CCCC. XCVI. IIII. nonas Decembris. Auf dem letzten Blatt machen das Registrum chartarum, und die in einem länglichten schwarzen Viereck angezeigten Wappen des Druckers den Beschluß.

Diese Ausgabe wird von Maittaire angeführt, und ein Exemplar findet sich auch zu Nürnberg.

385) Sermones declamatorii prestantissimi Roberti Licienfis: ex seraphico Minorū ordine: theologie professoris: Pontificis Aquin: per adventum domini: et sanctam quadragesimam: Ite de timore judicioȩ dei: De imortalitate animae rationalis: De eterna beatitudine: Et per solenitates totius anni domini Sebaoth et sacratissimae virginis Matris Dei. Venetiis per Georgium de Arrivabenis anno 1496. in 4to.

Der angeführte Titel wird auf der ersten Seite des ersten Blattes gelesen. Auf der Kehrseite folgt eine kurze Vorrede. Zu Ende derselben ist folgendes angehängt: Eya igitur agite: et aureum hunc librum hilari vultu suscipite: qui se cunctis ita et mendis offert castigatum, et sua ubiq3 veritate illustratum: ut exinde obtentum fuerit privilegium ab Excellentissimo et Illustrissimo Dominio venetorum: quod nullus existencium sub praefato dominio valeat vel praesumat ipsum imprimere: vel imprimi facere: aut alibi impressum vendere in terris eiusdem: usq3 ad annos decem proxime futuros: pena amissionis librorum: et centum librarum pro qualibet vice contrafacientibus iminente: et aliis quam plurimis prout in ipso privilegio latius continetur. Nach einem kleinen leeren Zwischenraum heißt es: Impressum Venetiis per Georgium de Arrivabenis Mantuanum M. CCCC. LXXXXVI. die XVI. Maj. Auf der Kehrseite des zweyten Blattes ist ein Holzschnitt, welcher vermutlich die Wappen des Druckers in einem auf dessen Name recht gut gewählten Symbol vorstellt, nämlich ein Brunnen; das Rohr desselben ist ein dicker Stamm eines alten Baumes; von den drey Hauptästen quillt häufiges Wasser heraus: darneben die Buchstaben B. F. unten an dem Keßel ist ein Bruststück angebracht. Auf dem dritten Blatt steht der Titel: Sermones de de adventu. Diese sind 60 Blätter stark. Dann folgt der zweyte Theil mit dem voranstehenden Titel: Sermones quadragesimales. u. s. w. Eine jede Materie hat ihren eigenen Titel, Blattzahlen, und Signaturen. Große Anfangsbuchstaben und Custoden fehlen. Der oben angeführte Titel und die Vorrede sind mit saubern Lateinischen, das Werk selbst aber mit kleinen gothischen Typen in gespaltnen Columnen gedruckt. Am Ende des ganzen Werkes: Finis sermonū pstantissimi viri Roberti liciēsis. ex seraphico minoɋ ordie. Sacre theologie professoris. Pontificis aquinatis quos revisit: et fideli studio purgavit ab erratis librarioɋ frater Philippɋ de rotingo eiusdem seraphici ordinis &c. Den Beschluß macht das Registrum chartarum.

Maittaire führt diese Ausgabe an, und ein Exemplar davon findet sich auch zu Burheim.

386) Augustinus Dacus — sic — Anno 1496. in 4to. Ohne Anzeige des Ortes und Druckers.

Diese kleine Schrift führt obigen Titel. Der Druck ist eine mittelmäßige Mönchschrift. Ohne große Anfangsbuchstaben, Blattzahlen, und Custoden, doch mit Signaturen. Beträgt in allem nur 25 Blätter. Das zweyte Blatt führt die Aufschrift: Eloquentissimi viri ac precipui oratorie artis doctoris Augustini senensis de variis loquendi regulis sive poetaru preceptis tractatulus feliciter incipit. Den Beschluß macht folgende Unterschrift: Adest tibi studiosissime adolescens eloquentissimi Augustini senensis pceptioni finis optatus. quaru si te et lectioni et exercitio insudantē pbueris. ne dubita te paucis post diebus non mo disertum evasurum. verum et cuius etiam epistularu generi fore accomodatissimum. vale. C. H. de S. anno XCVI.

Einige Ausgaben dieses Werkleins, welche mit der nämlichen Schlußanzeige, nur mit einer verschiednen Jahrzahl versehen sind, wurden von Hrn. Braun in seinem zweyten Theil angeführt. Ich vermuthe daher, daß die angezeigte Jahrzahl auch in der gegenwärtigen Ausgabe das Jahr des Druckers bestimme.

Jahr 1497.

387) Sermones thesauri novi de tempore. Argentinae per Martinum Flach anno 1497. in Fol.

Der Druck ist eine gute Mönchschrift. In 2 Columnen. Ohne große Anfangsbuchstaben, Blätterzahlen — die 316 sind — und Custoden, aber mit Auf-

Auffchriften und Signaturen. Obiger Titel steht zu Anfang. Am Ende folgendes: Opus perutile sermonu dnicalium toti9 anni Thesaurus novus nucupatum: impſſu3. Argentine per Martinum flach Anno domini Mccccxcvii. finit feliciter.

388) Sermones Thesauri novi de sanctis. Argentinae per Martinum Flach anno 1497. in Fol.

Was die äußere Gestalt dieser Ausgabe betrift, hat sie von der uns mittelbar vorhergehenden nichts besonders. Voran steht eine 11 Blatt starke Tabula. Das Werk selbst beträgt 243 Blätter. Sermonen sind es CLX. Am Ende: Opus perutile sermonu de sanctis p̄ circulum anni Thesaurus novus nucupatu: impreſſum Argentine p̄ Martinu flach Anno dn̄i. MCCCCXCVII. Idus novembrias. Finit feliciter.

389) Sermones quadragesimales Thesauri novi. Argentinae anno 1497. in Fol.

Diese machen den dritten Theil des Sermonariums, welches gemeiniglich dem Petrus de Palude als Verfasser zugeschrieben wird. Die äußere Gestalt und Einrichtung läßt sicher vermuthen, daß sie mit den zwey unmittelbar vorhergehenden gleichfalls aus der Flachschen Offizin gekommen sey. Der oben angezeigte Titel steht auf der ersten Seite des ersten Blattes. In allem sind es XCIII. Sermonen. Auf der ersten Kolumne des 136ten und letzten Blattes wird folgende Schlußanzeige gelesen: Opus perutile sermonu quadragesimalium Thesaurus novus nuncupatum Argētine impreſſum. Anno dn̄i. M. ccccLxxxxvii finit feliciter.

Diese drey unter den Num. 387. 388. 389. beschriebene Werke mögen sehr selten seyn, welches ich aus dem Stillschweigen der Bibliographen schließe. Die zwey ersten sind auch zu Nürnberg.

390) Aphorismorum Compunctionis Particulae quatuor. Argentinae per Johannem Grüninger anno 1497. in 4to.

Unser Exemplar ist zu Anfang defekt. Dasselbe fängt mit dem 2ten aphorism an. Der letzte der vierten Particula hat die Aufschrift: Aphorismus tredecimus ter. Das letzte Blatt ist mit f III. signirt. Auf der Rückseite eben dieses Blattes wird der Beschluß mit folgender Anzeige gemacht: Ex gratia clemētiſſimi Iesu qui est rex regum, dn̄us dn̄antium — sic — alpha et o, lux via veritas et vita iudexq3 vivorum et mortuorum splendor glorie, ac matris eius benedicte Finit pticula qrta aphorismoru eopuctois. Actuq3 per magistru Johannem Grüninger civis Argentiā. Anno icarnatois. Mccccxcvii. octavo deniq3 ydubm January.

January. Der Druck ist eine ziemlich gute lateinische Schrift mit vielen Abkürzungen. Die Aufschriften sind mit großer Mönchschrift gedruckt. Ohne große Anfangsbuchstaben, Blattzahlen und Custoden. In unserm defekten Exemplar fand ich 6 Holzschnitte, davon einer die Verherrlichung Christi auf dem Berge Thabor, der andere die Auferstehung der Todten, und die vier übrigen den David vor Gottvater knieend vorstellen.

391) **Catho cum glossa.** Augustae per Johannem Schensperger anno 1497. in 4to.

Diese Ausgabe blieb Hrn. Zapf in der Augsburger Buchdruckergeschichte unbekannt. Der Text derselben ist mit größerer, der Kommentar hingegen mit kleiner Mönchschrift auf ununterbrochenen Zeilen gedruckt. Große Anfangsbuchstaben, Seitenzahlen und Custoden mangeln. Die Signaturen gehen von a — h IIII. Am Ende heißt es: Expliciunt glosule cathonis valde utiles volentibus instrui in bonorum morum acceptatoe. malo4 fuga. optie correcte Impresse. Anno salutis. M. CCCC. XCVII. per Johannem Schensperger in Imperiali Civitate Augusta.

Denis hat diese Ausgabe in supplem. Annal. Maittaire num. 3590. angezeigt.

392) **Sebastiani Brant stultifera Navis.** mit Holzschnitten. Basileae per Joannem Bergman de Olpe anno 1497. in 4to.

S. Hrn. Braun II. Th. S. 291. n. VI. ingleichen Meusels historisch-litterarisch-bibliographisches Magazin I. Stück S. 102. u. ff. Unser Exemplar beträgt 148 Blätter. In der Schlußanzeige ließt man: Kalendis Marty.

393) **Clarissimi viri Juriuq3 doctoris felicis hemmerlin cantoris quondā Thuricen. varie oblectationis opuscula et tractat9.** (Basileae) anno 1497. in Fol.

Diese Ausgabe hat Herr Braun in dem II. Th. S. 13. unter den Büchern ohne Anzeige des Jahres, Ortes und Druckers beschrieben. Ich sehe aber nicht ein, warum diese Ausgabe nicht sollte unter diesen Jahrgang gesetzt werden, da es nach dem Elegiacum Episodium Sebastiani Brant in libellos felicis Hemmerlin heißt: Ex Basilea Idibus Augusti. M. CCCC. XCVII.

394) **Liber Epistolarum sancti Hieronymi.** Basileae per Nicolaum Keller anno 1497. in Fol.

Obiger Titel steht mit großen in Holz geschnittenen Buchstaben auf der ersten Seite des ersten Blattes. Die Kehrseite desselben füllet ein Holzschnitt, der
den

den h. Hieronymus, wie er aus der Pfote eines Löwen einen Dorn herauszieht, vorstellt. Vor und hinter Ihm sind eine hebräische, griechische und lateinische Bibel aufgeschlagen. Das Werk selbst ist in drey Theile getheilt, davon ein jeder seinen eignen Titel und Register führt. Der Druck ist eine schöne und ziemlich große lateinische Schrift. Ohne große Anfangsbuchstaben, Seitenzahlen und Custoden, doch mit Signaturen und Aufschriften, welche durchgehends mit Kapitalbuchstaben gedruckt sind. Vor dem Inventarium des dritten Theils stehen die Wappen des Druckers und 8 Distichen, wovon die letzte also lauten:

  Nil lachefi superat: Nicolaus vivere Kefler
   Nomen perpetuo me facit ingenio.
  Cui merito celebris urbs inclyta fectaq3 abundis.
   Rheni condignum dat Bafilea locum.
  Non nummis nocuis (lector credas: ne labori
   Atteftatur opus) parcere doctus erat.
  Menda operi nulla eft: calamu fugias: pete chartas
   Preffas: arte nova quaere characteribus.
    M. CCCC. XCVII.

Uebrigens wird diese Ausgabe in catalog. biblioth. fchwarz. P. II. n. 660. und von Denis in fupplem. Annal. Maittaire num. 3627. angezeigt.

395) Michaelis Lochmayr et Pauli Wann fermones de fanctis. Hagenovae per Henricum Gran anno 1497. in Fol.

  S. Herrn Brauns II. Th. S. 294. In allem sind es CXIIII. Sermonen. Das Ganze beträgt 251 Blätter.

396) Epiftolae Marfilii Ficini florentini. Norimbergae per Anton. Koberger anno 1497. in 4to.

  S. Herrn Panzers älteste Buchdruckergeschichte Nürnbergs S. 149.

397) Juftinus hiftoricus. Venetiis, anno 1497. in Fol. Ohne Anzeige des Druckers.

  Obiger Titel wird auf der ersten Seite des ersten Blattes gelesen. Mit dem II. Blatt fängt Juftini hiftorici clariffimi in Trogi Pompei hiftorias exordium, und gleich darauf mit dem nämlichen Titel Liber primus an. Das Ganze ist LIII. foliirte Blätter stark. Der Druck ist eine schwarze und ziemlich gute Mönchschrift. Ohne Anfangsbuchstaben und Custoden, aber mit Signaturen, Aufschriften und Marghnalnoten. Auf der ersten Seite des letzten nicht foliirten Blattes stehen

nebſt dem Regiſtrum chartarum, und dem Brief des Marchus Antonius Sabellicus
an den Jo. Mattheus Contarenus vir patricius folgende vier Diſtichen:

    Aurea Juſtini Luciq3 epithomata flori
    Aere tibi modico candide lector eme.
    Cotrahit iſte Titi numeroſa volumina Livi.
    Pompei hiſtorias colligit ille Trogi.
    Quam bene conjuncti. namq3 hic ubi definit, ille
    Incipit. atq3 unum pene videtur opus.
    Rite recognovit quos Juſtinianus ad unguem
    Romanus. Felix lector amice vale.
    Venetiis. MCCCC. XCVII. die. VIII. novembris.

398) Diogenes Laercius. Venetiis per Philippum Pinzi. Sumptibus Benedicti Fontanae anno 1497. in Fol.

Gegenwärtige mit herrlich ſchönen lateiniſchen Typen auf fortlaufenden Zeilen gedruckte Ausgabe führt obigen Titel. Dann folgen mit dem zweyten Blatt zween Briefe; der erſte hat die Aufſchrift: Benedictus Brognolus generoſis patriciis venetis Laurentio georgio: Jacoboq3 Baduario, Sa. Plurimam. D. Am Ende deſſelben: Venetiis pridie Idus Auguſti. MCCCCLXXV. Der zweyte: Fratris Ambroſii in Diogenis Laertii opus ad Coſmam medicem epiſtola. In beyden wird von der auf dieſe Ausgabe angewandten Mühe, Vergleichung der beſten Exemplare, u. ſ. w. geſprochen. Mit dem III. Blatt fängt Liber Primus. Laertii Diogenis vitae et ſententiae eorum, qui in philoſophia probati fuerunt an. Das Werk beſteht aus X. Büchern, und endet ſich auf dem mit XCV. foliirten Blatt. Die Unterſchrift heißt: Impreſſum Venetiis per Philippum Pinzi. Sumptibus domini Benedicti Fontana: Anno dñi. M. CCCCXCVII. die XXII Juny. Alsdann folgen noch das Regiſtrum chartarum, und die Tabula huius operis. Auf dem darauf folgenden und letzten Blatt ſtehen ganz allein die Wappen des Benedikt Fontana; die Beſchreibung derſelben iſt ſchon oben bey Num. 385. gemacht worden.

399) Queſtiones ſubtiliſſime Scoti in metaphyſicam Ariſtotelis. Ejusdem de primo rerum principio tractatus. Atq3 theoremata. Venetiis per Bonetum Locatellum anno 1497. in Fol.

Dieſe drey Werkchen ſind 131 Blatt ſtark, und auf ein ſchön weißes und ſtarkes Papier in geſpaltnen Columnen mit ziemlich guter und ſehr ſchwarzer Mönchſchrift gedruckt. Obiger Titel wird auf der erſten Seite des erſten Blattes geleſen. Auf der Kehrſeite deſſelben ſteht ein Brief mit der Aufſchrift: Mauricius Hibernicus Minoritani ordinis Reverendiſſimo Patri dño. dño Petro Barotio Patavino Antiſtiti ſalutem. Mit dem zweyten Blatt fängt das Werk ſelbſt alſo an:

                                        oañis

Joañis duns fcoti ordinis minorum: queſtiones ſubtiliſſime ſuper libros metaph'yce Areſtotel'. Feliciter incipiunt. Die Anfangsbuchſtaben ſind ſehr ſchöne Holzſchnitte. Die Signaturen, Aufſchriften und Citationen auf dem Seitenrand, nebſt den Blätterzahlen ſind vorhanden. Die Cuſtoden fehlen. Am Ende heißt es: Expliciunt epithomata ſeu caſtigationes preclariſſimi doctoris Magiſtri Mauritii Hibernici ordinis Minorum in theoremata doctoris ſubtiliſſimi Joañis Duns Scoti eiusdem ordinis. Ac etia in tractatu de p'mo principio eiusdem. Impreſſa Venetiis mandato et expenſis nobilis viri Domiñi Octaviani Scoti civis Modoetienſis. Per Bonetum Locatellum Bergomēſem. 1497. duodecimo Kalendas Decembris. Dann folgen zwey Epigramata, das erſte davon führt die Aufſchrift: Pauli amalthei Epigrama in metaphyſicam Jo. Scoti. Dieſes beſteht aus 7 Diſtichen. Das zweyte: Epigrama Danielis Cajetani Alexandrei cremonenſis lautet alſo:

>Emula⁻ me tenebris: et ceco carcere totum
>Nomine tacta meo tempora condiderant
>Mauritius: cui fata locum: cui tempora cedunt:
>Carcere me ceco vindicat et tenebris.

Den Beſchluß machen das Regiſtrum chartarum, und das Wappen des Octavianus Scotus.

400) Meſue cum expoſitione mondini ſuper canones univerſales. ac etia cum expoſitioē Chriſtophori de honeſtis in antidotarium eiusdem. Additiones petri apponi. Additiones franciſci de pede montiu. Antidotarium nicolai cum expoſitione platearii. Tractatus quid pro quo. Tractatus de ſinonimis. Libellus bulcaiis ſive ſervitoris. Copendiu aromatarioru Saladini. Joannes de ſancto amando ſuper antidotarium nicolai. Venetiis per Joan. et Gregorium de Gregoriis fratres. anno 1497. in Fol.

Obiger Titel wird auf der erſten Seite mit größern Typen, als das folgende gedruckt geleſen. Mit dem zweyten Blatt nimmt das Werk ſelbſt ſeinen Anfang. Das Ganze beträgt 360 Blätter, welche mit arabiſchen Ziffern numerirt ſind. Die großen Anfangsbuchſtaben ſind ziemlich gute in Holz geſchnittne Figuren. Mit Signaturen und Cuſtoden, doch werden letztere bloß auf der erſten Columne eines jeden Blattes bemerkt. Der Druck iſt eine niedliche, kleine und ſehr ſchwarze Mönchſchrift. Am Ende wird in der Schlußanzeige der oben angeführte Titel wiederholt, ich ſetze daher nur den Anfang und das Ende derſelben her: Hoc loci conſumantur omnia opera diyi Joannis meſue — — Que omnia ſupradicta hic ſinem habent ad laudem dei. Impreſſa Venetiis per Johannem et Gregoriuƺ

riuz de gregoriis fratres. 1497. die. 14. Octobris. Darunter stehen noch das Registrum chartarum, und die Wappen der Drucker.
Denis hat diese Ausgabe in supplem. Annal. Maittaire p. 431. angezeigt. Ein Exemplar ist auch in Irsee befindlich.

401) Incipit liber Faceti de moribus Juvenum docens, qui a Chatone erat omissi. P Sebastianum Brant, in vulgare noviter translatus. Ulmae per Johannem Schaeffler anno 1497. in 4to.

Diese Ausgabe fand ich nirgends, als in Denis addend. ad supplem. Annal. Maittaire p. 709. num. 6301. Sie verdient daher sicher als eine große Seltenheit geschätzt zu werden.

Obiger Titel steht zu Anfang, und darunter eben der Holzschnitt, wie bey Num. 403. Der Druck ist eine deutsche Mönchschrift. Das Ganze beträgt nicht mehr als 14 Blätter. Den Beschluß macht die Exhortatio Sebastiani Brant ad studiose indolis pueros. Darunter wird folgende Schlußanzeige gelesen: Impressum Vlme per Johannem Schaeffler Año. M. CCCCXCVII.

402) Homeri Iliados libri XXIV. per Laurentium Vallen. in latinum sermonem traducti. Per Baptistam Farfengum anno 1497. in Fol. Ohne Anzeige des Ortes.

Diese Ausgabe ist 90 Blätter stark, und auf ununterbrochnen Zeilen mit schönen lateinischen Typen gedruckt. Den Anfang macht ein Brief — der vielmehr eine Dedikation ist — mit der Aufschrift: Bernardinus Laurinus Brixianus illustri ac excellenti Domino Nicolao corigiesi Moecenati suo observandissimo S. P. D. Mit dem dritten Blatt nimmt das Werk selbst nach der mit Kapitalbuchstaben gedruckten Anzeige: Homeri Poetarum supremi Ilias per Laurentium vallen. in latinum sermonem traducta foeliciter incipit: seinen Anfang. Große Anfangsbuchstaben, Aufschriften oben am Rand, Blätterzahlen und Custoden fehlen. Die Signaturen sind da. Der Druckort wird vermuthlich Brixen seyn. Am Ende: Accuratissime ac solerti cura Impraessum ac emendatu hoc opus. p Venerabilē. d. pſbyteR Baptista Farfengum. Impensa vero. d. Francisci Laurini civi — sic — Brixiani. Anno a natali xpiano. MCCCCLXXXXVII. Die vero sexto Mensis septembris.

403) Esopus moralisatus cum bono comento. anno 1497. in 4to. Ohne Anzeige des Ortes und Druckers.

Unter dem oben angeführten Titel wird auf der ersten Seite des ersten Blattes in einem Holzschnitt ein Lehrer mit zwey Schülern vorgestellt. Von dem Katheder

Katheder des Lehrers an bis zu den Schülern herunter hängt ein Zettel mit der Aufschrift: accipies tanti doctoris dogmata sancta. Am Ende liest man folgende Unterschrift: Esopͦ fabulator pclariſſimͻ cū ſuis moraliſatoibͻ ad n̄ri inſtructoʒ pulcherrime appoſitis. Impſſus año ſalutis nre. M. CCCC. XCVII. Der Druck ist eine kleine gothische Schrift, und sicher Heinrich Quentels zu Cöln Druck. Denn den beschriebnen Holzschnitt finde ich auf Büchern, welche er mit und ohne seinen Namen gedruckt hat, und die alle einerley kleine gothische Lettern haben. Ohne große Anfangsbuchstaben, Seitenzahlen und Custoden, doch mit Aufschriften und Signaturen. 39 Blätter stark.

Jahr 1498.

404) Textus Sententiarum cum concluſionibus magiſtri Henrici Gorichem. et Concordantiis Biblie ac Canonum. nec n̄o in principio ſingularū diſtinctionū utilimis — ſic — ſummariis. diligentiſſime jam primū appoſitis. Item errores quidam Pariſius — ſic — revocati. et articuli in quibus Magiſter cōmuniter non tenetur. Item regiſtrum totius libri. Baſileae per Nicolaum Keſſer anno 1498. In Fol.

Von diesem Werke sind schon ältere Ausgaben, mit denen die gegenwärtige übereinkommt, beschrieben worden. Obiger Titel wird zu Anfang gelesen. Uebrigens hat das Werk Aufschriften, Citationen am Rande und Signaturen, welche mit den Buchstaben a — t — A. T. bezeichnet sind. Der Druck ist eine ziemlich gute Mönchschrift. Am Ende wird nach den articulis erroneis in der Schlußanzeige der obige Titel wiederholt. Zuletzt heißt es: Impenſis atqʒ ſingulari opa Nicolai Keſlers civis Baſilien̄. ad honorem ſancte et individue trinitatis ac fidei catholice augmētu et tuitionem q̄ emēdatiſſime impreſſus. Anno incarnationis dn̄i poſt Milleſimu quaterqʒ centeſimu nonageſimo octavo: Decimo vero Kalēn. Marty. Darauf die Wappen des Druckers. S. Weiſſling. Armament. cathol. p. 691.

405) Sermones de ſanctis Franciſci Maronis Ord. Min. cum aliis tractatibus. Baſileae per Jacobum de Pforczen, anno 1498. In 4to.

Von dem Verfasser giebt Weislinger in Armament. cathol. p. 692. wo zugleich diese Ausgabe angezeiget wird, einige Nachricht. Auf der ersten Seite des ersten Blattes steht der Titel nebst der Anzeige der hier zufuchenden Materien. Darauf folgt eine 10 Blätter starke Tabula. Mit dem darauf folgenden und fol. I.
signirten

fignirten Blatt fängt das Werk selbst mit einer rothgedruckten Aufschrift an. Der erste Anfangsbuchstabe ist ein Holzschnitt, und gleichfalls roth, die übrigen nebst den Custoden fehlen. Signaturen und Aufschriften sind da. Der Druck eine kleine und ziemlich gute Mönchschrift. In a Columnen. CCLIX numerirte Blätter. Buchstaben auf dem Seitenrand statt der §§phen. Am Ende: Sermones Francisci Maronis de sanctorum laudibus finiunt feliciter cuʒ tractatibus subtilissimis sparsim annexis et ab eo editis impressi — sic — / Basilee per magistrum Jacobum de Pforczen post partu virginis salutiferu Anno Millesimo qdringentesimo nonagesimo octavo.

Uebrigens führt diese Ausgabe Lackmann, Suhl, Mylius, Hocker, u. a. m. an.

406) Incipit Tractatus de modo opponēdi et rndendi venerabilis d̄ni Alberti magni: deo auxiliante. Coloniae per Henricum Quentell, anno 1498. in 4to.

Daß diese Ausgabe ganz unbekannt seyn müsse, schließ ich aus dem allgemeinen Stillschweigen der Bibliographen, welche ich wenigstens darüber nachgeschlagen habe. Sie fängt ohne Titel an. Das erste Blatt ist ganz leer. Das zwente ist mit a II. signirt, und fängt mit der Aufschrift, die ich oben statt des Titels angeführt habe, an. Die Zeilen laufen ununterbrochen fort. Anfangsbuchstaben, Seitenzahlen und Custoden fehlen. Aufschriften und Signaturen sind da. Das Ganze beträgt 28 Bl. Am Ende wird folgende kurze Schlußanzeige gelesen: Per Henricum Quentell. Anno d̄n̄i M. CCCC. XCVIII.

407) Preſtatiſſim — ſic — ſacre theologie. necnō juris pontificii doctoris et artium magiſtri. ac ecclesie Pataviēſis Canonici domini Michaelis Lochmaier parochiale curato₄ feliciter īcipit. Hagenovae per Henricum Gran, anno 1498. in 4to.

Obiger Titel wird zu Anfang mit größern Typen, als das folgende gedruckt gelesen. Dann folgt auf II Blättern das Register. Mit dem 13ten Blatt nimmt das Werk selbst seinen Anfang. Anfangsbuchstaben, Seitenzahlen und Custoden fehlen. Die Signaturen von a — L nebst den Aufschriften und Buchstaben an dem Rand, die die §§phen anzeigen, sind vorhanden. Der Druck ist eine ziemlich gute und lesbare Mönchschrift, auf gespaltnen Columnen. Zu Ende: Tractat9 in parochiale curato₄ — — impreſſus ac diligenter reviſus p ſollertem Henricu Gran. i impiali oppido Hagenow: expēſis et ſuptib9 puidi viri Joh'is Rymman finit feliciter Anno d̄n̄i M. CCCC. XCVIII. XX. die mēſis Augusti.

Diese

Diese Ausgabe findet sich auch zu Burheim, Irsee, Nürnberg und Rottenbuch.

408) Tractatus Vuilhelmi parisienfis super paſſioe Chriſti. Hagenovae per Henricum Gran, anno 1498. in 4to.

Dieses Werkchen besteht aus XLV Kapiteln, welche oben am Rand angezeigt sind. Sie laufen in einer Reihe fort, so, daß nirgends ein Anfang, oder Ende, oder der Columnentitel eines Kapitels angezeiget, oder auch nur der minbeste leere Zwischenraum gelassen wäre. Der Druck ist der nämliche, wie in dem unmittelbar vorhergehenden. In 2 Columnen. Mit Signaturen und Blattzahlen deren CLXX sind. — Ohne Custoden. Am Ende steht: Finit tractatulus perutilis fup paſſione domini: editus per Wilhelmum Parisienſem Impreſſus in imperiali oppido Hagenaw per Henricuȝ Gran Anno á nativitate domini Milleſimo qterq3 cētesimo nonageſimo octavo: feria sexta poſt Valentini. Dann macht eine Einleitung in der Art einer Vorrede — die schicklicher zu Anfang stünde — und ein zwey Blätter starkes Register den Beschluß.

Diese Ausgabe steht im Maittaire, und ist auch zu Burheim, Irsee, Nürnberg und Weingarten.

409) Vocabularius breviloquus cū arte diphthongandi, punctandi et accentuandi. Norimbergae per Anton, Koburger anno 1498. in Fol.

Diese Ausgabe wird von Herrn Braun II Th. S. 302. hinlänglich beschrieben. In der Unterschrift ist die Anzeige des Monattages die XIII menfis July, statt die XII falsch angegeben. Ferner S. M. Herrn Panzers Buchdruckergeschichte Nürnbergs S. 153.

410) Epistola Rabbi Samuelis Iſraelite miſſa ad Rabbi yſaac magiſtrum Synagoge in ſubjulmeta. civitate regis Morochorum &c. Norimbergae per Caſparum Hochfeder anno 1498. in 4to.

S. Herrn Panzers älteste Buchdruckergeschichte Nürnbergs S. 154.

411) Miſſale Salisburgenſe. Norimbergae per Georgium Stöchs de Sulczbach, anno 1498. in gr. Fol. auf Pergament.

Eine Ausgabe dieses Miſſals, die vermuthlich nur auf Papier gedruckt seyn mag, hat Herr Schrank in seiner Bayerischen Reise S. 203. nur ganz kurz angezeigt,

angezeigt, es mag daher eine nähere Beschreibung unsers prachtvollen Exemplars hier nicht ganz am unrechten Orte stehen.

Das Ganze ist mit einer schönen und großen Mönchschrift auf ein herrlich weißes und starkes Pergament gedruckt. Den Anfang machen auf der Kehrseite des ersten Blattes die Erzbischöfliche Insignien, die Inful nämlich, Pectoral, und Stab, unterhalb sind zwey Schilde, auf einem derselben steht in einem goldenen halben Feld ein aufrecht stehender Löw, die andere Halbscheide des Schildes ist roth, und wird durch einen weißen Streif in zween Theile getheilt. Auf dem gegenüber stehenden schwarzen Schild ist ein Rettich oder Rube. Der Rand ist auf allen Seiten mit lebendigen Farben und Gold gezieret, darunter findet sich noch in einem kleinen Schild ein einem Reh ähnliches Thier. Mit dem zweyten Blatt fängt: Ordo ſm notula metropolitane ecclesie salisburgensis ad faciendam aquam benedicta an. Dann folgt auf 6 Blättern der Kirchenkalender, und nach diesem: Sequuntur informationes et cautele observade pſbitero volenti divina celebrare. Dieß alles zusammen beträgt 10 Blätter. Mit dem folgenden Fol. I. numerirten Blatt: Incipit Missale integrum tam de tempore q̃ se sanctis ſm rubrica ecclesie Salzeburgensis cu omnibus suis requisitis. Der Ordo Missalis ist CCLI. numerirte Blätter stark. Auf dem letzten nicht foliirten Blatt wird eine sehr lange Schlußanzeige gelesen, wovon der Anfang und das Ende also lautet: Missale et de tempe et de sanctis nomodo ſm notula metropolitane ecclesie salisburgẽsis ordinatu: veru etiam haud exigua opa adhibita: — — — Demu V̊o in officina Georgii Stöchs ex Sulczpach civis Nurnbergeñ. expensa Joannis Ryman impressum. Idibus augusti anni ab incarnatione messye nonagesimi octavi supra millesimu quadringentesimu: finit. Der Canon ist mit sehr großen gothischen Lettern gedruckt. Die Anfangsbuchstaben der vorzüglichen Feste sind durchgehends mit Gold, und lebendigen Farben prächtig gemalt. Die Rubriken und Aufschriften nebst den Anfangsbuchstaben der mindern Feste sind rothgedruckt. Signaturen sind da, doch ohne Custoden. Der Canon ist von dem jetzigen in etwas unterschieden, indem man nach den Worten communicantes &c. Joannis et Pauli Cosme et Damiani ließt: *Nec non et illorum sanctorum, quorum solennitas hodie in conspectu divine majestatis tue celebratur. domine Deus noster in toto orbe terrarum. et omnium sanctorum tuorum &c.* Die Messe mit der Aufschrift missa, pro cuius anima dubitatur, wird darinn nicht gefunden.

Von diesem Missale ist auch ein Exemplar zu Rottenbuch, es muß aber selten seyn, da es Herr Panzer in der Nürnberger Buchdruckergeschichte S. 154. nur aus Hr. Schrauls Baierscher Reise kennet.

412) Di-

412) Dictionarius Pauperum. Parisiis per Andream Bocard. anno 1498. in 4to.

Das Ganze beträgt ohne das 5 Blätter starke Register cxviii. foliirte Blätter. Der Druck ist eine kleine Mönchschrift, auf gespaltnen Columnen. Ohne Custoden. Am Ende ließt man folgende Unterschrift: Explicit sumula omnibus verbi divini seminatoribus pernecessaria que est extracta a magno dictionario, et potest dici dictionarius pauperum licet de abstinentia intituletur. — — — Impressa Parisii per magistrum Andrea bocard. Anno m. cccc. xcviii. Idib9 novēbris..

Diese Ausgabe fand ich nirgends.

413) Lectura fratris Pauli scriptoris ordinis minorū de observātia qua Edidit declarãdo subtilissimas doctoris subtilis sententias circa Magistrum in primo libro. Tubingae per Joannem Otmar, anno 1498. in Fol.

Diese Ausgabe hat Herr Braun in dem II. Th. S. 304. hinlänglich beschrieben.

414) Rosarium sermonum predicabilium ad faciliorem predicantium comoditatem novissime copilatū &c. Venetiis per Georgium de Arrivabenis, anno 1498. in 4to.

Obiger Titel steht auf der ersten Seite des ersten Blattes. Auf der Kehrseite eben desselben folgt der Brief des Verfassers an den Bernardin. Presbyt. cardin. tit. f. crucis in hierusalem. Dann carmina in comendationem huius operis. Darauf ein zweyfaches Register. Dieß alles zusammen beträgt 30 Blätter. Auf dem nächsten Blatt fängt das Werk selbst mit folgender Aufschrift an: Incipit Rosarium sermonum predicabilium per quadragesimam et totum anni circulum: editum per vite venerabilis religiosum fratrem Bernardinum de Busti ordinis sancti Francisci de observantia predicatorem doctissimum. In allem XL Sermonen. Der Druck eine sehr kleine, und schwarze Mönchschrift. 261 foliirte Blätter. Am Ende die Insignien des Druckers, und das Registrum chartarum. Endlich folgende kurze Unterschrift; Impressum Venetiis per Georgiuj Arrivabenis sub anno dominice incarnationis. 1498. p'die Kalēdas Junias.

415) Se-

415) Secunda Pars Rosarii de Bustis. Venetiis per Georgium de Arrivabenis, anno 1498. in 4to.

Obige Worte werden statt des Titels auf der ersten Seite des ersten Blattes gelesen. Dann folgt ein 17 Blätter starkes nicht foliirtes alphabetisches Sachenregister. Auf dem 19ten und mit 1 foliirten Blatt nimmt das Werk selbst mit der gleichlautenden Aufschrift, wie in dem unmittelbar vorhergehenden seinen Anfang. Die äussere Gestalt und Einrichtung ist von jenem in keinem Stücke unterschieden. Das Ganze besteht aus 409 Blättern. XL Predigten, die durchgehends oben am Rand angezeigt sind. Am Ende liest man nachstehende Unterschrift, die mit lateinischen Lettern gedruckt ist: Finit compendium sermonum predicabilium quod Rosarum — sic — appellatur noviter editum per fratrem Bernardinum de Bustis ordinis minorum: ac diligentissime per ipsum revisum et castigatum Impressum vero Venetiis maxima cum diligentia per Georgium de Arrivabenis ab anno Incarnationis dominice. M. CCCC. LXXXXVIII. XVII Kalen. Septembris. Darauf noch die Wappen des Druckers und das Registrum chartarum.

Diese zwey Werke werden in Maittaire, und Biblioth. Schwarzianae catalog. P. II. Num. 688 angeführt.

Jahr 1499.

416) Terentius der Hochgelert uñ aller brüchlichest Pont. von latin zu tütsch transferiert. u. s w. Argentinae per Joan. Grüninger, anno 1499. in Fol. mit Holzschnitten.

S. Hrn. Panzers Annalen der deutschen Litteratur S. 242. ingleichen Hrn. Brauns II Th. S. 309.

417) Bartholomaei Sybillae ordinis Praed. Speculum peregrinarum quaestionum. Argentinae per Joan. Grüninger anno 1499 in 4to.

Eine frühere Ausgabe dieses Werkes ist unter dem Jahre 1493. Num. 310. beschrieben worden. Die gegenwärtige hat Hr. Braun II Th. S. 309. hinlänglich beschrieben.

418) Tractatus sacerdotalis de sacramentis deq3 divinis officiis et eoru administrationibus. Argentinae per Martinum Flach, anno 1499. in 4to.

Diese Ausgabe ist ein wörtlicher Nachdruck derjenigen, so unter dem Jahre 1496. Num. 362. ist beschrieben worden. Obiger Titel steht zu Anfang.

In

In Columnen. Ohne Anfangsbuchstaben, Blattzahlen und Cuſtoden, doch mit Aufſchriften und Signaturen. Letztere gehen von a — q. Am Ende: Finit tactatus perutilis de adminiſtratioe ſacramento4. de expoſitioe officii miſſe de dicēdis horis canonicis. deq3 cenſuris eccl'iaſticis canonice obſervandis. Impſſus Argentine p Martinū flach. año dñi. M. CCCC. XCIX.

Iſt auch zu Irſee und Rottenbuch befindlich.

419) Pſalterium cum apparatu vulgari familiariter appreſſo. Lateiniſch pſalter mit dem teutſchen nützlichen dabey gedruckt. Auguſtae per Erhardum Ratdolt, anno 1499. in 4to.

Dieſe Ausgabe wird von Herrn Zapf in der Augsburgs Buchdruckergeſchichte S. 131 angezeigt. Ausführlich wird ſie von Hrn. Panzer in der Beſchreibung der älteſten Augsburgiſchen Ausgaben der Bibeln S. 40. u. folg. beſchrieben.

420) Baptiſte Mantuani Carmelite: de Patientia aurei libri Tres. Baſileae per Joannem Bergmann de Olpe. anno 1499. in 4to.

S. Hrn. Brauns II Th. S. 311.

421) Gramatica. P. Franciſci nigri A. veneti ſacerdotis oratoris facudiſſimi: cum metrica arte eiusdem: cuctaq3 poematum genera perpulchre elucidans. Baſileae per Jacobum de Pfortzen, anno 1499. in 4to.

Obiger Titel ſteht auf der erſten Seite des erſten Plattes, und darunter die Wappen des Druckers. Mit dem zweyten folgt die Zueignungsſchrift des Verfaſſers an den Leonardus Botte. Auf dem dritten Blatt nimmt das Werk ſelbſt ſeinen Anfang. Der Druck iſt eine mittelmäßige Mönchſchrift. Nichts als die Cuſtoden mangeln. Am Ende des 8 Blätter ſtarken Regiſters iſt folgende Schlußanzeige zu leſen: Facundiſſimi oratoris: P. Fraciſci nigri: gramatice artis opuſculum: opera honeſti viri Jacobi de pfortzen impreſſorie artis magiſtri: in urbe Baſilea Anno noſtre ſalutis M. CCCC. XCIX. quinto nonas Martias feliciter eſt coſumatu.

Ein Exemplar davon iſt auch zu Irſee und Erlangen. M. S. Hockers catal. biblioth. Heilſbroñ. p. 261.

422) Ser-

422) Sermones magiftri Pauli Wann de Tempore. Hagenovae per Henricum Gran, anno 1499. in Fol.

Mit einem alphabetifchen Sachenregifter, das einen eignen Titel hat und 10 Bl. ftark ift, wird der Anfang gemacht. Auf dem darauf folgenden Blatt ftebt ganz allein der obige Titel. Mit dem 13ten Blatt fängt das Werk felbft an. In allem find es LXXIIII. Sermonen. Mit gothifchen Typen auf gefpaltnen Columnen gedruckt. Ohne Anfangsbuchftaben, Seitenzahlen und Cuftoden, aber mit Auffchriften und Signaturen. Der Befchluß wird mit folgender Anzeige gemacht: Sermones dnicales perutiles totius ani per celeberrimum viru magiftrum Paulum Wan: facre theologie doctorem. et per eundem Patavia dum effet canonicus et pdicator cathedralis ecclefie ad populum declamati, expēfis providi viri Johanis rynman dililigenter revifi et impreffi in imperiali oppido Hagenaw per Henricum Gran, finiunt feliciter Anno falutis noftre poft millefimu quaterq3 centefimu nonagefimu nonu XVI. die menfis octobris.

Maittaire führt diefe Ausgabe aus P. Marchand. und ein paar Biblio: thefen Tom. IV. S. 694. an.

423) Sermones domicales perutiles a quoda fratre Hugaro ordinis minoru de obfervantia coportati Biga falutis intitulati feliciter incipiunt. Hagenovae per Henricum Gran, anno 1499. in 4to.

Obiger Titel wird auf der erften Seite des erften Blattes mit größern Lettern, als das Folgende, gedruckt gelefen. Darauf folgt die Vorrede und das Regifter. Mit dem 7ten Blatt beginnt das Werk felbft. Voran ftebt: Incipiunt fermones dominicales qui nuncupantur Biga falutis. Sie find in allem CXXIV. Sermonen. In 2 Columnen. Mit Auffchriften und Signaturen. Der Druck eine mittelmäßige Mönchfchrift. Am Ende: Sermones dnicales perutiles Biga falutis intitulati. a quodam fratre Hungaro in conventu Pefthien. fratrum mino4 de obfervantia coportati Impenfis q?; et fumptibus providi viri Johanis Rymman per induftrium Henricum Gran in imperiali oppido Hagenaw inibi incolam diligentiffime impreffi ac emendati Finiunt feliciter. Anno ab incarnatiue dni M. CCCC. XCIX. in profefto fancti Michaelis.

S. Weiflingers Armament. cathol. p. 727.

424) Ser-

424) Sermones de sanctis perutiles à quodam fratre Hugaro ordīs miorū de obſervantia coportati Biga ſalutis intitulati feliciter incipiunt. Hagenovae per Henricum Gran, anno 1499. in 4to.

Dieſe ſind der zweyte Theil der unmittelbar vorher beſchriebenen Predigtſammlung. Obiger Titel ſteht zu Anfang. Der Druck und die äußere Geſtalt iſt wie in dem vorigen Theil. In allem ſind es CXII. Sermonen. Die Schlußanzeige unterſcheidet ſich von derjenigen des erſten Theils in ſo weit, daß es ſtatt Sermones dominicales &c. heißt: Sermones perutiles de ſanctis &c. — per induſtrium Henricum Gran in imperiali oppido Hagenaw inibi incolam — — Anno ab incarnatioe domini Milleſimo quaterq3 centeſimo nonageſimo nono XIIII. die menſis July.

Uebrigens iſt dieſe Ausgabe auch zu Weingarten und Burheim. Auch wird ſie von Schoepflin in vindiciis typographicis p. 114. angeführt.

425) Breviarium ſuper totum Corpus iuris Canonici. Memingae per Albertum Kune de Duderſtat, anno 1499. in M. Fol.

Dieſe Ausgabe kommt mit derjenigen, welche unter dem Jahre 1486. Num. 182. iſt beſchrieben worden, vollkommen überein, nur die Anzeige des Jahres in der Schlußanzeige macht den Unterſchied aus. Obiger Titel findet ſich auf der erſten Seite des erſten Blattes. Auf der Kehrſeite ſteht die Zueignungsſchrift des Verfaſſers an den General des h. Geiſteordens. Mit folio II. fängt das Werk ſelbſt an. Das Ganze beſteht aus CXXIX. foliirten Blättern. In 2 Columnen. Der Druck eine kleine und zarte Mönchſchrift. Ohne große Anfangsbuchſtaben und Cuſtoden. Am Ende: Decretorum ac Decretalium Sexti ac clementinarum perutile Breviarium. — — Impreſſum Memingen per Albertuz Küne d' duderſtat. Anno ſalutis. 1499. Darauf macht das vier Blätter ſtarke Regiſter den Beſchluß.

Uebrigens ſo bekannt jene Ausgabe von dem Jahre 1486 iſt, ſo unbekannt iſt die gegenwärtige, indem ſie nicht nur dem Maittaire und Denis unbekannt geblieben, ſondern ſich auch ſonſt nirgends findet.

426) Mirabilia Romae. Romae per Eucharium Silber, anno 1499. in 8vo.

Eine ziemlich gute Mönchſchrift. Größere gedruckte Anfangsbuchſtaben und Signaturen. Auf dem zweyten Blatt — das erſte wird in unſerm Exemplar vermißt — ſtehen in einem Holzſchnitte drey Kronen. Die Päbſtliche in der Mitte, zur rechten die Kaiſerliche, und zur linken Hand die Königliche; unter einer jeden jeben hängt ein Wappenschild: als der doppelte Adler unter der Kaiserlichen, das Päbstliche unter der Tiara, und unter der Königlichen ein leerer Schild, auf welchem in die Quere die Buchstaben S. P. Q. R. stehen. Dann fängt das Werkchen: Roma civitas sancta caput mundi &c. an. Am Ende wird folgende Unterschrift gelesen: Impressum Rome in campo flore per Eucharium Silber al'3 franck. Anno dñi. M. CCCC. XCIX. die. XII. mensis Septembris.

Von den verschiedenen Ausgaben dieses Buches s. m. Riederers Nachrichten zur Kirchen = Gelehrten = und Büchergeschichte, III. Band, S. 394. f. Freymüthige Betrachtungen über alte und neue Bücher S. 36. fg. und Hrn. Paußers Annalen hin und wieder.

427) Epithoma expositionis canonis misse magistri Gabrielis Bial sacre theologie licentiati. Tubingae anno 1399. in 4to. Ohne Anzeige des Druckers.

Diese Ausgabe hat Hr. Braun II. Th. S. 316. hinlänglich beschrieben.

428) Plautinae viginti Comediae emendatissimae cum accuratissima ac luculentissima interpretatione doctissimorum virorum Petri vallae placentini ac et — sic — Bernardi saraceni veneti. Venetiis per Marcum Firmanum. in Fol.

Der angeführte Titel steht auf der ersten Seite des ersten Blattes. Auf der Kehrseite folgt die Dedikation mit der Aufschrift: Joannes Petrus valla inclyto utriusq3 juris doctori scaramuzae trivultio Mediolanensi patricio primario. S. D. Eternam. Darunter stehen zwey Epigramme, das erste führt die Ueberschrift: Paulli canalis patricii veneti carmen, und das zweyte: Andreae Maronis brisiensis — sic — epigrama. Auf dem zweyten Blatt folgen: Joannis petri vallae in plautinas comoedias comentationes. Das Ganze ist mit sehr schönen kleinen lateinischen Typen gedruckt, und 92 Blätter stark. Die Zeilen laufen ununterbrochen fort. Große Anfangsbuchstaben, Blattzahlen und Custoden fehlen. Aufschriften und Signaturen sind da. Am Ende ließt man folgendes: Impressum venetiis aere et impensa eruditi viri Marci Firmani. Darauf kommt noch das Registrum chartarum, und die Worte: cum gratia et Privilegio.

Diese Ausgabe samt der unmittelbar darauf folgenden wird in catalog. biblioth. schwarz. P. II. num. 701. angezeiget. Uebrigens scheint mir dieses Werk bloß den ersten Theil der Plautischen Komödien auszumachen, und daher aus eben der Offizin, und in eben dem Jahre, wo der nachfolgende Theil erschienen ist, gleichfalls gekommen zu seyn.

429) Plau-

429) Plautinae Comoediae feptingentae cum emendationibus et ennarrationibus Bernardi faraceni. Venetiis per Simonem Bivilaqua anno 2499. in Fol.

Der gegenwärtige zweyte Theil fängt ohne Titel fogleich mit der Dedilation an. Die Auffchrift davon heißt: Reverendiſſimo in xpo pri Fraciſco Marcello Potifici Tragurino Bernardus Saraceno venetus. S. P. D. Darauf folgt mit etwas kleinerer lateiniſchen Schrift: Bernardi Saraceni veneti emendationes in ſingulas plautinas comoedias quae feptingentae ferme ſunt: in quibus etiam caſtigati ſunt errores interlocutorum fere quadringenti. Nach dieſem fängt mit dem 9ten Blatt Plauti Comici clariſſ. Amphitryo an. Der Text iſt mit großen und das übrige mit kleinen niedlichen römiſchen Lettern gedruckt. Die Anmerkungen umgeben denſelben mehrentheils auf drey Seiten. Das Ganze beſteht aus 256 Blättern. Nichts als die Auffchriften und Signaturen ſind vorhanden. Auf der erſten Seite des vorletzten Blattes ſteht folgende Schlußanzeige: Impreſſum Venetiis per Simonem Papienſem dictum Bluilaqua: et ſumma diligētia emendatu ut ex poſtremis caſtigatioibus patebit. Anno humaitatis xpi. M. CD. XCIX. XV. klendas octobres. Sereniſſ. Auguſtino Barbadico Venetorum duce Imperante. Darnach folgen noch zwey kurze Epigramme, die Wappen des Druckers und deſſelben Privilegium mit der Anzeige: cum gratia et Privilegio. Den Beſchluß machen das Regiſtrum chartarum, und die Anzeige der Druckfehler mit der Auffchrift: Errata.

430) Sermones Quadragefimales de vitiis Reverendi patris fratris Antonii Bitontini: per modum dyalogi ad Illuſtrem et religiofiſſimu principe Guidantoniu Urbini ac Duratis comitem precelletiſſimu. Venetiis per Joannem Hertzog, anno 1499. in 4to.

Obiger Titel wird auf der erſten Seite des erſten Blattes geleſen. Auf der Kehrſeite fängt das nach alphabetiſcher Ordnung eingerichtete Sachenregiſter an. Mit dem 9ten und I. follirten Blatt beginnt die erſte Vorrede faſt mit gleicher Auffchrift wie der Titel. Dann die Reſponfio ad prologum. Nach dieſer die zweyte Vorrede, und endlich auf dem mit 5 folliirten Blatt das Werk ſelbſt mit Dñica LXX. Sermo I. Das Ganze iſt auf geſpaltnen Columnen, und 200 foliirte Blätter ſtark. Der Druck eine kleine und ſehr ſchwarze Mönchſchrift. Ohne große Anfangsbuchſtaben und Cuſtoden, doch mit Blattzahlen, Auffchriften und Signaturen. Sermonen ſind es LIX. Am Ende: Sermones quadrageſimales de vitiis Reverēdi patris fratris Antonii de Bitonto: ordinis minoru de obſervantia: exacta cura et diligentia reviſi emendatiq3: juſſu et impenſis Nicholai Frankforth. Arte itē Johannis hertzog impreſſoris: In venetiaru urbe: felici numine expliciunt

ciunt Anno natitatis — ſic — xpi poſt milleſimu qterq̅ centeſimu nonageſimo nono. XVI. Kalendas Marty. Auf der Kehrſeite des letzten Blattes machen die auf ein länglichtes ſchwarzes Viereck gedruckte Wappen des Druckers den Beſchluß.

Dieſe Ausgabe hat Denis in ſupplem. Annal. Maittaire num. 3923. angezeigt.

431) Fratris Baptiſtae Trovamalae ord. Min. Roſella caſuum. Venetiis per Paganinum de Paganinis, anno 1499. in 4to.

Dieſes unter dem Namen Summa caſuum Baptiſtiniana bekannte Werk fängt mit einem weitläuftigen Regiſter an, und wird vermuthlich auch einen Titel haben, der aber nebſt noch ein und anderm Blatt des Regiſters in unſerm Exemplar vermißt wird. Nach dem Regiſter beginnt das Werk ſelbſt auf dem mit I. foliirten Blatt mit der Ueberſchrift: Incipit liber q Roſella caſuum appellatur. editus per venerandum religioſum fratrē Baptiſtam Trouamala ordinis minoru̅ obſervantie profeſſorem integerrimum. Der Druck iſt eine kleine, niedliche Mönchſchrift. In 2 Columnen. Ohne große Anfangsbuchſtaben und Cuſtoden. Mit Signaturen, arabiſchen Seitenzahlen und Ziffern am Rand ſtatt der SSyben. 479 numerirte Blätter. Am Ende: Explicit ſuma Roſella cu̅ maximo ſtudio emendata. Venetiis impreſſa per Paganinum de paganinis. Anno domini. M. CCCC. XCIX. die vero XXI. decembris. Das Regiſtrum chartarum macht den Beſchluß.

Dieſe Ausgabe hat Leich de origine et incrementis typographiae Lipſienſis unter den Supplementen zum Maittaire p. 14c. angeführt. S. auch Weiſslinger in Armament. cathol. p. 731.

432) Nicolai Perotti Cornucopiae, ſeu coṁentarii linguae latinae. Venetiis per Aldum Manutium, anno 1499. in Fol.

Auf der erſten Seite des erſten Blattes ſteht nebſt dem Titel und dem Privilegium wegen dem Nachdruck die Anzeige desjenigen, was der Leſer in dieſem Werke zu ſuchen hat. Auf der Kehrſeite eben deſſelben Blattes folgt ein Brief an den Leſer mit der Aufſchrift: Aldus Manutius Romanus Lectori. S. In dieſem ſagt der vortrefliche Aldus: Habes nunc lector amice diligenter, ac miro ordine typis noſtris excuſum Perotti ſypontini pontificis cornucopiae. in quo ſi quid vel a nobis, vel ab ipſo authore erratum fuerit, ignoſcendum eſt. nobis ob eas ipſas, quas ſupra diximus, rationes. Aldus hat auch meines Erachtens durch das diligenter, ac miro ordine von dieſer Ausgabe nicht zu viel geſagt, indem ſie ein wahres Muſter der Ordnung, und typographiſcher Schönheit genannt werden darf. Als Belege des erſten ſehe man das zu Anfang ſtehende, und 26 Blätter ſtarke Wörter-

Wörterregister, in welchem bey einem jeden Wort sowohl das Blatt, als die Zeile des zu suchenden Wortes angezeiget ist. Jede Seite enthält 59 Zeilen, welche durchgehends mit arabischen Ziffern 1. 2. 3. bis 59. numerirt sind. Zur typographischen Schönheit rechne ich den ungemein niedlichen lateinischen Druck, das schöne, weiße und glatte Papier, den leer gelassenen breiten Rand, u. s. w. Aber Aldische Ausgaben haben des Lobes nicht nöthig! — Nach dem schon gedachten Wörterregister folgt mit dem 28sten Blatt die Anzeige und Verbesserung der Druckfehler. Auf dem 29sten ein Brief mit der Aufschrift: Lodouicus odaxius Patavinus illustriſſimo principi Guido Vrbini duci. S. und auf der Kehrseite dieses Blattes: Pyrrhi Perotti in cornu copiae, sive comentarios linguae latinae ad illustrem principem Federicum — sic — ducem et ecclesiastici exercitus imperatorem invictiſſimum, Prooemium. Darauf Brevis commemoratio vitae. M. Valerii Martialis. Endlich beginnt auf dem 31sten und mit 1. foliirten Blatt das Werk selbst mit der oben angezeigten Aufschrift der Vorrede: Nicolai Perotti Cornucopiae &c. Das Ganze ist von der ersten foliirten Blattzahl an 642 Seiten stark. Am Ende steht nebst dem Registrum chartarum folgende Schlußanzeige: Venetiis. In Aedibus Aldi. Mense Julio. M. ID. und das Privilegium wegen dem Nachdruck mit der Anzeige: Hunc librum non licet cuiq3 in locis et Dominio IIIu. S — enatus — V — eneti — impune typis excudere. Uebrigens mangeln große Anfangsbuchstaben, und die Custoden werden bloß auf der Kehrseite eines jeden Blattes bemerkt.

Diese Ausgabe wird in catalog. biblioth. schwarz. P. II. num. 898 b) und in Maittaire Tom. IV. p. 693. angezeigt.

433) Elegatie minores Augustini Daci. anno 1499. in 4to.

Eine etwas frühere Ausgabe dieses Werkchens ist unter dem Jahre 1496. Num. 386. angezeiget worden, von welcher die gegenwärtige bloß ein genauer Nachdruck zu seyn scheint, doch hat sie dieß vor jener zum voraus, daß sie bis jetzt noch unbekannt geblieben ist. Obiger Titel wird zu Anfang gelesen. Auf dem zweyten Blatt fängt das Werkchen mit folgender Aufschrift an: Augustini Daci senensis. sagogicus libellus in eloquentie praecepta. ad Andream dñi christoferi filiu. Das Ganze ist 25 Blätter stark. Ohne große Anfangsbuchstaben, Seitenzahlen und Custoden, doch mit Aufschriften und Signaturen. Der Druck eine kleine, ziemlich gute Mönchschrift. Am Ende steht die nämliche Unterschrift, welche bey der oben genannten Ausgabe angezeiget worden, nämlich: Adest tibi studiosissime adolescens eloquentissimi Augustini senensis pceptioni finis optatus. &c. Anno XCIX.

Uebrigens sehe man darüber hie und da Hrn. Brauns II. Th. nach.

Jahr 1500.

434) Die vier zwenzig alten, oder der guldin Thron. Strasburg durch Johann Schot, in dem Jahre 1500. in Fol. mit Holzschnitten.

S. Hrn. Panzers Annalen der teutschen Litteratur S. 244.

435) Liber de Confutatione hebraice secte. Argentinae per Martinum Flach, anno 1500. in 4to.

Ist von Hrn. Braun im II. Th. S. 319. hinlänglich beschrieben worden.

436) Scholastica historia Magistri Petri Comestoris sacre scripture serie breve nimis et expositam exponentis. Argentinae anno 1500. in Fol.

Diese Ausgabe hat Freytag adparat. litter. Tom. I. p. 164. et sq. angezeigt und hinlänglich beschrieben. Ferner s. m. Mylii memorabilia biblioth. Jenens. p. 158. Solgeri cat. bibl. Tom. I. p. 62. auch hat Maittaire diese Ausgabe. Der Druck ist eine mittelmäßige Mönchschrift. In 2 Columnen. Ohne große Anfangsbuchstaben, Blattzahlen und Custoden, doch mit Aufschriften und Signaturen. Mit dem 207ten und letzten Blatt wird das Werk also beschlossen: Scholastica historia magistri Petri comestoris. Impssa argëtine finit feliciter. Anno salutis nostre Millesimo quingentesimo. XV. die mensis July.

437) Decretum Gratiani. Basileae per Johannem Amerbach et Johan. Froben de Hamelburg, anno 1500. in 4to.

Obiger Titel wird auf der ersten Seite des ersten Blattes nebst folgenden drey Distichen gelesen:

Qui decreta patru lector studiose cupiscis:
Correctu ingenti prorsus ab arte librum:
Multa hic ex omni qdrantia parte decora:
Et lectu iuvenies digna: et amena quidem.
Plura novata etia: supaddita plura: notata
Margine: que poteris lector amare. Vale.

Auf der Kehrseite dieses Blattes folgt die Dedikation des Sebastian Brants an Joannem Lutzenburgensem Vesontionis metropolis archiepiscopum. In dieser sagt er
unter

unter andern: Ecce ſubito inſperatoq3 impreſſores noſtri Johannes Amerbachius atq3 Johannes Froben de Hamelburg cives Baſilieñ. et nobis amiciſſimi: opus decretorum per Gratianum aliquando comportatum: eliminandum mihi caſtigandumq3 exhibuere. Id quod pro mea virili: non abſq3 ingenti labore onus, eo jucundius ſuby: quo divo tuo id operis, auſpicatoq3 nomini: atq3 ornatiſſimo ſplendori dedicare; conſecrareq3 certo certius ſtatueram. — — Ex Baſilea Kalendis Juliis. Anno chriſtiani natalis Milleſimo quingenteſimo. Darauf folgt die Annotatio Titulorum et capitulorum decreti. Auf der Kehrſeite des 11ten Blattes findet ſich das Bildniß des Sebaſtian Brants in Holz geſchnitten mit einem beygefügten Epigramme. Endlich nimmt das Werk ſelbſt mit dem 12ten Blatt ſeinen Anfang. Der erſte Anfangsbuchſtabe iſt aus Gold, und mit lebendigen Farben geziert, die übrigen ſind durchgehends mit rother Farbe gedruckt. Das ganze Werk beſteht aus 528 Blättern. Blätterzahlen und Cuſtoden fehlen. Der Druck, beſonders in den Gloſſen, iſt eine ſehr zarte und niedliche kleine Mönchſchrift. Den Beſchluß macht die Anrede des Sebaſtian Brants an den Leſer. Der Anfang und das Ende derſelben lautet alſo: Habes (ut opinor) quemadmodum antea pollicitꝰ ſumus lector egregie: opus elimatum: omniq3 ex parte accurate ſeduloq3 iterum examinatum. — — Deo optimo maximo gratia iṁortalis: qui nobis finem bonum in urbe inſigni Baſilea illuſtriſſimo Maximiliano rege romanorum invictiſſimo ſceptrum tenente: Alexandri ſexti pontificis maximi anno octavo: per magiſtrum Johannem Amerbach et Johannem Froben de Hammelburg: impreſſoriæ artis primarios aſſeclas: fideleſq3 operarios. Anno ſalutis. M. CCCCC. Kalꝰ. July feliciter conſumatum contulit. cui ſit laus honor et victoria: per infinita ſeculorum ſecula Amen. vale lector. Alsdann iſt noch durch nachſtehende Knittelverſe das Regiſter angezeigt:

Ordine ſub terno tenet alpha et beta libellum hunc:
Incipit a parvo: ſequitur dehinc majus: et inde
Quod duplum eſt. operis numerum ſi forte requiris:
Sexaginta et quinq3 vides: omneſq3 quaternos.
Addidimus tres propter eos jam deinde triternos
In quibus invenies vetus auctumq3 opꝰ: atq3 regiſtrum.

Uebrigens wird dieſe Ausgabe in catalog. biblioth. Schwarz. P. II. p. 257. und bey Maittaire Tom. IV. pag. 725. angezeigt; iſt auch zu Burheim.

438) Epiſtolare Franciſci Philelfi. Baſileae per Nicolaum Keſler, anno 1500. in 4to.

Die oben angeführten Worte machen den Titel dieſes ſowohl ſeinem innern Gehaltes wegen, als der äußern Schönheiten wichtigen Werkes aus. Es iſt in XVI Bücher abgetheilt. Mit dem zweyten Blatt fängt ſogleich ohne Vorrede, das erſte Buch mit der Aufſchrift: Franciſci Philſi — ſic — Epiſtolarum liber Primus

Primus an. Die Briefe haben durchgehends ihre Aufschriften. Der Druck ist eine mittelmäßig große, und sehr niedliche lateinische Schrift. Große Anfangsbuchstaben Blattzahlen, und Custoden fehlen. Signaturen sind da. Das Ganze beträgt 253 Blätter. Die Briefe sind von Venedig, mehrentheils aber von Mayland aus in den Jahren 1427 bis 1461 geschrieben. Am Ende steht: Francisci Philelfi libri Epistolar. numero XVI. finiunt foeliciter per Nicolaum Kessler in urbe Basiliensi: ut coram cernitur bene castigati nitideq3 elaborati. Anno a partu virginis salutifero et quidem iubileo M. CCCCC.

Uebrigens darf gegenwärtiges Epistolare *Francisci Philelfi* nicht mit demjenigen seines Sohnes des Marius Philelfus verwechselt werden. Von jenem des letztern sind mehrere Ausgaben bekannt. Eine mit der gegenwärtigen in der Hauptsache ziemlich übereinstimmende Ausgabe, aber ohne Anzeige des Jahres, Ortes und Druckers hat Herr Seemiller fasc. I. p. 176. beschrieben. Maittaire führt diese Ausgabe Tom. IV. p. 727. an.

439) Quadruplex missalis Expositio: litteralis scᶎ allegorica: tropologica et anagogica: sic ordinata: ut etiam populo expediat predicari publice quo ad litteralem sensum: allegoricum et etiam tropologicum usq3 ad oblationem. Residua vero ad contemplationem tm̄ pertinet prout in fine: annexis quarundam questionū breviū responsis per totum officium ordinatis. Basileae per Michaelem Furter, anno 1500. in 4to.

Das ganze Werk beträgt 84 Blätter. Seitenzahlen und Custoden mangeln. Der Druck ist eine ziemlich mittelmäßige Mönchschrift. Obige Anzeige steht auf der ersten Seite des ersten Blattes, darunter auf einem Holzschnitt die Wappen des Druckers. Auf der Kehrseite wird denjenigen Priestern, die die h. Messe bloß maschienenmäßig, und ohne Andacht, und genugsamme Känntniß verrichten, von einem Anonymus eine ziemlich gute Lektion gelesen. Mit dem zweyten Blatt fängt das Werk selbst an. Die Meßgebethe z. B. das Gloria, credo, u. s. w. sind durchgehends mit größern Typen gedruckt. Am Ende: Impressum Basilee per Michaelem Furter Anno salutifere incarnationis millesimo quingentesimo quinto Kal'. Septembris.

Diese Ausgabe ist noch wenig bekannt; wenigstens suchte ich sie in meinen Bibliographen, die ich darüber nachschlagen konnte, umsonst.

440) Expositio octo Partium orationis. Coloniae per Henricum Quentell, anno 1500. in 4to.

Diese Ausgabe ist eben so unbekannt, wie die unmittelbar vorhergehende. Das erste Blatt scheint in unserm Exemplar abzugehen, weil das erste in demselben

demselben schon mit der Signatur a II anfängt. Doch kein gar großer Schaden für die Beredtsamkeit, wenn auch noch mehrere Blätter mangelten: es ist so alles durch einander geworfen und mit Scholastik vermischet, daß man auch nach Durchlesung mehrerer Blätter nicht viel kluger davon kommt. Zudem ist der Druck eine so mittelmäßige, und mit Abkürzungen stark vermengte Mönchschrift, daß auch das Lesen dem Geübtesten beschwerlich wird. Das Ganze unsers Exemplars beträgt 34 Seiten. Am Ende steht: Expositio octo partiu orois ſm vlam doctoris sancti. Ex variis ipſiꝯ et alioꝗ doctoꝗ libris p Magiſtru magnu magdeburgenſem collecta finit feliciter Impreſſa Colonie per Henricum Quentell Anno dñi. M. CCCCC.

441) Miſſale Itinerantium. (Coloniae) in domo Quentell, anno 1500 in 8vo.

Obiger Titel steht auf der ersten Seite des ersten Blattes mit etwas größern Typen als das folgende gedruckt. Gleich darauf folgt das Verzeichniß der in diesem Meßbüchlein enthaltenen Meſſen, nämlich de dulciſſimo nomine Jeſu. de quinque vulneribus chriſti. de compaſſione doloroſae virginis Mariae. de ſanctiſſima Anna matre marie. de tribus Magis iter agentibus. de Requiem pro defunctis &c. Hernach folgen Miſſae de comuni Sanctorum, und de Beata V. Maria. Mit der Kehrseite des zweyten Blattes beginnt das Gloria in excelſis &c. und die Praefation. Dann folgt der Canon mit etwas größerer Schrift. Endlich die Meſſen selbst. Das Ganze beträgt nicht mehr als 28 Blätter. Der Druck ist eine kleine Mönchschrift. Die Blätterzahl und Custoden fehlen. Am Ende wird folgendes gelesen: Finis Miſſaꝗ peculiarium cum orationibus devotis adjectis etiam miſſis de comuni ſanctorum per totum annum legibilibus adeſt Impreſſum in domo Quentell. Anno poſt verbi incarnationem. M. CCCCC. Ad medium Auguſti.

Diese Ausgabe habe ich so, wie die unmittelbar vorhergehenden nirgends gefunden.

442) Acta Scitu digniſſima docteꝗ3 cocinnata Conſtantienſis Concilii celebratiſſimi. Hagenovae per Henricum Gran, anno 1500. in 4to.

S. Herrn Brauns II Th. S. 323.

443) S. Bonaventurae Diſputationum III. et IVta Partes in III. et IVtum libros ſententiarum. Norimbergae per Antonium Koburger, anno 1500. in Fol.

Beyde Theile haben ihren eignen Titel, Vorrede, und Register. Jener des ersten Theils heißt: Tercia pars huius opis videlicet Terci9 ſententiarum cū difputatis fancti Bonaventure. Darauf folgt die Vorrede mit der Ueberschrift: Celebratiſſimi patris domini Bonavēture ordinis minorum. Apl'ice ſedis Cardinalis. et fublimitatis theologice interptis eximii pluſtratio in archana tercii libri fententiarum. Am Ende ſtehen die Worte: Finit Tercia Pars Bonaventure cum textu eiusdem tercii fententiarum. Darauf folgt noch ein Regiſter, oder ordo queſtionum — wie es der Verfaſſer nennt — mit welchem dieſer Theil auf dem 160ten Blatt beſchloſſen wird. Auf dem nächſten Blatt fängt der andere Theil mit dem Titel: Quarta pars huius operis ſcȝ quarti Sententia₄ cum diſputatis ſcti Bonavēture an. Dieſer iſt ſamt dem Regiſter 192 Blätter ſtark. Am Ende ſteht vor dem Regiſter folgende Schlußanzeige: Quartus liber fententiaru cum difputatis celebratiſſimi patris domini Bonaventure ordinis minoru, per Anthoniū Koberger Nurnberge impreſſus Anno domini Milleſimo q'ngenteſimo. finit feliciter. Der Druck iſt eine ziemlich gute Mönchſchrift. In 2 Columnen. Ohne große Anfangsbuchſtaben, Seitenzahlen und Cuſtoden, doch nur Aufſchriften und Signaturen. Buchſtaben auf dem Seitenrand ſtatt der SSyben.

Herr Panzer ſcheint in der Nürnbergiſchen Buchdruckergeſchichte S. 156 Num. 281. dieſe Ausgabe anzuzeigen, aber freylich nur kurz, und zu undeutlich; er mag ſich an D. Schrank, der ſie in ſeiner Baieriſchen S. 205 freylich auch bloß mit ein paar Worten angezeigt, dabey nicht erinnert haben. Noch eins muß ich hier anzeigen, daß ich nämlich in dieſen zwey Theilen bey der Tabula queſtionum keine Anzeige gefunden, gemäß welcher Johann Beckenhaub, wie Herr Schrank am angezeigten Orte bemerkt hat, der Verfaſſer davon wäre. In dieſen wird bey einer jeden derſelben bloß folgende Aufſchrift geleſen: ordo queſtionum divi Bonavēture in Tercium — quartum libru fententiarum. Die Anzeige wird daher vermuthlich bey dem erſten und zweyten Regiſter derſelben Bücher ſtehen, welche wir aber vermiſſen.

444) Lavacrum Conſcientie. omnibus facerdotibus ſumme utile ac neceſſarium. Pariſiis per Georgium Mittelhufs, anno 1500. in 8vo.

Von dem gegenwärtigen Werkchen iſt ſchon eine frühere Ausgabe unter dem Jahre 1489 angezeigt worden. Dieſe hingegen iſt ganz unbekannt, und mag daher wegen ihrer Seltenheit vor jener einigen Vorzug haben.

Sie fängt mit obigem Titel anf der erſten Seite des erſten Plattes an. Darunter ſteht ein kleiner Holzſchnitt, und unter demſelben die Worte: Pro M. Georgio Mittelhufz. Mit dem zweyten fängt die Blätterzahl folium primum und zugleich die Vorrede an. Endlich mit fol. III. das Werkchen ſelbſt: De ornamentis facerdotum. Der Druck iſt eine kleine Mönchſchrift. Große Anfangsbuchſtaben und Cuſtoden fehlen. CIX. foliirte Blätter. Am Ende ſteht nichts als Explicit.

plicit. Darauf folgt noch ein drey Blätter starkes Register und alsbann folgende Unterschrift: Explicit lavacrum confcientie — — Impreſſum noviter Pariſiꝗ impenſis honeſti viri Georgii Mittelhuſi. Anno ſalutis. M. CCCCC. Die XXIII. menſis Octobris.

445) Opuſcula reverēdi magiſtri fratris Stephani brulefer ordinis mino4 quo4 numerus in fine oīm cuilibet patet. Pariſiis per Andream Bocard, anno 1500. in 8vo.

Die oben angeführten Worte vertreten die Stelle des Titels. Darunter steht ein ziemlich fein geschnittener Holzstich, welcher vermuthlich die Wappen des Druckers, oder desjenigen, der die Unkosten des Druckes auf sich genommen, vorstellt: nämlich ein Fruchtbaum, auf dem einige Vögel sitzen, am untersten Ast desselben hängt ein Schild, welcher zugleich von 2 Affen gehalten wird. Auf dem Schilde selbst stehen die Buchstaben I P. unterhalb des Holzstiches Jehan. Petit. Mit fol. II. fängt ein Brief eines Ungenannten an den Drucker an. In diesem wird einige Nachricht von dem Leben des Verfaſſers gegeben. Darauf die Antwort des Verlegers auf obigen Brief. Mit fol. IIII. nimmt das erste Werkchen seinen Anfang. Das Ganze beträgt CCLXIIII. foliirte Blätter ohne Register. Der Druck ist eine kleine gute Mönchschrift. Nichts als die Custoden mangeln. Die Schlußanzeige lautet also: Expliciunt opuscula quedam compoſita per reverendum ſacre theologie doctorem fratrem Stephanum brulefer ordinis minorum de obſervantia Ad laudem dei et legentium utilitatem impreſſioni caſtigatiſſime data Pariſiis: per magiſtrum Andream bocard: die XXIIII. menſis Aprilis. Anno M. CCCCC. Das Verzeichniß aller Materien, die in diesem Werke vorkommen, lautet im Kürzern also: Sermones ſuper verbo caro factum eſt. Tractatus de timore ſervili. Tractatus de paupertate chriſti et apoſtolorum. Quaeſtiones de ſymonia in adminiſtratione ſacramentorum. Quaeſtiones de debita ſolutione atq3 miſſarum valore. Declarationés totales myſteriorum Miſſae. Sermones de B. V. Maria.

446) Mirabilia urbis Romae. Romae per Martinum de Amſterdam et Joannem Beſicken Allemanos, anno 1500. in 8vo.

Eine etwas frühere Ausgabe ist unter dem vorhergehenden Jahrgang 1490. Num. 426 angezeigt worden. In demselben fehlte das erste Blatt, welches durch die gegenwärtige — indem beyde Ausgaben sich bis auf die Unterschrift ganz gleich sind — ergänzet werden kann. Auf der ersten Seite des ersten Blattes steht ein kurzer Auszug deſſen, was in dieſem Werkchen zu finden iſt. Die Kehrſeite deſſelben füllet ein Holzſchnitt, welcher eine Kirche vorſtellt, darinn ein gekrönter Monarch auf den Knieen liegend bethet, vermuthlich wird durch denſelben Kaiſer Conſtantin vorgeſtellt, denn es iſt in der vorhergehenden kurzen Ueberſichc

viel

viel rühmliches von deffelben der römischen Kirche gemachten Schenkung zu lesen. Auf dem zweyten Blatt machen die drey Kronen, wie in der schon angezeigten Ausgabe den Anfang. Nach den Stationen ist folgende Endschrift zu lesen: Impressuz Rome Per Martinum de Amsterdam et Joannem beficken Almanos anno M. CCCCC. die XII. menfis July. Sedente Alexandro VI. pontifice maximo: anno octavo. Uebrigens ist in allen Stückchen dieses Werkleins der Druck sich immer gleich und ein ziemlich gute Mönchschrift. Nichts als die Blätterzahlen, und Custoden fehlen. M. S. darüber die oben Num. 426. angeführte Authoren.

447) Regulae quattuor primae adprobatae: fcilicet S. Benedicti, S. Bafilii, S. Auguftini et S. Francifci. Venetiis per Johannem de Spira, anno 1500. in 4to.

S. Herrn Braun II Th. S. 325.

448) Tullius de officiis cum Commentariis Petri Marfi eiusq3 recognitione. cuius epiftolas quaefo perlegas: et in principio: et in calce operis editas. Infunt praeterea paradoxa: de amicitia: de feneftute: cum interpretibus fuis. Venetiis anno 1500. in Fol. Ohne Anzeige des Druckers.

Daß diese eine sehr unbekannte Ausgabe seyn müße, schließe ich aus dem Stillschweigen der Bibliographen davon. — Alle diese Werkchen zusammen sind CLVII Blätter stark, und mit sehr schönen lateinischen Typen gedruckt. Obiger Titel steht auf der ersten Seite des ersten Blattes. Auf der Kehrseite desselben folgen zwey Briefe des Petrus Marfus. Der erste davon hat die Aufschrift: Petri Marfi recognitio commentariorum in officia Ciceronis: ad R. in Christo patrem et d. d. Raphaelem Rearium. S. Georgii ad uelabrum cardinalem S. R. E. Camerarium. und der zweyte: Eiusdem Epiftola ad F. Gonzagam Cardinalem Mantuanum. Darauf die Vorrede. Endlich nimmt auf dem III Blatt das Werk selbst seinen Anfang. Die Custoden fehlen. Am Ende befindet sich nebst dem Regiftrum chartarum ein schöner Brief, in welchem von dem wahren Reichthume des Menschen, der nicht in Millionen, vielen Gütern, und in dem Ansehen bey den Großen der Welt, sondern in der Weisheit und Tugend bestehe, sehr nachdrücklich gesprochen wird. Alsdann nachstehende Schlußanzeige: Impraeffum — fic — Venetiis. M. CCCCC. die X. decembris. Anno nativitatis domini noftri Jefu Chrifti.

449) Sermones Dormi fecure, vel Dormi fine cura de tempore. Anno 1500. in 4to. Ohne Anzeige des Ortes und Druckers.

Die oben angeführten Worte machen den Titel dieser so oft gedruckten Prebigtenfammlung aus. Darunter steht ein Holzschnitt, auf welchem ein Lehrer, hinter

hinter ihm der H. Geist in Gestalt einer Taube, und unterhalb vier Zuhörer vorgestellt werden. Ober dem Haupt des Lehrers stehen auf einem fliegenden Zettel
die Worte: Accipies tuti doctoris dogmata sancti. Mit der Kehrseite fängt die
Tabula sermonum und mit dem vierten Blatt das Werk selbst an. In 2 Columnen. Eine kleine Mönchschrift, mit häufigen Abkürzungen. Ohne große Anfangsbuchstaben, Seitenzahlen und Custoden, doch mit Signaturen von a — x. In allem
LXXI Sermonen. Am Ende: Ad laudem et honorem omnipotentis dei virgi-
nisq3 matris eius gloriose necnon utilitatem totius ecclesie finiunt sermones notabiles quamquam breves Dormi secure intitulati Impressi in Anno domini. M. D.
Finiti in die sancte Barbare virginis et martyris.

450) Sermones de sanctis Dormi secure. Anno 1500. in 4to.

Gegenwärtiges Werk macht den zweyten Theil der unmittelbar vorhergehenden Predigtensammlung aus. Der Druck und die übrige äusserliche Gestalt ist in
keinem Stück von dem ersten Theile unterschieden. Obiger Titel und der schon vorher
angezeigte Holzschnitt füllen die erste Seite des ersten Blattes. Auf der Kehrseite
fängt das alphabetische Sachenregister, und auf dem 9ten Blatt De sancto Andrea
Sermo I. an. Dieser Theil enthält LXX Sermonen. Die Signaturen laufen von
a — z und AA — II. fort. Am Ende wird mit folgender Anzeige der Beschluß
gemacht: Expliciunt sermones Dormi secure de sanctis. Anno domini. M. D.
Tertia die mensis Augusti.

Uebrigens scheint es aus der Gleichheit der Typen, die diese zwey eben
beschriebene Ausgaben mit denen unter eben diesem Jahre Num. 440. und 441.
und andern schon beschriebenen haben, und besonders aus dem voranstehenden Holzschnitte, daß sie zu Cöln aus Heinrich Quentels Offizin gekommen seyen.

Anhang theils später erhaltnen, theils später gefundnen Bücher.

Jahr 1472.

451) Summa Johannis von Freyburg — gezogen aus dem Decret-
buch. Augsburg durch Johann Bämler 1472. in K. Fol.

Von dieser Ausgabe hat Herr Panzer in den deutschen Annalen S. 6.
ausführliche Nachricht gegeben. Ingleichen sehe man auch Herrn Seemillers ersten
Faszikel S. 42.

Jahr 1475.

452) Codex Juſtiniani imperatoris repetitae praelectionis cum gloſſis. Norimbergae per Andream Friſner et Johannem Senſenſchmid. Norimbergae anno 1475. in gr. Fol.

Dieſe prächtige Ausgabe hat Herr Panzer in der älteſten Buchdruckergeſchichte Nürnbergs S. 22. Num. 25. ausführlich beſchrieben, ferner wird von ihr in catalog. Biblioth. Schwarz. P. II. p. 153. num. 211. gute Nachricht gefunden.

Jahr 1483.

453) Officii miſſe tocius canoniſque expoſitio, Reutlingae per Joannem Otmar anno 1483. in ll. Fol.

Dieſe Ausgabe hat Herr Braun in ſeinem zweyten Theil S. 101 hinlänglich beſchrieben, ingleichen wird ſie von Herrn Denis in ſeinen Supplementen zum Maittaire S. 174. Num. 1308. aus einigen Bibliothecken angeführt.

Jahr 1487.

454) Bernardi Parmenſis Caſus longi ſuper decretales. Bononiae per Henricum Harlem, et Joannem Walbeech ſocios. anno 1487. in ll. Fol.

S. gleichfalls Hrn. Brauns II Theil S. 149.

Jahr 1491.

455) Pars hyemalis Breviarii ſecundum morem Eccleſiae Friſingenſis. Auguſtae per Erhardum Ratdolt anno 1491. in 4to.

Dieſe Ausgabe mag eine der erſten Seltenheiten ſeyn, weil ſie nicht nur Herrn Zapf in ſeiner Augsburgs Buchdruckergeſchichte, ſondern auch allen übrigen Bibliographen, die ich kenne, verborgen geblieben iſt, nur Herr Denis weiß ein

ein einziges Exemplar aus der Kaiserlichen Bibliothek in Wien in seinen Supplementen zum Maittaire p. 304. num. 2479. anzuführen.

Den Anfang macht auf der ersten Seite des ersten Blattes ein Holzschnitt, darauf die Mutter Gottes mit dem Jesusfindlein auf dem Arm, und ganz mit einem Schein umgeben, nebst den Freysingischen Wappen bey ihren Füssen vorgestellt wird. Das folgende Blatt enthält eine kurze Erinnerung, wie die Priester das Brevier beten sollen. Auf dem dritten Blatt fängt der Kirchenkalender an u. s. w. Endlich nimmt das Werk selbst auf der ersten Seite des 13ten und mit 1 foliirten Blattes mit folgender rothgedruckten Aufschrift seinen Anfang: Ordo Psalterii pro horis canonicis secundum rubricam chori ecclesie · Frisingensis. Das Ganze beträgt 333 Blätter, die oben mitten im Rand mit arabischen Ziffern angezeiget sind. Auf der zweyten Columne des letzten Blattes wird folgende Schlußanzeige gelesen: Pars hyemalis Breviarii juxta ritum ecclesie Frisingensis. Erhardi ratdolt viri solertis qua nuper venetiis: nunc auguste vindelicorum excellit nominatissimus mira imprimendi arte impressa: Explicit feliciter. Anno domini Millesimo quadringentesimo nonagesimo primo. quarto nonas octobris. Alsdenn folgt noch ein Blatt, darauf die bekannten Wappen des Druckers nebst dem Distichon: Erhardi Ratdolt felicia &c. Von den Anfangsbuchstaben sind die vorzüglichern theils mit Gold und lebendigen Farben gemalt, theils sind sie grosse Holzschnitte; Die übrigen sind durchgehends rothgedruckt. In 2 Columnen. Ohne Custoden. Das Papier ist sehr stark, glatt und weiß.

Jahr 1492.

456) Bar. (de Saxo Ferrato) super prima. ff. vet. cum additionibus. Venetiis per Andream Thoresanum de Asula anno 1492. in gr. Fol.

Diese Ausgabe fängt mit dem oben angeführten Titel auf der ersten Seite des ersten Blattes an. Auf dem zweyten wird der Titel weitläuftiger wiederholt, wo sodann das Werk selbst anfängt. Grosse Anfangsbuchstaben und Custoden fehlen. Mit Aufschriften oben am Rand, arabischen Blattzahlen und Signaturen, 2 Columnen. Sehr starkes und weißes Papier. 274 Blätter. Der Druck eine schöne und deutliche Mönchschrift. Am Ende steht folgende Schlußanzeige: Explicit lectura eximii doctoris domini Bartoli de saxoferrato: una cum additionibus domini Aex. de Imo. nec non et aliorum famosissimorum doc. nuperrime superadditis magna cum diligentia emendatis et positis congruenter suis in locis. Venetiis arte et impensis Andree toresani de Asula. Anno domini M. CCCC. LXXXXII. octavo idus Junii. Darauf noch das Registrum chartarum.

Jahr 1493.

457) Kalendarium, Pfalterium, Hymni &c. iuxta Chorum Ecclefiae Auguftanae. Auguftae per Erhardum Ratdolt anno 1493. in Fol.

Hierüber sehe man Herrn Zapfs Augsburgs Buchdruckergeschichte S. 108. und ferner Herrn Brauns II Th. S. 243.

458) Vocabularium iuris. Venetiis per Philippum Pincium anno 1493. in Fol.

Obiger Titel wird ganz allein auf der ersten Seite des ersten Blattes gelesen. Mit dem folgenden nimmt das Werk selbst seinen Anfang. Auf zwey Colummen. Die Anfangsbuchstaben sind ziemlich feine Holzschnitte. Ohne Blattzahlen und Custoden. Der Druck eine kleine und schöne Mönchschrift. Das Ganze ist 77 Blätter stark: Am Ende: Explicit Vocabularium iuris impreſſum Venetiis per magiſtrum Philippum pincium Mautuanum (sic) diligenter ac optime emendatum anno domini a Nativitate. M. CCCC. LXXXXIII. die ultimo octobris. Darunter das Regiſtrum chartarum. — Wird auch von Denis in seinen Supplementen zum Maittaire Num. 2981. angezeigt.

Jahr 1498.

459) Excellentiffimi Juris utriusq3 doctoris domini Chriſtofori Porci: Lectura infignis noviſſime correcta: super primo secundo et tertio Inftitutionum cum additionibus eximii utriusq3 cenfure interpretis Domini Jafonis de Mayno Mediolanenfis: fuis locis bene fituatis. Venetiis per Bernardinum Benalium anno 1498. in gr. Fol.

Obigen Titel liest man auf der ersten Seite des ersten Blattes. — Auf der Kehrseite folgt ein Brief mit der Aufschrift: Bernardinus Benalia pergomenfis: Venetiis impreſſor: lectoribus salutem. weil er so kurz ist, will ich ihn ganz hieher setzen: Si mihi eſſet o viri togati Virgilii musa: Ciceronis cloquentia: Orphei cithara: Apelis pictura: Phidie fculptoris ingenium: quibus poſſem: eloquentiam: facundiam: modeſtiam: humanitatem: pietatem: prudentiam: sapientiam: scientiam: fidem: juſtitiam: In omni re temperantiam: caeterasq3 bonas artes; Jafonis Mayni jurisconfulti fane divini decantare: vel eius mirifice elaboratam imaginem plateis: templis et theatris offigere: in id
dies

dies meos omnes confumerem tanto veri amore teneor: fed quia nec dicendo: fcribendo: efficiendove: quid fempiternum nomini fuo dicare queo: pauperes imitatus qui fi non poffunt magna deo: parva offerunt: duxi vigilias eius pro viribus meis imprimere: ut intelligat eius me fore mancipium tempus in omne meum. Accipies igitur lector: poft comentaria in C. nuper per me impreffa: Chriftophori porci lecturam additamentis eiusdem: non modo illuftratam: fed penitus reftauratam: et fi aliorum imprefforum incuria confufa: obliterataque videretur: In dies enim prout tempus dabit vellus aureum ipfius Jafonis tibi aedere curabo. Vale. Darauf folgen die Rubrice Inftitutionum und die Anzeige des Privilegiums auf zehen Jahre. Mit dem zweyten Blatt fängt das Werk felbft an. Ohne große Anfangsbuchftaben. Mit Signaturen und römifchen Blattzahlen, welche bis CXXXI. gehen. Die Kuftoden find angezeigt, aber bloß auf den Kehrfeiten eines jeden Blattes. In 2 Columnen. Der Druck eine gute Mönchfchrift, davon aber der angeführte Brief ausgenommen ift, welcher mit fchönen lateinifchen Typen gedruckt ift. Am Ende wird auf der zweyten Columne des letzten Blattes folgende Schlußanzeige gelefen: Comentariolum fuper primo: fecundo: et tertio libro Inftitutionum: per clariffimum et fapien. Juris utriusq3 doctorem dominum Chriftoforum porcum editum: hic finis eft. Impreffum Venetiis per Bernardinum Benalium. Anno domini. M. CCCCLXXXXVIII. die. XV. Julii. Laus omnipotenti Deo. Auf der Kehrfeite findet fich noch das Regiftrum chartarum, und das Bildniß des h. Markus, wie es fchon oben bey des Jafonis de Mayno Mediolanenfis comentariis in I. partem codicis &c. Venetiis per Bernardinum Benalium anno 1496. ift angezeigt worden.

Jahr 1499.

460) Incipit tractatus defenforium iuris per excellentiffimum. I. V. doctorem dominum Jo. monachum ciftercien. utiliffimum et diligenter emendatum. Item tractatus prefcriptionum per dominum dy. de mugillo. ll. doctorem. Item tractatus de arbitris et arbitratoribus per. d. pet. iacobum de monte peffelano. Item tractatus differentie legum et canonum domini galuani de bon. Item tractatus de tabellionibus per bart. de faxo ferrato compilatus noviterq3 repertus. Bononiae per Ugonem Rugerium anno 1499. in gr. Fol.

Was ich ftatt des Titels angeführt habe, wird mit großen gothifchen Typen gedruckt auf der erften Seite des erften Blattes gelefen. Mit dem zweyten

Blatt beginnt der erste Traktat. Alle zusammen betragen nicht mehr als 16 Blätter. Ohne große Anfangsbuchstaben, Blattzahlen und Custoden. Doch mit Signaturen. In 2 Columnen, und auf ein weißes und glattes Papier mit niedlichen gothischen Typen gedruckt. Am Ende: Explicit tractatus Do. Bartholi de tabellionibus noviter ad lucem productus. Impressum in alma ac inclita civitate bononie per me Ugonem Rugerium Impressorem sub Divo ac Illustrissimo principe et Dño domino Boñ. Domino Johanne Secundo Bentivolo. Sforcia vicecomiti. de arragonia. Armorum Ducali Gubernatori Generali Dignissimo. Anno ab Incarnatione Domini nostri Jhesu Christi. M. CCCC. LXXXXVIIII. die vero XVIII. Marty. Finis. Darauf folgt noch die Anzeige des Registri chartarum, und das Wappen des Druckers auf einem länglichten schwarzen Viereck, darinn ein Herz formirt ist, und die Buchstaben VR. stehen.

Alphabetisches Register

derjenigen Städte, und ihrer Einwohner, welche durch ihren frühzeitigen und fleißigen Betrieb der neuerfundnen Buchdruckerkunst sich besonders ausgezeichnet haben.

Argentinae.

I. Johannes Mentelin.

D. Thomae Aquinatis Secunda Secundae in fol. maj.
Nic. de Lyra Poftilla in novum Teftamentum. fol. maj.
Conradi ab Allemania Concordantiae Bibliorum fol. maj.
Aftexani ab Aft Summa de cafibus confcientiae in fol. maj.
Guidonis de Bayfo Rofarium Decretorum fol. maj.
Pauli a f. Maria fcrutinium fcripturarum. fol.
S. Joh. Chryfoftomi Homiliae in Evang. S. Matth. fol.
S. Alberti M. fuper Evang. Miffus eft. fol. maj.
De Laudibus B. V. Mariae fol. maj.
S. Auguftini Liber Epiftolarum. fol. maj.
Pharetra authoritates et dicta fanctorum doctorum &c. continens. fol. maj.
Fortalitium fidei. fol. maj.
Vincentii Bellovacenfis Speculum Doctrinale. fol. max.
——— ——— ——— Speculum Naturale. fol. max. .
Liber dans modum legendi abbreviaturas utriusque Juris fol.

II. Heinricus

II. Heinricus Eggefteyn.

Deutſche Bibel. fol. max.
S. Bernardi Abbatis Clarevallenſis Epiſt. fol. maj.
Ars moriendi. fol.
Franc. Petrarchae de Remediis utriusque fortunae. fol.
S. Cyrilli Epiſc. Alexand. ſpeculum ſapientiae. fol.
Joan. Petri de Ferrariis Practica nova. fol. maj.
Iter Ludolphi parochi in Suchen in terram ſanctam et plura loca ſancta. fol.
Itineris eiusdem Editio alia. fol.
Conſuetudines Feudorum. fol. maj. 1472
S. Thomae Aquin. Secunda Secundae. fol. maj. 1472
C. Jul. Caeſaris Comment. de bello gallico. fol. 1473
Joh. Andreae Quaeſt. Mercuriales. fol. maj. 1475
Petri Lombardi LL. IV. Sententiarum fol. maj.

III. Jeorius Hufsner et Joan. Beckenhub.

Guilhelmi Duranti Rationale div. Offic. fol.
Joan. Andreae Additiones ad ſpeculum Judiciale Durantis. fol. maj.
Nic. de Lyra Expoſitio Moralis Bibliae. fol. maj.
Joan. Bocacii de Certaldo Liber de viris illuſtr. fol.
——— ——— ——— de Mulieribus illuſtr. fol.
S. Auguſtinus de XII. Abuſivis ſaeculi. fol.
S. Anſelmi Epiſc. Cantuar. Libri II. cur Deus Homo? fol.
Jac. de Voragine Legenda Sanctorum. fol.
Guilhelmi Durantis rationale div. off. fol. maj. 1473

IV. Joan. de Grüninger, alias Raynardi.

Socci Ord. Ciſterc. Sermones de Sanctis. fol. 1484
——— ——— ——— Sermones de tempore. fol. 1484

Saliceti

Register.

Saliceti Antidotarius Animae. 8.	1489
S. Antonini Archiepifc. Florent. Summae Theol. Partes IV. fol.	1490
Antonii de Bitonto Sermones in 8.	1495
S. Anthonini Summae theol. Partes IV. fol.	1496
Aphorifmi Compunctionum. in 4.	1497
Barth. Sybillae fpec. peregr. quaeft. in 4.	1499
Terentz deutſch. fol.	1499

V. Joann. Pryſs.

Cantus Gregor. Flores Muſicae. in 4.	1488
Difcipulus de Erud. chriſti fidel. fol.	1493

VI. Martin Flach.

Thomae de Argent. libri IV. in Magiſtr. Sent. fol.	
Thefaurus novus, feu Serm. de SS. fol.	1489
Tractatus de facramentis. 4to.	1493
Joan. Gerfonis operum Pars II. et IIItia. fol.	1494
Angeli de clavaſio Summa. fol.	1495
Bernardini de Buſtis Mariale. fol.	1496
Tractatus de Sacram. et corum Adminiſtr. 4.	1496
Thefaurus novus de fanctis. fol.	1497
——— ——— de tempore. fol.	1497
——— ——— Quadragefimale. fol.	1497
Tractatus de Sacramentis. 4.	1499
Liber de confutatione Hebraicae Sectae. 4.	1500

VII. Joann Schott.

Die 24. Alten, oder guldin Thron. fol.	1503

VIII. Sine indicio Typographi.

Jordan de Quedlinburg opus Poſtillarum. fol.	1483
Bernard de Compoſtella Cafus longi in V. Decret. fol.	1484

Tom. I. D d Rationale

Rationale divinorum officiorum. fol. 1486
Thefaurus novus, Sermones. fol. 1486
Vocabularius Praedicantium. 4. 1486
Speculum Exemplorum. fol. 1487
Joan. Herolt (al. Difcipuli) fermones. fol. 1488
Hiftoria Lombardica. fol. 1489
Praecordiale Sacerdotum. in 16. 1490
Concord. difcord. Canonum. fol. maj. 1490
Textus Paſſionis et fermones. 4. 1490
Bartholomaei Anglici de Propr. rerum. fol. 1491
S. Vincentii Ferrerii Serm. Pars Aeſtiv. fol. 1493
——— ——— ——— Serm. Pars Hyemalis. fol. 1493
Modus legendi Abbreviaturas. fol. 1494
Vocabularius utriusque Juris. fol. 1494
Wenzeslai Brach. vocabularius rerum. 4. 1495
Joan. Herolt (Difcipuli) fermones. fol. 1495
Nic. de Dynckenſpüel Poſtill. in Evang. 4. 1496
Sermones tres de Paſſione domini. 4. 1496
Petri Comeſtoris Hiſtoria Scholaſtica. fol. 1500

IX. Straßburg uff Gruneck.

Deutſche Chronick von Kaiſern und Königen. 4.
Geſpräch eines Chriſten und Juden von Maria. 4.
Räthſelbüchlein. 4.

Augustae.

I. Günther Zainer.

a. Expoſitio Canonis Miſſae. fol.
a. Gryſeldis Geſchichte. fol.
b. Deutſche Bibel. fol. M.
b. Proceſſus Judiciarius. fol.
b. Speculum humanae Salvationis fol.

b.	Speculum Peccatoris. fol.	
b.	Ars moriendi. fol.	
b.	S. Thomae, Aquin. de articulis fidei et Eccl. facram. fol.	
b.	S. Augustini Episc. Hippon. libri II. Soliloquiorum. fol.	
b.	―――― ―――― de Animae Quantitate. fol.	
b.	Libellus Consolatorius de imitat. Christi. fol.	
b.	S. Hieronymi de essentia Divinitatis. fol.	
b.	―――― ―――― de Viris Illustribus. fol.	
b.	―――― ―――― Pfalterium fol.	
b.	S. Gregorii M. Homiliae fol.	
b.	Spiegel des Sünders. 4.	
b.	Vocabularium latino-germanicum. fol.	
b.	Die Geschichte Josaphat und Barlaam. fol.	
b.	Guillerini Expos. Evangel. fol.	
b.	―――― Editio alia diversa. fol.	
bc.	Wilhelmi Episc. Lugdun. de fide. legibus &c. fol.	
bc.	S. Thomae Aquin. Catena aurea in IV. Evang. fol. maj.	
bc.	S. Gregorii M. Liber Epistolarum. fol. maj.	
bc.	Hugonis sententiae de Incarnatione. fol.	
a.	Joan. de Janua Catholicon Tom. II. fol. maj.	1469
a.	Guilhelm. Durandi Rationale div. Offic. fol. maj.	1470
b.	Rodorici Zamor. spec. vitae hum. fol.	1471
d.	Isidori Hispal. Ethimolog. libri. fol	1472
b.	Gregorii M. Homiliae. fol.	1473
bc.	Raynerii de Pisis Pantheologia T. II. fol. maj.	1474
bc.	Joan. Lectoris Summa Confes. fol. maj.	1476
bc.	Steph. Fliscus de Sontino Synonima. 4.	1477
b.	Deutsche Bibel. Tom. II. fol. maj.	1477
b.	Jakobs von Cassalis Schachzabel. fol.	1477

II. Joannes

a) bedeutet die erste Gattung der Jainetischen Typen. S. Herrn Brauns erste Tabelle Num. IV. b) die zweyte, ebendaselbst Num. V. c) die dritte lateinische. d) die durchaus lateinische. bc) die zweyte mit der dritten vermischt.

II. Joannes Schüfsler.

Josephus Judacus de Antiq. Judaeor. fol. maj.	1470
Petri de Crescentiis Rural. commod. fol.	1471
Pauli Orosii adversus christ. Nominis querul. fol.	1471
B. Ambrosii Hexameron. fol.	1472
Jac. de Theramo Consol. Peccat. alias Belial.	1472
Cassiodori Senatoris Rom. Hist. Tripart. fol.	1472
Joann. de Turrecremata Expos. Psalt. fol.	1472

III. Christmann Heyny.

Guidonis de monte Rotherii Manipulus curatorum. fol.	1471

IV. Johannes Baemler.

Br. Heinrichs 24 guldene Harpfen. fol.	
Johannes von Freyburg Summa fol.	1472
Plenary. Evangelien und Episteln. fol.	1476
Liber Horarum pro choro Eccl. Aug. fol.	1479
Leben der Heyligen. Sommertheil. fol.	1480
——— ——— ——— Wintertheil. fol.	1480
Tractatus de Miraculoso Eucharistiae sacramento. 4to.	circa 1493
Augustensis Eccl. Breviarii Directorium. fol.	1495

V. Antonius Sorg.

Von Offenbahrungen St. Brigitten. 4.	
S. Bonaventurae Breviloquium fol.	
Joann. Pithsani de oculo Morali. fol.	
Vincentii Bellovacensis spec. Hist. III. Tom. fol. maj.	1474
S. Bonavent. Speculum B. V. Mariae fol.	1476
Succi Serm. Pars Aestiv. et Hyemalis fol. maj.	1476
S. Ambrosii Expositio in Lucam fol.	1476
Deutsche Bibel fol. maj.	1477
Lumen Animae. fol.	1477
Von der Kindheit und dem Leyden Jesu. fol.	1481

Leben

Register.

Leben der Alten. fol.	1482
Das Buch genannt der Seuffe. fol.	1482
Das Buch genannt die Himmelsstraffe. fol.	1484
Ruperti Tuit. Victoria verbi dei. fol.	1487
Die Fart, oder Reife über Meer. fol.	1488
Lavacrum Confcientiae. 4to.	1489
Henr. de Saxonia de Secret. Mulier 4to.	1489
Moefh de Horis canonicis. 4to.	1489
Das Buch Regimen Sanitatis. 4to	1490
Robert. Carazoli Sermones. fol.	1490

VI. Typis juxta D. Pl. Braun. Sant - Ulricanis.

Leonard. de Utino Sermones de Sanctis fol.	1474
Compendium Morale pro faciendis concionibus. fol.	
Salemonis Epifc. Conftantien. gloffae. gr. Fol.	
Anton. de Rampigollis. Reportatorium Bibliae. fol.	

VII. Ludovicus de Hochenwang.

Hoftienfis Summa in V Libr. Decretal. fol.	1477

VIII. Joann. Wienner de Wienna.

Alberti M. Sermones de SS. et de tempore. fol.	
S. Gregorii M. libri VI. Dyalogorum. fol.	
Joann. Gerfon. Conclufiones de diverf. Materiis. fol.	
Joann. Gritfch Quadragefimale.	1477

IX. Hermann Keftlin.

Jacobi de Voragine Sermones de SS. fol.	1484

X. Petrus Berger.

Leben der Altväter. fol.	1484

XI. Erhardus Ratdolt.

Auguftenfis Ecclefiae Breviarium. 4to.	
Joann. Gerfon de Imitatione Chrifti. 4	1488

Register.

Robert. Carazoli de Litio Serm. de Laud. Mar. 4.	1489
Leupoldi de Aftrorum Scientia. 4to.	1489
Petr. de Alliaco Concord. Aftron. cum Theolog. 4	1490
Auguft. Eccleſſiae Miſſale. fol.	1491
Breviarium Eccl. Friſingenſis. 4to.	1491
Barthol. de Chaimis Confeſſionale. 4.	1491
Kalendarium. Pfalterium. Hymni &c. fol.	1493
Joann Künigſperger Kalendermeiſter. 4.	1496
Pfalterium cum apparatu vulgari. 4.	1499

XII. Joann. Schoenſperger.

Das ander Theil der Bibel. fol.	1490
Leben der Heiligen. fol.	1496
Cathonis gloſſulae. 4to.	1497

XIII. Sine Indicio Typographi.

Auguſtini de Ancona de Poteſt. Eccl. fol.	1473
Catonis M. Ethica Comment. morali illuſtr. fol.	1475
Bayriſche Landsordnung. 4.	1484
Inſtruktio an die küniglich Mayeſtät	1488
die wahre Nachfolg Chriſti. 4.	1493

Bambergae.

I. Joann. Senfenfchmidt.

Eccleſſiae Friſingenſis Miſſale, fol. maj.	1487

II. Joan. Senfenfchmidt et Heinricus Petzenſteiner focii.

Miſſale Eccleſſiae Bambergenſis, fol. maj.	1490

Baſileae.

I. Bertholdus Rodt.

Biblia latina usq3 ad Parab. Salemon. fol. maj.
S. Gregorii M. Moralia in Job. fol. maj.

II. Bernard Richel.

Biblia lat. de Parabolis usq3 ad Apocalypſ. incluſ. fol. maj.
— — — Tom. II. fol. maj.
Aſtexani ſumma de caſ. Conſcientiae. foL maj.
Viola Sanctorum. fol.
Biblia latina. fol. maj. 1475
Inſtitutiones Juſtin. cum apparat. fol. maj. 1476

III. Richel et Mich. Wenſsler Socii.
Robert. de Litio Quadrageſ. fol. 1475

IV. Michael Wenſsler.
S. Auguſt. Expoſ. Symb. et orat. Dom. fol.
Boethius de Conſolatione Philoſoph. fol.
S. Cyrilli ſpeculum ſapientiae. fol.
Henr. de Haſſia Expoſ. Orat. Dominicae. foL
——— ——— ——— ſuper Ave Maria. fol.
S. Leonis' Pap. Sermones. fol.
Joan. Nider Manuale Confeſſorum. fol.
——————— de Morali Lepra. fol.
S. Thomae Aquin. de art. fidei et Eccl. ſacram. fol.
——— ——— de Periculis circa ſacram. Euch. Conting. fol.
——— ——— Epiſtola ad Comitiſſam Flandriae. fol.
Tractatus de modo perveniendi ad veram Dei et Proximi dilectionem. fol.
Vocabularius Juris utriusque. fol. maj.
Wilhelmi Lugdun. Suma ſeu tractat. de vitiis. [fol.
Calderini Repertorium Juris utriusq3. fol. maj. 1474
Inſtitutiones Juſtiniani cum adparatu. fol. maj. 1476
Liber Conſtitut. Novell. Authent. fol. maj. 1478
Libri V. Decret. cum apparat. Bern. fol. maj. 1478
Mich. de Mediolano Sermonarium Triplic. fol. maj. 1479
S. Auguſtin. de Civitate dei. fol. maj. 1479
Conſtitutiones Clementinae. fol. 1486
Sextus Decretalium. fol. 1486

V. Nico-

V. Nicolaus Keſsler.

Petri Lombardi liber ſententiarum. fol.	1486
——— ——— ——— ——— fol.	1487
Vincentii Ferrerii ſerm. de ſanctis. fol.	1488
Petri Lombardi Textus Sent. fol.	1489
Robert de Litio de laudibus SS. fol.	1490
Biblia ſacr. latina. fol.	1491
S. Antonini III. Partes Hiſtor. fol.	1491
S. Thomae Aquin. in IV. ll. Sentent. fol.	1492
Textus Sententiarum cum aliis. fol.	1492
Homeliarius Doctorum. fol.	1493
Petr. de Bergamo Tabul. operum D. Thomae. 4.	1495
S. Gregorii M. Moralia. fol.	1496
S. Hieronymi libri Epiſtolarum. fol.	1497
Textus ſententiarum. fol.	1498
Franc. Philelfi Epiſt. libri XVI. in 4to.	1500

VI. Joann. de Amerbach.

S. Auguſtin III. Quinquagenae in Pſalm. fol.	1489
——— libri XV. de Trinitate. fol.	1490
——— de Civitate Dei. fol.	1490
——— Opus L. Homeliarum. fol.	1494
——— Expoſ. in Epiſt. S. Joannis. fol.	1494
——— Sermones de verbis Apoſtoli. fol.	1494
——— Opuſcula diverſa. fol.	1494
Joan. Tritthemius de Script. Eccl. fol.	1494
S. Auguſt. Sermones de Tempore. fol.	1495
——— Sermones de Sanctis. fol.	1495
Alberti de Eyb Margarita Poet. fol.	1495

VII. Michael Furter.

Sebaſt. Brant Expoſ. Titul. legalium. 4to.	1490
D. Thomae in Epiſt. S. Pauli. fol.	1495
Miſſalis Expoſitio quadruplex. 4to.	1500

VIII. Mi-

VIII. Joann Froben de Hamelburck.

Biblia lat. Vet. et Nov. Teftam. 4to.	1491
Biblia facra V. et N. Teftamenti. 4.	1495

IX. Petrus de Langendorf et Froben.

Concordantiae majores. fol.	1496

X. Amerbach et Froben.

Decretum Gratiani. in 4to.	1500

XI. Jacob de Pfortzen.

Perroti Nic. Grammatica. 4to.	
Rofetum Exercitiorum. fol.	1494
Franc. Maronis ferm. de SS. 4.	1498
Franc. Nigri Grammatica. 4to.	1499

XII. Johann Bergmann de Olpe.

Sebaft. Brant ftultifera Navis. 4to.	1497
Bapt. Mantuani de Patientia. 4.	1499

XIII. Sine Indicio Typogr.

Nic. de Tudefchis Archiepifc. Panorm. Lectura fuper LL. Decret. I. II. III. IV. et V. Tom. V. fol. maj.	1478
Guarini Veronenf. Ars diphtong. fol.	1480
Eadem eiusdem. fol.	1481
Joann. Caffiani opera. fol.	1485
Vincentii Ferrerii ferm. de tempore. fol.	1488
Felicis Hemerlin opufcula varia. fol.	1497

Bononiae.

I. Dyonifius et Peregrinus Socii.

Joan. Gerfon libri IV. de Imitat. Chrifti. 4.	1485

II. Henricus Harlem et Joan. Walbeech.

Bernardi Parmenfis Cafus fuper Decret. fol. maj.   1487

III. Ugo Rugerius.

Joan. Monachi Ciftercien. Defenforium Juris, et alia juridica opufc. fol. maj.   1499

Brixiae.

I. Jac. Britanicus Brixienfis.

Nic. Perroti Rudimenta Gramatices. fol.   1474
S. Auguft. fermones ad Heremitas. 4to.   1486

II. Baptifta Farfengus.

Homeri Ilias cum coment. Laurent. Vallenfis. fol.   1497

Coloniae.

I. Joan. Coelhoff de Lubeck.

S. Thomae Aquin. Quaeft. de Potentia Dei. fol.
Parati Sermones de tempore et SS. fol.   1486
D. Bonaventurae libri et tractatus. fol.   1486
Coelner de vanckel fumarium textuale. fol.   1488

II. Henricus Quentell.

Manuale Parochorum. 4to.
Pauli Niavis ydeoma latinum. 4to.
Sequentiae cum comentario. 4to.
Quaeft. fuper libros de coelo et mundo Arift. fol.
Verforis quaeft. fuper parva naturalia cum textu Arift. fol.
Copulata fuper libr. de Anima Arift. fol.
——— In Logicam Ariftotelis. fol.

Register.

Aristotelis liber Topicorum. fol.	
Alberti Expos. super Epitomata Log. V. et N. Arist. 4to.	
Dicta Versoris super VII. Tractatus Petri Hispan. 4.	1489
Arist. libri II. Elenchorum. fol.	1493
Versoris in libros IV. Metheororum. fol.	1493
——— super libb. de generat. et corruptione. fol.	1493
——— Quaest. in LL. Arist. fol.	1493
Copulata super VIII. libb. Arist. fol.	1493
Versoris quaest. in libb. Ethicorum Arist. fol.	1494
Copulata omnium libb. Arist. secund. s. Thomam correcta. fol.	1494
Positiones circa libb. physic. et de anima Arist. fol.	1494
Expositio Hymnorum cum Coment. 4to.	1496
Alberti M. de modo opponendi et respond. 4.	1498
Expositio octo Partium orationis. 4to.	1500
Missale Itinerantium. in 8vo.	1500

III. Joann Landen.

Nicol. de Lyra Praeceptorium. 4to.	1496

IV. Sine Indicio Typogr. et Anni.

Vincentii Bellovac. Speculum Morale. fol. maj.	
Jacobi Augustiniani Sophilogium. fol.	
Joan. de Turrecremata Contemplationes. fol.	
Vincentii Ferrer. sermones de SS. fol.	1487
——— de tempore P. Aestiv. fol.	1487
——— de tempore P. Hyemal. fol.	1487

Daventriae.

I. Richard Paffroed.

Raymund de Sabunde Theol. Naturalis. fol.	
Karoli Formulae Epistolares. 4.	1483

II. In Platea Episcopi.

Omnes Epistolae S. Pauli Apost. 8vo.	1491

III. Jacobus de Breyda.

Sequentiae et Hymni per annum. 4.	1490
Franc. Nigri Ars Epiftolandi. 4.	1494
Aefopus moralifatus. 4to.	1495

IV. Sine quodam Indicio.

Evangelia et Epiftolae per annum. 4to.

Efslingae.

I. Conrad Fyner de Gerhufzen.

Petri Lombardi gloffa in Epift. S. Pauli. fol. maj.
Alberti M. de adhaerendo Deo. fol.
S. Joan. Chryfoftomi Homiliae. fol.
de Gorrichem Henr. Tractat. de Praedeftinatione. fol.
——— ——— ——— de Symonia. fol.
Joan. de Gerfona conclufiones de diverfis materiis. fol.
Jac. Carthuf. Tract. de animabus corporibus exutis. 4to.
——— ——— de valore Miffarum pro Defunctis. fol.
Joan. de Mechilina utrum opera dei poffint impediri daemonis malitia? fol.
——— ——— Determinatio Quodlibetica. fol.
Joan. Nider Tractatus de Contractibus Mercatorum. fol.
Dicta de arbore, feu Imagine Hominis. 4to.
Poftilla D. Thomae in Job. fol.   1474
b. Themata dominicalia totius anni. fol.
b. Guidonis de Monte Rotherii Manipul. Curator. fol.
b. Dieta falutis. fol.

Euftadii.

I. Matthias Walcker.

Euftadienfis Diaecefis ftatuta Synodalia. 4to.   1484

II. Typis

a) bedeutet die kleine, b) die größere Gattung der Gynerifchen Typen.

Register.

II. Typis Euſtadienſ. Typographoru.

Joan. de Tambaco ord. Praed. de conſol. Theolog. fol.
Aſtexani Summa de caſibus conſcientiae. gr. Fol.
Petrus Damaſcenus de laudibus B. V. M. 4to.
Nicol. de Lyra Poſtill. in Vet. et Nov. Teſt. III. Tom. fol. max.
—————— Poſtillae in Pſalterium. fol. max.
Bonavent. Quaeſt. ſuper I. llbr. Sententiarum. fol. maj.
Joan. Gritſch Quadrageſimale. fol.
Hugonis de Prato Poſt. in Evang. et Epiſt. fol. maj.

Hagenoviae.

I. Henricus Gran.

* Mich. Lochmayr Sermones de ſanctis fol.	1497
Wilhelmi Pariſ. tract. ſuper Paſſ. Chriſti. 4.	1498
* Mich. Lochmayr Parochiale curatorum. 4.	1498
* Paull Wann Sermones de tempore fol.	1499
* Fr. Hungari Biga ſalutis, Serm. dominic. 4.	1499
* —————— Sermones de ſanctis. 4.	1499
* Conſtantienſis Concilii Acta et Decreta. 4.	1500

II. Sine Indicio Typographi.

Rupert. Holkot ſuper libros ſapientiae. fol.   1494

Heidelbergae.

Sine Indicio Typographi.

Hugonis de Prato florido Sermones. fol.	1485
Joan. Carthuſ. libb. III. Noſce Te ipſum. 4.	1489

Laugingae.

*) Expenſis providi viri Joan. Rynmann.

Register.

Laugingae.

S. Auguſtinus de conſenſu Evangeliſtarum. fol.   1473

Lovannii.

I. Aegidius van der Heerſtraten.

Joan. Beetz cońent. ſuper X. Praecept. Decal. fol.   1486

Lugduni.

I. Martin Huſs de Botvuar.

Angeli de Peruſio ſup. IIdo usq3 ad IX. librum cod. fol. maj.
Abbatis Lectura ſuper Rubr. de Translatione Epiſc. fol. maj.
Baldi Lectura in Inſtitutiones. fol. maj.

II. Joann Trechſel.

Armachani Archiepiſc. Defenſiones curatorum contra Privilegiatos ſeu Mendicantes. Item Rogerii chonoe defenſiones Mendicant. contra Armachanum. in fol.   1496

Mediolani.

I. Joan. Anton. de Honate.

Digeſtum novum cum gloſſa. fol. maj.   1482

II. Chriſtoph. Valdafer de Ratispona.

Barthol. de chaimis Interrogatorium. fol.
S. Thomae Aquin. de veritate cath. fidei cont. gentes. fol. maj.
S. Auguſtini Epiſc. Hippon. de Trinitate. fol. maj.
——— de Meditatione. fol.
Tractatus de chriſtianorum et Judaeor. comunione. fol.
Bernardini Seneni. ſermones de Contractibus. fol.
Albertani Cauſid. Brix. de Doctr. tacendi. fol.

Guillermi

Guillermi Poſtillae in Evang. fol.
Hugonis a f. Victore Didafcolicon. fol.

Memmingae.

I. Albert Kune de Duderſtatt.

Rolewinck Faſciculus temporum. fol.	1482
Antonini Archiepiſc. Florent. opus de Eruditione Confefforum praeter alia opuſc. 4to.	1483
Diſtinctiones Exemplorum. 4to.	1485
Pauli. Florent. Breviarium Decretorum. fol.	1486
Alphabetum divini amoris. 4.	1489
Matth. de Cracovia, utrum deceat facerdotes miſſas continuare et laicos frequenter comunicare? 4to.	1491
Paul. Florent. Brev. Decretorum. fol.	1499

II. Sine Indicio.

S. Cypriani Epiſc. Carthag. libri et Epiſt. fol.
Alberti M. Paradiſus animae. 4to.
Geſta Chriſti. in 4to.
Itinerarium B. V. Mariae. 4to.

Moguntiae:

I. Joan. Fuſtius et Schoiffer.

D. Antonini de Inſtructione fimpl. confefforum. 4to.

II. Petrus Schoiffer de Gernshem.

Thomae Aquin. in IV. libb. Sentent. fol. maj.	1469
Sextus Decretalium in pergam. chart. fol. maj.	1470
S. Hieronymi Liber Epiſtolarum. fol. maj.	1470
Valerii Max. dicta et facta memorab. fol.	1471
Clementinae Conſtitut. in charta pergam. fol. maj.	1471

Gratiani

Gratiani Concord. difcord. can. fol. maj.	1472
Greg. IX. libb. V. Decretalium. fol. maj.	1473
Libb. IX. priores Cod Conftitut. imperialium Juftiniani repetit. praelect. cum gloffis. fol. maj.	1475
Liber VI. Decretalium. fol. maj.	1476
Decifiones antiq. Audit. de Rota. fol.	1477

III. Erhard Reuwich de Trajecto.

Bernardi de Breydenbach Peregrinatio. fol.	1486

Norimbergae.

I. Joan. Senfenfchmid et Andreas Frifner Bunfidelenfis.

Petri Lombardi gloffa in Pfalterium. fol.	
Biblia fac. lat. Vet. et Nov. Teft. fol. maj.	1475
Codex Juftiniani repetitae Praelect. cum gloff. fol. maj.	1475

II. Anton. Koburger.

Boethius de confolatione Philofoph. fol. maj.	1473
Biblia latina. fol. maj.	1477
S. Antonini Summae theol. Pars II. fol. maj.	1477
——— Summae P. I. fol. maj.	1478
——— Summae P. III. fol. maj.	1478
——— Summae P. IVta. fol. maj.	1479
Biblia lat. V. et N. Teft. fol maj.	1480
Platina Vitae Pontificum. fol.	1481
Jac. de voragine Hift. Lombardica. fol.	1481
Petri Lombardi libb. IV. Sententiarum. fol.	1481
Henr. Herp Spec. aureum X. Praecept. fol.	1481
Biblia latina V. et N. Teft. fol.	1482
Jac. de Voragine Hift. Lombard. fol.	1482
Alex. ab Ales fumae theol. fol. maj.	1482
Deutſche Bibel. Tom. II. fol. maj.	1483

Joan.

Joan. Gritfch Quadragefimale fol.	1483
Joan. Januenfis Catholicon. fol.	1483
Concordantiae Bibliorum. fol. M.	1485
Joan. de Bromyard fumа Praedicant. fol. maj.	1485
――― de Janua Catholicon. fol.	1486
― ― Molitoris Tab. in fum. d. Antonini. fol.	1486
Boethius de confolatione Philofophiae. fol.	1486
Pii II. (Aeneae Sylvii) Epiftolae. 4.	1486
Nic. de Lyra Poftill. in Nov. Teft. fol.	1487
Sermones de SS. feu Thefaurus Nov. fol.	1487
Angeli de Clavafio Summa. fol.	1488
Schatzbehalter der wahren Reichthümer. fol.	1491
Bonavent. Expl. in IV. libb. Sententiarum. fol.	1491
Angeli de Clavafio fumma. fol.	1492
Textus Bibliae cum poftill. de Lyra. Tom. IV. fol.	1493
Libri chronicarum. fol. maj.	1493
Iidem deutſch fol. maj.	1493
Decretalium libb. V. cum apparat. fol. maj.	1493
Decretum Gratiani fol. maj.	1493
Brunonis Pfalterium. 4.	1494
Homeliarius doctorum. 4.	1494
Portalitium fidei. 4.	1494
Repertorium in Poftillam Lyranam. 4.	1494
Guilelmi Durant. Rationale div. offic. fol.	1494
Aeneae Sylvii Epiftolae. 4.	1496
Malleus Maleficarum. 4.	1496
Thomae Aquin. Sumae Pars II. et III. fol.	1496
Thefaurus novus, feu ferm. de temp. et SS. fol.	1496
Marfilii Ficini epiftolae. 4.	1497
Vocabularius breviloquus. fol.	1498
Bonavent. Difputat. III. et IV. Partes in tertium et quartum libb. Sent. fol.	1500

III. Fridericus Creufsner.

Expofitio canonis Miffae. fol.	
Joan. Andreae fuper Arbor. Confang. fol.	1478
Sermones per Advent. de format. Hominis. fol.	1479

IV. Georg. Stuchs de Sultzbach.

Mammotrectus Bibliorum. 4.	1489
Miffale Ecclefiae Salisburgenfis. fol.	1490

V. Cafpar Hochfeder.

B. Anfelmi Cantuar. opera. fol.	1491
Alberti M. de Nat. ac Immortalitate animae. 4.	1493
Thomae de Kempis can. reg. opera. fol.	1494
Rabbi Samuelis Epiftola. 4.	1498
Alberti M. de Duabus Sapientiis. 4.	

VI. Petrus Wagner.

Dyonifii Carthuf. de Ruremund fpeculum omnis ftatus. 4.	1495

VII. Sine Indicio Typographi.

Compendium theologicae veritatis. fol.	
Bernoldi Ciftercien. Themata Dominicalia. fol.	
Joan. Nanni de futuris Chriftian. triumph. 4.	1480
Viola Sanctorum. 4.	1486
Vocabul. cum arte diphtongandi. 4.	1494

Parifiis.

I. Andreas Bocard.

Dictionarius Pauperum. in 8.	1498
Steph. Brulefer Ord. Min. opufcula. in 8.	1500

II. Georg. Mittelhufs.

Lavacrum confcientiae et alia. in 8.	1500

Reutlingae.

Register.

Reutlingae.
I. Joann. Ottmar.
Canonis et totius Miſſae Expoſitio. fol.   1483
Dormi ſecure, Serm. Dominicales. fol.   1484
Summa Rudium authentica. fol.   1487

II. Michael Gryff.
Nic. Tinctoris de Guntzenhauſen coment in ſummulas Petri Hiſpani. fol.   1486
Expoſitio Hymnorum &c. 4.   1496

II. Sine Indicio Typographi.
Diſcipuli Serm. de Erudit. chriſti fidel. fol.
Barthol. Piſani ſumma. fol.   1482
Bonavent. Serm. de tempore et de SS. fol.   1484
Hiſtoria Lombardica. fol.   1485
Bonaventurae Serm. fol.   1485

Romae.
I. Apud S. Marcum.
Digeſtum Infortiatum. fol. max.   1475
Digeſtum Novum. fol. max.   1476

II. Eucharius Silber, alias Franck allemanus.
Barthol. Sybillae ſpec. peregrin. quaeſt. 4.   1493
Mirabilia Romae, et alia opuſcula. in 4. min.   1499

III. Martin de Amſterdam et Joann Beſicken Allem.
Mirabilia Romae et alia opuſcula. in 8.   1500

Spirae.
I. Petrus Drach.
Dominici de S. Geminiano ſuper VI. libb. Decretal. fol. maj.
Bernardi abbatis Clarevall. ſermones. fol.

Antonini Florent. fummae Pars II. fol. maj.   1477
Bernardi fermones de temp. et ff. fol.   1481
Azonis fumma extraordinaria fol maj.   1482
Henrici Herpf. fermones fol.   1484
Decretales Gregorii IX. cum appar. Bern. fol. maj   1492

II. Sine Indicio Typographi.

Baptift. de Salis fumma cafuum. fol.   1488
S. Auguftini Expof. Symboli, et orat. Dom. fol.
Henr. de Haffia Expof. orat. Dom. et ave Maria. fol.
S. Bonaventurae de ftimulo confcientiae. fol.
Nicol. Dynckelfpuel praedicata de Pafs. Dom. fol.
Jac. Carthuf. fermones. a Nicol. Papa authorifati. fol.

Tarvifii.

I. Bernardus de Colonia.

Juniani Maji de prifcor. verb. Proprietate. fol.   1477

II. Sine Indicio Typographi.

Mengi Blanchelli coment. in Log. Pauli Veneti. fol.   1476

Tubingae.

I. Joannes Ottmar.

Fr. Pauli lectura in Doct. fubtilis Sentent. fol.   1498

II. Sine Indicio Typographi.

Gabriel Biel Expof. canonis Miffae. 4.   1499

Venetiis.

I. Anton. Bononienf. Joan. Genuenf. et Chriftoph. Bellapiera venetus.

Joannes Scotus fuper I. Sententiarum. fol. maj.   1472

II. Francifcus

II. Franciscus Renner de Hailbrunn, Allemannus.

Robert. de Litio opus Quadragesimale. fol.	1472
Barthol. Pisani summa casuum. fol.	1483

III. Nicolaus Jenson Gallicus.

Decretales Gregorii IX. fol. max.	1475
Decretum Gratiani. fol. M.	1477

IV. Leonardus Wild de Ratispona.

Antonini Florent. Summae P. I. II. fol.	1481

V. Barthol. de Alexandria, Andreas de Asula et Mapheus de Salo socii.

Nicol. de Ausmo Summa Pisanella. 4.	1481

VI. Joann. Herbort de Siligenstatt, Allem.

Guidonis de Bayso Rosarium decretorum. fol. maj.	1481
Gualteri Burlei Expos. Vet. et Nov. artis Arist. fol.	1481
Digestum Vetus. fol. maj.	1482

VII. Andreas Jacobi de catthara.

Mammotrectus Bibliorum. 4.	1482
Antonini Florent. P. I. II. summae. fol.	1485

VIII. Petrus Cremonensis al' veronens. de Plasiis.

Decretum Gratiani cum adparat. Barth Brix. 4.	1483

IX. Joan. et Gregor. Furlivienses Fratres et Jacob. Brittannicus Brixinensis socii.

Digesti veteris Pars Secunda, fol. maj.	1484

X. Joan. et Gregor. de Gregoriis fratres Furlivienses.

Digestum Infortiatum. fol. maj.	1485
Ant. de Vercellis serm. quadrag. 4.	1492

Alex. Bened. Veronf. de obfervant. in Pefte. 4.   1492
Joan. Mefue de Confol. Medicin. fimpl. fol.   1497

XI. Baptifta de Tortis.

Juftiniani LL. IV. Inftitut. cum gloffis. fol. maj.   1484
Clementinae Conftitutiones. fol. maj.   1484
Sextus Decretalium fol. maj.   1484
Decretales Gregorii IX. fol. maj.   1491
Decretum Gratiani. fol. maj.   1494
Sextus Decretalium fol. maj.   1496
Decretales Gregorii IX. fol. maj.   1496
Decretum Gratiani cum gloffa. fol. maj.   1496
Clementinae Conftitutiones. fol. maj.   1496

XII. Matthaeus Capcafa, et Bernardinus Pinus Novocomenfis focii.

Vocabularius Juris utriusque. fol.   1485

XIII. Andreas de Chalabriis Papienfis.

Codex Juftiniani cum apparat. fol. maj.   1485
Juftinian. Cod. LL. XII. et Confuetud. feudorum, et Extravagantes. fol. maj.   1495

XIV. Andreas de Bonetis de Papia.

Ubertini de Cafali Arbor vitae crucifixae. fol.   1485
Clementinae Conftitutiones. fol. maj.   1486
Sextus Decretalium. fol. maj.   1486

XV. Antonius de Strata Cremonenfis.

Cicero de univerfitate, de Fato &c. fol.   1485

XVI. Bernardinus de Novaria.

Joan. de ymola opus in clementinas. fol. maj.   1486

XVII. Francifcus de Madiis.

Joan. Gerfon cancell. Parifien. de Imitat. Chrifti. 8vo.   1486

Register

XVIII. Hermann Lichtenstein Coloñiensis.

Raynerii de Pifis Pantheologia. Tom. II. fol.	1486
Thomae Aquin. diverfa opufcula. fol.	1490

XVIIII. Andreas de Torefanis de Afula.

Ant. Sabellici Rerum venetarum Decades. fol.	1487
Rob. Caracholi de Litio quadragefimale. 4.	1488
Bart. de Saxoferrato fup. Digeft. vet. fol. maj.	1492

XX. Nicolaus Franckfort, Germanus.

Mich. de Mediolano fermonarium duplic. 4.	1487
Angeli de clavaf. fuma de caf. confcient. 4.	1487

XXI. Georgius de (Arivabenis (Rivabenis Mantuanus.

Biblia facra lat. Vet. et Nov. Teftam. fol.	1487
Angeli de clavafio fumma. in 4.	1487
———— Suma de cafibus confcient. in 4.	1495
Robert. de Litio fermones declamatorii. 4.	1496
Bernardini de Buftis Rofarium. 4.	1498
———— Pars fecunda. 4.	1498

XXII. Guillielmus de Tridino de Montefera.

Neftoris Dyonifii Novarien. Gramatices LL. VIII. fol.	1488

XXIII. Bonetus Locatellus, Bergomenfis.

* Ambrofii Spierae Quadragefimale. fol.	1488
* Andreae Quaeft. in Methaph. Arift. fol.	1491
* Sylius Italicus cum coment. Marfi. fol.	1492
* Thomae Aquin. Catena in IV. Evang. fol.	1493
* Scoti quaeft. fubtiliffimae in Ariftot. fol.	1497

XXIV. Dy-

---

*) Sumptibus nobilis viri Octaviani Scoti Modoetienfis.

XXIV. Dyonifius Bononienfis.

Richardi de media villa fuper IV. Sent. fol. 1489

XXV. Joan. Baptifta de Seffa Mediolanenfis.

Miffale juxta morem Eccleſiae Romanae. 4. 1490

XXVI. Bernardinus Benalius.

Roberti de Litio fermones de fanctis. 4. 1490
S. Bernardi modus bene vivendi. 8vo. 1492
Ciceronis Epiftolae cum coment. fol. 1493
Jafonis de Mayno coment. in I. P. cod. fol. maj. 1496

XXVII. Joan. Hamanus de Landoja.

Miffale fecundum morem Eccl. Romanae. fol. 1491

XXVIII. Paganinus de Paganinis.

S. Auguftini libb. XV. de Trinitate. 4. 1489
Baptiftae Trovamalae Summa Rofanella. 8vo. 1499

XXIX. Hieronimus de Paganinis Brixien.

S. Gregorii M. Papae opus Dialogorum. 4. 1492
——— ——— ——— Liber Paftoralis. 4. 1492

XXX. Joan. Herzog de Landoja.

* Miffale fecundum morem Eccl. Romanae. 4. 1493
** Antonii de Bitonto fermones quadragef. 4. 1499

XXXI. Peregrinus de Pafqualibus.

S. Gregorii M. Papae XL. Homiliae. 4. 1493

XXXII. Bernardinus de Tridino de Monteferrato, alias Tacuinus.

Opus Inftitutionum. fol. maj. 1494

XXXIII. Al-

---

*) Sumptibus O.? ? int Scoti Modoetienfis.
**) Impenfis Nicol. Franckfort.

Register.

XXXIII. Aldus Manutius.

Conſtantini Laſcaris Byzantini Ereotemata cum interpret. latina. et alia opuſc. 4.	1494
Alphabetum graecum et alia varia. 4.	1495
Nicol. Perrotti cornucopiae. fol.	1499

XXXIV. Simon Bivilaqua Papienſis.

D. Bernardi abb. Clarevallenſis opuſcula. ⁹.	1495
Plauti Comoediae cum interpret. Petri Vallae. fol.	1499

XXXV. Joan. de Tridino alias Tacuinus.

Q. Curtius de rebus geſtis Alexand. M. fol.	1496

XXXVI. Bartholomaeus de Zanis de Porteſio.

Plutarchi vitae virorum illuſtrium. fol.	1496

XXXVII. Philippus Pinzi, Mantuanus.

* Diogenes Laertius. fol.	1497
Vocabularium Juris utriusque. fol.	1493

XXXVIII. Marcus Firmanus.

Plauti Comōdiae. fol.	1499

XXXIX. Joannes de Spira.

** Regulae IV. primae adprobatae. 4.	1500

XL. Sine Indicio Typographi.

Juſtinus Hiſtoricus, et Lucius Florus. fol.	1497
Tullius Cicero de officiis cum comentario Petri Marſi. fol.	1500

Vincentiae.

Hermann Liechtenſtein.

Durantis rationale divin. officiorum. fol.	1478

Ulmae.

*) Sumptibus Bened. Fontanar.
**) Impenſis Lucae Antonii Giunta Florent.

Tom. I.

Register.

Ulmae.

I. Joannes Zainer de Reutlingen.

Bertholdi Ciftercien. themata Dominicalia. fol.
Compendium theologicae veritatis. fol.
Alberti M. de abundantia exemplorum. fol.
––––––––– fermones de fanétis et de tempore. fol.
––––––––– opus idem, fed diverfa Editio. fol.
––––––––– de arte intellig. doc. et praedicandi. fol.
S. Hieronymi vitae Patrum. fol.
S. Thomae Aquin. de Periculis circa Euchariſt. conting. fol.
Jac. de voragine Legenda fanétorum. fol.
de Valeis fumma gallenfis. fol.

Alberti M. de Myfterio Miffae. fol.	1473
Alvarus Pelagius de Planétu Eccl. fol. maj.	1474
Moralifationes Biblicae. fol. maj.	1474
Alberti M. de miracul. Euchariftiae Sacram. fol.	1474
S. Thomae quaeft. de XII. Quodlibet. fol.	1475
de Rampigollis aurea Biblia. fol.	1475
Joan. Gritfch Quadragefimale. fol. maj.	1475
Leonardi de Utino Quadragefimale. fol. maj.	1478
Calendarium cum Tabellis. fol.	1478
Alberti de Padua Praed. fup. 'Evangg. fol.	1480
Joannis Junioris fcala coeli. fol.	1480
Biblia lat. Vet. et Nov. Teftam. fol. maj.	1480
S. Bonaventurae fermones de SS. et de temp. fol.	1481
Joannis Gerfon de Imitatione Chrifti. 8vo.	1487

II. Conrad Dinckmut.

Joh. von Freyburg Summa. deutſch. fol.	1484
Erklärung der zwölf Glaubens Artickel. fol.	1485
Hiſtoria Lombardica. fol.	1488

III. Joan-

III. Joannes Schaeffler.

Liber Faceti. lateinisch und deutsch. 4. 1497
Tractatus praedicabilis. 4.

IV. Sine Indicio Typographi.

Joan. de Franckfordia sermones. fol.

Incertae Urbis.

I. Magister Adam Natus in Amergau.

M. T. Ciceronis orationes. fol. 1472

II. Leonardus Aurl.

Eusebii Pamph. de Praeparat. Evang. fol. 1473

III. Nicol. Gotz de Sletzstatt.

Fasciculus temporum. fol. maj. 1478

IV. Joan. Hug de Göppingen.

Jacob. Carthus. Quodlibet. statuum human. fol.

V. C. H. de S.

Augustini Daci Elegantiae minores. 4. 1496
——— ——— Opusculum idem. 4. 1499

VI. Renaldus de Novimago.

Alberti M. libb. IV. Metheororum. fol. 1488

Sine Indicio Loci et Typographi.

S. Gregorii M. Dyalogi, cum aliis Tract. fol. 1473
Joan. Scoti in IV. Sententiarum. fol. maj. 1474

Regulae Cancellariae Paul. II. &c. 4.	1476
Wolfram von Eschenbach Heldengedichte fol.	1477
Barthol. de Chaymis Interrogat. 4.	1480
Biblia lat. Vet. et Nov. Teſtam. fol.	1482
Hiſtoria Lombardica. fol.	1482
Jac. de Voragine ſerm. de Dominicis. fol.	1484
Antonini ſummae theol. P. IV. fol. maj.	1485
Bernardi de Parentinis Elucidarius. fol.	1487
Joan. Gerſon operum III. Partes. fol.	1488
Barthol. Anglici de Propriet. Rerum. fol.	1488
Biblia lat. Vet. et Nov. Teſtam. fol.	1489
Joan. Gerſon operum Pars ſecunda. fol.	1489
Domini Karoli formulae Epiſtolares. 4.	1490
Sextus Decretalium. fol. maj.	1491
Juſtiniani libb. IV. Inſtitutionum. fol. maj.	1491
Conſtitutiones Clementinae. fol. maj.	1491
Peregrini ſerm. de tempore et de SS. 4.	1493
Petrus de Creſcentiis. deutſch. fol.	1493
Roſetum Exercitiorum Spiritual. fol.	1494
Geſta Romanorum cum applic. moraliſ. 4.	1494
Theſaurus Magiſtri ſententiarum. 4.	1495
Aeſopus moraliſatus cum comento. 4.	1497
Dormi ſecure, ſeu ſermones de tempore. 4.	1500
——— ——— ſermones de ſanctis. 4.	1500

Typographische Inkunabeln
der
Bibliothek des Stifts St. Mang
in Füeßen.

Zweyter Theil.

Litterarisches Verzeichniß
der
ohne Anzeige des Jahrs, Orts, und Druckers
versehenen Schriften.

Augsburg.

Folgende Bücher scheinen, so viel sich aus einer genauen Vergleichung der Typen schließen läßt, aus

- A. (Günther Zainers, oder
     (Johann Schüßlers,
- B. Johann Bämlers,
- C. Anton Sorgs,
- D. der Druckerey St. Ulrich und Affra,
- E. Johann Wienners *de Wienna*,
- F. und Erhardt Radtolts Offizinen gekommen zu seyn.

A. von (Günther Zainer, oder (Johann Schüßler.

1) Expositio super Canonem Missae. in Fol.

   Dieses Werkchen ist mit der ersten Gattung von Typen des Günther Zainers gedruckt. Zainer brackte noch in dem Jahre 1470. Durandi Rationale &c. 11 Calend. februar. Worauf Johann Schüßler diese Typen übernahm, und noch in demselben Jahre 4to Calendas Julias Josephi Judaei antiquitatum Judai-
caruin

carum libros XX. mit diesen Typen gedruckt lieferte. Es kömmt also darauf an: ob dieses Werkchen vor oder nach 1470 gedruckt worden sey. Im ersten Falle ist es aus Günther Zainers, im zweyten aus Johann Schüßlers Offizin.

Uebrigens hat diese Ausgabe Herr Braun in Not. Hist. crit. Incunab. Monast. ss. udalr. et Affrae S. 36 hinlänglich beschrieben. Herrn G. R. Zapf hingegen blieb sie in seiner Augsburgs Buchdruckergeschichte unbekannt. Am Ende unsers Exemplars ist folgende sehr alte Handschrift zu lesen: Johannes Abbas J. A. A. Z. — 1473.

2) **Historie der Griseldis. in Fol.**

Ist mit eben den Typen, wie das unmittelbar vorhergehende gedruckt. Beede Werke, wenn sie vor 1470 gedruckt sind, kommen vom Zainer; sind sie von 1470 — 72 gedruckt, gehören sie dem Schüßler, sind sie gedruckt nach 1472 — welches aber nicht wahrscheinlich ist — so könnten sie aus der St. Ulrikanischen Preße, an welche nach Herrn Zapf und Braun die schüßlerischen Typen verkauft worden, gekommen seyn.

Unser Exemplar ist am Ende defekt. Zu Anfang wird statt des Titels folgende Aufschrift gelesen: So ich aber von stätigkeit und geteurer gemahelschaft, so manger frauwen geschrieben habe, und von keiner größern über die grisel, von der sraciseo petracha schreibet, doch auß latin in teutsch gebracht, so bedunket mich nit unbillich seyn, dz sie auch bey andern erleuchten frauwen, waren Hystorien gesetzet werde. Ob auch sdliche geschicht, in warheit beschehen, oder umb ander frauen manung zu gebult gesetzet werden. Der erste Anfangsbuchstabe ist ein Holzschnitt, und stellt ein J. vor. Die Verzierungen desselben füllen den obern und Seitenrand. Die Zeilen sind ungebrochen, und auf einer jeden Seite 32. Von den Unterscheidungszeichen kommt der Punkt nur selten, das Comma hingegen sehr häufig vor. Das Papier ist bräunlicht und stark. Das Ganze — so viel wir davon haben — beträgt 11 Blätter, auf denen ich 10 Holzstiche fand. Uebrigens mögen darüber Herrn Panzers deutsche Annalen nachgelesen werden.

Zweyte Gattung der Günther-Zainerischen Typen. Gothische, und sehr fette Lettern, die mit Johann Wienners und *Christmann Heyny*'s Typen in vielen Stücken überein kommen.

a) Ohne in Holzgeschnittene Anfangsbuchstaben.

3) Proceſſus Judiciarius.

4) Li-

4) Libellus confolatorius ad inftructc̄ȝ devoto4 cuius primū capitulū eft dc imitacoe xp̄i et ɔtemptu damni vanitatum mundi &c.

5) Nobiliffimus liber de arte moriendi.

6) a) Aurelii Auguftini epifcopi ipponenfis incipit foliloquiū liber p'mus feliciter.   b) Auguftini ep̄i hipponenf) incipit foliloqo4 liber fcd's.

7) fpeculum peccatoris.

8) Aurelii Auguftini hipponenfis epifcopi liber de āie quantitate incipit feliciter.

9) Liber Beati Hieronimi de effentia divinitatis.

10) Summa edita a fratre Thoma de aquino de articulis fidei et ecclefic facramentis.

11) Bti hieronimi pb̄'ti — de viris illuftribus. in kl. Fol.

Obftehende Werke von Num. 3 — 11 machen bey uns eine Sammlung aus, von welchen, als Sammlung betrachtet, vorzüglich Meufels Hiftorifch-Litterarifch Bibliographifches Magazin erftes Stück S. 57 u. fg. nachzufehen ift. Auf dem erften Blatte befindet fich diefe handfchriftliche Anzeige: Ifte liber eft mofterii S. Magni In faucibus alpiū emptus ‖ ₰ ∧ 3. — 1473 — Eben diefe Jahrzahl fteht auch am Ende des letzten Blattes. Alle kommen mit der mufterhaften Befchreibung in Meufels Magazin überein, doch fehlen in unfrer Sammlung drey Stücke, nämlich Errores Judaeorum ex Thalmud. Item veritates pro probatione articulorum Chrifti, und Donatus arte Grammaticus &c. Vorliegendes Exemplar hat keinen voranftehenden Titel, wie das in Meufels Magazin befchriebene, auch ift die Ordnung der Beftandtheile ganz verfchieden, wie die Vergleichung ausweifet.

Das erfte Stück unter Num. 3. in Meufels Magazin Num. 10. findet fich auch zu Rebdorf S. Monum. Rebd. S. 45.

Das zweyte Stück unter Num. 4. ift in dem Magazin das 7te. Das letzte Blatt der dritten Quinterne war in unferm Exemplar zu fchmal und find ihm auf beyden Seiten Papierftreifen angeleiftert. Auch hier fteht in der Schlußfchrift Gyntheum, ftatt Gyntherum. Der im Magazine befchriebene Ochfenkopf mit der Krone und Kreutze find auch da auf dem letzten Blatte fehr deutlich, doch verkehrt, so daß das Kreuz den untern Theil des Blattes, der Ochsenkopf aber den obern Theil einnimmt, und mit der Nase noch den Text berührt. S. Zapfs Augsb. Buchdruckergeschichte S. 21. und Brauns I. Th. S. 39.

Das dritte Stück unter Num. 5. im Magazine Num. 12. S. Herrn Zapfs Buchdruckergeschichte S. 146.

Das vierte und fünfte Stück unter Num. 6 und 7. im Magazine Num. 5 und 6. Herr Braun führt im I. Theil S. 38. die soliloquia Augustini ohne das speculum peccatoris an, es müssen also, wie das Magazin anmerket, die ersten 3 Blätter von der letzten Quaterne in seinem Exemplar weggeschnitten worden seyn. S. auch Herrn Zapfs Augsburgs Buchdruckergeschichte S. 146.

Das 6te Stück unter Num. 8. hat im Magazine den vierten Platz. Dem Exemplar von St. Ulrich — S. Herrn Braun S. 38. — ist das fünfte Stück, welches sonst von dem vierten Stück dem Speculum peccatoris unzertrennlich ist, beygebunden.

Das siebente und 8te Stück unter Num. 9 und 10. machen im Magazine das zweyte und dritte aus. S. Herrn Zapfs Augsb. Buchdruckergeschichte S. 147 und 148.

Das neunte und bey uns das letzte Stück unter Num. 11. ist in dem Magazine das erste. Herr Braun giebt ihm im I. Th. S. 39. die Aufschrift: Beati Hieronimi &c. et Gennadii de viris illustribus. Vom Gennadius ist zwar in dem Werke selbst keine Meldung. Doch ist sicher der Anhang vom 23 bis 37 Blatt das Werk des Gennadius. Ich verglich es mit der Ausgabe, die suffridus Petrus Leovardiensis bey dem Maternus Cholinus in Cöln 1580. 8. herausgab, und fand so ziemliche Uebereinstimmung. Doch sind in dem vorliegenden Werke nur 96 scriptores Ecclesiastici angemerkt, da in der Ausgabe des Petrus Leovardiensis 100 vorkommen. Die Ursache ist, weil in dieser im 86ften Kapitel Caesarius Arelatensis, im 92sten Sidonius Avernorum Episcopus, im 94sten Gelasius urbis Romae episcopus, und endlich im 100ten Gennadius selbst vorkommt, von welchen diese Zainerische Ausgabe nichts meldet. Alle 12 Stücke dieser Sammlung beschreibt auch Herr Denis und zwar aus einem Exemplar mit einem Titelblatt, welche die seltensten sind.

12) B. Hieronymi presbyteri Pfalterium, quod ipse ex hebraico transtulit in latinum. in Fol.

Diese schöne Ausgabe blieb Herrn G. R. Zapf unbekannt, dagegen findet sich aber in der Nürnberger an Inkunabeln sehr reichen Stadtbibliothek ein Exemplar davon, welches Herr von Murr in seinen Merkwürdigkeiten, der Reichsstadt Nürnberg S. 24 und in seinen memorabilibus bibliothecarum publicarum Norimbergensium Tom. I. p. 299. aber freylich nur mit drey Worten angeführt hat.

Das Ganze beträgt 54 Blätter, ohne Anfangsbuchstaben, Blattzahlen, Custoden und Signaturen. Von den Unterscheidungszeichen wird der Punkt und das Kolon häufig angetroffen. Jede Seite enthält 33 ungebrochene Zeilen. Den Anfang macht folgende Aufschrift: Prologus beati jeronimi p̄sbiteri in pſalteriū qd ipſe de hebraico transſtulit — ſic — in latinū. Die Vorrede endet sich auf der 10 Zeile der Rückseite des ersten Blatts. Darauf nehmen die Psalmen ihren Anfang. Nach diesen folgen auf der 4ten Zeile der ersten Seite des 51sten Blattes die Cantica Iſaie, Moyſis, Abacuck &c. Mit diesen wird das Werkchen auf der 17ten Zeile der ersten Seite des letzten Blattes beschlossen. Darunter steht folgende Slußanzeige: Explicit traslacio ſoli'quoru ſive pſalteriū beatiſſimi Jeronimi euſebii p̄sbiteri. qd' ad peticonē ſoffronii traſtulit ut ī epla ante pſalteriū impſſa p̄mittit9 x.

b) Mit in Holz geschnittenen Anfangsbuchstaben.

13) **Die deutsche Augsburger Bibel, ohne Anzeige des Jahres, und Druckers in regal Fol.**

Diese Ausgabe wird von Herrn Zapf in der Augsburgs Buchdruckergeschichte S. 142. nur ganz kurz berührt. Hingegen hat dieselbe Herr Panzer an drey Orten mit vielem Fleiß und Genauigkeit beschrieben. S. deſſen litterarische Nachrichten der ältesten deutschen Bibeln S. 40 ferner Nachrichten von den ältesten Bibelausgaben S. 14 und Annalen der deutschen Litteratur S. 14.

Unser Exemplar kommt mit demjenigen überein, welches nach Anzeige des Hrn. Panzers in die Bibliothek des Sebalder Pfarrhofes zu Nürnberg gehöret. Die Endschrift ist in unserm Exemplar gleichfalls mit rother Farbe gedruckt, und besteht aus 14 Zeilen; vermuthlich wird also die Angabe der 24 Zeilen in den Nachrichten der ältesten Bibelausgaben ein Druckfehler seyn. Der Titel des 118ten Pſ. ist ebenfalls unten am Rand auf vier durchauslaufenden Zeilen gedruckt. Das neue Testament besteht aus CX. Blättern u. ſ. w.

14) **Gwilerini Expoſitiones &c. Evangeliorum et epiſtolarum de tempore et de ſanctis; Item ſuper Comune Apoſtolorum, Martyrum, Confeſſorum, Virginum, et pro defunctis. in Fol.**

Dieses Werk wird von Hrn. Zapf in der Augsb. Buchdruckergeschichte S. 143. angezeigt. In unsrer Bibliothek befinden sich zwey Exemplare, die sich bloß in Kleinigkeiten unterscheiden, aber dennoch sicher zwey verschiedene Ausgaben sind. Ich will daher zu demjenigen, was Herr Zapf schon an dem gedachten Orte gesagt, nur noch einige Bemerkungen davon beyfügen.

Zu Anfang steht in diesem Exemplar A. folgende sehr alte handschriftliche Anzeige: Iste liber est mosterii S. Magni in faucibus Alpiu emptus 1473.— 1473 — Sie muß daher wenigstens in diesem Jahre schon aus der Presse gekommen seyn, weil es sonst unmöglich gewesen wäre, daß sie von unserm Kloster hätte können gekauft werden. Diesen Zweifel aber scheint mir die Auslegung über das Evangelium de comuni virginum: simile est regnum coelorum decem virginibus &c. ganz zu heben. Dort heißt es: Moram autem faciente sponso dormitaverunt omnes &c. *Mora ista est decursus temporis ab ascensione Christi ad diem judicii, quod vocatur mora propter longitudinem. Jam enim duravit M. CCCC. LXXIII. annos. &c.* Diese Anzeige nebst der angeführten Handschrift mögen hinlängliche Beweise des Jahres seyn, in welchem dieses Werk die Presse verlassen hat. Zu dem werden in andern Ausgaben dieses Werkes immer auch andere Ausgaben des Jahres gefunden, welches schon vor mir mehrere Litteratoren angemerkt haben.

Uebrigens ist dieses Exemplar 278 Blätter stark. Die Anfangsbuchstaben sind durchgehends von mittelmäßiger Größe, und Holzschnitte. Die Zeilen ungebrochen. Die Kehrseite des 139ten Blattes ist leer gelassen. Auf dem 140ten Blatt folgt: dominica t'cia in qdragesima scd'm Luca. ca. XI. Von der Schlußanzeige will ich nur die ersten zwey Zeilen — weil auch in diesen einiger Unterschied liegt — aus jedem Exemplar anführen. In diesem lauten sie also:

Explicit postilla sup evangelia dominicalia. et sup evangelia de sanctis. fm sensum lraleʒ collca. Anno &c.

15) Gwilerini Expositiones Evangeliorum et Epistolarum &c. in Fol.

Diese Ausgabe — welche ich B. nenne — kommt mit der unmittelbar vorhergehenden Ausgabe A. in der Hauptsache vollkommen überein. Der Unterschied besteht lediglich in den willkührlichen Abänderungen des Druckers, so z. B. findet man gleich auf der ersten Seite des ersten Blattes in dem Exemplar B. das Wort augustinus mit einem kleinen a. da es hingegen in dem Exemplar A. mit einem großen A. Augustinus angetroffen wird, und so mehrere Worte auf dieser einzigen Seite. Weiter hinein wird der Unterschied immer anschaulicher, bis auf das 139te Blatt, dessen Kehrseite in dem Exemplar A ganz leer gelassen ist, in diesem aber sogleich auf derselben dominica tertia in quadragesima anfängt, bis zu Ende, wo der Text auf der nämlichen Seite, viel weniger auf der nämlichen Zeile nicht mehr zusammentrifft, so, daß kein Zweifel übrig bleibt, daß zwar beyde Ausgaben aus der Presse des Günther Zainers, und in eben dem Jahre 1473. weil in der obenangeführten Mora in beyden Ausgaben keine Verschiedenheit ist, gekommen, aber dennoch zwey ganz verschiedene Ausgaben seyen. Zu diesem kommt noch, daß die Typen der gegenwärtigen Ausgabe etwas älter, und die Anfangsbuchstaben

buchstaben viel einfachere Holzschnitte, und häufigere Abbreviaturen, als in jenen da sind. Kurz der ganze Druck verräth mehr Simplizität.

Uebrigens ist diese Ausgabe 277 Blätter stark. Die ersten zwey Zeilen der Unterschrift sind folgende:

Explicit postilla sup evangelia dñicalia. et de sctis.

I'm sensum lralem collecta. Anno dñi Φ. CCCC. XXXVII.

Aus dieser Unterschrift läßt sich schließen, daß Herr Zapf loc. cit. die gegenwärtige Ausgabe B angeführt habe.

16) **Der Spiegel des Sünders. in 4to.**

Diese Ausgabe hat Herr Zapf in der Augsb. Buchdruckergeschichte an zwey verschiedenen Orten angeführt, nämlich das erstemal unter dem Jahre 1472. und dann S. 145. unter den Büchern ohne Anzeige des Jahres, Ortes und Druckers. Diese zweyfache Anzeige des nämlichen Werkes scheint mir daher zu kommen, weil er in dem geschriebnen Irseeischen Inkunabeln=Verzeichniß die Worte wiegen und nühen statt wiegen und nahen gelesen hat, wodurch er mag verleitet worden seyn, von diesem Werke zwey verschiedene Ausgaben zu vermuthen.

Herrn Panzer blieb diese Ausgabe in den Annalen der deutschen Litteratur unbekannt, oder wenn diejenige, so er allda S. 28. n. 42. in Fol. anführt, eine und eben dieselbe, welche Hr. Zapf unter dem Jahre 1472. angezeigt hat, seyn soll, — wie er es auch zu glauben scheint — so irret er sich stark, indem dieselbe keine andere, als die eben vor mir liegende Ausgabe ist, und nicht den Format eines Foliums hat, auch nicht aus 58. sondern 126. Blättern besteht. Auf ununterbrochenen Zeilen. Ohne Plattzahlen, Custoden und Signaturen. Mit Holzschnitten statt der Anfangsbuchstaben.

17) **Speculum humanae salvationis, quod speculum B. V. Mariae dicitur. lateinisch und deutsch mit Holzschnitten. Item eiusdem compendium metrice scriptum a Monacho san — ulricano. in Fol.**

Diese Ausgabe hat Herr Panzer in den Annalen der deutschen Litteratur S. 6. u. f. hinlänglich beschrieben. Ingleichen s. m. Hrn. Seemillers saïc. I. p. 125. Braun I. Th. S. 37. und Hrn. G. R. Zapfs Augsb. Buchdr. Gesch. S. 22.

18) **Die Historie Josaphat und Barlaam. mit 64 Holzschnitten. In Fol.**

S. Hrn. Zapfs Augsb. Buchdr. Gesch. S. 141. Hrn. Panzers deutsche Annalen S. 23. und Pl. Braun I. Th. S. 41.

19) Vo=

19) Vocabularium latino - germanicum. in Fol.

Diese Ausgabe ist von Hrn. D. Seemiller fasc. I. S. 123. weitläuftig beschrieben worden. Hr. Panzer hat dieselbe gleichfalls in den deutschen Annalen S. 56. angezeigt. Hrn. Zapf blieb sie in der Augsb. Buchdr. Gesch. unbekannt.

Herr Seemiller zählet diese Ausgabe unter die ersten typographischen Versuche, welche Günther Zainer der Welt geliefert hat, ich trete dieser Meinung gleichfalls bey, doch so, daß jene Zainerischen Produkte, welche ohne in Holz geschnittenen großen Anfangsbuchstaben erschienen sind, denjenigen, die mit solchen versehen, nach der Regel des seligen P. Krismers im Alter vorzuziehen seyn. Diese Regel glaube ich in der aufgestellten Ordnung bey diesen Werken beobachtet zu haben.

Vierte Gattung der Günther-Zainerischen Typen, oder die lateinische, davon Herr Braun *Tab. II. num. VI.* ein ziemlich wohl gerathenes Muster geliefert hat.

a) ohne gedruckte Anfangsbuchstaben.

20) Wilhelmi Episc. Lugdunensis ac doctoris parisiensis de fide, legibus, ac fidei sacramentis P. X. in Fol.

Gegenwärtige Ausgabe hat Hr. Braun I. Th. S. 44. ausführlich beschrieben. In Hrn. Zapfs Augsb. Buchdruckergeschichte hätte sie auch einen Platz verdienet. Sie ist mit den oben angezeigten lateinischen Lettern, nur die ersten drey Zeilen, die die Aufschrift enthalten, und die anderen noch vorkommenden Ueberschriften sind mit der zweyten Gattung der Zainerischen Typen gedruckt.

21) S. Thomae de Aquino Ord. Praed. Catena aurea in IV. Evangelistas. in regal Fol.

Diese schöne und starke Ausgabe dieses Werkes fand ich unter meinen Bibliographen nirgends, als in Hrn. Zapfs Augsb. Buchdruckergeschichte S. 140. angezeigt. Sie kann daher auch wohl die erste Ausgabe dieses nachher öfters gedruckten Werkes seyn.

Der Anfang wird unmittelbar mit der Zueignungsschrift an den Pabst Urban IV. gemacht. Sie fängt also an: Sanctissimo ac Reverendissimo. Patri Domino Vrbano Divina — bis daher mit Kapitalbuchstaben — providentia pape quarto. frat' Thomas de Aqno ordinis fratr4 predicatoru: cum devota reverentia pedu oscula beato4. Darauf folgt die Vorrede, die sich auf der 4ten Columne

Tom II.   B   lumne

lumne des zweyten Blattes mit der 37ten Zeile endet. Dann fängt das Evangelium S. Matthaei ohne Auffchrift — außer capitulum I. — an. Der Text der Evangelien ift mit gothifchen, oder der zweyten Gattung, die Auslegung hingegen mit den lateinifchen oder vierten Gattung der Zainerifchen Lettern auf gefpaltenen Columnen gedruckt. Die Anfangsbuchftaben find zierlich mit der Hand hineingezeichnet, befonders die vier vor einem jeden Evangeliften zu Anfang ftehenden, die mit Gold und andern Marginalverzierungen prangen. Blattzahlen, Titel, Cuftoden und Signaturen mangeln. Jede Seite enthält 60 Zeilen. Das Papier ift weiß und fehr ftark. Das Ganze beträgt 525 Blätter. Zu Ende eines Evangeliften folgt jedesmal ein kurzes Regifter. Mit dem 195ten Blatte fängt die Vorrede über das Evangelium des h. Markus an. In diefer meldet unter andern der Verfaffer, daß während feiner Arbeit, die er auf diefes Evangelium verwandte, Pabft Urban IV. mit Tode abgegangen feye, damit nun auch die Arbeit, die er auf die übrigen drey Evangeliften gewandt habe, einem Priefter, welchen nach der Vorfchrift der göttlichen Schrift die Erftlinge der Früchte und Arbeiten gebühren, geopfert werde, widme er diefelbe Sr. Eminenz, Anibal Cardinalpriefter der Hauptkirche der 12 Apoftel, u. f. w.

Auf dem 402ten Blatte nimmt das Evangelium des h. Johannes feinen Anfang, und endet fich auf der zweyten Columne des 524ten Blattes mit der 28ten Zeile. Der übrige Raum ift leer glaffen. Auf der Kehrfeite diefes Blattes fteht das Regifter. Endlich wird mit dem folgenden Blatt, auf welchem die von Hrn. Zapf loc. cit. angeführte 24 Zeilen ftarke Schlußanzeige fich allein befindet, der Befchluß gemacht.

b) mit gedruckten Anfangsbuchftaben.

22) Hugonis Doctoris Eximii liber fecundus de Incarnatione verbi et impletione et exhibitione gratiae dei, et de facramentis Nov. Teftam. usque ad finem et confumationem omnium. In Fol.

Von diefer Zainerifchen Ausgabe weiß Herr Zapf in der Augsb. Buchdruckergefch. nichts, hingegen wird fie von Denis in fupplem. Maittaire P. II. num. 5150. kurz angezeigt.

Der Anfang wird mit einem fünf Blätter ftarken Regifter über alle XVIII. Theile, in die das Werk eingetheilt ift, gemacht. Auf dem 6ten Blatte fteht die oben angeführte Auffchrift, welche, wie die übrigen, vor einem jeden Kapitel mit der zweyten Gattung der Zainerifchen Typen gedruckt find. Die Zeilen laufen ununterbrochen fort, und jede vollftändige Seite enthält 43. Die Blätterzahlen und Anzeige des Theiles find durchgehends oben am Rand angezeigt, z. B.

Pars decima quarta   Folium XCIX.

Die Anfangsbuchstaben bey einem jeden neu anfangenden Theile find Holzschnitte, für die übrigen ist leerer Raum gelassen worden, den doch allzeit ein kleiner Buchstab einnimmt, der in unserm Exemplar durchgehends mit rother Dinte verdrängt ist. Custoden und Signaturen mangeln. Das Ganze beträgt ohne das Register CXXXVI. foliirte Blätter. Auf der Kehrseite des letzten Blattes endet sich das Werk mit der 18ten Zeile. Darunter steht die Schlußanzeige, die mit dem angeführten Titel bis auf den Anfang gleich lautet: Expliciunt Sentencie magistri Hugonis in librum secundu de incarnatione verbi. &c.

23) S. Gregorii M. Epistolarum partes XIV. in gr. Fol.

Von dieser herrlichen Ausgabe haben schon Herr Zapf in der Augsb. Buchdruckergeschichte S. 145. und in den Merkw. seiner Bibliothek I. Stück S. 315. ingleichen Herr Braun l. Th. S. 43. ausführliche Nachricht gegeben. Letzterer hat die Schlußanzeige nicht genau genug angezeigt, wenn er sagt: Liber Epl'arum beati Gregorii Pape *& Apl'ce* ecclesie ɔservatione : *feliciſq3* regimine — — es sollte heißen : Liber Epl'arum beati Gregorii Pape *pro Apl'ice* ecclesie ɔservatione : *feliciq3* regimine &c.

B. Von Johann Bämler.

24) Bruder Hainrichens Prediger Ordens 24. guldene Harpfen. in Fol.

Diese Ausgabe hat Herr Braun I. Th. S. 48. sehr ausführlich beschrieben. Panzer macht von ihr in den deutschen Annalen S. 25. nur eine sehr kurze Meldung, und Herr Zapf scheint sie in der Augsburger Buchdruckergesch. gar nicht zu kennen.

Herr Braun hat vermuthlich die zwey Blätter des voranstehenden Registers nicht mitgerechnet, indem er sagt, daß der Drucker auf der Kehrseite des 98ten Blattes seinen Namen offenbare. In unserm Exemplar, das übrigens völlig mit dem besagten übereinkommt, lese ich den Namen Johannes Bämler erst auf der Rückseite des 101ten Blattes.

Noch einen Umstand muß ich von unserm Exemplar hier anzeigen, daß nämlich folgende sehr alte Handschrift zu Anfang desselben gelesen wird: daz buch gehört In sand mangen gozhaus zu Füssen erkaufft 1Λ72. (1472.) Aus dieser schriftlichen Anzeige, welche noch durch die am Ende des Buchs angebrachte Wiederholung eben dieser Jahrzahl bestätiget wird, scheint meines Erachtens könne wider die Zeitrechnung des Hrn. G. R. Zapfs und Brauns ohne zu viel zu wagen, gesagt werden, daß dieses Buch — welches in dem Jahre 1472 schon gekauft worden — wenigstens schon im Jahr 1471 von Bämler gedruckt worden sey.

25) Tra-

25) Tractatus novus de miraculoso euchariſtie ſacramento. qū apparet in forma pueri. aut carnis vel ſaguinis in hoſtia conſecrata. collectq a fratre heinrico inſtitoris ſacre pagine pfeſſore. ordinis predicato4 inquiſitore heretice pravitatis in conventu auguſtenſi. adverſus eos qui aſſerunt qd' ceſſante ſpē ceſſat eſſe corpus xpi in ſacramento. In 4to.

Was ich ſtatt des Titels angeführt habe, wird auf der erſten Seite des erſten Blattes geleſen. Gleich darunter wird noch ein anderer Titel mit kleinern und zierlichern doch aber noch gothiſchen Lettern geleſen. Der alſo lautet: Tractatus novus. ſuper queſtionem. An in ſacramto miraculoſo. qn videlitz in hoſtia altaris. apparet forma pueri, aut carnis vel ſanguis, ſit ver4 xpi corpus, ſacramentaliter contentum, collectus a fratre Heinrico inſtitoris Sacre pagine pfeſſore ordis predicato4 et iquiſitore heretice pravitatis. Die Kehrſeite des Blattes iſt leer. Mit dem zweyten folgt ein Brief, in welchem der Inquiſitor Heinrich dem damaligen Vorſteher der regulirten Chorherren zum h. Kreutz in Augsburg Vitus Fackler ſein Krebitiv als Abgeſandter des päbſtlichen Stuhles mit nachſtehenden Worten unter andern zu wiſſen macht: Reverendo in Chriſto patri ac domio vito Fackler ecclefie canonicorum regularium ſub titulo ſancte crucis in auguſta prepoſito plurimum colendo. frater heinricus inſtitutoris ſacre pagine humilis profeſſor ac heretice pravitatis inquiſitor ab apoſtolica ſede ſpecialiter delegatus ordinis predicatorum in via ſalutis militare in patria eterne felicitatis celeſti pane refici cum ſuper miraculofum in veſtra eccleſia reſervatum ſacramentum aures auguſtenſis populi ambiguum propulſavit dogma et hoc ex incauta cuiusdam prædicatoris ſentencia quem et nominare theologum ea de cauſa ordo rationis dedignatur dum in publico ſermone aſſeruit nil eſſe ex doctorum ſentenciis ſuper hoc ipſum ſacramentum diffiniendum ſed ex toto deo comittendum &c. — — Quodq3 ne impoſterum contingat. facultas etiam huiusmodi praeſumptuoſis predicatoribus ad ſubvertendum fidelium corda omnino amputetur. totisq3 noſtris conatibus huiusmodi periculoſis inſultibus affectantes obviare. Auctoritate domini noſtri pape qua fungimur in hac parte. In virtute ſancte obedientcie ac ſub pena excomunicationis precipimus. ac mañdamus. et mandando requirimus. et monemus. univerſos et ſingulos tam regulares quam ſeculares predicatores cuiuscunq3 conditionis gradus. ſtatus. ordinis. religionis. ac dignitatis exiſtant. et qui ſunt infra terminos abpoſtolica ſede nobis aſſignatos videlicet per provincias et archiepiſcopatus moguntiñ. Treveriñ. Colonieñ. Saltzburgeñ. Bremeñ. et ad quos hec noſtra monitio pervenerit. quatenus in eorum publicis ſermonibus nullo modo ſub dubio coram populo relinquant. An ſub tali vel conſimili ſacramento miraculoſo ſit verum xpi corpus ſacramentaliter contentum. cum omnino fidei repugnat ymo et contradictionem implicat. ut miraculofum ſit ſacramentum. et tamen verum chriſti

- sti corpus non sit ibi sacramentaliter contentum. &c. — — Datum augustæ i p-
festo corporis xpi Año. m. cccc. LXXXXIII.

Unmittelbar darauf fängt der Traktat selbst an. Die Typen, womit der erste Titel und das Werklein selbst bis auf das 25ste Blatt excluf. gedruckt ist, kommen genau mit jenen überein, deren sich Bämler im Jahre 1479. zur Auflage des Libri horarum secundum chorum Ecclie Augustensis bedient hat, von welchen aber Herr Braun keine Muster geliefert. Von dem 25sten Blatt an bis zu Ende kommen wieder die obengemelte zierlichere — unsrer heutigen Schwabacher Schrift ähnliche — vor, in welchen das große S in verkehrter Stellung auch als ein großes D dient. Die Anfangsbuchstaben und Blattzahlen fehlen. Signaturen und Custoden erscheinen nur auf einigen Blättern. Das Ganze beträgt 28 Blätter. Auf der Kehrseite des letzten Blattes werden statt der Schlußanzeige nichts als die Worte Laus Deo gelesen.

Uebrigens schmeichle ich mir, durch die Bekanntmachung dieser Ausgabe eine ganz neue Entdeckung gemacht zu haben, indem, wenn sie Herrn Zapf bekannt geworden wäre, er sicher die Bämlerische Offizin nicht mit dem 1492sten Jahre würde geschlossen haben. S. dessen historische Einleitung zu der Augsb. Buchdr. Gesch. S. XXV. und Herr Braun würde Bämlern auch nicht schon im Jahre 1485 in die Ruhe gesetzt, oder gar unter die Todten gezählt haben, weil er ihn in den Steuerregistern der Reichsstadt Augsburg nur bis auf das genannte Jahr als steuernd verzeichnet gefunden hat.

C. von Anton Sorg.

26) S. Bonaventurae S. R. E. Card. Ord Min. Breviloquium. in Fol.

Diese Ausgabe hat Herr Braun in dem I. Theil S. 49 beschrieben. Unser Exemplar kommt bis auf die Blätterzahl genau mit dem Seinigen überein, aber ich fand nach einer öfters wiederholten Abzählung immer 78 statt 76 Blätter. Uebrigens hat das Werkchen keine in Holz geschnittene Anfangsbuchstaben.

27) Joannis Pithsani Archiep. Cantuar. Ord. Min. liber de oculo morali. in kl. Fol.

Diese Ausgabe ist wie die unmittelbar vorhergehende mit eben den Typen, welche Sorg zu des Ambrosii explanationes in Lucam im Jahre 1476 gebraucht hat, gedruckt, und hat Holzschnitte statt der Anfangsbuchstaben. Uebrigens f. m. Herrn Zapfs Augsburgs Buchdrucker-Geschichte S. 139. und Pl. Braun I. Th. S. 51. Dieser hat in seinem Exemplar 53. ich hingegen habe in dem Unsrigen bloß 52 gedruckte Blätter gefunden.

28) Leben und Offenbarungen der heiligen Brigitte. in 4to.

Den Anfang dieses Werkchens macht auf der Kehrseite des ersten Blattes ein Holzschnitt, auf dem Brigitta schreibend vorgestellt wird. Hinter ihr steht ein Engel, unten kniet ein Mbuch, bey ihren Füssen liegt eine Krone, oben in den Wolken ist auf einer Seite die h. Dreyfaltigkeit und auf der andern Maria mit dem Jesuskindlein. Das zweyte Blatt fängt mit folgender Aufschrift an: Von der Bewerung unnd bestätigung der Offenbarungen sant Brigiten Der erste Anfangsbuchstabe ist ein großer Holzschnitt und stellt ein S vor, in diesem sieht man die Buchstaben G. I. A. Anfangs wird der Lebenslauf Brigittens beschrieben, auf welchen die Zeugnisse, und Hochachtung berühmter Männer wegen ihren Offenbarungen und Seligsprechung folgen. Diese enden sich auf der ersten Seite des 9ten Blattes. Auf der Kehrseite desselben steht folgende Anzeige: (D) Is büchlin wirt genannt dye bürde der welt unnd die weissagung und offenbarung von den zukünftigen betrübnissen die diese welt übergeen werdent. Darauf fängt unmittelbar das Register über die in diesem Werkchen vorkommenden 26 Kapitel an. Das letzte Kapitel fängt auf der Kehrseite des 55ten Blatts an. Unser Exemplar ist defekt, und beträgt in allem nicht mehr als 56 Blätter; kann demnach von der am Ende vielleicht sich befindenden Schlußanzeige nichts melden; nur soviel kann ich versichern, daß die Typen ganz diejenigen sind, mit welchen Sorg 1481 Jesu und Mariä Leben, und 1484 die Himmelsstraße gedruckt hat. Blattzahlen und Custoden nebst den Signaturen werden vermißt. Die Zeilen laufen ununterbrochen fort. Die Anfangsbuchstaben sind einfache, schlechte Holzschnitte.

D. Aus der Druckerey des Reichsstiftes St. Ulrich und Affra.

29) Compendium morale pro faciendis sermonibus. in Fol.

Diese seltene und wahre Typographische Schönheit haben zum Theil schon Denis in supplem. Annal. Maittaire num. 4707. und Strauß in Monument. Rebd. p. 35 angeführt und beschrieben. — Den Anfang macht eine 8 Blätter starke Tabula. Darauf fängt das 9te Blatt mit folgender Aufschrift an: Incipit liber qui dicitur copendium morale utilis pro sermonibus et collacionibus faciendis.

Prologus.

Religiosis viris in xpo sibi dilectis studentibus Neapolitani covētus. frat4 heremita4 ordis sancti Augustini. frater N. de Janua ordinis memorati salutem.

Das Ganze besteht aus 178 Blättern, auf welchen die Zeilen ununterbrochen fortlaufen. Auf der Kehrseite des letzten Blattes wird nach der 23sten Zeile nachstehende kurze Unterschrift gelesen: Explicit compendium morale. Anfangsbuchstaben, Blattzahlen, Custoden und Signaturen fehlen. Die Kapitel sind bloß durch die Kapitalbuchstaben des Alphabets angezeiget. Das Papier ist ausnehmend weiß, glatt und stark. Die Typen eben diejenigen, womit Leonardi de Utino sermones de sanctis anno 1474. gedruckt sind, und Herr Braun Tab. III. num. VI. ein Muster geliefert hat. Wenn es nun seine Richtigkeit hat, daß die Sermones de Utino aus der Druckerey des Reichsstifts St. Ulrich gekommen sind — wie es Herr Braun in praef. ad Not. hist. crit. incunab. mit mehrern Gründen darzuthun versucht hat, so ist nicht zu zweifeln, daß auch die gegenwärtige und unmittelbar darauf folgende — ungeachtet sie Herr Denis am angezeigten Orte Günther Zainern zuschreibt — aus der nämlichen Offizin gekommen sey. Über Nachdenken und Zweifel erregt es doch, daß das Stift selbst kein Produkt mehr von seiner einst inner seinen Mauren gehabten Buchdruckerey aufzuweisen habe! — Sollten denn gerade die eigenen Produkte unter den vielen hunderten gleichzeitigen Werken der ansehnlichen Stiftsbibliothek verlohren gegangen und gänzlich veräussert worden seyn. —

30) Salemonis ecclesie Constantiensis ēpi glosse ex illustrissimis collecte auctoribus incipit foeliciter. in gr. Fol.

Der angeführte Titel steht über der zweyten Columne des ersten Blatts. Ueber der ersten des nämlichen Blatts wird folgende Aufschrift gelesen: Epistola prelibaticia in sequentis operis commendationem brevibus absoluta incipit foeliciter:.

Uebrigens wird diese Ausgabe von Denis in supplem. Annal. Maittaire num. 5816. ingleichen von Herrn Strauß in Monum. Rebd. S. 15. und Herrn G. R. Zapf in den Merkw. seiner Bibliothek I. St. S. 130 u. f. angeführt. Herr Zapf hat sie ausführlich beschrieben, bloß auf den Drucker läßt er sich dabey nicht ein. Ich habe sie mit dem vorhergehenden Werke und dem Leonardus de Utino genau und sorgfältig verglichen und glaube sicher zwischen den Lettern dieser 3 Werke die vollkommenste Gleichheit gefunden zu haben. Sind nun jene aus der St. Ulrikanischen Druckerey, so kann ihr auch bey der gegenwärtigen das Verdienst dieselbe gedruckt zu haben, nicht abgesprochen werden.

Die Anfangsbuchstaben sind sehr große und schöne Holzschnitte, welche mir viel prächtiger zu seyn scheinen, als jene des Johann Zainers von Ulm in biblicis Moralisationibus de anno 1474. In der Höhe betragen sie meistentheils 12 Zeilen. Der einzige Buchstab P auf dem 150ten Blatte wird vermißt, dessen Raum leer gelassen ist. Die Blätter sind in Columnen gespalten, jede derselben enthält 55 Zeilen. Beyde Glossarien zusammen betragen 287 Blätter.

E. Von

E. Von Johann Wienner de Wienna.

31) S. Alberti M. Ord. Praed. sermones de sanctis et de tempore. in kl. Fol. Augustae per Johannem Wienner.

Diese Ausgabe wird von Denis in supplem. Annal. Maittaire p. 484. und von Herrn Zapf in der Augsb. Buchdruckergeschichte S. 138 kurz angezeigt. Das Ganze besteht aus zwey Theilen, davon den ersten Theil die Sermones de sanctis ausmachen. Dieser fängt nach einem 11 Blätter starken Register an. Mit dem nächsten nimmt die Blattzahl und das Werk seinen Anfang, wie folgt:

De sanctis   I.
        Incipiunt sermones de festis
        sancto4 Et primo de sancto
        Andrea.   Sermo pri.

Die Anfangsbuchstaben sind meistentheils Holzschnitte; doch trift man auch statt derselben nur kleine Buchstaben an. Custoden, und Signaturen fehlen. Die Zeilen laufen ununterbrochen fort, und werden auf einer jeden Seite nicht mehr als 39. gezählt. Auf der ersten Seite des mit CIII. foliirten Blattes endet sich der erste Theil. Darunter steht folgende Schlußanzeige: Sermones notabiles et formales magistri Alberti magni ordinis predicato4 de tpe et de sanctis per totius anni circulum. ac etiam bene registrati s'm alphabeti ordinē. Impressi per Johañem Wienner in Augusta finiunt feliciter. Auf der Kehrseite eben dieses Blattes fängt der zweyte Theil de tempore an. Dieser enthält LXXVIII Sermonen. Auf der 1sten Zeile der Kehrseite des mit CCLI foliirten Blattes endiget sich das ganze Werk. Den Beschluß macht noch folgende Unterschrift: Sermones de Tempore Alberti magni p Johannem Wienner Auguste impressi Finiunt feliciter.

32) S. Gregorii M. Dialogorum libri IV. in Fol.

Diese 86. Blätter starke Ausgabe haben Seemiller fasc. I. S. 41. Zapf in der Augsb. Buchdr. Gesch. S. 10. und Braun in dem I. Th. S. 45. ausführlich beschrieben. Denis führt sie gleichfalls in supplem. Annal. Maittaire. pag. 578. an.

Ueber den Drucker dieser Ausgabe sind ihre Meinungen sehr verschieden. Herr Seemiller eignet sie dem Günther Zainer zu. Herr Zapf, und Denis der Druckerey des Stiftes St. Ulrich, und Herr Braun ist gar unentschlossen, wem er sie zuschreiben solle. Ich verglich sie mit den Typen des unmittelbar vorhergehenden Werkes, und fand zwischen beyden Ausgaben nicht den geringsten Unterschied. In den trifft man noch die nämlichen Holzschnitte, und die Blattzahlen auf beyden Seiten e'nes jeden Blattes, wie in dem vorhergehenden, gedruckt an. Herr Braun hat auch
ein

ein Muſter von den Lettern, womit dieſes Werk gedruckt iſt, Tab. II. num. VIII. geliefert, eignet dieſelbe aber dem Günther Zainer anſtatt dem Johann Wienner zu. Es iſt wahr, die Zaineriſchen Lettern haben mit jenen des Wienners viele Aehnlichkeit, aber ſobald man ſie genau miteinander vergleicht, fällt das Characteriſtiſche eines jeden ſogleich in die Augen, z. B. das große D. des Günther Zainers mit dem Punkt in der Mitte, das A. F. K. L. Q. S. X. u. ſ. w. Aus dieſem läßt ſich nun der Schluß leicht machen, daß, indem dieſe Ausgabe mit der vorhergehenden, die mit der Anzeige des Druckers verſehen iſt, in der äußern Einrichtung vollkommen übereinkommt, auch dieſe aus eben derſelben Preße vor 1480 — denn Wienner beſchäftigte nur durch drey Jahre von 1477 — 1479. ſeine Preße — gekommen ſeyn müße.

33) Secuntur Cōcluſiones de diverſis materiīs moralibq utiles valde, poſite p mgrm Johanem de Gerſona doctorem eximiū in theologia. ac Cācellariū eccleſie beate marie paryſienſq. in Fol.

Dieſe Ausgabe hat Herr Seemiller faſc. II. S. 169. hinlänglich beſchrieben. Ingleichen ſehe man auch Denis ſupplem. Annal. Maitt. p. 571. Was ich bey der unmittelbar vorhergehenden von dem Drucker geſagt habe, iſt auch von dieſer Ausgabe zu verſtehen. In unſerm Exemplar iſt ſie auch der vorherbeſchriebenen beygebunden.

F. von Erhardt Radtolt.

34) Breviarium ſecundum ritum Eccleſiae Auguſtanae. Auguſtae per Erhardum Radtolt. in 4to.

Gegenwärtige Ausgabe ſchätze ich als eine große Seltenheit, weil ſie nicht nur Hrn. Zapf, ſondern auch den übrigen Bibliographen ganz unbekannt geblieben iſt.

Auf der Kehrſeite des erſten Blattes wird ganz allein folgende Anzeige geleſen: Et ſi prius hec Breviaria emēdate impreſſa fuerint Erhardus tamen ratdolt Auguſtenſis Reverendi Johañis de Werdenberg epiſcopi Auguſtenſis ac comitis ſplendidiſſimi obſervantiſſimus: maximo in eum amore ac canonicos eius venerandos ductus: nec non et patrie. Minio rubricis et comodiori magisq3 approbato ordine nullis relictis mendis propriis impenſis impreſſit Anguſte. Mit dem folgenden Blatt fängt der 6. Bl. ſtarke Kirchenkalender an. Darauf nimmt das Pſalterium mit der rothgedruckten Aufſchrift ſeinen Anfang: In noie dñi nri ih'u xpi amē. Incipit pſalteriu cu ſuis ptinenciis ſcd'm modu eccl'ie Auguſtēſis ordinatu. Dieſes endet ſich

sich auf der 12ten Zeile der ersten Columne des mit 61. foliirten Blattes. Darunter steht: Explicit psalterium cum suis pertinentiis iuxta ritum ecclesie Augustensis. Dann folgen auf drey Blättern Regule in adventu. Mit dem 63ten foliirten Blatt fangen die ordentlich fortlaufenden arabischen Blattzahlen — die auf der Mitte des obern Rands angezeiget sind — an, und gehen bis 575. Auf diese folgen noch 9. nicht foliirte Blätter, davon die letzten fünf das officium beatae Mariae enthalten, mit welchem zugleich auf der zweyten Columne des letzten Blattes mit nachstehender Unterschrift der Beschluß gemacht wird: Explicit pars estiualis ta de tempore q3 de sanctis: cu psalterio: hymnis: et comuni sanctoru a novo vigilanti cura distinctim ordinatis atq3 correctis.

Uebrigens finden sich in dieser Ausgabe zu Anfange der vorzüglichern Abtheilungen und Feste schöne Holzschnitte — die übrigen Anfangsbuchstaben sind durchgehends roth gedruckt — Blattzahlen, und Signaturen. Ohne Custoden. In 2 Columnen. Schön weißes, und glattes Papier.

Wann, und wo? ob zu Venedig oder in Augsburg, Radtolt dieses Werk gedruckt habe, und warum in der zu Anfang stehenden Anzeige daßelbe dem Johann von Werdenberg, und nicht seinem Nachfolger Friderich von Hohenzollern zugeschrieben sey? — scheint mir, ohne in jenen Fehler einiger Litteratoren, die Radtolten schon 1483. in Augsburg drucken laßen — da doch von ihm venetianische Ausgaben bis in den Dezember des Jahrs 1485 bekannt sind — zu verfallen, könne folgendermaßen erkläret werden: Radtolt kam gegen das Ende 1485 oder gleich Anfangs 1486 nach Augsburg, fieng allda sogleich mit dem Druck des Breviers an, indeßen Bischof Johann von Werdenberg vor deßelben Vollendung das zeitliche verlaßen hat. Das Jahr darauf 1487 lieferte er das Obsequiale — S. Zapf p. 78. 79 — wo aus dem Vers: Presul Johannes hoc monuit &c. zu sehen ist, daß ihm auch dieser Bischof den Druck des Breviers noch befohlen habe, und weil vom Jahre 1486 noch kein Druck mit der Jahrzahl von ihm gefunden worden, so mag er damahls diß Brevier gedruckt haben.

Basel.

Folgende Bücher sind allda ohne Bemerkung des Jahrs, Orts und Druckers erschienen

   A. von Berthold Rodt,
   B. von Bernard Richel.
   C. von Michael Wenßler,
   D. von Jakob de Pfortzen.

A. von

A. von Berthold Rodt.

35) Biblia latina. II. Theile in einem Band. in gr. Fol.

Diese sehr alte und seltene Ausgabe hat Masch in edit. biblioth. sacr. le Long. P. II. Vol. III. sehr unkennbar angezeigt. Deutlicher hat sie Herr Braun in dem I. Th. S. 53. beschrieben. Unser Exemplar ist, wie jenes der Herren Gebrüder Veith Buchhändler in Augsburg, in einem Bande gebunden. Der erste Theil geht bis auf die Parabeln Salamons. Zu Ende deffelben wird in unserm Exemplar folgende sehr alte Handschrift sichtlich mit eben der rothen Dinte und Feder, mit welchen die übrigen Rubricken und Anfangsbuchstaben gezeichnet sind, geschrieben: Explicit psalteriu. 1. K. A. K. — 1474 — welches die Vermuthung des Hrn. Braun, als wenn dieses Werk schon 1465 ausgefertiget worden sey, so ziemlich unwahrscheinlich macht. Die Typen kommen ziemlich genau mit den tab. IV. num. 1. von Pf. Braun gelieferten überein. Daß sie aber dem Berthold Rodt zugehören, muß ich einsweilen auf Treue und Glauben des von Hrn. Braun angeführten Gewährsmannes vermuthen.

36) S. Gregorii M. Moralia in librum Job. in gr. Fol.

Diese Ausgabe wird von Denis in supplem. Annal. Maittaire n. 5039 angezeigt. Herr Braun hat sie I. Th. S. 54. weitläuftig beschrieben, nur in der Angabe der Zeilen von einer jeden Columne hätte er 48 statt 45 anzeigen sollen.

Uebrigens sind die Typen dieser Ausgabe jenen in dem eben beschriebenen ersten Theile der Bibel zwar ähnlich, aber nicht gleich. 50 Zeilen in jener nehmen nicht mehr Raum ein als 48 in dieser. Sonderbar genug! — Ich kann mir dieses Räthsel nicht auflösen. Sollte etwann Rodt schon mit dem heute sehr oft in Ausübung gebrachten Kunstgriffe bekannt gewesen seyn, durch Einschaltung papierner, oder hölzerner Streifen oder Späne zwischen zwey Linien die Columnen bey gleicher Anzahl der Linien zuerhöhen? — —

B. Bernard Richel.

37) Bibliorum Pars II da. von den Parabeln Salamons bis zur Apokalypse. gr. Fol.

Der Num. 35 beschriebene erste Theil macht mit diesem nur einen Band aus, und sind beede Theile sehr wahrscheinlich von beeden Buchdruckern ursprünglich bestimmt worden ein einziges Bibelwerk auszumachen. Der Minikulator des ersten Theils hat auch diesen zweyten rubrizirt. Die Typen haben mit den Richelischen auffallende Aehnlichkeit. Ich verglich sie mit den Typen, welche Richel 1476 zur

Ausgabe des Decreti Gratiani gebraucht hat, und fand nur diese Verschiedenheit, daß 48 Zeilen in dieser Bibel eine Höhe einnehmen, auf welcher im Decreto beynahe 49 Zeilen stehen. Ob diese Bemerkung von einer Erheblichkeit sey, lasse ich unentschieden.

Uebrigens enthält dieser Theil 216 Blätter. Das alte Testament endet sich auf der zweyten Columne des 130ten und nicht 120ten Blattes, welches vermuthlich in des Hrn. Brauns Beschreibung ein Druckfehler seyn wird.

38) Biblia sacra latina. II. Tom. gr. Fol.

Dieses ist die erste vollständige Bibel, welche Michel ohne seinen Namen zu nennen, in Basel gedruckt hat. Eine hinlängliche Beschreibung davon hat Herr Seemiller fasc. I. S. 65. geliefert. Die Columnen haben 49 Zeilen, und haben doch genau eben die Höhe, wie die der unmittelbar vorhergehenden beschriebene Columnen; kurz: — dieses, das vorige, die Bibel von 1475 und das Decretum Gratiani, haben so viele Aehnlichkeit in den Typen, daß man sich nicht erwehren kann, sobald von einem die Richelische Herkunft erwiesen ist, auch die übrigen dem Michel zuzuurtheilen: und dennoch zeigt sich nach genauerer Vergleichung, daß ein jedes dieser Werke mit Typen von einem verschiedenen Guße sey gedruckt worden.

39) Viola sanctorum. in kl. Fol.

In der Aehnlichkeit kommen die Typen dieser Ausgabe mit allen in den vorigen Num. 37. 38. gemeldten überein, in der vollständigen Gleichheit aber nur mit der Bibel-Ausgabe von 1475. Doch mangeln hier noch die Initialbuchstaben bis auf den allererstsen, welcher ein S. ist, zwar in Richelischer Manier geschnitten, aber sehr unzierlich.

Der oben angeführte Titel steht zu Anfang. Unmittelbar darauf folgt eine kurze Einleitung. Darauf nimt das Werkchen selbst mit dem Feste der Beschneidung Christi seinen Anfang. Auf der 27ten Zeile der Kehrseite des 7ten Blattes endet sich der erste Monath Jänner. Das Ganze beträgt 92 Blätter. Ohne Custoden, Seitenzahlen, Anfangsbuchstaben, und Signaturen. Die Zeilen, deren jede Seite 33. hat, laufen ununterbrochen fort. Die Tage der Wochen sind am Rand mit den ersten Buchstaben des Alphabeths angezeigt. Am Ende wird mit den Worten: Explicit viola sanctorum der Beschluß gemacht.

Denis hat diese Ausgabe in supplem Annal. Maittaire num. 6152 kurz angezeigt.

40) Johannis Astexani Ord. Min. summa de casibus conscientiae. in gr. Fol.

Von dieser Ausgabe giebt Denis in dem eben angeführten Werke num. 4262. gute Nachricht. Ich darf daher nur noch weniges hinzusetzen: z. B. daß die

Typen

   21

Typen genau mit jenen überein kommen, mit welchen Richel 1476 die Marginal-
gloſſen zum Decreto Gratiani lieferte; ingleichen, daß zwey Holzſchnitte ganz nach
Richeliſcher Manier vorkommen, der erſte nämlich bey dem VI. und der andere bey
dem VIII. Buch. Die Columnen haben auch nicht durch das ganze Werk 62 Zeilen,
indem ich nach dem 200ten Blatte auf mehrern, die ich zählte, nur 61 antraf.
Das Ganze beträgt 432. Blätter. Am Ende ſteht folgende Unterſchrift: Expliciunt
rubrice diverſorum voluminum Juris civilis ſecundum ordines alphabeti a fratre
Aſtexano poſite ſive compilate.

    Uebrigens zweifle ich, ob dieſe Ausgabe der Cölner, welche Freytag in
adparat. litter. P. I. p. 577 anführt, und ihr nach der Mentelinischen den zweyten
Rang einräumt, denſelben nicht ſtreitig mache! —

C. Michael Wenſler.

Mit Seitenzügen an den V Borſten an den H gezängelten N u. ſ. w.
durchaus.

41) Boetius de conſolatione philoſophie. in kl. Fol.

Von dieſer ſchönen Ausgabe konnte ich nirgends eine Anzeige finden.
Herr Zapf führt in den Merkw. ſeiner Bibliothek I. Stück S. 86. die Nürnberger
Ausgabe von dem Jahre 1473 an, und nennet ſie die erſte, ich zweifle aber, ob
die vor mir liegende, welche alle Merkmaale eines ſehr hohen Alters beſitzt, nicht um
einige Jahre früher die Preße verlaſſen habe. Sie iſt einem MS. beygebunden, deſſen
Einband uralt iſt, und nach der Anzeige auf der innern Seite des Deckels a𝑜: LXV.
unſerm Kloſter iſt legirt worden, und nicht einmal beſchnitten iſt.

    Sie fängt ohne allen Titel, oder Aufſchrift ſogleich an:

    Carmina, que quondā ſtudio florēte pegi ł
    Flebiles (heu) meſtos cogor inire modos.
    Ecce, mihi lacere dictāt ſcribēda camene.
    Et veris elegi fletib) ora rigant. &c.

Nach den 11 Diſtichen, welche nicht wie gewöhnlich unter einander geſezt ſind, fängt
die Proſa, gleichfalls ohne Aufſchrift an: Hec dum tacitus mecum ipſe reputarem
querimoniamq̃ lachrimabilem ſtili officio deſignarem &c. Auf der Rehrſeite des
8ten Blatts fängt das zweyte Buch mit der Aufſchrift, ſeq'tur pſa p'ma ſōdi libri
an. Das Ganze enthält nicht mehr als 52 Blätter, und wird mit folgender Unterſchrift beſchloſſen;

Ille mea de prora in littus iactet' aptum
Anchora. parva cadant ducētia vela faſelum.
Finit liber bohecii
de coſol'one ph'ie.

Indem wir die Nürnbergiſche Ausgabe von 1473 beſitzen, habe ich ſie mit einander verglichen, fand aber in Beeden, was den Text betrift, keinen weſentlichen Unterſchied, deſto mehr aber in dem Aeuſern des Druckes; indem jene ſchon mit Titeln, und Endſchriften vor und nach den Büchern verſehen iſt, die Metra und Proſae durchgehends angezeigt, und ſogar ſchon in das Deutſche überſetzt ſind, welches alles in dieſer vermißt wird. Gleichfalls mangeln die Anfangsbuchſtaben, Blattzahlen, Cuſtoden und Signaturen. Die Zeilen, davon 30 auf einer Seite ſtehen, laufen ununterbrochen fort.

42) Tractatus de modo perveniendi ad veram et perfectam Dei et proximi dilectionem a Carthuſiano quodam editus. in 4to.

Dieſe Ausgabe haben Herr Seemiller faſc I. Seite 154. und Braun I. Th. S. 57 hinlänglich beſchrieben. In des letztern Herrn Bibliothekars Beſchreibung findet ſich in der Angabe der Blätterzahl ein Fehler; es ſollte nämlich 124 ſtatt 142 Blätter heiſſen. Denis in ſupplem. Annal. Maittaire hat dieſe Ausgabe n. 4574 angezeigt und gleichfalls dem Wenſler zugeſchrieben.

43) Vocabularius utriusque Juris. In gr. Fol.

Denis führt in ſupplem. Maittaire S. 692. 693. mehrere Vocabularia Juris utriusq; an, es kommt aber keines derſelben mit dem gegenwärtigen überein, dafür wird eine hinlängliche Beſchreibung in Herrn Brauns I. Th. S. 57 davon gefunden. In unſerm Exemplar wird ſowohl zu Anfang als zu Ende folgende ſehr alte und merkwürdige Handſchrift geleſen: Iſte liber eſt monaſterii S. Magni in faucibus alpiū 1 8 ^ 3 (1473). Dieſe Handſchrift nannte ich aus der Urſache merkwürdig, weil ſie den ſicherſten Beweis darbiethet, daß Wenſler nicht erſt im Jahre 1476 wie Maittaire bemerkt, oder um ein Jahr früher 1475 wie Herr Braun meldet, mit der Ausübung der Buchdruckerkunſt den Anfang gemacht habe, indem, da ſie ſchon im Jahre 1473 in unſer Stift kam, ſie wenigſtens in eben demſelben Jahre, oder wohl gar ſchon ein Jahr früher gedruckt worden ſeyn muß.

44) Joannis Nider Ord. Praed, Manuale Confeſſorum. In Fol.

Hierüber ſehe man Herrn Brauns I Th. S. 58.

45) Joan-

45) Joannis Nider Ord. Praed. Tractatus de morali lepra. in Fol.

Diese Ausgabe ist zu der unmittelbar vorhergehenden gebunden, und mit eben den Typen auf ununterbrochenen Zeilen gedruckt. 68 Blätter stark. Ohne Anfangsbuchstaben, Custoden u. s. w. Den Anfang macht die Vorrede mit der Aufschrift: Incipit Tractatus de morali lepra fratris Johañis Nyder sacre theologie professoris ordinis pdicato4. Der Beschluß wird mit der 13ten Zeile der Kehrseite des letzten Blattes also gemacht: Et sic de lepra morali dixisse sufficiat &c. Das Papier ist sehr weiß und stark, und jede Seite enthält 34 Zeilen.

46) Speculum sapiencie beati Cirilli episcopi alias quadripartitus apologieticus vocatus. In cuius quidem proverbiis omnis et tocius sapiencie speculum claret. Feliciter incipit. in Fol.

Diese ist die Aufschrift des 61 Blätter starken Werkchens. Es ist mit den nämlichen Typen gedruckt, wie die vorhergehenden. Hinlänglich hat es Herr Seemiller fasc. II. S. 165. beschrieben. Herr Straus hat es gleichfalls in Monum. Rebd. S. 31. angezeigt. Denis bemerkt es in supplem. Maitt. n. 4760. und setzts in das Jahr 1470.

47) 1) Expositio veñerabilis magistri heinrici de hassia, sup do-micam orationem. 2) Exposicio herici de hassia sup ave maria. 3) Incipit exposicio beati Augustini episcopi super symbolum. 4) Incipit sermo beati Augustini episcopi super orationem dominicam. 5) Incipit suma edita a sacto Thoma de aquino De articulis fidei et ecclesie sacramentis. 6) Incipit tractatus de periculis que contingunt circa sacramentum euchariftie et de remediis eorundem ex dictis sancti Thome de aquino. 7) Incipit tractatus Thome de judeis ad petitionem comitisse Flandrie. in Fol.

Diese 7 Traktate, von denen ich die Aufschriften genau abgeschrieben habe, finden sich in unserm Exemplar in der angeführten Ordnung. In demjenigen, welches Herr Seemiller fasc. I. S. 154. aus der Ingolstädtischen Bibliothek beschreibt, fehlt das letzte Werkchen. — Alle zusammen sind mit den oben beschriebenen Wenßlerischen Typen gedruckt. Hr. Seemiller hält sie für Richelische, aber eine genauere Vergleichung dürfte ihn eines bessern belehren.

Das

Das 1) eine Quinterne, deren letzte Seite leer ist. 2. 3. 4) eine Quinterne, die sich doch in der Mitte abtheilen ließ. 5. 6. 7) zwey untheilbare Quinternen. Das letzte Blatt aber ist ganz leer. Am Ende stehen die Worte: Et sic est finis.

Der Band unsers Exemplars ist zwar neuer. Zu Ende steht 1473. mit neuerer Schrift. Ich vermuthe daher, daß diese Jahrzahl ursprünglich am Deckel angebracht gewesen sey, nachdem nun derselbe mußte weggeworfen werden, kann der ehemalige Besitzer für seine Notiz die Jahrzahl an das letzte Blatt umgeschrieben haben.

48) Wilhelmi Episcopi Lugdunensis Ord. Praed. summa, seu Tractatus de vitiis. in Fol.

Diese schöne Ausgabe wird von Denis in supplem. Maittaire num. 6200 angeführt, ingleichen auch von Hrn. Seemiller fasc. I. S. 154. Die Typen betreffend gilt eben das, was ich bey den unmittelbar vorhergehenden Werkchen anmerkt habe.

49) S. Leonis I. Papae sermones. in Fol.

Diese dem innern und äußern Gehalt nach schätzbare Ausgabe hat Hr. Braun I. Th. S. 56. hinlänglich beschrieben. Maittaire und Denis in supplem. annal. Maitt. blieb sie unbekannt.

Uebrigens sind die Typen dieser Ausgabe von jenen der vorherbeschriebenen Wenßlerischen unterschieden. Sie ist nämlich mit jenen, womit Wenßler 1476 Institutiones Justiniani und Clementinas herausgab, gedruckt. Die V. sind ein neuer Guß, und haben linker Hand oben und unten die Ansätze nicht mehr, wie in den vorigen Ausgaben. In des Caldrini Repertorio Juris von 1474 kommen diese V. noch vor, doch sind in den meisten schon diese Ansätze weggestutzt, wie man's noch an den Ueberbleibseln sehen kann. Auch haben die H. Q. G. selten mehr hervorragende Spitzen an der linken Seite. Die Textschrift ist auch runder, gleicher und etwas stärker, so daß eine Columne von 40 Zeilen in diesem Werke um einen halben Buchstaben höher ist, als eine von eben so viel Zeilen in einem der vorherbeschriebenen Werke.

D. von Jakob de Pfortzen.

50) Grammatica Nicolai perotti cū additionibus regularū: et metrice artis Guarini Veronesis perfacudi viri lucidissime perspecta. in 4to.

Obiger Titel wird auf der ersten Seite des ersten Blattes mit großer Schrift gedruckt gelesen. Darunter steht eben der Holzschnitt, auf welchem ein geflügelter Genius in einem langen Kleide und einem Blumenkranz auf dem Haupt, in beyden Händen Wappenschilde tragend vorgestellt wird, wie er zu Anfang der Gramatica Francisci Nigri. Basileae per Jacobum de Pfortzen 1499. angetroffen wird, und vermuthlich in diesem sowohl, als in jenem die Wappen des Druckers anzeigt. Mit dem zweyten Blatte fängt die Vorrede — vielmehr Zueignungsschrift — mit folgender Aufschrift an: Paulus Malleolus Andelocensis Egidio delpho oratori disertissimo: sacrarum litterarum studioso interpretatori. S. D. Darauf nimmt das Werk selbst mit Fol. III. seinen Anfang. Voran steht die rothgedruckte Ueberschrift: Nicolai Perotti pontificis Sypontini ad Pyrrhum Perottum nepotem ex fratre suavissimum: erudimenta gramatices. Die Blattzahlen laufen bis CXI. fort; dann folgt auf zwey Blättern de arte Diphtongandi. Am Ende dieser Materie wird folgende Schlußanzeige gelesen: Nicolai Perotti opusculum rudimentorum gramatices: et artis metrice eiusdem: ceterorumq3 in titulo libri positorum: finit feliciter. Endlich macht das 8 Blätter starke Register den Beschluß. Die Custoden allein fehlen. Der Druck ist eine kleine, nicht gar gut ins Aug fallende Mönchschrift.

Cöln.

A. von Johann Coelhoff *de Lubeck.*
B. mit Typen, welche Herr Braun *Tab. IV. N. VII. characteres colonienses* nennet.
C. von Heinrich Quentell.

51) S. Thomae Aquinatis quaestiones X. de potentia dei disputatae. in Fol.

Gegenwärtige Ausgabe, die sehr viele Merkmale eines sehr hohen Alters besitzt, hat Herr Braun in dem ersten Theil S. 68. hinlänglich beschrieben.

52) Vincentii Bellovacensis Ord. Praed. speculum morale. in gr. Fol.

Der Anfang wird mit einem drey Blätter starken alphabetischen Sachenregister gemacht. Darauf fängt das Werk selbst mit folgender Aufschrift an: Speculi moralis dñi Vicentii doctoris egregii ordinis autem predicatorum in quo moraliter et pulchre narrantur omni statui convenientia liber primus incipit feliciter. Das erste Buch endet sich auf der 41ten Zeile der dritten Columne des 224ten Blattes mit der Unterschrift: Vincentii Beluacensis speculi moralis liber primus finit feliciter. Das ganze Werk wird auf der 55ten Zeile der ersten Columne des letzten Blattes beschlossen. Darunter stehen die Worte:
Speculum Morale Finit.

Das Ganze ist auf gespaltnen Columnen, davon eine jede 58 Zeilen fasset, mit kleinen gothischen Typen gedruckt, welche jenen, davon Herr Braun Tab. IV. N. VI. ein gut gerathenes Muster geliefert, ganz gleich kommen. Große Anfangsbuchstaben — deren der erste 12 Zeilen in der Höhe beträgt — Blattzahlen, Custoden und Signaturen fehlen. Die Columnentitel sind da. Außer dem Schluß = und Doppelpunkt wird kein Unterscheidungszeichen angetroffen. Das Papier ist sich nicht durchgehends gleich, indem bald eine Lage ziemlich weiß und glatt, die andere hingegen sehr stark, rauh und bräunlicht vorkommt. Die Papierzeichen sind eine Krone und ein kleiner Ochsenkopf mit einer kurzen Stange, die sich oben in ein Kreutz endet. Das Ganze ist 506 Blätter stark.

Uebrigens ob diese Cölnische Offizin auch noch die übrige specula Vincentii geliefert hat, weis ich nicht; fand auch von dem gegenwärtigen Titel bey meinen Litteratoren gar keine Anzeige.

B. mit den Typen, die in des Herrn Brauns Tab. IV. N. VII. zu sehen sind.

53) Johannis de Turrecremata Card. S. Sixti contemplationes in Fol.

Diese Ausgabe wird von Herrn Braun I. Th. S. 63. beschrieben, und als sehr alt und selten angerühmt.

54) Jacobi Ord. Eremit. S. Augustini sophilogium, seu de amore divinae sapientiae libri III. in Fol.

S. gleichfalls Herrn Braun l. c. S. 64. Auf der Kehrseite des 21ten Blattes wird das griechische Alphabet nach der Aussprache angeführt, diese weicht von der jetzigen vieles ab: z. B. Bitha, Epenthe (Epsilon) Zitha, Itha, Thita, ottomega (omega) u. s. w.

C. von Heinrich Quentell.

45) Copulata pulcerrima in novam logicam Arestotelis textum simul impressum luce clarius exponentia secundum viam preclarissimi philosophi ac fundatissimi logici sancti Thome Aquinatis. quorum frequens exercitium est apud magistros in florentissimo studio Coloniensi bursam montis regentes. in Fol.

Obiger Titel wird auf der ersten Seite des ersten Blattes gelesen. Auf der Kehrseite steht das Breve Pabst's Urban V. mit der Ueberschrift: cum pleri-

plerique os in celum levantes fanam doctrinam fancti Thome fophiſtice impugnent, ac cam dentibus frementibus lacerare non ceſſent. ideo ad confutandum eorum errores confirmatio et approbatio apoſtolica Urbani quinti doctrine doctoris prefati cernitur hic ſubtus impreſſa. Mit dem zweyten Blatt fängt das Werk ſelbſt mit einem nach Quentells Manier geſtochenen Holzſtich, einer dreyfachen Krone nämlich, an. Die Aufſchriften Primus — Secundus Liber Priorum nebſt den Blattzahlen ſtehen oben am Rand. Auf der britten Columne des mit LXVI. foliirten Blattes endet ſich der erſte Theil mit folgender Unterſchrift: Finit textus libri Prio4 cum copulatis. Unmittelbar darauf nimmt auf der vierten Columne des LXVI. Blattes Liber Primus — Secundus Poſteriorum mit eben dem voranſtehenden Holzſchnitte ſeinen Anfang. Am Ende ſtehen die Worte: Explicit ſcd'us liber poſterio4 Areſtotelis. Die Blattzahlen, welche durch beede Werke fortlauſen, gehen bis CXXVI. In 2 Columnen. Mit Signaturen, doch ohne Cuſtoden. Der Ariſtoteliſche Text iſt mit einer etwas gröſſern, der Kommentar hingegen mit kleinerer doch ſehr deutlichen Mönchſchrift gedruckt.

56) Liber Thopicorum Ariſtotelis. in Fol.

Die äuſſere Geſtalt iſt von jener der unmittelbar vorherbeſchriebenen in keinem Stücke verſchieden. Der gedachte Holzſchnitt mit den drey Kronen ſteht zu Anfang, worauf ſogleich das Werk ſelbſt anfängt: |:C:| Irca initiu libri thopicor4 Areſtotelis Querita primo. &c. Das Ganze beſteht aus 8 Büchern, welche LXIIII. Blätter ausmachen. Auf der vierten Columne des letzten Blattes wird mit folgender Unterſchrift der Beſchluß gemacht: Et in hoc finitur liber Thopicorum Ariſtotelis. de quo fit benedictus glorioſus deus in excelſis.

57) Queſtiones magiſtri Johannis Verſoris ſuper methaphiſicam Areſtotelis cū textu eiusdem. in Fol.

S. hierüber Hrn. Brauns II. Th. S. 16.

58) Copulata ſuper libros de Anima Areſtotelis cum textu juxta doctrinam excellentiſſimi doctoris ſancti Thome de Aquino hic continentur. in Fol.

Der angeführte Titel ſteht auf der erſten Seite des erſten Blattes, und iſt mit groſſen, Miſſalettern ähnlichen Typen gedruckt. Die Kehrſeite füllet eine Tabelle, in welcher die Seelenkräfte tabellariſch auseinander geſetzt ſind. Das zweyte Blatt fängt ebenfalls mit dem bekannten Holzſchnitte der dreyfachen Krone an. Oben am Rand befinden ſich die Aufſchriften: queſtiones Primi — Secundi — Tertii |:libri:| de anima Areſtotelis Folio &c. Auf der zweyten Columne des LXXXI. Blattes endet ſich das Werk folgender Maßen: Nota diligenter viſa et et peruigili cura iterum emendata circa tres libros de Anima Arefto. Lamberti de monte artium magiftri ac facre theologie profefforis juxta doctrinam infignis et fancti doctoris Thome de Aquino ordinis fratrum predicatorum expliciunt feliciter. Dann beginnt auf der dritten Columne eben deſſelben Blattes die Tabula über alle drey Bücher. Zu Ende derſelben: Explicit tabula omnium queſtionum huius libri de Anima Areſtotel'.

Uebrigens hat dieſe Ausgabe die äußere Einrichtung mit den vorigen gemein, und iſt ganz ſicher ein Product der Quentell'ſchen Offizin. Das erſte und letzte Blatt ſind nicht mit Blattzahlen verſehen, ſo, daß das Ganze 83 Blätter beträgt.

59) Queſtiones ſubtiliſſime in via ſancti Thome magiſtri Johannis ỹſoris ſuper libros de celo et mundo Areſtotelis cum textu eiusdem circa ſingulas queſtiones ſollerter inſerto. in Fol.

Obiger Titel wird auf der erſten Seite des erſten Blattes angetroffen. Die Kehrſeite enthält einen Brief der Pariſer Univerſität mit der Aufſchrift: Epiſtola univerſitatis Pariſienſis in favorem et laudem maximam atq3 extollentiam ſane doctrine ſancti doctoris Thome Aquinatis incipit feliciter. Der Beſchluß deſſelben heißt: Datum apud Bertilliacum anno domini. m. ccc. XXV. die iovis ante ſacros cineres. Mit dem zweyten Blatt nimmt das Werk ſelbſt ſeinen Anfang. Oben am Rand laufen die Aufſchriften: Liber Primus — Quartus De celo et mundo durchaus. Auf der erſten Columne des 42ten und letzten Blattes — welches aber ſammt der erſten nicht foliirt iſt — wird mit der 20ten Zeile das Werk alſo beſchloſſen: Et hec de qſtionibus magiſtri Joh'is verſoris ſuper libros de celo et mundo Areſtotelis dicta ſufficiant. Der übrige Raum des Blatts enthält die Titulos queſtionum und authoritates. Die Typen und die äuſſerliche Einrichtung des Druckes kommen mit den vorigen überein.

60) Queſtiones Verſoris ſuper parva naturalia cum textu Areſtotelis. Item liber S. Thomae de ente et eſſentia. denique Tractatus oſtendens concordantiam S. Thomae et Alberti, in quibus ſibi ipſis contrarii eſſe dicuntur. in Fol.

Auf der erſten Seite des erſten Blattes wird nebſt dem obigen Titel des erſten Werkes noch folgendes geleſen:

Quatuor ſunt libri paruo4   Senſu et ſenſato
naturaliu. ſcilicet liber de   Memoria et remiſcentia
    Sofio et vigilia
    Longitudine et brevitate vite.

Die

Die Kehrseite ist leer. Mit dem zweyten Blatt nimmt das Werk seinen Anfang. Die Anfangsbuchstaben mangeln. Statt des ersten ist leerer Raum gelassen, der in der Höhe 7 Zeilen beträgt. Zwischen den Typen dieser und der vorigen Werke wird man keinen Unterschied gewahr, daher es auch sicher der Offizin des fleißigen Quentells zu Cöln darf zugeschrieben werden. Mit der vierten Columne des 27sten Blattes endet sich das erste Werkchen, nach deſſelben Regiſter wird folgende Unterschrift gelesen: Finis libro4 parvo4 naturaliũ. Sequit^o liber de ente et eſſentia ſancti Thome. Dieses Werkchen fängt auf dem folgenden Blatt, welches mit XXVIII. foliirt ist, an. Zu Anfang führt es folgende Aufschrift: Tractatus compendiosus sancti Thome de ente et essentia seu de quidditatibus rerum intitulatus recolligens uberiores flores metaphisice á philosophis hinc inde sparsim plantatos. Auf der zweyten Columne des LVI. Blattes wird es mit folgender Schlußanzeige geschlossen: Comentatio venerabilis viri artium magistri necnon sacre theologie profesſoris eximii Gerhardi de Monte a quo bursa montis Colonie sita infra sedecim domos primevam sumpsit denominationem compilata circa compendium de quidditatibus rerum. quod edidit sanctus Thomas de Aquino. insignis peripathetice veritatis interpres. hic feliciter terminatur cum textu simul interposito. Unmittelbar darauf fängt die Tabula questionum dieses Werkchens an. Nach dieser folgt auf der vierten Columne eben dieses Blatts das dritte Werkchen mit der Aufschrift: Tractatus oſtendens concordantiam sancti Thome et venerabilis domini Alberti in multis, in quibus dictantur eſſe contrarii. Alle diese 3 kleine Schriften sind zuſammen 68 Blätter ſtark. Am Ende der letzten wird folgende Unterschrift gelesen: Tractatus preclariſſimi viri studii Colonienſis artium ac ſacre theologie profesſoris eximii magiſtri Gerhardi de Monte. oſtendens sanctum Thomam et venerabilem Albertum in queſtionibus inibi contentis non eſſe contrarios finit feliciter. Darauf macht auf der zweyten Columne des letzten Blattes eine kurze Tabula der letzten Schrift den Beſchluß. Von dieſen 6 Werkchen iſt noch zu bemerken, daß ſie ſich in zween Bänden befinden, in denen mitunter auch einige Cölniſche Ausgaben, welche mit den nämlichen Typen und äußerlichen Eigenſchaften ſowohl, als mit der Anzeige der Jahre 1493 und 1494. des Ortes Cöln, und des Druckers Quentells verſehen ſind, ſtehen, daher man ſchließen kann, daß auch gegenwärtige um eben dieſelbe Zeit herum die Preſſe mögen verlaſſen haben.

61) **Copulata totius nove logice Areſtotelis. in Fol.**

Obiger Titel wird auf der erſten Seite des erſten Blattes gelesen. Die Typen, und die übrige äußerliche Einrichtung iſt wie in den vorherbeſchriebnen beſchaffen. Die ganze Ausgabe beſteht in einem eignen Band, und enthält Primum et secundum libros Priorum, primum et secundum Poſteriorum, et octo libros Thopicorum. Alle zuſammen machen 21 Lagen aus, die mit a — x ſigniret ſind. Der Beſchluß wird auf der zweyten Columne des achten Blattes der letzten Quaterne mit folgenden Worten gemacht: Et in hoc finitur liber Thopicorum Areſtotelis. de quo sit benedictus gloriosus deus in excelsis. Sequitur liber Elenchoru. Die Kehrſeite iſt ganz leer gelaſſen.

62) Are-

62) Areſtotelis liber primus et ſecundus Elenchorum. in Fol.

Dieſes Werk iſt zu dem vorigen gebunden, und fängt ohne allen Titel an, kann aber dennoch von dem vorigen getrennt werden, und für ſich ſelbſt als ein Ganzes beſtehen. Die Signaturen fangen mit a. i. an, und enden ſich mit f. Zu Anfang ſteht oben am Rand mit gröſsern Typen: Incipit liber Elenchorum. Der Beſchluß wird auf der erſten Columne des 6ten Blattes der letzten Lage — die eine Ternion iſt — mit nachſtehender Unterſchrift gemacht: Copulata libri elenchorum et totius nove logice diligenter viſa et peruigili cura aufcultata circa predictos Areſtotelis libros. ſecundum proceſſu et doctrinam magiſtrorum regentium Colonie in burſa lamberti de monte Artium magiſtri et ſacre theologie profeſſoris juxta doctrinam inſignis et ſancti doctoris Thome de Aquino ordinis fratrum predicatorum expliciunt feliciter.

Uebrigens haben die zwey beſchriebene Ausgaben keine Anfangsbuchſtaben noch Blattzahlen, noch Cuſtoden. Einige dieſer bisher angezeigten Cölniſchen Ausgaben werden auch in Hrn. Denis Supplementen zum Maittaire zerſtreut gefunden.

63) Epitomata ſive reperationes logice veteris et nove Areſtotelis juxta viam et expoſitionem venerabilis domini Alberti doctoris magni: acerrimiq3 ph'i: ad utilitatem et uberiorem profectum ſcolarium ac artium Baccalauriorum burſam Laurentii vulgo appellatam. in famoſiſſimo Agrippinenſis Colonie gymnaſio viſitantium feliciter incipiunt. In 4to.

Obigen Titel lieſt man auf der erſten Seite des erſten Blattes. Darunter iſt ein Holzſchnitt nach Quentells Manier, nämlich ein Lehrer auf der Kanzel, und unterhalb vier Schüler in einem Bank, ober denſelben ſtehen die Worte: Albertus magnus cum diſcipulis ſuis. Auf der Kehrſeite fängt das Werk ſelbſt an. Der erſte Anfangsbuchſtabe mangelt, deſſen leerer Raum beträgt in der Höhe 11 Zeilen. Oben am Rand werden die Aufſchriften: Reparationes predicabilium Porphyrii — Reparationes predicamentorum Areſtolis — Reparationes ſex principiorum gilberti und Reparationes Primi — ſecundi perihermenias geleſen. Blattzahlen und Cuſtoden fehlen, hingegen finden ſich die Signaturen a — x ein. Auf der Kehrſeite des 17ten Plattes wird in einem Holzſchnitt der arbor Porphyriana vorgeſtellt. Das Ganze beſteht aus 121 Blättern. Am Ende: Epitomata (q˙comuni vocabulo reperationes lectionum et exercitiorum vocantur) totius veteris artis ad profectum et utilitatem ſcolarium. in via domini alberti ſtudere cupientium ſumis diligentia et laboribus collecte feliciter finiunt.

64) Manuale parrochialium (sic) sacerdotū multū perutile. In 4to.

Mit obigem Titel, der mit größern Typen, als das folgende gedruckt ist, fängt das Werkchen an. Unter demselben steht der in dem vorigen beschriebne Holzschnitt, doch mit einiger Veränderung, indem hier nur zwey Schüler, und ein fliegender Zettel mit der Aufschrift: Accipies tanti doctoris dogmata sancta, gefunden werden. Auf der Kehrseite folgt das Verzeichniß der 16 Kapitel mit der Ueberschrift: capitula in isto libro contenta sunt ista. de sancta synodo capl'm primū. de sententia excomunicatois XVI. Der Druck ist von dem vorhergehenden in keinem Stücke verschieden. Das Ganze macht 9 Blätter aus, und endet sich auf der ersten Seite des letzten Blattes mit den Worten: Explicit manuale parrochialium sacerdotum actum Anno domini. M. CC. LV. Auf der Kehrseite: Sequitur de allocutione sacerdotis et muti in inductione ad confitendum. Darunter stehen die casus reservati der Bischöfe, und des Pabstes. Letztere lauten also: Isti sunt casus papales. omnis devote debet veniam rogitare A papa. seriens clerum. salsarius urens. Ecclesiam. Symon. audens celebrare ligatus.

65) Textus sequetiarum cū optimo commeto. In 4to.

Obige statt des Titels angeführten Worte werden über eben dem Holzschnitte, den ich Num. 63. beschrieben habe, gelesen. Die Kehrseite ist leer. Das zweyte Blatt fängt ohne eine andere Aufschrift, als der oben am Rand stehenden: De Nativitate dñi. Foliu II. an. Der Text der Sequentien ist durchgehends mit größern gothischer Schrift als der Kommentar gedruckt. Mit dem CXXXIII. Blatt endet sich das Werkchen. Statt der Unterschrift wird nichts als Amen gelesen. Auf der ersten Seite des darauf folgenden Blattes folgt das Register mit der Aufschrift: Regirstrum sequentiarum secundum numerum foliorum. Darunter steht: Item septem ille sequentie, que sequntur sunt de beata virgine. s. Mittit ad virginem. Letabundus exultet. Verbum bonum: Hodierna lux. gaude Maria. Ave maria. Uterus virgineus. ut patet intuenti in fine opusculi. Diese Zugabe beträgt 12 Blätter, welche nicht mehr foliirt sind, und folgende Aufschrift oben am Rand haben: Sequentie de novo addite. Die letzte Sequenz ist auf das Fest des h. Petrus gerichtet; weil sie mir vor andern besonders gefiel, will ich dieselbe als Muster hier ausheben:

    Sicco pede calcas mare:
    malchum truncas: fles amare:
       dum pungit negatio.
    Sic dejectum patientis
    Et erectum resurgentis
       reintegrat visio.
    Ter confessus ter negatum
    gregem pascis ter donatum
       viam paras gentibus.

                Claudius

Claudus salit. et thabita
morte surgens calet vita.
    fide. verbo. precibus.
Infirmis umbra mederis.
Defraudantes graviferis
        conjunges supplicio.
Vinclis abis tu laxatis.
portis exis referatis
        Duce fretus previo.
Cecus videt mutus fatur
Languor fugit. duplex datur
        salus etiopie.
Funus surgit. magus cadit.
Confecrator rhomam vadit
        crucis et victorie.
Illum fequens pendens cruce
scandis celum quo te duce
        nobis detur aditus.
Janitor ingreffum pande
quo nos lucis non mutande
        foveat intuitus.

Darunter steht noch ein kurzer Kommentar und folgende Schlußanzeige: Et sic finiuntur sequentie de novo addite. Große Anfangsbuchstaben und Custoben fehlen, doch finden sich Signaturen. Die Zeilen laufen ununterbrochen fort. Der Druck und die äußerliche Gestalt ist eben so, wie in den Vorigen beschaffen.

66) Latinū ydeōa magri Pauli niavis pro parvulis editug. In 4to.

Zwey verschiedene Ausgaben dieses Werkleins hat Herr Braun in dem II. Th. S. 252. und 259. angezeigt. Gegenwärtige ist 13 Blätter stark, und fängt mit obigem Titel über einem Holzschnitt, den ich oben Num. 64. beschrieben habe, bloß mit dem Unterschied, daß auf dem fliegenden Zettel Accipies dogmata *sancti*, statt dogmata *sancta* gelesen wird. Das zweyte Blatt fängt mit einem Brief an, dessen Ueberschrift also heißt: Paulus niavis artium magister magnificis viris sapientique senatui Kemnicensi dominis suis plurimum colendis S. p. d. Mit der siebenten Zeile der ersten Seite des dritten Blattes endet sich der Brief, darauf das Werklein selbst mit folgender Ueberschrift beginnt: Latinum ydeoma magistri Pauli niavis pro pueris sub forma dialogi editum. Loquuntur enim pedagogus surgellus: ac iuvenis hortena nuncupatus. Die großen Anfangsbuchstaben, Custoben und Blattzahlen mangeln. Die Signaturen sind vorhanden. Eine jede ganze Seite enthält 36 Zeilen. Auf der Kehrseite des letzten Blattes wird der Beschluß nach der 25ten Zeile mit folgender Unterschrift gemacht: Finit hic ydeoma magistri Pauli Niavis pro parvulis editum. Der Druck ist in Rücksicht der vorigen

eine

eine etwas größere, stärkere und ziemlich gute Mönchschrift; doch vermuthe ich aus dem voranstehenden Holzstiche, der ganz nach Quentells Manier geschnitten ist, und zudem in desselben Ausgaben, besonders der kleinern Werklein, fast durchgehends angetroffen wird, sie möchte gleichfalls aus seiner Offizin gekommen seyn.

Deventer in den Niederlanden.

A. von Richard Paffroed.

B. mit Typen, welche denjenigen des Jakob *de Breyda*, eines Niederländischen Druckers, sehr viel gleichen.

67) Raymundi de Sabunde Theologia naturalis, seu liber Creaturarum. In Fol.

Gegenwärtige Ausgabe ist mit der Anzeige des Orts und Druckers versehen. Denis hat sie in seinen Supplementen zum Maittaire num. 5804. angezeigt, und weitläufig ist sie von Hrn. Braun in dem ersten Theil S. 69. beschrieben worden. In unserm Exemplar mag ein Naturverächter im vorigen Jahrhunderte die drey Blätter starke Vorrede herausgeschnitten haben, indem sie vermißt wird, und die Spuren davon noch sichtbar sind.

B. mit Typen, womit einige von Jakob de Breyda gedruckte Werke bekannt sind.

68) Evāgelia et epiſtole per totum annum tā de tempore quam de sanctis. in 4to.

Diese Ausgabe führt obigen Titel, welcher mit rother Farbe gedruckt auf der ersten Seite des ersten Blattes gelesen wird. Auf dem zweyten wird der Anfang des Werkes mit der Aufschrift: Epistolare et evangeliare per totum annum tam de tempore quam de sanctis gemacht. Die Zeilen laufen ununterbrochen fort, und stehen so weit von einander, daß immer zwischen zweyen Zeilen eine dritte stehen könnte, das zugleich in das Aug recht gut fällt. Auf einer jeden Seite befinden sich 22 Zeilen. Ohne Blattzahlen und Custoden. Die Anfangsbuchstaben und Signaturen sind von dem Drucker angezeigt. Der Druck ist eine mittelmäßig große und schöne Mönchschrift. Sie scheint mir ein Produkt einer Niederländischen Presse zu seyn, und zwar des Jakob de Breyda, deren einige in dem ersten Theile unter den Büchern mit der Bemerkung des Jahrs, Orts und Druckers sind angezeigt worden. Das Papier ist rauh, und sehr bräunlicht, überhaupt —

haupt — elend. Das Ganze beträgt 72 Blätter. Der Beschluß wird auf der ersten Seite des letzten Blattes ohne alle Unterschrift mit dem Evangelium de festo dedicationis Ecclcſiæ gemacht.

Denis hat eine Ausgabe dieſes Werkleins in ſeinen Supplementen zum Maittaire Num. 4857. angeführt; es läßt ſich aber nicht ſicher beſtimmen, ob jene Ausgabe eben dieſelbe ſey, weil er ſie bloß mit ein paar Worten angezeigt hat.

Zu Eßlingen einer Reichsſtadt in Schwaben ſind von Conrad Fyner de Gerhuſen folgende Bücher gedruckt worden.

A. mit feinen Typen.

69) Petri Lombardi magiſtri ſententiarum in epiſtolas S. Pauli gloſſa ordinaria. in gr. Fol.

Von der gegenwärtigen herrlichen und ſeltenen Ausgabe befindet ſich ein Exemplar in der Bibliothek des Reichsſtiftes St. Ulrich in Augsburg. M. ſ. Herrn Brauns I. Th. S. 73. In die Beſchreibung, welche der Herr Bibliothekar von ſeinem Exemplare gemacht, haben ſich nach dem unſrigen einige Fehler eingeſchlichen, der erſte davon liegt in der Angabe der Blätterzahl ſelbſt, indem ich nach öfters wiederholter Abzählung allezeit 206. ſtatt 205 Blätter fand; der zweyte findet ſich bey der erſten Epiſtel zu den Corinthern, welche nicht mit dem 93ſten ſondern 53ſten Blatte ihren Anfang nimmt.

Uebrigens verdient die ſehr alte Handſchrift, welche in unſerm Exemplar zu Anfang ſowohl, als am Ende geleſen wird, hier angemerkt zu werden, nämlich: Iſte liber eſt moſterii S. Magni in faucibus alpium emptus 1 ʌ ʌ 3 (1473). Dieſe ſchriftliche Anzeige mag eine ganz neue Entdeckung ſeyn, und den Anfang der Fynerſchen Druckerey viel früher beſtimmen, als bis jetzt von den berühmteſten Bibliographen, welche den Conrad Fyner erſt im Jahre 1475 zu drucken anfangen ließen, geſchehen iſt; Der Anfang der Fynerſchen Offizin darf daher ſicher in das Jahr 1472 geſetzt werden, indem gegenwärtiges ſtarke Werk ſchon 1473 gelauft worden iſt.

70) S. Joannis Chryſoſtomi Homiliae V. in Job a Lilio Tyfernate latine redditae. in Fol.

Dieſes Werkchen nebſt den unmittelbar daraufffolgenden machen eine Sammlung aus, bey welcher in unſerm Exemplar S. Thomae Poſtillae in Job. von 1474 mit der Anzeige, daß ſie aus Fyners Offizin kommen, voranſtehen.

Es besteht aus zwey Quinternen und einem Blatte, welches zugleich das erste Blatt der folgenden Quinterne ist, und auf der ersten Seite den Beschluß des gegenwärtigen, auf der Kehrseite aber das Register des folgenden Werkchens enthält, und also von demselben unzertrennlich ist. Ferner S. in. Herrn Brauns I. Th. S. 74.

71) Alberti M. Ord. Praed. liber de adhaerendo deo et ultima et fuperna perfectione hominis ad deum, quantum poffibile eft. In Fol.

Eine Quinterne, doch, wie gesagt, nimmt das Register die Kehrseite des letzten Blattes des vorhergehenden Werkchens ein.

In dem Exemplar, welches Herr Braun I. Th. S. 73 anführt, wird von dem Register nichts gemeldet.

72) Johannis Nider Ord. Praed. Tractatus de Contractibus mercatorum. In Fol.

Zwey Quaternen. Auf der Kehrseite des vorletzten Blattes fangen die Articuli contra impugnantes privilegia ordinis praedicatorum an. Herr Braun hat dieses Werkchen unter den Büchern mit der Anzeige des Jahres u. f. w. in dem I. Th. S. 165. beschrieben.

73) Joannis de Gerfona Conclufiones de diverfis materiis moralibus. in Fol.

Eine Quinterne — deren erstes Blatt aber ganz leer ist — und eine Quaterne S. Brauns I. Th. S. 74.

74) a. Tractatus de pdeftinacoe et reprobacoe divina Magiftri heinrici de gorichem facre theologie pfeffioris &c. In Fol.

75) b. Incipit Tractat9 mgri heinrici Gorichem de fymonia circa fepulturam accidete. In Fol.

76) c. Incipit determiaco quotlibetica mgri joh'is de mechilinia doctoris eximii. In Fol.

77) d.

77) d. De valore et utilitate missarum pro defunctis celebratarum per sacre theologie pfessore Jacobum ordinis carthusien edita. in Fol.

78) e. Johannis de Mechilinia queſtiones, utrum perfecta dei opera demonis malicia impediri poſſint? In Fol.

Diese 5 Tractätchen ſind unzertrennlich und könnten eigentlich unter den Werken, die 1474 gedruckt worden, ſtehen, da dieſe Jahrzahl zweymal vorkömmt. Die ganze Auflage beſteht in einer Quaterne und zwey Quinternen.

a. oder Num. 74 fängt mit dem angeführten Titel an und endet ſich auf der erſten Seite des erſten Blattes der erſten Quinterne mit folgender Unterſchrift: Explicit tractatus de predeſtinacoe et repbacoe divina compilatus per venerabilem viru heinricu de gorihem in artibus magiſtru. ac ſacre theologie pfeſſore eximiu in alma univerſitate ſtudii Colonienſis, Anno dñi m. cccc. LXXIIII. Auf deſſen Kehrſeite

b. mit dem angezeigten Titel ſeinen Anfang nimmt, und auf der erſten Seite des 7ten Blattes ſich mit den Worten: Amē. finit feliciter ſchließt. Auf der Kehrſeite dieſes Blattes fängt

c. oder Num. 76 mit dem oben ſtehenden Titel an. Der Verfaſſer behandelt in zween Sätzen die wunderliche Frage: utrum docti et indocti, clerici et laici; nobiles et plebei ſint immortales inimici? — Sein Beſchluß ſteht auf der erſten Seite des erſten Blattes der zweyten Quinterne, auf deſſen Kehrſeite das Regiſter zu

d. ſteht. Auf dem darauffolgenden Blatt fängt das Werkchen mit der obigen Aufſchrift an. Deſſelben Ende iſt auf der erſten Seite des 8ten Blattes dieſer Quinterne mit der Schlußſchrift: Et sic eſt finis huius operis. año m. cccc. LXXIIII.

e. oder Num. 78 beginnt mit obigem Titel und nimmt die übrigen 5 Seiten ein. Am Ende ließt man folgende Unterſchrift: Explicit determinaco Eximii et diſertiſſimi doctoris ſacre theologie Magiſtri iohañis de mechilinia habita in univerſitate colonieñ. in ſcolis artiſtarum in quotlibet.

79) Jacobi Carthuſiani monachi Quodlibetum ſtatuum humanorum. in Fol.

Gegenwärtige Ausgabe hat noch keine geſchnittene Anfangsbuchſtaben und iſt 69 Blätter ſtark. Am Ende der finalis excuſatio iſtius ſtehen die Worte: per

per discretum virum Johannem hug de göppingen. M. s. Herrn Braun I. Th. Seite 74.

Uebrigens scheint der Verfasser kein Verehrer der zu seiner Zeit am römischen Hofe herrschenden Mißbräuche gewesen zu seyn, wie solches aus dem ersten Artikel de Papa et eius curia zu sehen ist; allda spricht er wider dieselben mit einer solchen Freymüthigkeit und einem so erhabnen Wesen, doch ohne beissende Satyren, daß meines Erachtens wenige Schriften unsers aufgeklärten Jahrzehends, die diesen Gegenstand behandelten, mit so viel Schonung, und doch so treffenden und präcisen Kritiken erschienen sind, wie die gegenwärtige.

80) Tractatus peroptimus de animabus exutis a corporibus editus a fratre iacobo doc. ordinis carthusien ertfordie. In 4to.

Gegenwärtige Ausgabe wird von Denis in supplem. Annal. Maittaire n. 5162. mit wenigen Worten, doch hinlänglich angezeigt. Obigen Titel ließt man zu Anfang. Die Anfangsbuchstaben sind Holzschnitte. Der erste (R) ist 20 Linien hoch. Die erste und dritte Lage sind Quinternen, die mittlere eine Quaterne.

Was den Innhalt des Werkes betrift, ist er dem Geiste unsers Zeitalters nicht mehr angemessen. Der Verfasser spricht gleich zu Anfang seinen Lesern Muth ein, daß sie sich von den Geistern, welche gemeiniglich in Klöstern, Gottesäckern, Kirchen und Häusern durch Gerds und starkes Poltern z. B. durch Umstürzung des Kuchengeschirrs, Stühle und Tische u. s. w. gehört werden, sich nicht sollen erschrecken lassen, er wolle ihnen durch dieses Werkchen den Zustand dieser unglücklichen, unserer Hilfe bedürftigen Seelen erklären u. s. w. Ferner sagt er, daß die Erscheinungen der Geister aus besonderer Gnade Gottes nur bey den Christen geschehen, damit die noch Lebenden aus der Familie einen christlichern, Gott gefälligern Lebenswandel anfangen mögen, welche Ursache hingegen bey den Juden und Ungläubigen nicht Statt finde. Zuletzt bekräftigt er seine Meinung mit mehrern Geisterhistorien, welche er, — wie er sagt — aus ächten und glaubwürdigen Geschichtschreibern geborgt habe, und überhaupt habe er nicht mehrer gethan, als schon der h. Gregorius vor ihm, der zur größern Erbauung des Volks gleichfalls in seinen Dialogen mehrere dergleichen Geschicht'chen hätte mit einfliessen lassen; doch bey ungeachtet sey er bereit seine hier vorgetragene Meinung und Lehre zu wiederrufen, so bald über diesen Gegenstand, der noch in einem großen Dunkel eingehüllt läge, hellere Begriffe verbreitet würden.

81) Dicta de arbore, quae dicitur imago hominis. In 4to.

Ein Exemplar dieser Ausgabe hat Herr Braun in dem I. Th. S. 75. angezeigt. Sie besteht aus zwey Quinternen und einer Quaterne. Die Anfangsbuchstaben sind Holzschnitte.

B. mit

B. mit größern Typen.

82) Guidonis de monte Rotherii Curatorum manipulus. in Fol.

Ist von Hrn. Braun I. Th. S. 76. hinlänglich beschrieben worden. Denis in supplem. Annal. Maittaire zeigt sie num. 5451. mit ein paar Worten an. Sie hat noch keine geschnittene Anfangsbuchstaben.

83) Tractatus, qui dicitur Dieta salutis. in Fol.

Der Anfang dieses Werks wird auf der Kehrseite des ersten Blattes mit dem Register gemacht. Auf dem folgenden Blatt fängt die Vorrede mit der Ueberschrift: Incipit prologus in tractatum qui dicitur dieta salutis, an. Diese endet sich auf der 16ten Zeile der Rückseite des zweyten Blattes. Das Ganze besteht aus 9 Diäten, die zusammen 78 Blätter betragen. Blattzahlen, Custoden und Signaturen fehlen. Die Zeilen, davon sich auf einer jeden Seite 37 finden, laufen ununterbrochen fort. Die Anfangsbuchstaben sind Holzschnitte, die mit jenen der zwey unmittelbar vorhergehenden Werken genau übereinkommen. Auch das übrige große Alphabet kommt mit dem Num. 82. beschriebenen überein. Aber die Textschrift ist größer, und 20 Linien im vorliegenden Werke haben eben die Höhe, wie 21 Linien im N. 82. beschriebenen; auch fällt der Druck ganz kenntlich verschieden in die Augen, wiewohl, wenn einzelne Buchstaben des einen und andern mit einander verglichen werden, kaum eine merkliche Verschiedenheit anzugeben ist.

Nyerup in spicilegio bibliographico ex bibliotheca regia Hafniensi fasc. I. p. 4. beschreibt eine Ausgabe von der dieta Coloniae 1474. Jo. Coelhof. fol. auf 62 Blättern, läßt sich aber auf den Verfasser gar nicht ein. Ich vermuthe denselben aus der Schreibart zu errathen, indem in diesem eben jene Freymüthigkeit und gesunde Moral, welche in des Jacobi de Clusa oder Carthusiani z. B. seinen sermonibus, oder Quotlibeto statuum humanorum gefunden wird, sich hier gleichfalls finden. Man lese nur z. B. die Artikel de peccato avaritiae, de peccato superbiae, irae, und besonders de satisfactione parte integrali poenitentiae.

84) Incipiunt themata dominicalia tocius anni. A prima dnica adventus usq3 ad. XXV. dominicam post trinitatem inclusive Dominica p'ma. in Fol.

Mit der angeführten Aufschrift fängt gegenwärtiges Werkchen an. Es besteht aus einer Quaterne. Anfangsbuchstaben, großes und kleines Alphabet sind genau eben diejenigen, wie im vorigen Werke, dem auch dieses beygebunden ist.

Eychstätt.

Eychstätt.

Folgende Bücher sind auf Treue und Glauben des Hrn. Bibliothekar Brauns allda von Georg und Michael Reyser gedruckt worden; ich berufe mich auf meinen Gewährsmann, weil mir noch kein mit diesen Typen gedrucktes, und zugleich mit der Anzeige des Orts und Druckers versehenes Werk zu Gesichte gekommen. ist.

85) Incipit Liber de laudibus ac festis gloriose virginis matris Marie Alias marionale dictus. Per doctores eximeos editus et conpilatus in 4to.

  Diese ganz unbekannte Ausgabe fängt mit der angeführten Aufschrift auf der ersten Seite des ersten Blattes an. Unmittelbar darauf folgt die Vorrede, in der der Verfasser meldet, daß er dieses Büchlein aus authentischen Schriften der H. H. Väter zusammengetragen, und um die Verehrung Mariä besser zu verbreiten, in diese Ordnung gebracht habe. Auf der Kehrseite dieses Blattes endet sich dieselbe mit der ersten Zeile, darauf so gleich die Tabula capitulorum anfängt. Die erste Seite des vierten Blattes füllet ein Holzschnitt, der Maria mit dem Jesuskindlein auf einem halben Mond stehend, und auf allen Seiten mit Schein umgeben vorstellet. Endlich nimmt auf dem 5ten Blatt das Werk selbst mit folgender Ueberschrift seinen Anfang: Liber in laudem Marie virginis gloriose ex autenticis scripturis contra Apocrisa editus et contextus. capitulum primum. Die Zeilen laufen ununterbrochen fort. Anfangsbuchstaben, Blattzahlen, Custoden und Signaturen fehlen. Das Papier ist bräunlicht, dünne und ziemlich schlecht. Die Typen kommen überein mit jenen, die Pl. Braun Tab. V. N. V. abstechen ließ, und dem Mich. Reyser zueignet. Nur das N. sollte nicht nur an der linken, sondern auch an der rechten Perpendikularseite ein Strichelchen haben. Das P. sollte keinen so langen Fuß, und auch den langen Querstrich unten, und oben den geschweiften Ansatz nicht haben. In dem F. sollte der untere Querstrich so lang als der obere seyn, so, daß das F von einem gewöhnlichen E nicht zu unterscheiden wäre. In dem kleinen Alphabete sollte das p. wie in dem kleinen Alphabete N. VI. aussehen. Das Ganze beträgt 102 Blätter. Auf der Kehrseite des letzten Blattes finden sich noch 23 Zeilen, darunter steht folgende Schlußanzeige:

  Explicit Petrus Damasceni de
  Laudib9 gloriose v'ginis Marie.

Von dem Petrus Damascenus, wer er gewesen, oder wann er gelebt habe! — ist mir nichts bekannt.

86) Johannis de Tambaco Ord. Praed. libri XV. de consolatione theologiae. in Fol.

Dieses Werk ist mit den nämlichen Lettern, wie das vorige gedruckt. Den Anfang macht die Vorrede mit der Ueberschrift: Incipit Prologus in librum de consolatione theologie fratris Johannis de Tambaco ordinis Predicatorum Provincie teuthonice sacre theologie professoris. In dieser — welche sich auf der ersten Seite des dritten Blattes endet — bekennt der Verfasser, daß er den ganzen Plan seines Werks dem Boethius abgeborgt habe, indem ihn, wie jenen das Schicksal in das Elend verwiesen zu werden getroffen hätte. Daher tritt auch durchgehends die Theologie in der Person eines Frauenzimmers auf, und eine jede Betrachtung wird durch ein junges Mägdchen, das den Betrübten anredet und tröstet, personifiziert. Am Ende des Werks ließt man folgende Schlußanzeige: Explicit liber de consolatione theologie per fratrem Johannem de Tambaco ordinis predicatorum provincie theutonie sacre Theologie professorem consumatus. Anno domini. M. CCC. LXVI. In die Ambrosii. Darauf macht das 6 Blätter starke Register den Beschluß. Das Ganze beträgt 294 Blätter. Ohne Anfangsbuchstaben, Blattzahlen, Custoden und Signaturen. Fortlaufende Zeilen, deren auf einer jeden Seite 44 gezählt werden. Weißes und starkes Papier.

Von dem Verfasser meldet Trithemius de scriptoribus eccles. daß er ein Deutscher von Geburth war, seine Zeitgenossen in allen Wissenschaften weit übertraf, und um das Jahr 1360 unter Carl IV. in großem Ruhme gelebt habe.

Uebrigens beschreibt Gemeiner diese Ausgabe in seinen Nachrichten von den in der Regensburger Stadtbibliothek befindlichen merkwürdigen Büchern, S. 75. Er zählt ein Blatt weniger, nämlich 293. schätzt die Ausgabe für sehr alt und beziehet sich auf quetif Th. I. S. 668. Auch führt er mehrere Ausgaben an, denen noch eine Basler 1492. von Johann Amerbach beyzufügen ist, die sich zu Weingarten und Burheim befindet. Die gegenwärtige ist auch zu Burheim und zu Cassel, und wird auch von Denis in supplem. Annal. Maitt. n. 5988 angezeigt. Einige haben auf Lettern Johann Mentels zu Strasburg, und Denis auf jene Anton Sorgs in Augsburg gerathen.

87) Fr. Astexani Ord. Min. summa de casibus Conscientiae. in gr. Fol.

Von diesem Buch giebt es höchst wahrscheinlich außer einigen Ausgaben mit Jahrzahlen, zwey oder vielmehr drey ohne Jahrzahl. Wenigstens sind in unsrer Inkunabeln = Sammlung dreyerley verschiedene Exemplare. Die bekannteste ist die von 434 Blättern, welche Weißlinger in catalogo librorum impressorum

 41

pressorum &c. p. 13. und in dem armamentario catholico p. 18. und nach ihm
Clement in der bibliotheque curieuse Tom. II. p. 169. Masch in den Beyträgen
zur Geschichte merkwürdiger Bücher S. 366. und Zapf in den Merkwürdigkeiten
seiner Bibliothek S. 116 beschrieben haben, welcher letztere nur 433 Blätter nennt,
auch mehrere Ausgaben kurz anführt. Freytag in adparatu litterario Tom. I.
p. 579. gedenkt kurz einer mit 431 Blättern, und das kann vielleicht die hier
vor mir liegende seyn.

   Sie ist mit den zwey vorhergehenden Werken vollkommen ähnlichen,
doch nicht gleichen Typen gedruckt; denn 51 Zeilen in den zwey beschriebenen,
sind in der Höhe 50 Zeilen des gegenwärtigen Werkes gleich. Der Anfang des
Briefs an den Cardinal Cajetanus fängt mit folgenden abgetheilten Zeilen an:

> Enerando in xpo patri
> et dño. domio iohañi.
> gajjetano de urbe divina
> providentia digniſſimo &c.

Mit der ersten Columne des zweyten Blatts fängt das erste Buch an. Der leere
Raum für den Anfangsbuchstaben beträgt in der Höhe 8 Zeilen. Nach den Titulis
de verborum significationibus, et titulis Decretalium wird auf der ersten Columne
des 422ten Blattes folgende Unterschrift gelesen: Expliciunt rubrice diverſorum
voluminum juris civilis ſecundum ordinem alphabeti a fratre Aſtexano poſite ſive
compilate. Der übrige Raum des Blattes ist leer gelassen. Mit dem darauffolgenden
fängt das alphabetische Register also an:

> Vpiens ego frater aſtaxanus
> compilator huius ſume ad ho
> norem dei utilitati comuni ſer
> vire &c.

Am Ende wird keine Schlußanzeige mehr angetroffen. Das Ganze besteht aus
432 Blättern. Ohne Anfangsbuchstaben, Blattzahlen, Custoden und Signaturen.
Gespaltene Columnen, deren jede 64 Zeilen enthält. Das Papier ist etwas bräunlicht
und nicht gar zu stark. Abbreviaturen kommen häufig vor.

88) Nicolai de Lyra Ord. Min. Postillae perpetuae, seu commentaria in V. et N. Testamentum cum additionibus Pauli Episc. Burgensis, et Replicis Matthiae Doringi. Vol. III. in regal Fol.

   Von dem gegenwärtigen starken Werke sind mehrere Ausgaben bekannt,
unter welchen doch die gegenwärtige, wenigstens in meinem litterarischen Apparat,

durchgehends vermißt wird. Zur äussern Schönheit dieser Ausgabe tragen die durchaus mit lebendigen Farben gezeichnete Anfangsbuchstaben, das weiße und an Stärke dem Pergament fast gleichkommende Papier, die leeren und breiten Rande, und die nicht ganz gothische Typen — davon Herr Braun ein Muster Tab. V. N. VI. geliefert und sich von jenen der vorherbeschriebenen Werke nur im A G und S unterscheiden — nicht wenig bey.

Der Anfang des ersten Theils wird mit folgender Ueberschrift gemacht: Prologus primus venerabilis fratris Nicolai de lira in teſtamentum vetus de recomendatione facre fcripture in generali incipit. Darauf folgt eine andere Vorrede de intentione authoris et modo procedendi. In dieser wird unter andern gesagt: Hec igitur et fimilia vitare proponens cum dei adjutorio intendo. circa litteram fenfui infiftere et paucas valde et breves expoficiones mifticas aliquando interponere licet raro. Similiter iutendo non folum dicta doctorum catholicorum. fed etiam hebraicorum. maxime Rabbi Sa. qui inter doctores hebreos locutus eſt rationabilius. ad declarationem fenfus litteralis inducere aliqua etiam dicta hebreorum valde abfurda aliquando licet valde raro interponere. non ad tenendum ea vel fequendum. fed ut per hec appareat quanta cecitas contigit in Ifrahel. item omiffis prologis a principio gene. incipiam. tum quia refiduum vite mee non credo ad expofitionem totius facre fcripture fufficere. et ideo nolui in exponendis dictis beati Hieron. vel alius cuiuscunq3 doctoris imorari. tum quia dicti prologi parum faciunt ad intellectum librorum fequentium. ut mihi videtur. tum quia unus alius fuit de ordine noftro qui prologos biblie valde fufficienter expofuit. quod opus habetur comuniter. et ideo intendere iterum expofitioni dictorum prologorum non mihi neceffarium videbatur. Aliquorum tamen librorum prologos expofui. fuper quos fcripfi antequam a libro gene. inchoarem. Poftremo tum quia non fim ita peritus in linqua hebraica vel latina quin in multis poffim deficere. ideo proteſtor quod nihil intendo dicere aſſertive ſeu determinative. nifi in quantum ad ea que manifefte determinata funt per facram fcripturam vel ecclefie autoritatem. cetera vero omnia accipiantur tanquam fcolaftice et per modum exercitii dicta. propter quod omnia dicta et dicenda fuppono correctioni fancte matris ecclefie. ac cuiuslibet fapientjs. pium lectorem et charitativum flagitans correctorem. Verumtamen antequam defcendam ad expofitionem littere. premitto. VII. regulas exponendi facram fcripturam &c. &c. Auf der erſten Columne des 23ten Blattes fängt das Werk ſelbſt mit der Aufſchrift an: Incipit liber Genefis. capitulum primum. Der bibliſche Text iſt nicht Strophenweis, wie in andern Ausgaben, oder mit größern Typen gedruckt, ſondern läuft durchgehends mit dem Commentar auf den nämlichen Linien fort; bloß iſt er mit Parenteſis und claudatur eingeſchloſſen, welches ihn kennbar macht. Oefters wird auch durch alle drey Theile mitten in dem Texte leerer Raum angetroffen, beſonders wo der Verfaſſer z. B. von dem Gebäude des Tempels, den Opfergeſchirren, Kleidungen der Prieſter, Bundeslade u. d. g. ſpricht. Der Plan ſcheint dabey geweſen zu ſeyn, daß das geſagte durch Zeichnungen oder Holzſchnitte dem Auge des Leſers vor-

vorgestellt werden sollte — in unserm Exemplar sind sie mit der Feder gezeichnet — Uebrigens sind in dem ersten Theile Liber Genesis, Exodi, Levitici, Numerorum, Deuteronomii, Josue, Judicum, Ruth, libri IV. Regum, II. Paralipomenon und oratio Manassis enthalten. Er beträgt 335 Plätter. Nach der oratio regis Manassis, die sich auf der zweyten Columne des letzten Blattes mit der 28ten Zeile endet, steht: Explicit liber paralipomenon. Den noch übrigen Raum des Blattes füllt Expositio in primum prologum librorum paralipomenon, qui cum in medernioribus (sic) bibliis rarius habetur. jam hic postpositus eisdem subsequitur.

Der zweyte Theil ist 430 Blätter stark. Die Halbscheide der ersten Columne des ersten Blattes ist von dem Rubrizisten ganz durchstrichen, und oberhalb mit rother Farbe hingeschrieben: non legatur. Darauf fängt die Vorrede in librum Esdre an, sodann das Buch selbst mit der Aufschrift: Primus liber Esdre Incipit. Auf dieses folgen liber Neemie, liber secundus Esdre, Tobie, Judith, Hester, Jobi, Proverbiorum, Salomonis, Ecclesiastes, canticorum, sapientiae, Ecclesiastici, Esaye, majorum et minorum prophetarum, und II. Machabeorum, welche sich mit der 61ten Zeile der dritten Columne des letzten Blattes enden. Darunter wird folgende Unterschrift gelesen: Explicit postilla nicolai de lira super vetus testamentum cum expositionibus britonis in prologum hieronimi. et cum additionibus pauli episcopi burgensis. et correctoriis earundem additionum editis a mathia doringe ordinis minorum.

Der dritte Theil enthält das neue Testament, und fängt mit folgender Aufschrift an: Postilla super Mattheum fratris Nicolai de lira ordinis fratrum minorum incipit. Dieses wird mit der zwölften Zeile der dritten Columne des 52ten Blattes beschlossen. Alsdann Incipit Prohemium in Marcum. Darauf Evangelium Luce, s. Johannis, Epistolae s. Pauli, actus Apostolorum, epistolae canonicae SS. Jacobi, Petri, Johannis, et Judae, und Apocalypsis. Dieser Theil besteht aus 320 Blättern, und wird ohne Unterschrift auf der 28sten Zeile der dritten Columne des letzten Blattes beschlossen. Die letzte Zeile lautet also:
per gratiam et in futuro per gloriam. Amen.

Die äußere Einrichtung dieses Theiles kommt mit den vorigen vollkommen überein, nur in dem weicht er von jenen ab, daß keine leere Plätze, welche für die Figuren bestimmt waren, mehr vorkommen, zugleich auch auf einer jeden Columne nur 71, da in den andern durchgehends 72 Zeilen stehen, angetroffen werden. Anfangsbuchstaben, Seitenzahlen, Custoden und Signaturen kannte der Drucker nicht. Von den Unterscheidungszeichen bediente er sich des Punktes allein. Statt des Absetzungszeichen gebrauchte er zwey Strichelchen (״). Die Abkürzungen der Wörter sind nicht gar zu häufig angebracht. Von Papierzeichen fand ich eine vielblätterige Rose, einen halben Mond, einen kleinen Ochsenkopf, beede mit einer kurzen Stange, die sich oben in ein Kreutz endet, und einen Pelikan; letzteres traf ich am öftesten an.

F 2   89) Po-

89) Postillae perpetuae, seu Comentarii Nicolai de Lira super Psalterium. in regal Fol.

Dieses Werk ist ganz unabhängig von dem vorhergehenden, kann aber doch nicht anderst als ein selbstständiger Theil zu dem Ganzen, weil die Gleichheit der Typen und die übrige äußere Gestalt zu auffallend ist, angesehen werden. Zu Anfang wird folgende Aufschrift gelesen: Postilla venerabilis fratris Nicolai de Lira super psalterium Incipit Feliciter. Die Psalmen — deren CL. vorkommen — sind durchgehends mit römischen Ziffern angezeigt, z. B. Psalmus V. X. XXI. Das Ganze beträgt 151 Blätter. Gespaltene Columnen, davon jede 72 Zeilen hält. Ohne Anfangsbuchstaben, u. d. g. Das Ende desselben wird auf der dritten Columne des letzten Blattes ohne alle Subscript gemacht; die drey letzten Zeilen heißen:

> Ad quam laudem nos perducat qui cum patre
> et spiritu sancto vivit et regnat in secula
> seculorum. Amen.

Auf der vierten Columne befindet sich noch eine Replica, die aus 18 Linien besteht.

Was von dem innern Gehalt dieses und des vorigen Werkes zu halten sey, darüber sehe man Masch in edit. biblioth. s. le Long P. II. Vol. III. p. 357. et seq. Die Ausgabe selbst aber wird allda vermißt.

90) Hugonis de prato Postillae super evangelia et epistolas. in gr. Fol.

Gegenwärtige Ausgabe ist mit eben diesen Typen, wie die zwey vorhergehenden, doch sind die Aufschriften der Sermonen mit ganz andern gothischen Schriften, welche jenen des Christoph Valdafers ziemlich ähnlich sind, gedruckt.

Das vor mir liegende Exemplar ist leyder! — zu Anfang und am Ende defekt, ich will daher das karakteristische, das zur Kenntniß desselben beytragen kann, hieherseßen, und dieß um so mehr, da sie eine Seltenheit, und noch wenig bekannt zu seyn scheint; wenigstens habe ich von ihr bey meinen Litteratoren keine Anzeige gefunden.

Obiger Titel ist von einer neuern Hand auf den Dekelband geschrieben. Das erste Blatt hat oben am Rande die Aufschrift Sermo Primus: Die ersten zwey Zeilen lauten also:

> Canibus et margaritas non mittatis ante
> porcos. Xpianis ergo qui sunt in valle

Aus den Ueberbleibseln sieht man, daß der Sermon auf den ersten Sonntag des Advents gerichtet ist. Der XLV. Sermon ist auf den Ostertag gerichtet, voran steht folgende Auffschrift: Dominica refurrectionis domini noftri Iefu xpi de evangelio fermo. XLV. Die vorletzte Rede führt die Ueberschrift: Dominica XXV. de evangelio fer. CXIIII. Darauf folgt noch der Anfang der letzten De epistola fermo CXV. mit welcher unser Exemplar zu Ende geht. Anfangsbuchstaben, Blattzahlen, Custoden und Signaturen fehlen. Die Blätter — von denen 262 vorhanden sind — sind in Columnen gespalten, davon eine jede 60 Zeilen enthält. Die Sermonen sind durchgehends oben am Rande mit römischen Numern — die ersten fünf ausgenommen, welche die Anzeige Sermo Primus, Quintus führen — angezeigt.

Wäre in dieser Ausgabe bloß der Innhalt der Materie zu bedauren, so würde sich Niemand zu stark darüber bekümmern, aber da es um ein schönes Stück des Alterthumes zu thun ist, so kann der Verlust einem Liebhaber der ältern Litteratur nicht ganz gleichgültig seyn.

91) S. Bonaventurae S. R. E. Card. quaeſtiones ſuper primo libro ſententiarum. in gr. Fol.

Die Typen dieser herrlichen, und sehr alten Ausgabe sind etwas kleiner, als die im vorhergehenden, so, daß eine Höhe von 55 Zeilen im vorigen, in diesem 56 Zeilen faßt. Uebrigens sehe man Hrn. Seemillers fasc. I. p. 168. wo sie hinlänglich beschrieben und nach einer alten in dem Exemplar befindlichen Handschrift in das Jahr 1476 gesetzt ist.

92) joannis Gritſch Ord. Min. Quadrageſimale. in Fol.

Von diesem Werke beschreibt Herr Braun in dem I. Th. S. 77. eine Ausgabe, die zu Eychstätt von Georg Reyser gedruckt seyn soll. Die Unsrige scheint gleichfalls ein Eychstättischer Druck zu seyn, kommt aber mit jenem gar nicht überein. Unser Exemplar ist mit Typen gedruckt, die mit den vorigen gleiche Höhe haben, aber weniger zierlich sind, und weniger Gleichheit unter sich haben, daß ich nicht zweifle, sie seyen von einem verschiedenen Gusse, wie wohl nach der nämlichen Manier.

Den Anfang des Werkes macht ein 27 Blätter starkes alphabetisches Register, vor welchem die kurze Erklärung desselben vorhergeht. Darauf nimmt auf dem folgenden Blatt das Werk selbst mit nachstehender Ueberschrift seinen Anfang: Quadrageſimale fratris Johañis gritſch ordinis fratrum minorum doctoris eximii. per totum anni ſpacium deſerviens cu Thematum evangeliorum et epiſtolaru introductionibus. Incipit feliciter. Unmittelbar darauf fängt der erste Sermon auf die Feria quarta cinerum an, und endet sich mit der 16ten Zeile der ersten Columne des 32ten Blattes. Vor einer jeden Sermon steht die Aufschrift z. B. feria quinta — ſexta — poſt letare, welche zugleich auch oben am Rande angezeigt sind. Der letzte Sermon

Sermen endet sich auf der 32ten Zeile der vierten Columne des 298ten Blattes. Das darauffolgende Blatt fängt mit der Aufschrift an: Registrum de evangeliorum & epistolarum thematibus atq3 introductionibus. tam dominicalium quam et festorum per anni circulum. Et primo de dominicis. secundo de festis. Incipit feliciter. Am Ende werden die Worte: Deo gratias gelesen. Das Ganze beträgt 319 Blätter, die in Columnen gespalten sind, davon eine jede 51 Zeilen faßt. Ohne Anfangsbuchstaben, Seitenzahlen, Custoden und Signaturen. Das Papier ist rauh, stark, und etwas bräunlicht.

Mayland.

von Christoph Valdafer.

Bey folgenden Büchern habe ich des Bartholomaei de chaimis interrogatorium, in welchem sich der Drucker genannt hat, als Richtschnur sie zu beurtheilen, angenommen.

93) Bartholomaei de Chaimis de Mediolano Ord. Min. Interrogatorium sive Confessionale. in Fol.

Diese Ausgabe hat Herr Braun im I. Th. S. 80 ausführlich beschrieben.

94) S. Thomae Aquinatis de Veritate catholicae fidei contra errores infidelium libri IV. in gr. Fol.

Ueber diese schöne Ausgabe S. Hrn. Brauns I. Th. S. 83. In unserm Exemplar zählte ich statt 247 nur 245 gedruckte Blätter; Es muß daher Herr Braun das erste und letzte leere Blatt auch mitgezählt haben. Denis hat sie gleichfalls in supplem. Annal. Maittaire num. 6021. angezeigt.

95) S. Bernardini senensis Ord. Min. sermones de contractibus et usuris. in Fol.

S. Herrn Seemillers fasc. I. p. 115. Der Zweifel, den sich der gelehrte Herr Professor hier wegen dem Drucker machet, scheint mir nicht ganz ohne Grund zu seyn. Es könnte ja wohl möglich seyn, daß Valdafer mit Georg, und Michael Reyser in Eychstätt in Gesellschaft gestanden, und denselben von dem Gusse seiner größern Typen — die offenbahr in den von beeden Reysern gedruckten Schriften

ange-

angetroffen werden — gegeben hätte; — Doch die Geschichte über diesen Gegenstand ist noch zu dunkel, als daß mehr als Muthmaſung Statt haben könnte.

96) S. Auguſtini Epiſc. Hippon. libri XV. de Trinitate. In gr. Fol.

 Dieſe ſeltne Ausgabe haben Herr Seemiller faſc. I. p. 34. und Braun in dem I. Th. S. 83. beſchrieben. In unſerm Exemplar leſe ich die zu Anfang ſtehende Aufſchrift alſo: Sentencia beati auguſtini de libro retractionum — ſic — wunderlich! daß Herr Seemiller, der ſonſt die Abbreviaturen mit vieler Genauigkeit bemerkt hat, dieſelbe hier ſollte überſehen haben! — Noch verdient von unſerm Exemplar die am Ende ſtehende Schrift des Rubriziſten angemerkt zu werden; Sie heißt alſo: Rubricatum Anno &c. ^ ɴ. (das iſt 1474) Jcorii. Dieſe ſchriftliche Anzeige leiſtet wenigſtens den Beweis, daß dieſe Ausgabe ſchon im Jahre 1474 die Preße verlaſſen habe.

97) Liber S. Auguſtini de Meditatione. In Fol.

 Gegenwärtiges Werkchen iſt 14 Blätter ſtark. Die Beſchreibung davon ſehe man in des Hrn. Seemillers faſc. I. S. 112.

98) Hugonis a S. Victore libri VII. didaſcalicon, et liber ſententiarum, ſeu adſertionum cum aliis quibusdam opuſculis. In Fol.

 Beſchreibungen dieſer Ausgabe findet man ſowohl in des Hrn. Seemillers faſc. I. S. 112. als in Brauns I. Th. S. 84. In unſerm Exemplar fängt der Traktat de Lya. et rachel. uxoribus iacob &c. nicht auf der Kehrſeite des 98ten Blattes — wie Herr Braun bemerkt hat, — ſondern auf der Rückſeite des 100ten Blattes an.

99) Tractatus de Judeorum et Xpianorum Comunione et Converſacione. ac Conſtitucionum ſuper hac re innovacione. In Fol.

 Wird von Herrn Straus in Monum. Rebdorf. S. 54. angezeigt. Zu Anfang wird obiger Titel geleſen. Dann folgen 15 Regeln, welche Aviſamenta genannt werden, in welchen die Katholiken vor der Bosheit und Verſchlagenheit der Juden im Handel und Wandel aufmerkſam gemacht, und gewarnt werden. Auf der Kehrſeite des 12ten Blattes folgt alsdann die Bulle Pabſts Nikolaus IV. über eben dieſen Gegenſtand. Zu Ende derſelben wird folgende Unterſchrift geleſen: Explicit tractatus de judeorum et Xpianorum comunione et converſacone. ac Conſtitucorum ſuper hac re innovacone. Das Ganze beträgt 15 Blätter.

100) Tra-

100) Tractatus de doctrina dicendi et tacendi ab Albertano Caufidico Brixiensi de ore beatae Agathae compositus. in Fol.

Ist von Hrn. Seemiller fasc. I. S. 110. hinlänglich beschrieben worden.

101) Guillermi Postilla in Epistolas et Evangelia de tempore, diebus dominicis, Sanctis, cōmuni Apostolorum, Martyrum, Confessorum &c. in Fol.

Diese Ausgabe ist von Herrn Seemiller fasc. II. S. 158. beschrieben worden. In der Postille in Evangelium de virginibus heißt es: Jam enim duravit per mille quadringentos et LXXX. annos &c.

Uebrigens sind die Evangelien mit eben den Typen, wie die 8 vorigen Werke, die Postillen aber mit kleinern gedruckt.

Maynz.
von Just und Schoiffer.

102) S. Antonini Archiepisc. Florentin. instructio simplicium Confessorum. in 4to, mit den Wappen am Ende.

Diese höchst seltene und uralte Ausgabe blieb Hrn. Würdtwein in Bibliotheca Moguntina — die freylich auch sonst öfters ziemlich unvollständig ist — unbekannt. Von Denis wird sie aus zwey Bibliotheken in supplem. annal. Maittaire n. 4202. bloß mit ein paar Worten angeführt. Ein Exemplar findet sich auch in Irsee.

Das Werk fängt ohne allen Titel mit einem drey Blätter starken Register an. Auf dem vierten Blatt wird folgende Ueberschrift mit größern Typen, als das folgende gedruckt gelesen: Prologus super tractatu de instructoe seu directoe simpliciu confessorum editu a dño antonino archiepisco florentino. Die Vorrede endet sich auf der ersten Seite des vierten Blattes, darauf mit der Kehrseite das erste Kapitel de potestate confessoris in audiendo confessiones et absolvendo anfängt. Auf der ersten Seite des 139ten Blattes wird das Werk Antonini geschlossen. Auf der Kehrseite steht: Incipit sermo beati Johannis crisostomi de penitentia, welche 8 1/2 Seiten beträgt. Worauf in der Mitte der Kehrseite des letzten Blattes das roth gedruckte Fust = und Schoifferische Wappen steht. Das Ganze besteht aus 143 Blättern. Die Zeilen, deren auf einer jeden Seite 28 stehen, laufen ununterbrochen fort. Von Anfangsbuchstaben, Seitenzahlen, Cu-

stoden

sloben und Signaturen wußte der Drucker nichts. Außer dem Punkt fand ich kein anders Unterscheidungszeichen. Die Abbreviaturen erscheinen häufig. Die Typen sind genau jenen gleich, die Schoiffer 1470 zu den Randglossen des Sexti Decretalium gebraucht hatte, und, wie Gelehrte und Kenner mich versichert haben, sollen sie gar den Lettern des rationalis Durandi vom Jahr 1459 gleich seyn. Es kann also leicht 1460 oder bald hernach gedruckt seyn.

Memmingen.

mit den Typen des Albert Kune de Duderstat.

103) **Gesta Christi.** Memingae. in 4to.

Dieses 12 Bl. starke Werkchen hat Herr Braun II. Th. S. 16. kurz angezeigt. Herr Schelhorn führt es gleichfalls in dem ersten Stücke seiner Beyträge zur Erläuterung der Geschichte in der Abhandlung von der ersten Buchdruckerey in Memmingen und ihrem Druckerherrn S. 84. mit den zwey Worten Gesta Christi an. Von dieser Ausgabe war ein Exemplar in der Zapfischen Bibliothek. Auch ist eins zu Irsee, Rottenbuch, und Burheim. Eine ältere Ausgabe auf 11. Blättern mit ungleichen Buchstaben beschreibt Schöpflin in der dissertation sur l' origine de l' imprimerie, so in den memoires de l' academie des Inscriptions Tom. XVII. stehet, p. 170. und in seinen vindiciis typographicis p. 39. Sonst ist keine Ausgabe bekannt, als noch eine ohne Benennung des Jahrs, Orts und Druckers in Folio, wovon sich ein Exemplar zu Rottenbuch befindet.

104) **S. Alberti M. Tractatus de virtutibus, seu Paradisus animae.** Memmingae. in 4to.

Ist mit eben den Typen, wie das vorige gedruckt. Auf der ersten Seite des ersten Blattes liest man folgenden Titel: Tractatus de virtutibus editus a magno Alberto: sed'm alios vocatus Paradisus anime. Auf der Kehrseite folgt das Register. Mit dem zweyten Blatt fängt die Vorrede, und sodann das Werkchen selbst an. Das Ganze beträgt 34 Blätter. Große Anfangsbuchstaben, Seitenzahlen und Custoden fehlen, doch mit Signaturen. Die Zeilen — davon auf einer jeden Seite 33 stehen — laufen ununterbrochen fort. Am Ende stehen folgende Worte: Explicit tractatus Impressus Memingen.

Exemplare davon sind auch zu Irsee und Burheim. Auch hatte Herr Zapf eins. Hr. Schelhorn führt es in dem ersten Stück l. c. S. 83. als ein Produkt des Albert Kune, aber nur mit ein paar Worten an.

105) S. Cecilii Cypriani Epiſc. Chartaginenſis et Mart. libri et epiſtolae. in Fol.

Dieſe Ausgabe iſt von Hrn. Braun II. Th. S. 25. hinlänglich beſchrieben worden. Das Ganze beſteht aus 131 Blättern auf geſpaltenen Columnen, davon jede 46 Zeilen faßt. Die Typen ſind jenen der vorigen zwar gleich, und nach der nämlichen Manier gegoſſen, haben auch mit ihnen eine gleiche Höhe, und ſcheinen dennoch ein verſchiedener Guß zu ſeyn.

106) Itinerarium ſeu Peregrinatio B. V. Mariae. mit vielen Holzſchnitten. in 4to.

Dieſe Ausgabe wird von Hrn. Denis in ſeinen Supplementen zum Maittaire Num. 5208. angezeigt. Sie fängt ohne Titel mit folgender Aufſchrift an: Prefatio in itinerarium ſeu peregrinationem: beate virginis et dei genitricis marie. Dieſe füllet zwey Blätter. Darauf folgt der erſte Holzſchnitt, der aber in unſerm Exemplar abgeht, man ſieht aber noch die Spuren des gewaltſamen Idioten, der ihn herausgeſchnitten oder geriſſen haben mag. Die Holzſchnitte nehmen 19 Seiten ein, und auf einer jeden derſelben finden ſich breyerley Vorſtellungen. Das Ganze iſt in 7 Theile abgetheilt, davon der letzte Theil auf der Kehrſeite des 32ſten Blatts mit folgender Aufſchrift anfängt: Septima et ultima pars comemorans geſta virginis in ſeptimo vite ſue ſtatu, videlicet ab aſſumptione ſua glorioſa et usqs in eternum regnatura peracta et peragenda. eſt iterum oratio perfectorum. jam ſecure mortem expectantium Bey jedem Theile, nur bey der Vorrede nicht — wo leerer Platz gelaſſen iſt — iſt der Anfangsbuchſtabe ein großer Holzſchnitt. Die Zeilen laufen ununterbrochen fort, und auf jeder Seite ſtehen 32. Der Druck iſt eine kleine, ziemlich gute Mönchſchrift, und hat mit jenen, womit albertus Kunc 1489. Alphabetum divini amoris truckte, große Gleichheit; doch ſcheint er ein anderer Guß nach der nämlichen Manier zu ſeyn. Der Beſchluß wird auf der Kehrſeite des 36ten und letzten Blattes mit folgender Unterſchrift gemacht: Finis itinerarii ſeu peregrinationis beate marie virginis.

Nürnberg.

A. Friderich Creußner.
B. Senſenſchmid und Friſner.
C. Unbekannte Typen, die Hr. Braun *Tab. V. N. VIII.* Nürnbergiſche nennet.

107) Ex-

107) Expositio super canonem Missae. per Fridericum Creusner. in Fol.

Diese Ausgabe wird von Hrn. Braun als eine große Seltenheit angerühmt, und im I. Th. S. 88. hinlänglich beschrieben. Herr Panzer zeigt sie gleichfalls in der Nürnbergs Buchdruckergeschichte S. 171. Num. 312. an, scheint sie aber/bloß aus Rödern zu kennen, und hat vermuthlich auch daher den Fehler der 12 Blätter, statt 14 abgeschrieben.

B. Sensenschmid und Frisner.

108) Petri lumbardi. Quem et magistrum sententiarum dicimus glossa ordinaria in prophetam. de quo dominus ait elegi mihi david virum secundum cor meum. hic intitulatur liber. in Fol.

Diese schöne Ausgabe, die ziemlich viele Merkmale eines hohen Alters hat, fängt auf der Kehrseite des ersten Blattes mit obigem Titel an. Gleich darunter steht das Verzeichniß der Väter Gregorius, Hieronymus, Ambrosius, Cassiodorus, Alcuinus, Remigius, Origines, Ysidorus und Hilarius, als die Quellen, woraus der Verfasser geschöpft hat, nebst der Erklärung der Zeichen, welche statt der Namen vorkommen. Mit dem zweyten Blatt beginnt die Vorrede ohne Aufschrift mit den Worten:

Vm omnes prophetas spiritus sancti revelatione constet esse locutos David prophetarum eximius. &c.

Der Beschluß derselben wird mit der 13 Zeile der ersten Seite des ersten Blattes gemacht. Auf der Kehrseite desselben nimmt der erste Psalm seinen Anfang. Zuerst stehet allezeit ein Vers aus dem jedesmaligen Psalm mit größern und fettern Typen. Dann folgt die Glosse mit etwas kleinern, und feinern. Oben am Rand sind die Namen der Väter sammt ihren Zeichen abgekürzt durchgehends angezeigt. Die Titel und die Zahl der Psalmen werden nirgends angezeigt. Auf der ersten Seite des 313ten Blattes fangen die vespertinpsalmen Dixit dominus &c. u. s. f. an. Der Beschluß des ganzen Werkes wird auf der 46sten Zeile der ersten Seite des letzten Blattes mit den Worten: Finis operis gemacht. Die Anfangsbuchstaben, sogar jene, die in der Mitte eines Psalm vorkommen, sind mit der Hand gezeichnet. Jener zu Anfang bey der Vorrede beträgt in der Höhe 15 Zeilen. Titel, Blattzahlen, Custoden und Signaturen waren dem Drucker noch unbekannte Dinge. Die Zeilen laufen ununterbrochen fort. Die Typen, womit die Glossen gedruckt sind, haben vollkommne Gleichheit mit jenen der Glossen des codicis Justiniani

niani repetitae praelectionis von Frißner und Senfenſchmid 1475. Jene hingegen der Pſalmen ſind zwar den Typen des Textes l. c. gleich, haben aber nicht die gleiche Höhe, dieß ſcheint aber nur daher zu kommen, weil in dem gegenwärtigen Werke die Zeilen etwas weiter von einander entfernt ſtehen. Das Ganze beträgt 414 Blätter. Das Papier iſt ziemlich weiß, ſtark und glatt, das Zeichen deſſelben ſtellt einen großen Ochſenkopf mit einer Stange vor, in der Mitte derſelben wird eine Krone, und darüber eine Roſe geſehen.

Ein Exemplar dieſer Ausgabe iſt auch zu Rebdorf befindlich, S. Hrn. Straußens Monum. Rebd. S. 21. Herrn Panzer blieb ſie unbekannt, nur muthmaßet er in der Buchdruckergeſchichte Nürnbergs S. 42. bey der Ausgabe 1478 eine noch ältere Ausgabe, aber nicht als Friſner= und Senſenſchmidiſchen Druck.

C. unbekannte Typen.

109) Magiſtri Joannis Nanni Ord. Praed. Viterbienſis Tractatus de futuris Chriſtianorum triumphis in ſaracenos &c. Norimbergae. in 4to.

Dieſe Ausgabe hat Herr Seemiller in dem zweyten Faſcikel S. 141 beſchrieben. Dabey finde ich nichts mehr zu bemerken, als daß ſich in unſerm Exemplar die Vorrede nicht mit der 7ten Zeile der erſten Seite des vierten — wie Herr Seemiller gemeldt — ſondern des fünften Blattes endet.

110) Compendium theologicae veritatis. in Fol.

Gegenwärtiges Werk, obwohl es von den ſcholaſtiſchen Grillen nicht ganz gereiniget iſt, verdienet doch das Schickſal vieler andern Compendien dieſes Schlages nicht. Der Verfaſſer hat es in ſieben Bücher eingetheilt. Das erſte handelt de natura divinitatis. II. de creaturis. III. de peccatis. IV. de humanitate chriſti. V. de virtutibus et gratia. VI. de ſacramentis. VII. de fine mundi. Der Anfang wird mit dem Regiſter gemacht. Am Ende deſſelben ſteht auf der erſten Seite des dritten Blattes folgendes: Expliciunt tituli. Incipit prologus in compendium theologice veritatis. In der kurzen Vorrede erhebt der Verfaſſer die Theologie ſehr hoch, doch läßt er auch der Philoſophie Gerechtigkeit widerfahren, indem er das Gute, das ſie ſtiftet, nicht mißkennt, ſondern nur die Theologie, gemäß ſeinem Syſteme, weit über die Philoſophie anrühmt. Das erſte Buch endet ſich auf der 13ten Zeile der erſten Seite des 23ſten Blattes. Das Ganze wird nach der 32ſten Zeile der Kehrſeite des letzten Blattes mit den Worten Laus deo altiſſimo beſchloſſen.

Das

Das äusserliche Ansehen des Werkes fällt recht gut in die Augen, darzu tragen die zum Theil mit Gold, zum Theil mit Farben gezeichnete Anfangsbuchstaben, das ungemein weiße und starke Papier, dessen leere und breite Ränke und die glänzend-schwarze Farbe der ziemlich großen Typen — davon Herr Braun Tab. V. N. VIII. ein gut gerathnes Muster geliefert — recht vieles bey. Blattzahlen, Custoden und Signaturen werden vermißt. Doch werden die Aufschriften vor einem jeden Kapitel angetroffen. Die Zeilen laufen ununterbrochen fort, und auf einer jeden Seite zählte ich 37. Der Punkt und Doppelpunkt sind die einzigen Unterscheidungszeichen. Das Ganze besteht aus 147 Blättern.

Uebrigens hat man sonst ein oft gedrucktes compendium theologicae veritatis, das einige dem Thomas de Dorniberg, welcher nur Editor war, andere dem Albertus M. Thomas Aquin. Bonaventura, Aegidio Columnae, Vlrico Hugoni u. s. w. zuschreiben, wie in Biblioth. Schwarz. P. II. p. 125. gesagt wird. Eine Ulmer Ausgabe hat Herr Braun im I. Th. S. 100. beschrieben, die auch weiter unten wird angeführt werden.

111) Fr. Bernoldi Ord. Cisterciensis themata in singulis diebus dominicis et festivis praedicabilia. in Fol.

Dieses Werkchen und das vorige trifft man bald beysammen, bald einzeln an, so z. B. sind sie in der Ulmer Ausgabe beysammen, und in dieser zwar auch in einem Band, aber dennoch beede durch ein leeres Blatt von einander getrennet. Zu Jena und Nürnberg sind auch dergleichen Exemplare, ich weiß aber nicht, sind sie von der Nürnberger oder Ulmer Ausgabe.

Diese ist mit den nämlichen Typen und Eigenschaften versehen, wie die vorhergehende Ausgabe. Der Anfang wird mit einer kurzen Einleitungsrede von dem vorigen auf das gegenwärtige Werkchen gemacht, die aber nicht von dem Verfasser selbst, sondern entweder von dem Editor, oder gar von dem Buchdrucker gemacht zu seyn scheint. Darauf folgt ein weitschichtiges Sachenregister über beede Werke. Dann wird auf der ersten Seite des 13ten Blattes vor der Vorrede folgendes gelesen: Quanquam satisfactum sit opusculo huic: in quantum discentes respicit: quia tamen materiam claudit predicabilem: illustrande menti purgandeq3 ac serenande conscientie admodum conducibilem: non arbitrarer sufficere nisi hunc sequentem tractatulum fratris Bernoldi adjungerem: qui presati opusculi materiam sic masticando thematibus applicavit: et ad corrigendum. edocendum: et confirmandum in fide populum ordinavit adaptavitq3: ut pene aliud nihil superfit: nisi eam deglutire: hoc est memorie mandare et populo in charitate fideliter pronunciare: ut sic ipsum nedum discendum profit verum etiam docendum conducat. edificet et in vitam eternam perducat.

Incipit prologus

Quoniam ad laudem dei nemo debet esse vacuus cum ad se laudandum nos creavit ipse deus. Ego frater Bernoldus monachus de cesaria cisterciensis. ordinis Augustensis diloc. animadvertens libellum qui summa theologice veritatis nuncupatur esse totum predicabilem, quod pleriq3 nullatenus advertebant: ad laudem dei et edificationem plurium quam librorum predicabilum seu sermoniariorum copiam non habebant sequentia themata cooperante domino Anno domini MI9 CCCQX. compilavi. &c. Unmittelbar darauf fangen die Predigtskizzen mit dem ersten Adventsonntage an. Auf der Kehrseite des letzten Blattes befinden sich noch zwey dergleichen Skizzen de Dedicatione templi. Wornach das Werk mit den Worten: Laus deo; beschlossen wird. Das Ganze besteht aus 43 Blättern. Von Denis wird sowohl diese, als die vorherbeschriebene Ausgabe Num 4711. in supplem. annal. Maittaire angeführt.

112) Liber Alberti magni de duabus sapientiis et de recapitulatione omnium librorum astronomiae. In 4to.

  Obiger Titel wird mit grösserer Schrift auf der ersten Seite des ersten Blattes gedruckt gelesen. Das zweyte fängt mit eben der Aufschrift an. Der erste Anfangsbuchstabe ist in Holz von mittelmäßiger Größe und nach Caspar Hochfeders Manier geschnitten, wenigstens werden dergleichen Holzschnitte in dem Werkchen Alberti M. de origine et immortalitate animae von Hochfeder 1493 gedruckt angetroffen — Auch das übrige Aussehen der Typen u. s. w. ist demselben vollkommen gleich; Zudem befindet es sich in unserm Exemplar bey diesem in dem nämlichen Bande. Außer dem ersten Anfangsbuchstaben kommt keiner mehr zum Vorschein. Das Ganze macht 12 Blätter aus. Die Zeilen laufen ununterbrochen fort, und finden sich auf einer jeden Seite 28. Ohne Blattzahlen und Custoden. Den Beschluß macht auf der ersten Seite des letzten Blattes folgende Unterschrift: Explicit Alberti magni epi Ratisponen. de duabus sapientiis aut de recapitulatioe omnium librorum astronomie.

Reutlingen.

Folgende Ausgabe ist mit den nämlichen Typen, wie die Summa Pisani Reutlingae 1482. gedruckt.

113) Liber Discipuli de eruditione Christi fidelium. In Fol.

  Diese Ausgabe hat Herr Braun in dem I. Th. S. 91. beschrieben, hat aber dieselbe nicht mit hinreichender Genauigkeit angezeigt; als Beweise dessen können

können gelten erstens: daß das Ganze nicht aus 186, sondern 189 Blättern bestehe; zweytens, daß der Traktat de septem sacramentis sich auf der Kehrseite des 171 Blattes ende, und unmittelbar darauf der Traktat de septem donis sancti spiritus seinen Anfang nehme; drittens, daß die Tabula pro sermonibus de tempore ex hoc libro colligendis erst auf dem 175ten Blatt anfange, auf die noch ein anders alphabetisches Sachenregister auf der Kehrseite des 182ten Blattes folget. Das Uebrige kommt mit unserm Exemplar überein.

Speyer.

A. von Peter Drach.

B. mit Typen, welche Hr. Braun *Tab. VI. Num. VII. characteres Spirenses* nennet.

114) D. Dominici a sancto Geminiano super sexto libro Decretalium. II. Vol. in gr. Fol.

Dieses Buch ist sehr oft gedruckt worden. Unter den vielen Auflagen desselben scheint die gegenwärtige nicht den letzten Platz zu verdienen, und um so weniger, als schon ein Speyerischer Druck von 1472 bekannt ist, obgleich Peter Drach seinen Namen erst 1477 beyfügte.

Der erste Theil fängt mit einer kurzen Vorrede an, in welcher der Verfasser alle die Quellen anführt, aus denen er geschöpfet. Zuletzt meldet er, daß er eine Stelle nach der andern nehmen werde, und seine Glossen darüber beyfügen. Mit der 4ten Zeile der zweyten Columne des ersten Blattes fängt das Werk selbst an. Der ganze erste Theil beträgt 303 Blätter, und wird auf der 25ten Zeile der zweyten Columne des letzten Blattes mit folgender Unterschrift beschlossen: Explicit prima pars lecture famosissimi doc. domini domi. de sanc. Gemi. sup. VI. li. dec.

Der zweyte Theil fängt gleichfalls ohne Titel mit den Worten: Rubrica de VI. et ho. cleri an. Voran ist ein großer durch die ganze Seite laufender leerer Raum, der in der Höhe 17 Zeilen betragen kann, vermuthlich für eine bildliche Vorstellung gelassen. Die letzte Rubrica de ver. sig. endet sich auf der 20ten Zeile der dritten Columne des letzten Blattes, darauf folgt eine 29 Zeilen starke Endschrift, von welcher ich das vorzüglichste, das zur Kenntniß des Werkes und zugleich des Druckers dienen kann, hiehersetze: Explicit opus usu non minus utile quam effectu laboriosum peritissimi sacri pontificii juris interpretis domini dominici de sancto geminiano super sexto libro decretalium quod cum scriptorum incuria atq3 desulia (desidia) mirum in modum corruptum esset adeo ut non facile sententia reperiretur illesa allegatioq3 incorrupta. labore industriaque assiduis

duis venerabilium virorum Johannis stoll. in canonico jure licentiati. canoniciq3 eccleſie sanctorum germani et Mauricii ſpirenſ. et heinrici nilſer in imperialibus legibus baccalarii ac dominorum archidyacoſium ſpirenſium officialis ad integritatem verborum que ſentenciarum et allegationum intelligibilem eſt redactum conformitatem. arte quoq3 et opera induſtrioſa Petri Trach civis ſpirenſis hiis cartis impreſſum. quare quisquis diligens ſcrutator &c. &c. Darunter ſtehen die ſchwarzgedruckten Wappen des Druckers. Der ganze Theil beträgt 250 Blätter. Uebrigens ſind beede Theile mit den kleinen gothiſchen Typen, welche Peter Drach bey der Auflage der Summae extraordinariae Portii Azonis Jcti 1482. gebraucht hat, auf geſpaltnen Columnen gedruckt. Eine jede derſelben enthält 58 Zeilen. Die Anfangsbuchſtaben ſind in dem erſten Theil durchgehends mit Zinnoberroth gemalt, in dem zweyten hingegen ſind kleine gedruckte Buchſtaben ſtatt der großen. Titel, Blattzahlen, Cuſtoden und Signaturen fehlen. Das Papier iſt ſehr ſtark, glatt und weiß.

Denis hat dieſe Ausgabe in ſeinen Supplementen zum Maittaire num. 4956 mit ein paar Worten angezeigt, auch finden ſich Exemplare davon zu Rottenbuch und Burheim.

115) S. Bernardi abbatis Clarevallenſis ſermones. in Fol.

Dieſe Ausgabe iſt mit eben den Typen, wie das vorige Werk gedruckt. M. ſ. hierüber Hrn. Seemillers erſten Faſcickel S. 148. ingleichen Hrn. Denis Supplemente zum Maittaire num. 4372.

B. mit Typen, welche Herr Braun characteres ſpirenſes nennet.

116) D. Bonaventurae Tractatus de ſtimulo Conſcientiae. in Fol.

Dieſes aſcetiſche Werklein verräth ein ſehr hohes Alter, welches ſich zum Theil aus den Typen und deren Setzung — indem in ſehr vielen Wörtern bald ein Buchſtabe tiefer, bald höher über der Zeile ſteht — zum Theil aus der ſehr ſteifen Schreibart der Worte, z. B. deſtripſi, ſtiencia, ſtriptura, ſtilicet u. ſ. m. vermuthen läßt. Zu Anfang deſſelben wird folgende Aufſchrift geleſen: Incipit Tractatus boneventure de ſtimulo conſtiencie. Das ganze Werkchen beſteht aus 10 Blättern, die in zwey Columnen geſpaltet, und jede davon 34 Zeilen faſſet. Ohne Anfangsbuchſtaben, Blattzahlen, Cuſtoden und Signaturen. Das Papier iſt ziemlich ſtark, mittelmäßig weiß und rauh. Der Beſchluß wird nach der 28ten Zeile der dritten Columne des letzten Blattes mit nachſtehender Unterſchrift gemacht: Explicit parvum bonum Boneventure ſive ſtimulus conſtiencie deo gracias.

117) Inci-

117) Incipiunt Collecta et predicata de paſſione dn̄i n̄ri Iheſu xp̄i per Egregiū excellenteq3 virū Sacre theologie doctore eximiū Magiſtrū Nicolaum Dynckelſpuel. in kl. Fol.

Dieſe Ausgabe führt Gerken in dem erſten Theil ſeiner Reiſen S. 254. aus der mit Inkunabeln reichlich verſehenen Franciſkaner Bibliothek zu Augsburg an. Obige Worte werden zu Anfang geleſen. Unmittelbar darauf fängt der erſte Sermon ohne allen Titel an, und nimmt ſein Ende auf der 9ten Zeile der zweyten Columne des 7ten Blattes. Mit der achten und letzten Rede wird das Werkchen auf der 27ten Zeile der erſten Columne des letzten Blattes beſchloſſen. Die Schlußanzeige lautet eben ſo, wie die oben angeführte Aufſchrift, bloß daß Expliciunt ſtatt Incipiunt geleſen wird. Die Typen und äußere Geſtalt ſind vollkommen wie in dem vorhergehenden beſchaffen, nur daß hier die Signaturen a 1 — f III. von dem Drucker angezeigt ſind. In 2 Columnen. 34 Zeilen. 46 Blätter.

Nikolaus Dünkelſpühl war von Geburt ein Schwab, lebte um das Jahr 1420, wurde Rektor des Gymnaſiums zu Wienn, und von der Univerſität daſelbſt zu dem Koſtnitzer Conzilium geſchickt. Er ſchrieb mehrere aſcetiſche und geiſtliche Werke, welche Cave in Hiſt. litt. de ſcript. eccl. anführt, von dieſem aber tiefes Stillſchweigen hält.

118) Incipiunt ſermones auctoriſan̄ a dn̄o Nicolao papa q̄nto per eximiū dn̄m doctore ſacre theoloye patrem Jacobum Carthuſien domus extra muros Erforden vicaim. In kl. Fol.

Mit obiger Anzeige fangen dieſe Sermonen, die nur auf die Sonntage gerichtet ſind, auf der erſten Columne des erſten Blattes an. Darauf beginnt eine kurze Vorrede, in der der Verfaſſer unter andern ſagt, daß ein jeder Menſch mit ſeinem ihm anvertrauten Talente wuchern müſſe, weil Gott daſſelbe nicht nur ganz, ſondern auch mit Gewinne zurückverlange, er wolle nun von Seite Seiner die Portiunculam talenti, die er erhalten, mit Seelengewinn vermehren, da er dieſe Sermonen zum Nutzen und Wohlfart der Gläubigen zuſammengeſucht und aufgeſchrieben habe u. ſ. w. Darauf nimmt der erſte Sermon auf der dritten Columne des erſten Blattes mit der Ueberſchrift de Dominica prima Adventus ſeinen Anfang. Dieſe Ueberſchrift wird bey den folgenden Sermonen durchgehends vermißt. Das Ganze iſt 194 Blätter ſtark, und wird ohne alle Unterſchrift auf der vierten vollſtändigen Columne des letzten Blattes beſchloſſen. Die letzte Zeile heißt: cooperante eul ſit laus et gloria Amen. Die Typen und die ganze äußere Einrichtung iſt wie in den vorigen beſchaffen.

In der Bibliothek zu Rottenbuch sind zweyerley Exemplare mit einerley Lettern. In einem heißt es: sermones authorisati per dominum papam Calixtum tertium anno 1455. in dem andern, wie hier: a Domino Nicolao papa quinto. Beyde sind schon 1476 gekauft worden. Sonst ist keine Ausgabe bekannt als noch eine Ulmer 1474 von Johann Zeiner.

119) Expoſicio venerabilis magiſtri Heinrici de Haſſia ſuper dominicam oracionem. II. Eiusdem Expoſicio ſuper ave maria et cetera. III. Expoſicio beati Auguſtini epiſcopi ſuper ſymbolum. IV. Eiusdem ſermo ſuper dominicam orationem. in kl. Fol.

Diese vier Stücke machen zwey Quaternen aus, von denen aber das letzte Blatt ganz leer ist. Das erste endet sich auf der dritten Columne des letzten Blatts der ersten Quaterne mit den Worten: Explicit Expoſicio venerabilis magiſtri Henrici de haſſia ſuper oracionem dominicam. Unmittelbar darauf fängt das zweyte an. Dieses nimmt sein Ende auf der zweyten Columne des vierten Blatts der zweyten Quinterne. Dann das III te, dessen Ende beginnt auf der dritten Columne des 6ten Blatts. Das IV. endlich macht auf der vierten Columne des 7ten Blatts der zweyten Quinterne mit folgender Anzeige den Beschluß: Explicit ſermo beati Auguſtiui (ſic) epi de oracoe dñica. In den Typen und der übrigen äußerlichen Einrichtung findet sich zwischen den Vorigen und dieser Ausgabe kein Unterschied, ausgenommen, daß auch hier, wie bey jener unter Num. 118 die Signaturen a I — b. IIII. angetroffen werden.

Strasburg.

Nachstehende Bücher scheinen nach einer genauern Vergleichung der Typen hier gedruckt worden zu seyn.

- A. von Johann Mentelin
- B. Heinrich Eggensteyn
- C. Georg Hußner und Johannes Beckenhub
- D. Martin Flach
- E. von einem unbekannten Drucker.

a) mit

a) mit kleinen gothifchen Typen.

120) S. Thomae Aquinatis Secunda Secundae. in gr. Fol.

Diefe fehr alte Ausgabe hat Herr Seemiller in dem erften Fafcikel S. 134. befchrieben, ingleichen fehe man auch deffelben zweyten Fafcikels Addenda et Emendanda ad fasciculum I. Ferner Herrn Brauns erften Theil S. 12. In der Befchreibung des Letztern fand ich zwey Fehler, die aus Ueberfehen können eingefchlichen feyn; erftens follte es heißen: es befinden fich auf einer jeden Columne 59 ftatt 60 Zeilen: zweytens finden fich auf der dritten Columne des 238ften Blatts nur 49 ftatt 59 Zeilen. Die fehr alte Handfchrift, welche fich in unferm Exemplar befindet, haben fchon Herr Seemiller und Braun loc. cit. angeführt.

121) Nicolai de Lira Poftillae in novum Teftamentum, cum additionibus et correctionibus Pauli Burgenfis. in gr. Fol.

Eine hinlängliche Befchreibung des Ganzen Werkes hat Herr Seemiller II. Fafcikel S. 149. 150. geliefert; wir befitzen nur den einzigen Theil. Die Typen, womit diefe Ausgabe gedruckt ift, find einzeln betrachtet, denjenigen des vorigen ganz gleich, haben aber mit ihnen nicht eine gleiche Höhe und fcheinen im Ganzen genommen ein neuer Guß, zwar nach der nämlichen Manier zu feyn.

122) Fr. Aftexani de Aft Ord. Min. Summa de cafibus confcientiae. in gr. Fol.

Ueber diefe Ausgabe fehe man des Herrn G. R. Zapfs Merkw. feiner Bibliothek erftes Stück S. 116 u. fq. ingleichem Weiflingers Armamentarium cathol. S. 18. und Hrn. Straußens Monum. Rebd. S. 44.

123) Guidonis Bayfii Rofarium Decretorum. in gr. Fol.

Diefe Ausgabe ift von Herrn Seemiller I. Fafcikel S. 119. hinlänglich befchrieben worden. Denis hat fie gleichfalls in den Supplementen zum Maittaire num. 4352 angezeigt.

124) S. Joannis Chryfoftomi Homiliae LXII. in Evangelium S. Matthei a georgio Trapezuntino é graeco in latinum translatae. in fl. Fol.

Hr. Braun hat diefe Ausgabe in dem I. Th. S. 4. ausführlich befchrieben.

125) Conradi ab Allemania Concordantiae bibliorum. In gr. Fol.

Diese seltene und alte Ausgabe hat Herr Braun I. Th. S. 7. weitschichtig und hinlänglich beschrieben, doch, wenn der Herr Bibliothekar das letzte Blatt, welches eine vollständige Columne und 8 Zeilen enthält, den übrigen beyzählt, wird er 415 statt 414 Blätter finden.

126) Pauli a S. Maria Episc. Burgensis scrutinium scripturae, in Kl. Fol.

S. Hrn. Seemillers II. Fascikel S. 147. Das unsrige kommt mit dem Exemplar B. überein. Ferner Herrn Brauns ersten Theil 13 S. Die Typen, womit die Werke von N. 122 bis daher gedruckt sind, haben mit einander ziemliche Gleichheit und gleiche Höhe, so, daß sie von einem Gusse zu seyn, ich nicht zweifle.

b) mit eben den kleinen gothischen Typen der Text, die Aufschriften hingegen mit Kapitalbuchstaben.

127) Alberti M. Ord. Praed. quaestiones super evangelium Missus est &c. In gr. Fol.

Hinlänglich beschrieben findet man diese Ausgabe in dem ersten Theil des Hrn. Brauns S. 15. Freytag nennt sie in adparat. Litterar. P. I. S. 569, eine sehr seltne und die erste Ausgabe.

128) Opus de laudibus B. V. Mariae. In gr. Fol.

M. s. gleichfalls Hrn. Braun l. c. S. 15. Unser Exemplar ist dem vorigen, ohne daß ein leeres Blatt darzwischen stünde, beygebunden.

c) mit rotunden und größern Typen, die sehr nahe an die lateinische Schrift gränzen.

129) S. Augustini Liber Epistolarum. In gr. Fol.

Ein Exemplar dieser seltnen und prächtigen Ausgabe hat Herr Braun im I. Th. S. 10 beschrieben. In unserm Exemplar befindet sich folgende gleichzeitige Handschrift, die allerdings angezeigt zu werden verdient; sie heißt: item liber qui pharetra, et liber qui dicitur fortalitium, et presens liber videlicet epistole S. Augustini empti sunt pro XVIII. florenis et XX. crucigeris a Joh. Schüßler de augusta anno Dñi M° CCCC. LXXII°

130) Pha-

130) Pharetra, authoritates et dicta ſſ. doctorum, philoſophorum, et poetarum ordine alphabetico diſpoſita, continens. in gr. Fol.

S. ebenfalls Hrn. Braun am eben angeführten Orte S. 17. In unſerm Exemplar fand ich nach einer öfters wiederholten Zählung der Blätter ſtatt 360 allezeit 361 gedruckte Blätter.

Am Ende unſers Exemplars wird abermal folgende ſehr alte Handſchrift geleſen: item iſte liber preſens et liber qui intitulatur fortalitium fidei &c. wie oben, comparati ſunt anno domini mo cccc. LXXIIo tempore pape Sixti ti (quarti) friderici imperatoris et Johis de Werdenbeck comitis et epiſc. auguſten. necno Johis cognomento Iiaſſo abbatis — dann folgen die Namen der damals in unſerm Stifte lebenden Religioſen — ſub quorum temporibus etiam tota Bibliotheca cum clenodiis et pretioſis ornamentis et pluribus ſtructuris fuit comparata ad laudem et honorem omnipotentis dei, cui ſit laus per infinita ſ. ſ. amen.

131) Fortalitium fidei contra Chriſtianae fidei hoſtes. in gr. Fol.

M. ſ. davon die Beſchreibung des Hrn. Brauns in ſeinem erſten Theil S. 16. Unſer Exemplar beſteht nur aus 240 Blättern, indem das Regiſter, das nach der Angabe des genannten Herrn Bibliothekars 8 Blätter beträgt, ganz vermißt wird. Die letzten Zeilen, womit auf der zweyten Columne des letzten Blatts der Beſchluß gemacht wird, lauten alſo:

Tibi bo
ne ih'u qui es turris fortitudinis a facie inimi
ci ſit honor et gloria benedictio et graciarum
actio ſine ſine Amen.

132) Vincentii Bellovacenſis ſpeculi naturalis Partes I. et II da· in gr. Fol.

Von dieſem des innern Gehaltes ſowohl, als des äußern Anſehens wegen prächtigen Werke hat Herr Braun in dem I. Th. S. 18. den zweyten Theil davon beſchrieben; ich darf daher nur des erſten Theils innere Einrichtung — die äußere, und das, was die Typographie betrifft, hat er mit dem zweyten gemein — hier kurz anzeigen. Es enthält 18 Bücher. Der Anfang wird mit folgender Aufſchrift gemacht: Incipit ſpeculu naturale vincentii beluacēſ fratris ordinis pdicatorum. Et primo prologus de cauſa ſuſcepti operis et eius materia. Dieſe Vorrede endet ſich mit der vierten Columne des vierten Blattes, darauf folgt das Verzeichniß der Kapitel aller Bücher. Auf der dritten Columne des 348ten Blattes

fängt

fängt das letzte Buch an, mit welchem der erste Theil auf der 13ten Zeile der vierten Columne des letzten Blatts ohne alle Unterschrift sein Ende nimmt. Er beträgt 368 Blätter.

Uebrigens was die Typen der beeden Theile sowohl, als des darauf folgenden Speculi doctrinalis betrifft, bin ich mit Hrn. Braun nicht ganz einverstanden: Der Druck ist zwar auch eine lateinische und rotunde Schrift, wie man sie nennet, aber zwischen diesen, und den unmittelbar vorherbeschriebenen Ausgaben, ein so auffallender Unterschied, daß man sich viel Gewalt anthun muß, um nur von Ferne zwischen den Typen der vorigen, und jenen der gegenwärtigen eine Aehnlichkeit wahrzunehmen: die Höhe von 28 Zeilen dieser 3 Werke beträgt in jenen unter Num. 130. 131. 132. beschriebenen nur 25 Zeilen. Zudem betrachte man nur die Buchstaben A. N. P. H. u. s. w. welchen Unterschied man finden wird; doch zweifle ich nicht, daß diese ein ganz anderer Guß, aber nach der nämlichen Manier der vorigen gegossen sey, welches mir ein jeder, der diese Ausgaben nicht bloß mit fliegendem Blicke anschaut, gerne gestehen wird.

133) Vincentii Bellovacensis Speculum Doctrinale. in gr. Fol.

S. hierüber die Beschreibung des Hrn. Brauns l. c. und meine gemachte Beschreibung über die Typen des vorigen. Herr Straus hat diese Ausgabe auch in Monum. typ. Rebd. S. 17. angezeigt.

134) Liber dans modum legendi abbreviaturas in utroque jure. in kl. Fol.

Von diesem Werke hat Herr Seemiller in dem ersten Faskikel S. 164. 165. zwey Ausgaben, die sich aber bloß in Kleinigkeiten unterscheiden, beschrieben. Das gegenwärtige Exemplar kommt mit N. LXXII. loc. cit. überein. Zu Anfang wird in dem unsrigen folgende gleichzeitige Handschrift gelesen: Thome Dillinger 1478. (1478) Der Beschluß des ganzen Werkes wird auf der 31ten Zeile der vierten Columne des 227ten und letzten Blattes mit nachstehender Unterschrift gemacht:

Dre legū et canonū dñi
Galnani de bonia expliciut.

Die Typen haben mit den vorigen unter Num. 133 und 134 beschriebenen gleiche Höhe, und sind ihnen vollkommen gleich, so zwar, daß, wenn jene aus Mentelins Presse gekommen, auch diese derselben muß zugesprochen werden.

B. von

B. von Heinrich Eggesteyn.

a) mit großen in Holz geschnittenen Typen.

135) Petri Lombardi libri IV. sententiarum. in gr. Fol.

Von dieser Ausgabe sehe man die neueste Beschreibung, welche Herr Braun in seinem ersten Theil S. 28. geliefert hat. Die Typen sind jenen, womit Heinrich Eggesteyn 1472 die Consuetudines feudorum druckte, vollkommen gleich. Sie kann daher entweder vor jener, oder doch gewiß nicht lange darnach die Presse verlassen haben.

136) Joannis Petri de ferrariis de Papia Practica nova. in gr. Fol.

Diese Ausgabe ist mit den kleinen Typen, deren sich Heinrich Eggesteyn zu den Glossen der Consuetudines feudorum 1472 bediente, gedruckt. Die Höhe von 27 Linien in diesem Werke ist ganz die nämliche bey den Glossen des gedachten Werkes. Die ersten Worte eines jeden Titels sind mit den größern geschnitzten Buchstaben gedruckt. Uebrigens sehe man davon die Beschreibung des Hrn. Seemillers im ersten Faßcikel S. 137. Die sehr alte Handschrift, welche zu Anfang unsers Exemplars gelesen wird, verdient hier noch angemerkt zu werden, nämlich: iste liber est mosterii S. Magni in faucibus alpiu emptus pro quinque florenis. 1473.

b) mit kleinen und feinen gothischen Typen.

137) Die deutsche vollständige Bibel. in gr. Fol.

Diese Ausgabe ist bis auf einige Jahre her als ein Fust= und Schöffer'sches Produkt von Maynz geglaubt worden, bis endlich Herr Steigenberger den wahren Drucker derselben in der Abhandlung von den zwey deutschen Bibeln jedermanns Augen vorstellte. Ferner sehe man Hrn. Seemillers ersten Faßcikel S. 2. und Brauns I. Th. S. 22.

138) S. Bernardi abbatis clarevallensis epistolae 196. et alii Tractatus. in gr. Fol.

Diese Ausgabe haben Freytag in adparat. litter. P. II. S. 877. Hr. Seemiller I. Faßcikel S. 140. und Pl. Braun in dem I. Th. S. 26. hinlänglich, und weitläuftig beschrieben. Von unserm Exemplar verdient noch die am Ende angezeigte schriftliche Jahrzahl 1444. (1474) Wo es vermuthlich ist gekauft worden, angeführt zu werden.

139) De terra sancta et itinere iherosolomitano et de statu eius et aliis mirabilibus, que in mari conspiciuntur videlicet mediteraneo. in *k. Fol.*

Den Anfang dieser Reisebeschreibung macht ein Blatt starkes Register mit der Ueberschrift: Registru de itinere ad terra sancta. Auf dem folgenden Blatt steht der oben angeführte Titel, worauf unmittelbar die Dedicationsschrift des Verfassers, welcher sich, Ludolphus parochialis ecclesie in suchen rector nennet, an den Bischof zu Paderborn Baldewinus de Steinvordia folget. Das Ganze beträgt 14. Blätter. In 2 Columnen, davon eine jede 42 Zeilen faßt. Ohne Anfangsbuchstaben, Blattzahlen, Custoden und Signaturen. Der Beschluß wird auf der 32ten Zeile der dritten Columne des letzten Blatts mit folgender Unterschrift gemacht: Finit feliciter libellus, de itinere ad terram sanctam.

Herr Panzer hat eine deutsche Ausgabe in den deutschen Annalen S. 200. beschrieben, wo er zugleich auch die lateinische anführt, und sie in das Jahr 1470 setzet.

Von dem Verfasser weiß man nicht viel. In der deutschen Ausgabe heißt er nicht *Ludolph*, sondern Petrus. Dadurch hat sich der Herr Hofrath Meusel in der bibliotheca historica instructa a Struvio, aucta a Budero, nunc a Meuselio amplificata etc. vol. I. Part. II. p. 77. verleiten lassen, den Namen *Ludolph* für falsch zu halten. Allein in dem gegenwärtigen Exemplar heißt er deutlich *Ludolph*. Aber wo in der deutschen Ausgabe der Name Petrus herkommt, das weiß ich eben so wenig zuerklären, als Herr Panzer.

140) De terra sancta, et Itinere iherosolomitano &c. in *k. Fol.*

Diese Ausgabe ist mit eben den Typen, wie die vorige gedruckt. Der Unterschied besteht bloß in dem, daß die gegenwärtige nicht auf gespaltenen Columnen erschienen, und die Worte, welche in der vorhergehenden sehr häufig abgekürzt sind, in dieser vollständig gedruckt angetroffen werden.

141) Speculu sapientie beati Cirilli episcopi alias quadripertitus apologeticus vocatus. In cuius quidem proverbiis omnis et totius sapientie speculum claret. feliciter incipit. in *k. Fol.*

Dieses ist der Titel, welchen das gegenwärtige von Gleichnissen vollgepropfte Buch führt. Das Ganze ist in vier Bücher abgetheilt. Auf obigen Titel folgt die Vorrede, die die erste Seite des ersten Blatts einnimmt. Auf der Kehrseite fängt das erste Kapitel mit folgender Ueberschrift an:

Semp

Semp diſce et in extremis horis ſepiē ſemp ſtude.

Das ſepiē wird wohl ſapientie heißen ſollen. Der Beſchluß wird auf der fünften Zeile der Kehrſeite des vorletzten Blatts mit folgender Unterſchrift gemacht:

Speculū Sapientie Beati Cirilli epi Alˣ Quadripertitus. Apologeticus vocatᵍ. Iᵃ
cuiᵍ quidē proverbiis. omis et totiᵍ ſapie ſpeculu claret finit feliciter.

Dann folgt auf dem 42ten und letzten Blatte noch das Regiſter, welchem noch eine kurze Erklärung des Wortes Apologeticus angehängt iſt. Die Zeilen laufen ununterbrochen fort, und eine jede vollſtändige Seite enthält 41 — Anfangsbuchſtaben, Blattzahlen, Cuſtoden und Signaturen mangeln. Das Papier iſt weiß, und ſehr ſtark. Die Typen ſind von denen der vorigen in keinem Stücke verſchieden. Eine andere Ausgabe dieſes Werkes hat Herr Seemiller in dem zweyten Faſcikel S. 165. beſchrieben.

Uebrigens habe ich dieſe Ausgabe nirgends gefunden.

142.) **Tractatus de arte moriendi. in kl. Fol.**

Dieſer Traktat beſteht aus 8 Blättern. In demſelben werden von dem Verfaſſer beſonders 6 Stücke behandelt. I. von dem Lobe des Todes, II. von den Verſuchungen, die den Sterbenden in Angſt und Furcht ſetzen. III. von den Fragen, IV. von dem Unterrichte, V. von guten Ermahnungen, VI. von den Kirchengebethen, welche bey Sterbenden in der katholiſchen Kirche gewöhnlich ſind. Der Beſchluß des Werkleins wird auf der Kehrſeite des letzten Blattes mit folgender Unterſchrift gemacht: Finis huius tractatus de Arte moriendi. Die äußere Einrichtung des Druckes iſt wie in dem vorigen beſchaffen.

Die Werke von Num. 137. angefangen bis daher ſind mit einerley Lettern, die durchgehends nur einen und den nämlichen Guß verrathen, und gleiche Höhe haben, ſo daß, wenn ein Stück dem Eggeſtein abgeſprochen wird, auch die übrigen müſſen abgeſprochen werden.

143) **Franciſci Petrarchae de Remediis utriusque fortunae. libri II. in kl. Fol.**

Dieſe Ausgabe hat Herr Braun in ſeinem erſten Theil S. 27. beſchrieben. Die Typen dieſer Ausgabe ſind den vorigen vollkommen gleich, doch hat eine Höhe von 29 Linien der vorigen in dieſer nicht mehr als 28 Linien.

C. von Georg Hußner und Johann Bekenhub.

a) mit den Typen, davon Hr. Braun Tab. II. N. I. ein Muster geliefert.

144) Moralia fuper totam bibliam fratris Nicolai de lira, de ordine fratrum minorum facre theologie venerabilis doctoris. in gr. Fol.

Diese Ausgabe wird von Freytag in adparat. litter. P. II. p. 375. und von Hrn. Masch Biblioth. sac. Vol. III. P. II. p. 359. ausführlich beschrieben, nur über den Drucker derselben hat sich niemand dabey eingelassen. Hr. Denis hat sie gleichfalls in seinen Supplementen zum Maittaire Num. 5320 angeführt, ich fand aber in unserm Exemplar auf einer jeden Columne nie mehr als 57 statt 72 Linien. Das Ganze besteht aus 224 Blättern. Der Beschluß wird auf der 23ten Zeile der dritten Columne des letzten Blatts mit folgender Unterschrift gemacht: Expliciunt poftille morales feu miftice fuper omnes libros facre scripture. exceptis aliquibus, qui non videbantur tali expositione indigere. Igitur ego frater nicolaus de lyra de ordine fratrum minorum deo gratias ago qui dedit mihi gratiam hoc opus incipiendi et perficiendi. anno domini. m. ccc. XXXIX. in die sancti georii martiris. &c. Ein Exemplar wird auch von Hrn. Straus in Monum. Rebd. S. 19. angeführt.

145) Rationale divinorum officiorum Guilhelmi Durandi Minatenfis epifcopi. in kl. Fol.

Der Anfang wird mit einem fünf Seiten starken Register gemacht. Mit dem vierten Blatt fängt das Werk also an:

Prologus, Folium. 1.

Incipit rationale divinorum officiorum guilhelmi minatenfis ecclefie epifcopi. Die Vorrede endet sich auf der 16ten Zeile des III. Blatts, darauf das erste Buch mit folgender Aufschrift anfängt: Incipit liber primus de ecclefia et ecclefiafticis locis et ornamentis et de confecrationibus et facramentis. Das Ende wird mit der Conclufio finalis auf der ersten Seite des 384ten Blatts gemacht; darunter stehen noch die Worte: Explicit rationale divinorum officiorum.

Das Ganze beträgt 388 Blätter. Anfangsbuchstaben, Cuftoden und Signaturen fehlen. Die Blattzahlen sind von dem Drucker mitten im Rand angezeigt. Die Zeilen laufen ununterbrochen fort. Die Typen sind jenen des vorigen vollkommen gleich.

h) mit

b) mit kleinern sehr unförmlichen Typen. S. Brauns *Tab. II. N. II.*

146) Joannis Andreae pontificii juris interpretis Additionum speculi judicialis guilh. Durantis libr. IV. in gr. Fol.

Diese Ausgabe hat Herr Seemiller in dem ersten Faszikel S. 107. ausführlich beschrieben. In unserm Exemplar ist das zweyte Buch CVIIII. Blätter stark, die mit römischen Numern foliirt sind. Der Drucker kann in der Beschreibung des Hrn. Seemillers loc. cit. aus Uebersehen ein Strichelchen ausgelassen haben.

147) Joannis Bocacii de Certaldis historiographi libri IX. de casibus virorum illustrium. in kl. Fol.

Diese herrliche und seltene Ausgabe führt Denis in seinen Supplementen zum Maittaire Num. 4430. an, er irret sich aber, indem er sie und die nachfolgende Ausgabe dem Johann Bämler von Augsburg zuschreibt. Die Typen sind ganz den vorigen gleich, und die Manier und der Guß derselben, womit Hußner und Rekenhub das Rationale Durantis 1473 druckten, kann unmöglich in dem gegenwärtigen und darauf folgenden Werken mißkannt werden. Der Anfang wird mit der Vorrede gemacht. Voran steht: Johannis Bocacii de Cercaldis Historiographi prologus in libros de casibus virorum illustrium incipit. Diese endet sich mit der 12ten Zeile des zweyten Blatts. Dann fängt das erste Buch an. Dieses wird auf der eilften Zeile der Kehrseite des 18ten Blatts mit folgenden Worten beschlossen: Explicit. Johanis Bocacii liber primus. de cercaldo.

Incipit eiusdem Feliciter secundus.

Das neunte Buch wird auf der Kehrseite des 152ten Blatts mit folgender Unterschrift beschlossen: Finit liber nonus et ultimus Johannis Boccacii de certaldo. de casibus virorum illustrium. Dann folgt noch ein drey Blätter starkes alphabetisches Register. Das Ganze besteht aus 155 Blättern. Anfangsbuchstaben, Blattzahlen u. s. w. mangeln. Die Zeilen laufen in ununterbrochnen Reihen fort, und werden auf einer jeden Seite 35 gezählt.

148) Johannis Boccacii Compendium de praeclaris Mulieribus. in kl. Fol.

Diese Ausgabe kann als der zweyte Theil des vorigen Werkes angesehen werden. Denis hat sie loc. cit. Num. 4427. angezeigt. — Der Anfang wird ohne allen Titel mit der Dedikation an die Johanna, Königin von Jerusalem und Sizilien, gemacht. Diese endet sich mit der 23ten Zeile der Rückseite des ersten Blatts. Darauf nimmt das Werk selbst mit folgender Aufschrift seinen Anfang: Johannis boccacii de Cercaldo de mulieribus claris ad andream de Acciarol' de florentia Altouille comitissam liber incipit feliciter. Auf dem 77ten Blatt wird

wird auch die berichtigte Geschichte der Johanna Papissa erzählt. Der Beschluß wird auf dem 82ten und letzten Blatte mit der conclusione finali gemacht. In dieser bittet der Verfasser, das schöne Geschlecht um Nachsicht und Vergebung mit folgenden Ausdrücken: Ego autem ut imprimis cum humilitate respondeam, omisisse multas fatebor ultro, non enim ante alia omnes attigisse poterum, quàm plurimas fame triumphator tempus absumpsit, nec mihi ex superstitibus omnes videre potuisse datum est, et ex cognitis non semper omnes volenti ministrat memoria. Endlich wird noch folgende Schlußanzeige gelesen: Explicit compendium Johannis Boccacii de certaldo. quod de preclaris mulieribus ac (ad) famam perpetuam edidit feliciter. Das äußerliche Aussehen ist wie in dem vorigen Werke beschaffen, bloß werden hier und da kleine von dem Drucker selbst gemachte Anfangsbuchstaben bemerkt.

149) Legenda Sanctorum Jacobi de voragine. in fl. Fol.

Gegenwärtiges Exemplar ist zu Anfang und am Ende defekt. Die Typen kommen vollkommen mit den eben beschriebenen überein. Oben am Rand stehen die römische Blattzahlen, die mit VII. anfangen und sich mit CCCCXVIII. schließen. Die Zeilen sind auf einer jeden Seite 38, und laufen ununterbrochen fort. — Mehreres weiß ich von diesem übel behandelten Exemplar nicht zu sagen.

150) S. Augustini liber de XII. abusivis seculi. II. eiusdem sententia de origine anime, et III. de divinatione demonum sententia. in fl. Fol.

Diese drey kleine Werkchen machen zusammen nur eine Quaterne aus. S. hievon die Beschreibung, welche Herr Seemiller in seinem ersten Fascikel S. 109 gegeben hat.

151) S. Anselmi Cantuariensis Archipresulis liber, cur Deus homo! in fl. Fol.

Diese Ausgabe besteht aus drey Quinternen. Uebrigens ist sie schon hinlänglich von Herrn Seemiller am oben angeführten Orte, und von Herrn Braun in seinem ersten Theil S. 31 beschrieben worden.

Die von Num. 147. bis hieher beschriebene Werke haben, was die Typen betrift, mit einander vollkommne Gleichheit, und scheinen ein und der nämliche Guß zu seyn.

D. von

D. von Martin Flach.

152) Thome de Argentina Ord. Eremit. S. Augustini. libri IV. in Magistrum sententiarum. Argentinae per Martinum Flach. in Fol.

Von dieser Ausgabe besitzen wir nur den ersten und zweyten Theil, die sich beysammen in einem Bande befinden. Man sehe davon Hrn. Brauns II. Th. S. 3, allwo hinlängliche Beschreibung hierüber gefunden wird.

E. von einem unbekannten Drucker.

153) Cronica von allen Künig und Keisern: von anfang Rom. Auch von vil geschichten. biß zu unsern zeiten die geschehen seint. in 4to.

Diese Ausgabe hat Herr Panzer in den deutschen Annalen S. 39. Num. 69. angezeigt. Er nennet den Drucker Johann Knoblauch und giebt auch sonst befriedigende Nachricht, daß es die fortgesetzte literische Chronick ist. Wegen des Knoblauch aber zweifle ich noch. Schoepflin p. III. rechnet unter die ersten Buchdrucker zu Straßburg infimae classis den Barth. Kysteller 1501. 1504 und sagt von ihm: officinam suam habuit am Grüneck, Küstler alias dictus. Dieser könnte auch der Drucker dieses Buchs 1499 oder 1500 seyn.

154) Ein Gespräch von Maria zwischen einem Juden, und Christen. in 4to.

Dieses kleine Werklein, das mit den nämlichen Typen, wie das vorige gedruckt ist, beträgt nur 24 Blätter. Das erste Blatt — oder vielleicht noch mehrere — wird vermißt, indem in unserm Exemplar das erste mit dem großen B signirt ist, und also anfängt: Das eirst capitel saget wie Maria geeret und angeruffen wurt und nit wurt angebet als die jueden sagen. ¶ Der Crist. Das Ganze besteht aus 12 Capiteln. Die Signaturen gehen von B — G. Seitenzahlen, Custoden und Signaturen fehlen. Der Druck ist unsrer jetzigen sogenannten Schwabacher-Schrift sehr viel gleich. Die innere Einrichtung des Werkes zielet dahin, daß der Christ den Juden über die Verehrung Mariä unterweiset, und ihm seine Einwürfe auflöset. Die Texte, welche der Christ dem Juden deutsch vorträgt, sind auf dem Rand durchgehends lateinisch angezeigt. Der Beschluß wird auf der Kehrseite des letzten Blatts mit den Worten: Deo gratias, gemacht.

155) Wölchem

155) Wölchem an kurtzweill thet zerrinden.
Mag woll diß büchlen durchgrynden.
Er findt darinn vill kluges ler.
Von Rettelsch gedicht und vill nuwer mer.
Straßburg. in 4to.

  Obige Reime vertretten die Stelle des Titels, und werden auf der ersten Seite des ersten Blatts nebst einem Holzschnitte angetroffen. Dieser stellet einen mit Gras und Blumen besetzten Hügel vor, der unten mit einem Zaun umgeben ist. Auf dem Hügel sitzen fünf Personen, 2 Herren und drey Frauenzimmer, welche mit einander zu sprechen scheinen. Die Kehrseite ist leer. Das darauf folgende Blatt geht in unserm Exemplar ab. Die Räthseln führen die Aufschriften: von den Wässern, von Fischen, von Hunden, von Dreck, u. s. w. bisweilen kommen auch sehr schmutzige vor. Das Ganze beträgt ohne das abgehende Blatt 21 Blätter. Der Beschluß wird auf der ersten Seite des letzten Blatts mit folgender Unterschrift gemacht: Getruckt zu Strasburg. Der Druck und das äußere ist wie in den vorigen beschaffen. Hrn. Panzer blieb diese Ausgabe unbekannt.

Ulm.

A. von Johann Zainer.
B. mit Typen, welche Hr. Braun *Tab. VII. N. VII. characteres Ulmenses* nennet.

a) mit Typen des Johann Zainers, womit er *Alberti M. opus de Mysterio Missae* 1473. gedruckt hat.

156) Tractatus de periculis contingentibus circa sacramentum Eucharistie ex dictis S. Thomae Aquinatis, unacum eiusdem epistola ad Comitissam Flandriae de eo, quid juste liceat exigere à Judaeis. in Fol.

  Diesen 7 Blätter starken Traktat haben Herr Seemiller in dem I. fasc. S. 131. und Herr Braun in dem I. Th. S. 97. beschrieben.

                 b) mit

b) mit den Typen, womit Johann Zainer 1486 die *scala coeli* druckte.

157) Alberti M. Ord. Praed. sermones de sanctis et de tempore. Ulmae per Johannem Zainer. in Fol.

Von diesem Werke besitzen wir zweyerley Ausgaben, die zwar dem Innhalte nach mit einander vollkommen übereinkommen, und beyde mit den oben angezeigten Typen von Johann Zainer gedruckt sind. — Folgende Beschreibung wird den Unterschied desselben aufdecken.

Das Gegenwärtige Exemplar fängt mit dem Register an. Voraus wird folgende mit grössern Typen gedruckte Aufschrift: Registrum in sermones Alberti magni de tempore et de sanctis, gelesen; auf der ersten Seite des ersten Blatts finden sich 35 Zeilen, die letzte davon heißt:

Archa testamenti continebat tria de tempore sermone 13 R.

Das Register endet sich auf der ersten Seite des 12ten Blatts auf der 16ten Zeile mit den Worten: Registri Finis. Mit dem 13ten Blatte nimmt das Werk selbst seinen Anfang. Die Aufschrift — welche durchgehends mit grössern Typen gedruckt sind — ist folgenden Innhalts:

Sanctis
Incipiunt Sermones de festis Sanctorum.
Et primo de sancto andrea. Sermo pri.

Der erste Theil de sanctis wird auf der achten Zeile des 113ten Blatts mit nachstehender Unterschrift beschlossen: Sermones notabiles et formales magistri Alberti magni ordinis predicatorum de tempore et de sanctis per totius anni circulum ac etiam bene registrati secundum alphabeti ordinem. Impressi per Johannem Zeiner in opido Vlm finiunt feliciter. Der übrige Raum des Blatts ist leer gelassen. Auf dem darauffolgenden beginnt der zweyte Theil mit folgender Aufschrift:

Tempore
Prologus.

Der Beschluß des Ganzen wird auf der 38 Zeile der ersten Seite des letzten Blatts mit folgender Unterschrift gemacht: Sermones de tempore Alberti magni per Johannem Zainer ulme impressi Finiunt feliciter. Das ganze Werk beträgt 259 Blätter. Die Zeilen laufen ununterbrochen fort, und finden sich auf einer jeden ganzen Seite 40. Anfangsbuchstaben, Blattzahlen, Custoden und Signaturen mangeln.

Diese

Diese Ausgabe hat auch Herr Straus in Monum. Rebd. S. 36 angezeigt.

158) Opus idem cum immediate praecedenti. In M. Fol.

Diese Ausgabe fängt gleichfalls mit dem Register an. Die erste Seite des ersten Blatts enthält 39 Zeilen, davon die letzte also lautet:

Arboris cognitio de tempore sermone 62. Z.

Das Register wird auf der 40sten Zeile der Kehrseite des 11ten Blatts mit den Worten: Registri finis, beschlossen. Auf dem folgenden Blatt fängt das Werk selbst mit der nämlichen Aufschrift, wie in dem vorigen an, der erste Theil endet sich auf der 29sten Zeile der Rückseite des 103 Blatts, darunter wird eben die Unterschrift, wie in dem vorigen gelesen. — Mit dem unmittelbar darauffolgenden Blatt nimmt der zweyte Theil mit der Ueberschrift: Prologus Sermonum de tempore, seinen Anfang. Der Beschluß wird auf der 37sten Zeile der ersten Seite des letzten Blatts gemacht. Darunter stehen eben die Worte, welche in der vorigen sind angezeigt worden. Das Ganze besteht aus 235 Blättern. In dem ersten Theil de sanctis, werden auf einer Seite 41. in dem zweyten hingegen nur 40 Zeilen angetroffen. — Die übrige äusserliche Gestalt hat sie mit der vorigen gemein. — Der Name Albertus magnus ist in den Auf- und Unterschriften des letzten Exemplars ganz ausradirt. Vielleicht wollte jemand dadurch anzeigen, daß dieses Werk dem Albertus M. unrechtmäßig zugeschrieben wird, doch wird selbes von Cave in hist. litterar. de script. eccl. Tom. I. S. 506 ihm zugeeignet.

159) S. Hieronymi vitae Patrum cum aliis opusculis asceticis. Ulmae per Johannem Zainer. In M. Fol.

Diese Ausgabe hat Herr Seemiller in seinem ersten Fascikel S. 148 hinlänglich beschrieben. — In unserm Exemplar werden am Ende die Ziffern 49 gefunden; sie sind mit rother Farbe hingeschrieben. Vielleicht wollte der Minihiator dadurch das Jahr, in welchem diese Ausgabe die Presse verlassen, oder wenigstens die Zeit, wo er mit seiner Arbeit fertig geworden, anzeigen.

160) Albertus magnus de arte intelligendi. docendi. et predicandi. res spirituales et invisibiles per res corporales et visibiles et econverso pulcra et utilissima. In M. Fol.

S. Hrn. Seemillers ersten Fascikel S. 129. ingleichen Hrn. Denis Supplemente zum Maittaire Num. 4132.

161) Com-

161) Compendium theologicae Veritatis cum Bernoldi monachi Caesarien. Ord. Cisterc. thematibus. Ulmae per Johannem Zainer in fl. Fol.

Diese Ausgabe hat Herr Braun in seinem ersten Theil S. 100 hinlänglich beschrieben. Das Ganze nebst den thematibus Bernoldi beträgt 190 Blätter. — Eine andere Nürnberger unbekannte Ausgabe ist Num. 111. 112. beschrieben worden.

162) Alberti Magni Ratisbon. Episcopi liber de abundantia exemplorum. In fl. Fol.

S. die neueste Beschreibungen, welche Herr Seemiller in seinem zweyten Fasikel S. 152 und Herr Braun in seinem ersten Theile S. 101. davon gemacht haben.

c) mit eben den Typen, aber mit saubern Holzschnitten, statt der Anfangsbuchstaben.

163) Jacobi de Voragine, Januensis Ord. Praed. Historia Lombardica, seu legenda sanctorum. In fl. Fol.

Diese Ausgabe mag eine grosse Seltenheit seyn, weil Herr Denis in all den von ihm angeführten Bibliotheken kein Exemplar davon fand, sondern nur eines von einem seiner Freunde zur Einsicht bekam. S. dessen Supplemente zum Maittaire Num. 6179 der Anfang wird mit dem Register auf der Kehrseite des ersten Blattes gemacht. Auf der ersten Seite des dritten Blatts fängt die Vorrede mit folgender Aufschrift an: Incipit prologus super legendam sanctorum quam compilavit frater Jacobus natione Januensis ordinis fratrum predicatorum. Die Anfangsbuchstaben vor einer jeden Legende sind ziemlich gute und schöne Holzschnitte. Die Zeilen laufen ununterbrochen fort, und stehen auf einer jeden Seite 40. Die Blattzahlen hat der Drucker oben in der Mitte des Randes mit arabischen Ziffern angezeigt. Diese gehen bis 394. Zu Ende wird nach der siebenten Zeile der Rückseite des letzten Blatts statt der Schlußanzeige nichts als die Worte: Finit feliciter gelesen.

Die von Num. 157 an. bis zu dem gegenwärtigen miteingeschlossenen haben einerley Typen, indem eine Höhe von 24 Linien in allen gleich gefunden wird, so, daß ich gar nicht zweifle, sie seyen alle mit einem und dem nämlichen Typenguße gedruckt worden.

B. mit den Typen, welche Herr Braun Tab. VII. Num. VII.
characteres ulmenses nennet.

164) Johannis de Franckfordia Ord. Praed. sermones de tempore.
in Fol.
    Diese Ausgabe wird in dem ersten Fascikel des Hrn. Seemillers S.
131. und gleichfalls in dem ersten Theil des Herrn Brauns S. 102 ausführlich
beschrieben.

C. von Johann Schäffler.

165) Tractattus solennis multum predicabilis. In quo materia de
quolibet sancto ex figura, natura, et exemplo elegantississime (sic)
probatur. in 4to.
    Die Typen, mit welchen dieses Werkchen gedruckt ist, sind denjeni-
gen, wovon Herr Braun in seinem zweyten Theil Tab. III. n. IV. ein Muster
geliefert, sehr viel ähnlich. Von den Zeilen, die ununterbrochen fortlaufen, finden
sich auf einer jeden Seite 31. Große Anfangsbuchstaben, Custoden und Seitenzahlen fehlen. Statt der erstern werden durchgehends kleine angetroffen. Auf der
ersten Seite des ersten Blatts steht ganz allein der oben angeführte Titel. Auf
dem zweyten Blatte wird er wiederholt. Unmittelbar darauf fängt das Werkchen: De
sancto Andrea apostolo an. Das Ganze macht nur 18 Blätter aus. Am Ende
wird nach der Materie de Dedicatione Ecclesie auf der ersten Seite des letzten
Blatts mit den zwey Worten: Laus deo, der Beschluß gemacht.

Folgende Werke sind mit herrlich schönen römischen Lettern
gedruckt, davon auch Herr Braun Tab. VIII. n. V. ein
Muster geliefert, das aber mit seinem Original nicht allerdings am besten übereinkommt. — Ich theile daher, die
bey uns sich vorfindende, und überhaupt mit lateinischen Typen ohne die Anzeige des Jahrs gedruckte Ausgaben in zwey
Classen, in die Höhere und Mindere, oder in jene, die
eher vor— als nach 1480. und in jene, welche von diesem
Jahre an bis 1500 die Presse mögen verlassen haben.

A. der

A. der erſten und höhern Claſſe

a) mit den **Typen**, welche *Nro. V. Tab. VIII.* ſehr viel ähnlich ſind.

166) Plutarchi vitae parallelae a variis authoribus e graeco in latinum verſae. Tom. II. in einem Band. in gr. Fol.

Die Beſchreibung dieſer ſchönen Ausgabe ſehe man in dem erſten Theil des Herrn Brauns S. 110. Unſer Exemplar unterſcheidet ſich von jenem nur in dem, daß in demſelben beyde Theile in einem Bande beyſammen ſtehen, und der erſte zuletzt, der letzte aber zuerſt gebunden iſt.

167) Biblia ſacra latina Veteris et novi Teſtamenti. in gr. Fol.

Dieſes ſchöne und prächtige Exemplar ſcheint ganz mit jenem übereinzukommen, welches Meermann und Schelhorn teſte Maſch P. II. Vol. III. p. 77. §. XVII. beſchrieben haben. Denn in dem unſrigen finden ſich gleichfalls auf einer jeden Seite 56 Zeilen. Die Roſe und Traube ſind die Papierzeichen. Das Ganze beſteht auch nur in einem ziemlich dickleibigen Baude, der aber nach dem Pſalterium, welches ſich mit der zweyten Columne des 213ten Blatts endet, leicht in zween Theile getheilt werden könnte, indem das übrige dieſes Blatts ganz leer gelaſſen iſt. Der Beſchluß des Ganzen wird auf der 43ſten Zeile der erſten Columne des 425ſten und letzten Blatts gemacht. Die letzte Zeile lautet alſo:

Domini noſtri Iheſu xpi cu omib9 vobis amē.

Wegen dem Drucker kann ich aber dieſen groſſen Männern meinen Beyfall um ſo weniger geben, da ich ſie mit den lateiniſchen Typen des Günther Zainers ſelbſt zu vergleichen Gelegenheit habe; ich nahm des Iſidori Ethimologiarum libros XX. von dem Jahre 1472 vor mich hin, und fand — ſehr wenig Aehnlichkeit. Als Beweis will ich nur das anführen, daß eine Höhe von 25 Linien in dieſem, mir eine Höhe von 24 Linien in dem angeführten Werke ausmacht; zudem betrachte man nur das A. H. R. u, ſ. f. man wird ſehr auffallenden Unterſchied der Typen in beeden Werken entdecken: hingegen vergleicht man es mit dem unmittelbar vorhergehenden, oder den daraufſolgenden, ſo wird man ſowohl eine gleiche Höhe der Zeilen als auch mehr Aehnlichkeit in dem ganzen Guße der Typen gewahr nehmen.

Noch eins, welches ich nicht ganz unangezeigt vorbeygehen laſſen kann, kam mir in dieſer Ausgabe ſehr auffallend vor, nämlich, daß ſo viele Fehler angetroffen werden, z. B. terrra ſtatt terra, reniſcaris anſtatt reminiſcaris, Fcce für Ecce, ſagus für vagus, inſideraberis ſtatt inſidiaberis, hoſtio für hoſti, ſaulidabit für ſolidabit, deforet, devoret, coclecta, collecta, tranſducti,

traducti,

traducti, u. s. w. Ich vermuthe, der Drucker habe entweder ein sehr altes, oder schwehr zu lesendes Mss. als das Original, wovon er diese abdruckte, vor sich gehabt, oder wenn nicht Nachläßigkeit mit unterlief, weiß ich mir dieses nicht anders zu erklären.

168) Mauri servii Honorati Gramatici comentarius in Bucolica Georgica et aeneida Virgilii. in gr. Fol.

Gegenwärtige Ausgabe giebt den vorigen an der Pracht und Schönheit der Typen und der ganzen äusserlichen Gestalt des Druckes nichts nach. Sie ist auf gespaltnen Columnen, deren jede 56 Linien hält, gedruckt. Anfangsbuchstaben, Blattzahlen, Custoden, Titel und Signaturen fehlen. Das Papier ist ungemein stark und weiß. Die Zeichen desselben sind theils eine Rose, theils eine Traube. Auf dem (i) ist durchgehends ein Düpschen. Das Ganze beträgt 181 Blätter. Für die vorkommenden griechischen Wörter ist öfters der Raum leer gelassen. — Der Anfang wird mit folgender Ueberschrift gemacht: Mauri Servii Honorati grammatici comentarius in bucolica Virgilii incipit. — Prologus. Dieser endet sich auf der 12ten Zeile der dritten Columne des ersten Blatts, worauf die Prima Egloga ihren Anfang nimmt. Das dritte Buch der Aeneidum fängt auf der zweyten Columne des 37 Blatts an. Voran steht: Mauri Servii Honorati gramatici. Comentarius in Eneida Virgilii incipit. Diese bestehen aus 12 Büchern, davon das letzte auf der 19ten Zeile der ersten Columne des 159sten Blatts den Beschluß des Werkes ohne alle Endschrift macht. Die letzten zwey Zeilen lauten also:

adhuc habitare nature legibus poterat. Sic homerus. Amen.

Mit dem darauf folgenden Blatt fängt das Register ohne Aufschrift nach alphabetischer Ordnung mit dem Worte: abathos insula &c. an, und beschließt das ganze Werk gleichfalls bloß mit dem Wörtchen, Amen.

169) Rabanus de universo. in gr. Fol.

In dieser Ausgabe findet sich all das herrliche und schöne im vollen Maaße, das ich schon in den vorigen angerühmt habe. Herr Strauß hat sie in den Monum. Rcbd. S. 16. aber nur mit ein paar Worten angeführt. — Der Anfang wird mit einem Brief an Ludwig, König in Frankreich, unter folgender Aufschrift gemacht: Epistola Rabani ad Ludovicum regem invictissimum &c. incipit feliciter. In diesem giebt er unter andern dem König Rechenschaft von der Verfassung, und Einrichtung seines Buches, zugleich auch eine schöne Ermahnung dem Beyspiele Salomons nachzufolgen, der von Gott nicht Reichthümer, oder Verdemuthigung und gänzlichen Untergang seiner Feinde, sondern allein Weisheit begehret hätte u. s. w. Darauf folgt ein anderer Brief mit der Aufschrift: Incipit
epistola

epistola Rabani ad Hemmonem episcopum. Alsdann das Register der Kapitel der XXII. Bücher. Endlich beginnt auf der vierten Columne des dritten Blatts das erste Kapitel des ersten Buches: de Deo, ohne weitere Aufschrift. In dem zweyten Kapitel des XVIten Buches auf dem 121ten Blatt wird von unsern Stammvätern den Deutschen folgende Beschreibung gemacht; Germanie gentes dicteque sunt imania corpora, imanesque nationes seviſſimis durate frigoribus, qui mores ex ipso celi rigore traxerunt, feroces animi et semper indomiti raptu venatuq3 viventes. Horum plurime gentes varie armis: discolores habitu: linguis diſſone et origine vocabulorum incerte: quarum imanitas barbarie etiam in ipsis vocabulis horrorem quemdam significat. &c. Der Beschluß des ganzen Werkes wird mit dem XXIIten Buch auf der 32 Zeile der vierten Columne des letzten Blatts ohne Unterschrift gemacht. Die letzten zwey Zeilen lauten folgender Maaſſen:

   Petri. sancte tamen trinitatis unum velle una
   potestas una cooperatio est.

Das Ganze beträgt 167 Blätter. In 2. Columnen. 56 Zeilen. Das Papierzeichen durchgehends eine Rose. Die Unterscheidungszeichen sind der Schluß — und Doppelpunkt. Ohne Anfangsbuchstaben, Blattzahlen, u. s. w. Die Typen, wie in den vorigen.

170) Secretum Francisci petrarche de Florecia poete laureati de Cōtemptu mundi Incipit Feliciter.) in fl. Fol.

  Gegenwärtige Ausgabe fängt mit obiger Aufschrift an. Die Typen sind von eben dem Guße, wie die vorigen, und eine Höhe von 25. Linien beträgt auch in diesem die nämliche Anzahl der Zeilen sehr genau. 34 Zeilen auf einer jeden Seite. Von den Unterscheidungszeichen werden der Schluß — und Doppelpunkt, das Frage - und Aufrufzeichen nebst dem Einschlußzeichen öfters angetroffen. Ohne Blattzahlen, Custoden und Signaturen. Statt der großen Anfangsbuchstaben hat der Drucker hin und wieder kleine gemacht. Das Papier ist herrlich weiß, und stark. Das Werk selbst ist in dem Tone eines Gespräches verfaßt, wo Augustin als Lehrer, und Franziskus als Schüler auftreten. Das dritte und letzte Buch wird auf der 20ten Zeile der Kehrseite des 53ten und letzten Blatts mit folgender Schlußanzeige beschloſſen:

   Secretum francisci Petrarche de Frorencia: (sic)
   Poete laureati. De contemptu mundi Finit Foeliciter.

171) Francisci Petrarchae de vita solitaria libri II. in fl. Fol.

  Diese Ausgabe ist mit eben den typographischen Eigenschaften wie die vorige versehen, stehen auch in einem Band beysammen. — Das Werk hat keinen Titel,

Titel, und fängt ohne Aufschrift mit einem drey Seiten starken Register an. Auf der vierten Seite folgt die Vorrede, in welcher der Verfasser sein Werk einem seiner liebsten Freunde, der aus Vorliebe zur Einsamkeit den römischen Hof, und seine glänzende Ehrenstelle verließ, zueignet. Darauf beginnt auf der 6ten Zeile der Kehrseite des 6ten Blatts das erste Kapitel: Qualiter dives surgit nocte media. — Das erste Buch selbst wird auf der 25ten Zeile der ersten Seite des 37ten Blatts mit folgender Unterschrift beschlossen:

> Explicit Liber primus: francisci petrache (sic) poete laureati de vita solitaria. Incipit secundus.

Das zweyte Buch ist 52 Blätter stark, und nimmt auf der 26ten Zeile der ersten Seite des letzten Blattes sein Ende. Darunter wird noch folgende Unterschrift gelesen: Francisci petrarche Poete Laureati de Vita Solitaria.

Von dieser und der vorherbeschriebenen Ausgabe sind auch in der Nürnberger und Burheimer Bibliothek Exemplare. In der Regenspurger ist nur Num. 171. allein, und wird von Hrn. Gemeiner l. c. pag. 81. beschrieben, für Römischen Druck in den siebenziger Jahren, und zugleich für sehr selten, und prächtig erklärt. Auch hat Herr Denis diese Ausgabe in seinen Supplementen zum Maittaire pag. 636. num. 5604. mit der Anmerkung circa an. 1472. und zugleich die vorige num. 5605.

172) **Donatus in Terentium. in k. Fol.**

Diese Ausgabe ist mit eben den herrlichen schönen römischen Lettern in ununterbrochenen Zeilen gedruckt, wie die vorige, wenigstens weiß ich keinen Unterschied anzugeben, da ich nicht nur eine gleiche Höhe bestimmter Linien z. B. 25. wie in den vorhergehenden, sondern auch gleiche Abbreviaturen in den Bindeund andern Worten fand. 35 Zeilen finden sich auf jeder Seite. Titel, Aufschriften, Blattzahlen, Custoden und Signaturen waren dem Drucker unbekannt, so, wie die Anfangsbuchstaben, die er doch hin und wieder durch Kleine angezeigt hat. Von den Unterscheidungszeichen findet man den Schluß- und Doppelpunkt, samt dem Frage- und Aufrufzeichen. Das Papier ist stark und weiß. Bisweilen kommen in dem Texte leere Plätze vor, die vermuthlich für griechische Worte bestimmt waren. Das Ganze beträgt 250 Blätter, deren leeren und breiten Ränder sehr gut in die Augen fallen.

Das Werk selbst fängt ohne allen Titel folgendermaßen an:

> VBLIVS TERENTIVS AFFR (sic)
> Carthagine natus: servivit Rome Te
> rencio Lucano senatori. a quo ob inge
> nium et formam non institutus modo
> liberaliter, sed et mature mamumissus. (sic)

Der Beschluß wird auf der 27ten Zeile der ersten Seite des letzten Blattes mit folgendem Distichon gemacht:

> Qui cupit obſtruſam frugem guſtaſſe Terenti
> Donatum querat noſcere grammaticum.

Herr Denis hat dieſe Ausgabe l. c. num. 4836 angezeigt, und dabey folgende Anmerkung gemacht: Diſtichon eſt Raph. Zovenzonii et legitur etiam ſub *Terentio ſ. a.* Vindelini de ſpira, cuius editionibus hederas adpendebat Zovenzonius, ſed ibi alterum ſequitur: *Quem vindelinus ſignis &c.*

173) Roberti de Licio Ord. Min. Sermones a prima Adventus dominica usque ad quartam, et de feſtivitatibus a Nativitate domini usque ad Epiphaniam. Accedunt ſermones de divina Charitate et immortalitate animae. in kl. Fol.

Dieſe Ausgabe, welche der vorigen, was den Druck und die äußere Geſtalt betrifft, vollkommen gleich iſt, hat Herr Braun in ſeinem erſten Theil S. 113. hinlänglich beſchrieben.

b) mit ſehr feinen, aber ganz unbekannten lateiniſchen Lettern.

174) Incipit. Liber. Alberti. Magni. Ordinis. Predicatorum. de. adherendo. Deo. nudato. intellectu. et. affectu. et. ultima. et. ſuprema. Perfectione. Hominis. quantum. poſſibile. eſt. in kl. Fol.

Dieſe Ausgabe hat Herr Denis in ſeinen Supplementen zum Maittaire num. 4128. angezeigt, nebſt der Bemerkung, daß in dem Exemplar, welches das Benediktiner Stift St. Georgenberg im Tyroll beſitzt, die Handſchrift emptus 1470. geleſen werde. Ingleichen hat ſie Herr Braun in ſeinem erſten Theil S. 114 beſchrieben. In unſerm Exemplar iſt nebſt dem erſten Anfangsbuchſtaben auch der obere und Seitenrand mit in Holzgeſchnittenen Zierrathen geſchmückt. Die Schluß - und Doppelpunkte — die ſehr häufig angetroffen werden — ſind durchgehends nach der Art kleiner Sternlein oder Kreuzlein gemacht. — Uebrigens bemerkte ich noch, daß die Buchſtaben oft ſehr ungleich auf ihren Linien ſtehen, indem man bald einen Buchſtaben höher bald tiefer unter der Zeile, oder gar ſchief liegend antrifft. Dieß wird man nicht nur hin und wieder, ſondern faſt auf einer jeden Zeile gewahr; daher ich dieſem und den unmittelfolgenden Werklein ein ſehr hohes Alter zumuthe.

175) Jo-

175) Johannis Gersonis tractatulus de remediis contra pusillanimitatem, scrupulositatem, deceptorias inimici consolationes, et subtiles eius tentationes. In kl. Fol.

Dieses Werklein ist zu dem vorigen gebunden, und besteht aus einer Quaterne. Die äussere Gestalt hat es vollkommen mit jenem gemein. Noch eins kann ich hier, das auch von dem vorigen gilt, anzeigen, daß nämlich die Zahl der Zeilen auf den sonst durch keine Aufschriften unterbrochnen Seiten niemals gleich angetroffen wird, indem man theils 33. theils 34 ja auch 36 Zeilen zählt. S. zugleich Hrn. Brauns I. Th. S. 114. und Hrn. Denis Supplemente zum Maittaire num. 4974.

176) S. Bonaventurae Ord. Min. Epistola de modo proficiendi unacum eiusdem tractatu de informatione juvenum et novitiorum. In kl. Fol.

Diese zwey kleine Schriften finden sich bey den vorigen in dem nämlichen Bande, haben auch, was die Typographie betrift, mit denselben alles gemein. Eine weitere und hinlängliche Beschreibung davon wird in des Hrn. Braun ersten Theil, S. 114. gefunden.

177) Directorium ecclesiasticum. In kl. Fol.

Die Typen, womit dieses Werk gedruckt ist, sind gerade das Gegentheil der vorigen, indem sie eine große und sehr fette lateinische Schrift ausmachen: ob sie aber einem deutschen, oder italienischen Meister angehören, getraue ich mir zur Zeit nicht zu entscheiden; doch muthmaße ich aus dem voranstehenden Kirchenkalender, wo die besondern Feste des Augsburgischen Kirchsprengels SS. Udalrici nämlich, Affrae und Narcissi, und überdas die ausdrückliche Anzeige des Kirchweihfestes des Costnitzer Bisthumes auf den 9ten September: Festo S. Gorgonii. Dedicatio Ecclesie constantiensis. Summum (festum) gedruckt gelesen wird, sie möchten eher das Werk eines deutschen, als italienischen Druckers seyn. — In eben dem Kirchenkalender werden auch mehrere alte Handschriften gelesen, die die Sterbetäge einiger Personen mit der Anzeige des Jahres nebst andern Sachen enthalten, welche sich jemand zu seiner Privatnotiz aufgezeichnet hat, z. B. 30ma May celebravi primitias anno 1484 (1484) N. N. mortuus est anno 1490. u. s. w. kann nicht aus diesen schriftlichen Anzeigen ein Schluß auf das Jahr, wo dieses Werk die Presse verlassen hat, gemacht werden? —

Den Anfang macht der 6 Blätterstarke Kirchenkalender, in welchem auch das Fest S. Martini episcopi mit der Octav angezeigt ist. Dann folgen auf einer Quinterne 25 Regeln, die zur Verfertigung eines Kirchenkalenders dienen.

Endlich

Endlich beginnt die Weise und Ordnung, nach welcher zu einer jeden Zeit das Brevier zu bethen ist. Die Blätter sind in Columnen gespaltet, davon eine jede 29 faßt. Der erste Theil wird auf der ersten Columne des 71sten Blatts mit folgender Unterschrift beschlossen: Sequitur Breviarium de sanctis. Das Ganze beträgt 112 Blätter. Anfangsbuchstaben, Blattzahlen, Custoden und Signaturen fehlen. Das Papier ist weiß und sehr stark. Das Zeichen darauf stellt einen kleinen Ochsenkopf nebst einer kurzen Stange, die sich oberhalb in eine, einem lateinischen Z ähnliche Figur endet, vor. Den Beschluß machen nach der fünften Zeile der vierten Columne des letzten Blatts folgende Worte: FINIT FELICITER.

178) Tractatus de Spera (Sphaera.) in 4to.

Mit dem oben angeführten Titel nimmt dieß Werkchen seinen Anfang. Unmittelbar folgt die Uebersicht des Ganzen und lautet also:

   Tractatum de Spera.
   quatuor capitulis distinquimus dicē
   tes. primo quid sit spaera. quid eius cē
   trum. quid axis spaerae. quid sit polus
mundi. quot sint spaerae. et quae sit forma
mundi. in secundo de circulis ex quibus haec
spaera materialis componitur. et illa super-
coelestis quae per istam ymaginationem
conponi intelligitur. In tercio de ortu
et occasu sigonorum (sic). de diver-
sitate noctium. et dierum et de
divisione climatum. In quarto de
circulis et motu planetarum. et de
causis eclipsium solis. et lunae.?.

Darauf folgt die Beschreibung der Sphaera. Für die Figuren ist durchgehends leerer Raum gelassen, darauf dieselben in unserm Exemplar mit der Feder gezeichnet sind. Die Zeilen laufen ununterbrochen fort und finden sich auf einer jeden Seite 26. Anfangsbuchstaben, Aufschriften, Blattzahlen, Custoden und Signaturen fehlen. Das Papier ist schön weiß und stark, dessen Zeichen sind zwey übereinander gelegte Pfeile und eine Waage in einem Zirkel. Die Typen von vorzüglicher Schönheit. Ich rathe dabey auf Adam de Amergau, mit dessen Typen, die er bey den orationibus M. T. Ciceronis 1472 gebrauchte, ich das gegenwärtige Werklein verglichen habe, und den ganzen Guß, nebst allen Abbreviaturen, besondern Unterscheidungszeichen u. s. w. gefunden zu haben vermuthe. — Das Ganze besteht aus einer Quinterne und Sechsterne. Der Beschluß wird auf der Kehrseite des letzten Platts der zweyten Ternion gemacht. Die letzten zwey Zeilen lauten also:

— — — Aut deus naturae pati-
tur aut mundi machina deſtruetur.‍. FINIS.

179) **Theoria Planetarum, in 4to.**

Dieſes kleine Werklein iſt mit eben den niedlichen und prächtigen lateiniſchen Typen gedruckt, wie das vorige. Es beſteht aus einer Quinterne und einer Quaterne. Fängt ebenfalls ohne Titel an. Die erſte Zeile iſt mit großen Kapitalbuchſtaben gedruckt, und faßt nur folgende zwey Worte in ſich: (C)irculus. Ecentricus. Das erſte Blatt iſt leer gelaſſen. Auf der Kehrſeite deſſelben iſt in unſerm Exemplar das Planeten-Syſtem gezeichnet. — Auf der 20ſten Zeile der erſten Seite des letzten Blatts der Quaterne wird es mit folgender Unterſchrift beſchloſſen:

    Expleta eſt theorica planetarum
    Deo gratias.‍. .Amen.

Uebrigens weiß ich nicht, ob dieſes und das vorige Werklein eben dieſelbe Ausgabe ſey, welche Herr Denis in ſeinen Supplementen zum Maittaire num. 5806. aufführt, da er ſie nur mit ein paar Worten genennt hat. Es kann ſeyn, indem die Linien zutreffen.

180) **Thurecenſis phiſiti (ſic) Tractatus de cometis incipit. in kl. Fol.**

Obige Worte werden ſtatt des Titels dieſer 12 Blätter ſtarken Schrift geleſen. Die Zeilen laufen ununterbrochen fort, und finden ſich auf einer jeden Seite 44. Exemplare davon ſind auch zu Rottenbuch und zu Steingaden, welches letztere aus Hrn. Schrank baierſcher Reiſe S. 239 erhellet. Er giebt gute Nachricht davon, und ſagt, der Verfaſſer rede von dem gegenwärtigen Cometen 1472 de cometa apparente Anno domini milleſimo quadringenteſimo ſeptuageſimo ſecundo ſind die eignen Worte zu Anfang der Kehrſeite des erſten Blatts, welches ohngefehr die Zeit des Druckes ſeyn mag. Es hat jemand auf typos Helyae Helye alius Louſſen gerathen: ich kann aber nichts entſcheiden, nur ſehe ich, daß dieſe Typen ſehr unförmlich und vielleicht den Römiſchen wollten nachgemacht werden. Ingleichen f. m. Hrn. Denis Supplemente zum Maittaire num. 6050.

B. der zweyten und mindern Claſſe, von 1480 bis 1500.

181) **Publii Virgilii Maronis opera unacum Servii Honorati Grammatici commentariis. Venetiis. in kl. Fol.**

Dieſe Ausgabe iſt mit ſchönen lateiniſchen Lettern, der Text mit großen, der Kommentar hingegen, der denſelben auf dreyen Seiten umgiebt, mit kleinern gedruckt. —

gedruckt. — Der Anfang wird mit der Lebensbeschreibung des Virgilius gemacht. Darauf folgt Servii Nauri honorati grammatici in Bucolica Maronis commentariorum liber. Endlich nimmt auf der ersten Seite des fünften Blatts das Werk selbst mit folgender Aufschrift seinen Anfang: P. Virgilii Maronis Bucolica Aegloga prima: interlocutores Meliboeus et Titirus Amici. Der Beschluß wird mit dem dritten und letzten Werke: libris aeneidum auf der Kehrseite des 265sten Blatts gemacht. Darunter steht nichts als Finis. Darauf fangen kleine verschiedene Werklein, deren Innhalt in dem sich zu Ende befindenden Verzeichnisse zu lesen ist, an: z. B. Argumenta XII. librorum Aeneidos. P. V. M. de musarum inventis. Elegia in Mecenatis obitu &c. Am Ende dieser wird auf der ersten Seite des vorletzten Blatts folgende Schlußanzeige gelesen: Publii Virgilii Maronis Vatis eminentissimi volumina haec unacum Servii Honorati Grammatici Commentariis ac eiusdem poetae vita Venetiis impressa. Die Kehrseite dieses und die erste Seite des letzten Blatts füllt die tabula librorum qui in hoc volumine continentur, und das Regiſtrum chartarum. — Das Ganze beträgt 323 Blätter. Ohne Anfangsbuchstaben, Blattzahlen und Custoden, doch mit Signaturen.

182) **Ptolomaei Cosmographia cum XXXII. tabulis geographicis. in gr. Fol.**

Herr von Heinecke beschreibt im I. Theil seiner Nachrichten von Künstler und Kunstsachen S. 280. u. f. verschiedene Ausgaben von Ptol. Cosmographie und darunter auch die Ulmer 1482 per Leonh. Hol und eine andere Ulmer per Io. Reger 1486. In der Vorrede zum zweyten Theil verbessert er diese Nachrichten, und im ersten Theil seiner neuen Nachrichten S. 148. redet er wieder von den Ulmer Ausgaben, und von der Römischen 1482. Aber nirgends zeigt er eine Ausgabe ohne Jahr an, die also wohl eine große Seltenheit seyn muß. Mir scheint sie mit Hol Ausgabe 1482 die meiste Aehnlichkeit zu haben. Denn auch in dieser stehen die Worte: Insculptum est per Johannem Schnitzer de Armsheim, welche in der gegenwärtigen auf der ersten universal Landkarte oben am Rand gelesen werden. Hat vielleicht Hol nur bey einigen Exemplaren die Unterschrift weggelassen? —

Auf der Kehrseite der zweyten Karte wird folgende Aufschrift mit großen lateinischen doch nicht gar zu zierlichen Typen gedruckt gelesen: Expositio omnium summarum quibus continentur in Europa tabule decem Provintie XXXIIII. quarum prima est. Unmittelbar darauf fängt die Anzeige der auf der Karte befindlichen Länder an; nebst dieser ist auch die Tageslänge der vornehmsten Städte, und ihre Distanz von Alexandria bemerkt. Europa ist in 10 Landkarten abgetheilt. Auf der vierten davon befindet sich Deutschland sammt den daran gränzenden Ländern. Die Namen der Städte sind durchgehends nach der Ptolomaischen Nomenklatur angeführt: z. B. Nürnberg heißt Segodunum- Bamberg Gravionarium, Prag Casurgis, u. s. w. Am Ende der zehenden Tabelle von Europa wird folgendes gelesen: Europe Tabularum X finis. Auf diese folgen vier Tabellen von Africa.

Dann

Dann 12 von Asien. Nach diesen jetzt angezeigten Landkarten folgt eine zwey Columnen starke Disertation des Herausgebers, in der er die Worte des Ptolomäus von dem Lobe Italiens wiederholt, und verspricht, die Städte, Seehäfen, und Flüsse Italiens in einer neu verbesserten Landkarte zu liefern, gleich darauf folgt die Landkarte selbst mit der Aufschrift: Tabula moderna Italie, auf welche noch vier andere moderne folgen, als: Tabula moderna terre sancte — Francie — Prussie — Livonie — Norbegie — et gottie — Hispanie.

Uebrigens sind die Anfangsbuchstaben — die zwey ersten ausgenommen — große Holzschnitte. Der Druck auf den Landkarten ist eine kleine Mönchschrift, jener hingegen, womit die Erklärung der Landkarten gedruckt ist, eine unzierliche Lateinische Schrift.

183) Liber de muliere forti venerabilis domini Alberti magni. ordinis fratrum predicatorum. quondam episcopi Ratisponen. materias continens frugiferas. variis sacre scripture documentis fulcitas. predicatoribus verbi dei ac sancte contemplationis arcem diligentibus maxime proficuas. in 4to.

Obiger Titel steht mit einer kleinen gothischen Schrift gedruckt auf der ersten Seite des ersten Blatts. Darunter folgt: Epigramma ad librum mit einer schönen lateinischen Schrift:

> Sis licet ethereas liber emittendus in auras
>   Forsan et ad doctos sepe habiturus iter
> Fac precor: ipse viros verfaris ubi inter honestos
>   Leta verecundus ne rubor ora notet.
> Forte quis auritus si te cecinisse: ocellos
>   Jam merito poteras occuluisse tuos.
> Nunc constet magnum cum te cecinisse: recondis
>   Et tegis opposita turpius ora manu
> Te liquet Albertum manibus cudisse disertis
>   Quo vix in terris doctior alter erat.
> Te decet obscuris minime latitare locellis:
>   Nomen habens forti de muliere tuum.
> Vade foras multis mulier socianda maritis:
>   Quid recubas gelido sola relicta toro.

Auf der Kehrseite fängt die Manuductio in tabulam, und alsdenn die Tabula selbst an. Diese endet auf der ersten Seite des 23ten Blatts. Die Kehrseite desselben samt dem folgenden Blatte füllet das Epitaphium Alberti Magni, welches
Rodolphus

Rodolphus Langius ecclesie Monasteriensis canonicus verfasset hat. Es besteht aus 27 Distichen, und ist mit eben den schönen lateinischen Lettern, wie das Epigramma gedruckt. Endlich beginnt mit dem 25ten Blatt das Werk selbst. Die Aufschriften der §§phen sowohl, als diejenigen oben am Rand sind durchgehends mit gothischen, der Text aber mit kleinen lateinischen Typen auf fortlaufenden Zeilen gedruckt. Große Anfangsbuchstaben, Blattzahlen und Custoden fehlen. Die Signaturen sind da. Die Stelle der Ziffern bey den §§phen vertreten die Buchstaben. — Der Beschluß wird auf der ersten Seite des 160ten und letzten Blatts mit nachstehenden Distichen gemacht:

Finis.

Cedite fallaces procul o procul este prophane
 Circe Pasiphe Penthesilea Venus
Fortis adest mulier: quamvis sit mollis ut aer
 Mollis amore pio: fortis amore dei
Casta Susanna: Judith fortis: prudens Abigayl
 Quicquid laudis habent hec cumulata tenet
En mulier fortis vincla obtruncans tibi mortis.
 Fortia: fortis eas victor ut astra petas
Fortior ut valeas sortem hanc pro conjuge poscas
 Ut pulchre hinc prolis efficiare pater.

Auf der Kehrseite des letzten Blatts werden noch ganz allein die mit Missalettern gedruckte Worte: Albertus de muliere forti, gelesen.

184) Francisci Philelfi epistolarum libri XVI, in 4to.

  Eine andere Ausgabe dieses schätzbaren Werkes ist unter dem Jahre 1500. Num. 438. beschrieben worden. Gegenwärtige kommt in der Hauptsache mit derselben ganz überein, sie ist gleichfalls mit lateinischen, aber weit schönern und etwas größern Typen auf ununterbrochenen Zeilen gedruckt. Oben am Rand sind die Bücher z. B. LI. I. V. X. angezeigt. Große Anfangsbuchstaben, Blattzahlen und Custoden mangeln. Die in den Briefen nicht selten vorkommenden griechischen Worte sind mit griechischen, aber noch ziemlich unvollkommenen Lettern gedruckt. Der Anfang wird ohne Titel gleich mit dem ersten Buch, Francisci Philelfi Epistolarum liber primus gemacht, doch sind die angeführten Worte mit großen oder Kapitalbuchstaben gedruckt. Das Ganze beträgt 269 Blätter. Auf dem 250ten Blatt fängt das letzte Buch mit der Aufschrift: Francisci Philelfi Epistolar. liber Decimussextus, an, mit welchem zugleich das Werk auf der 17ten Zeile der ersten Seite des letzten Blatts beschlossen wird. Darunter wird nach einem kleinen leeren Zwischenraum statt der Unterschrift nichts als das griechische Wörtchen: Τιλος, (Telos) gelesen.

185) **Antonii de Rampigollis** (alias Rampelogis vel Ampigollis) O. Eremit. S. Augustini. Reportatorium Biblie aureum. in Fl. Fol.

Dieses Werk fand ich erst etwas später. Es ist einem MSS. beygebunden, und sollte unter der Rubrick: Bücher, welche aus der Druckerey des Stifts St. Ulrich in Augsburg gekommen sind, stehen, indem es mit eben den Typen, wie die Sermones Leonardi de utino 1474. und das compendium morale pro faciendis sermonibus &c. gedruckt ist. — Von Herrn Seemiller wird diese Ausgabe hinlänglich beschrieben. M. s. desselben II. fasc. S. 156. Es scheint, er wolle sie dem Ludwig de Hohenwang zueignen, aber wenn anderst die genannten Werke, welche genau mit den Typen, davon Herr Braun ein Muster Tab. III. N. VI. unter der Aufschrift Characteres San — Ulricani geliefert, übereinkommen, aus der Druckerey zu St. Ulrich gekommen, so kann unmöglich dieses Werk der St. Ulricanischen Offizin abgesprochen werden. — Uebrigens fehlen in unserm Exemplar die von Herrn Seemiller l. c. angezeigte Sermones quadragesimales. Das Ganze ist auf fortlaufenden Zeilen gedruckt, und 116 Blätter stark. Den Beschluß macht auf der ersten Seite des letzten Blatts nach der 14ten Zeile folgende Unterschrift: Explicit reportatorium biblie. — Diese Ausgabe wird auch von Hrn. Denis in seinen Supplementen zum Maittaire p. 648. Num. 5732. aus ein paar Bibliotheken angeführt.

Bücher, welche mit unbekannten gothischen Typen gedruckt sind.

A. Erste Classe, deren Ausgaben eher vor — als nach 1480 die Presse verlassen haben.

186) **Angeli de Perusio** Lectura super secundo usque ad Nonum librum Codicis. in gr. Fol.

Gegenwärtige Ausgabe ist ganz unbekannt, wenigstens fand ich sie in meinen Bibliographen, die ich bey der Hand habe, nirgends. Sie ist mit eben den Typen gedruckt, deren sich Martin Hus de Botvuar 1478 zur Lectura Baldi Juris utriusque interpretis in IV. libros institutionum Justiniani bediente. Ich zweifle daher nicht, daß auch dieses und das unmittelbar darauffolgende entweder vor selbem, oder doch nicht lange hernach gleichfalls zu Lion von Martin Huß gedruckt worden sey. — Der Anfang wird mit folgender Aufschrift gemacht: Incipit lec. domini angeli de perusio super secundo libro codicis De edendo Rubrica. Zu den Aufschriften der Rubriken gebrauchte der Drucker allezeit größere Lettern. Der erste Anfangsbuchstabe (J) beträgt in der Höhe 12 Zeilen. Das letzte und neunte Buch beginnt auf der ersten Columne des 285ten Blatts, und macht den Beschluß

Beschluß des ganzen Werks auf der 9ten Zeile der dritten Columne des letzten Blatts mit folgender Unterschrift:

> Explicit lectura super nono codicis edita per
> excellentissimum doctorē dominum Angelum de Perusio
> Deo gratias.

Das Ganze beträgt 335 Blätter. Ohne Anfangsbuchstaben, Blattzahlen, Custoden und Signaturen. In 2 Columnen, deren jede 57 Zeilen faßt. Das Unterscheidungszeichen ist der Schlußpunkt allein. Das Papier ist herrlich schön, weiß und stark, das Zeichen darauf stellt eine flache Hand mit einem Stern vor, der auf einem kurzen Stiel auf dem dritten Finger aufsteht.

187) Lectura domini abbatis super rubrica de translatione episcoporū cū viginti et una rubricis exinde sequetibus oībus in libris jam a nostris predecessoribus publicatis deficientibus cuius inventio totū jā impressum coplet perficit et solidat opus. In gr. Fol.

Die Worte, die ich statt des Titels angeführt habe, werden auf der ersten Columne des ersten Blatts gelesen. Darauf folgt sogleich die Rubrik: De Translatione Episcoporum. Der Inhalt der Rubriken ist durchgehends oben am Rand kurz angezeigt. Die äußerliche Gestalt des Werks ist wie jene des vorigen beschaffen, nur daß auf einer jeden Columne 58 Zeilen stehen. Das Ganze ist 83 Blätter stark. Der Beschluß wird nach der 22ten Zeile der zweyten Columne des letzten Blatts mit nachstehender Unterschrift gemacht:

> Probatissimi libelli iuriuȝ alumnis nōmodo
> utilis verū pernecessarii summo optimoqȝ
> concedēte bono. finis.

188) Tractatus peroptimus de animabus exutis a corporibus editus a fratre Jacobo doct. ordinis Carthusien. Erdfordie, in Fol.

Diese 20 Blätter starke Ausgabe hat Herr Braun in seinem ersten Theil S. 105. hinlänglich beschrieben. — In unserm Exemplar lese ich in dem Titel *Erdfordie*, anstatt *Erfordiae*.

189) Jacobi Monach. Carthusien. sermones Dominicales per totum annum. In Fol.

Diese Ausgabe ist gleichfalls von Hrn. Braun l. c. S. 104. beschrieben werden. Um ein Blatt mag Hr. Braun in dieser Ausgabe zu wenig gezählt haben, indem ich in unserm Exemplar statt 223 immer 224 Blätter fand. 190)

190) Gasparini Pergamensis clarissimi oratoris Epistolarum liber. in kl. Fol.

Von diesem Werke hat Herr Braun in seinem I. Th. S. 55. eine Ausgabe, welche zu Basel aus des Michael Wenßlers und Friderich Biels Offizin gekommen ist, beschrieben. Die Gegenwärtige kommt in der Hauptsache mit derselben ganz überein, nur in der Blätterzahl und in den Typen unterscheidet sie sich, indem diese 53 Blätter stark ist, und die Typen, welche zwar mit den Wenßlerischen viele Aehnlichkeit haben, mit vielen Seitenzügen und Zusätzen, die aus sehr feinen und zarten Linien bestehen, versehen sind, die ich sonst in andern Wenßlerischen Produkten nirgends fand; mir scheint es daher, daß Wenßler vielleicht der Drucker davon seyn könne, da die Hauptzüge der Buchstaben den seinigen sehr nahe kommen, und der gegenwärtige Guß bloß eine Varietät derselben sey, die sich wegen den äußerst fein gemachten Zierrathen an den Buchstaben bald abgenützt und zu fernerm Gebrauch unnütz geworden sind. — Der Anfang wird mit dem oben angeführten Titel nebst den zwey Worten: feliciter incipit, gemacht. Die Briefe haben weder Aufschriften noch Zahlen. Anfangsbuchstaben, Blattzahlen u. s. w. mangeln. Die Zeilen laufen ununterbrochen fort. Von den Unterscheidungszeichen fehlen das Frage= und Aufrufzeichen. Das Comma ist ein ziemlich langer Strich, der sowohl über die Zeile hinauf als herunter raget, und kommt sehr häufig vor. Das Papier ist herrlich schön, weiß und stark, und führt das Zeichen eines Ochsenkopfes, darauf eine kurze Stange steht, die sich mit einem Stern endet. Der Beschluß wird auf der 17ten Zeile der Kehrseite des 53ten und letzten Blatts gemacht. Darunter steht in der Mitte der Seite:

Felix Epl'arum Gasparini Finis:•

Diese Ausgabe mit 53 Bl. hat auch Freytag pag. 370. in analectis beschrieben, aber nur kurz, und nennt einige andere; weitläuftiger beschreibt sie Götze in den Merkwürdigkeiten der Bibliothek zu Dreßden, Tom. II. p. 507. und Clement Tom. IX. p. 70. der das Format als klein fol. oder gr. 4. angibt, und viele andere Ausgaben nennet.

191) Persii Lucilli Auli Flacci Poete satiraru: Liber feliciter incipit. in kl. Fol.

Diese Ausgabe ist mit eben den Typen, wie die vorige gedruckt. Im Anfang wird der oben angeführte Titel gelesen. Darauf fängt das Werkchen selbst folgender Maßen an:

```
N) Ec fonte labra prolui caballino
Nec inbicipiti fomniaffe parnafo
Memini me:. ut repente fic poeta prodirem
```

Aeli-

Acticonidas et pallidam pirenem
Illis relinquo. quorum imagines lambunt
Hedere fequaces: ipfe femipaganus
Ad facra vatum carmen offero noftrum
Quis expedivit pfitaco fuum chere
Picasque docuit noftra verba conari
Magifter artis. ingeniiq3 largitor
Venter, negatas artifex fequi voces
Quod fi dolofi fpes refulferit nummi
Corvos poetas et poetridas picas
cantare credas pegafeum melos
Curas hominum: &c. &c.

Das Ganze besteht aus 6 Satyren, die zusammen 12 Blätter ausmachen. Auf der Kehrseite des 6ten Blatts endet sich die dritte Satyr mit der Unterschrift: Explicit Tertius. Incipit Quartus. Vermuthlich wird Tertius und Quartus bloß ein Druckfehler seyn, indem bey den übrigen durchgehends gelesen wird: Explicit Prima. Incipit Secunda, und Explicit Quinta. Incipit Sexta. Der Beschluß wird auf der Kehrseite des letzten Blatts mit folgender Unterschrift gemacht:

Liber Perfii Lucilli Auli
Flacci, feliciter finit.
Explicit ignotus per totum Perfius orbem.

192) I. Defenforium fidei contra Judaeos, haereticos, et faracenos in VII. dyalogos divifum. II. Tractatus de eadem materia editus per dominum Card. de Turrecremata. III. Tractatus de eadem materia ex hiftoria tripartita Caffiodori fenatoris fumptus. In M. Fol.

Diese drey Werklein sind von einander unzertrennlich, und mit eben den Typen gedruckt, wovon Herr Braun Tab. VIII. N. VI. ein Muster geliefert. Die Zeilen laufen ununterbrochen fort, und finden sich auf einer jeden Seite 31. Ohne Anfangsbuchstaben, (doch werden diese hie und da durch kleine ersetzt gefunden) Blattzahlen, Custoden und Signaturen. Das Papier ist ziemlich weiß, und gibt an Stärke dem Pergament wenig nach. Die Namen der sprechenden Personen sind durchgehends mit größern Typen gedruckt.

Das erste Werkchen fängt mit folgender Aufschrift an:

Defenforium fidei contra iudeos hereticos et faracenos libros feu dyalogos fepté continens. Incipit feliciter. Prologus.

Die Vorrede endet sich auf der ersten Seite des ersten Blatts. Auf der Kehrseite folgen Tituli septem dyalogorum. Auf der ersten Seite des zweyten Blatts beginnt das Werk selbst: De cristo summopere diligendo. eodemq3 toto corde totisq3 viribus imitando colendo atq3 adorando. Dyalogus primus. Die Gespräche führen durchgehends Belial und Anima mit einander, nur die erste Szene durch sprechen Belial und Caro; letzteres aber läßt sich sogleich von Belial überreden, und will wider die Anima mit ihm gemeine Sache machen, da auf einmal die Anima hervortritt und dem Belial die bittersten Vorwürfe wegen der Verführung macht. Der zweyte Dialog handelt de immortalitate animae et resurrectione corporum. Ueberhaupt lassen sich die Dyalogen gut lesen. Der Beschluß des ersten wird auf der 12ten Zeile der Kehrseite des 72sten Blatts mit folgender Unterschrift gemacht: Defensorium fidei contra judeos hereticos et sarracenos. Explicit feliciter. Unmittelbar darauf fängt das zweyte Werkchen also an: Sequitur alius tractatus de eadem materia. editus per reverendissimum patrem dominum Cardinalem de Turrecremata ordinis predicatorum eximium sacre pagine doctorem. Et dividitur in septem particulas secundum quas ibi sunt septem rationes seu argumenta efficacissima veritatem huius fidei stabilientia. Dieser Tractat endet sich auf der ersten Seite des 77sten Blatts mit den Worten: Explicit tractatus de salute anime. Auf der Kehrseite dieses Blatts nimmt der letzte Tractat seinen Anfang mit folgender Aufschrift: Sequitur adhuc alius tractatus de eadem materia sumptus ex historia tripartita. Cassiodori senatoris romani. libro. V. capitulo XVII.

Cassiodorus.

Ego siquidem Libery per omnia famosissimi habitum pro veritate dyalogum contra Constantium Imperatorem volo referre. quomodo a fidelibus illius temporis est conscriptus. Ipse enim post Julium silvestri successorem romanam gubernavit ecclesiam. Quo tempore heretica arriana perfidia, ne dicam, pravitas adeo coaluit: ut non ipsum imperatorem solum. ymmo et episcopos totius orbis fere universos, Liberio, Athanasio, paucisq3 aliis exceptis infecerit. Quam ob rem accitum ab imperatore Liberium, ut secum eo et reliqua arrianorum turba inscriberet: hoc modo imperator ipse alloquitur. Darauf fängt der Dyalog selbst an. Die sprechende Personen sind der Kaiser, Liberius, Eusebius, Evnuchus und Epictetus zwey Arrianische Bischöfe. Am Ende desselben wird folgende Schlußanzeige gelesen: Constantii imperatoris et Liberii pape pro defensione Athanasii Alexandrie episcopi, dyalogus e greco in latinum per Cassiodorum Senatorem romanum translatus explicit feliciter. — Uebrigens machen alle drey Schriften zusammen 79 Blätter aus, und scheinen ganz unbekannt zu seyn, wenigstens war ich nicht so glücklich irgendwo etwas davon zu finden. Der Drucker und der Druckort ist mir gleichfalls unbekannt.

193) **Guidonis de monte Rotherii Manipulus Curatorum. In kl. Fol.**

Wenn recht fette, krude und holperichte Typen ein recht hohes Alter beweisen, so kann der gegenwärtigen Ausgabe der Rang eines der ersten Produkte der

der neu erfundenen Buchdruckerkunst nicht abgesprochen werden. Sie sind eben dieselbe, so im Schöpflin, aber viel fetter, aus Lotharii diac. de miser. hum. condit. abgezeichnet sind, und davon Hr. Braun Tab. VIII. N. I. ein Muster geliefert hat. Die Jahrzahl 1448 scheint mir gar zu hoch, und ob es Straßburger Druck ist, noch zweifelhaft. Braun hat auch etliche andere Ausgaben in seinem I. Th. S. 33. 76 beschrieben. Die gegenwärtige ist auch zu Burheim und Irsee.

Sie fängt ohne allen Titel mit einem fünf Seiten starken Register an. Auf der Kehrseite des dritten Blatts folgt die Vorrede und Zueignungsschrift an Raymund Bischoff von Valenzia. Das Werk selbst nimmt auf der Halbscheide der ersten Seite des fünften Blatts De Institutione sacrameptorum, seinen Anfang. Der dritte Theil beginnt auf der Kehrseite des 122sten Blatts mit der Aufschrift: Tertia pars de articullis fidei, mit welchem zugleich das ganze Werk auf der 16ten Zeile der Rückseite des 137sten und letzten Blatts beschlossen wird. Darunter werden noch in der Mitte dieser Seite folgende Worte gelesen:

Curato4 manipulus. finit feliciter.

Das Papier ist schön weiß, glatt und stark, und führt das Zeichen eines kleinen Ochsenkopfs, der zwischen den Hörnern an einer kleinen Stange einen Stern trägt. Die Zeilen laufen ununterbrochen fort, und finden sich auf einer jeden Seite 31. Ohne Titel, Anfangsbuchstaben, Blattzahlen u. s. w. Von den Unterscheidungszeichen trifft man den Schlußpunkt allein, und nur selten an. Die Abbreviaturen sind ordinäre, und nicht schwer zu lesen.

194) **Johannis Nider Ord. Pred. Manuale Confessorum. in 4to.**

Gegenwärtige Ausgabe ist mit schönen und ziemlich starken gothischen Typen auf fortlaufenden Zeilen gedruckt. Die schwarze und glänzende Farbe derselben zeichnet sich vorzüglich aus, und erinnerte mich an jene der Fust- und Schoifferischen Ausgaben. Das Ganze besteht aus 75 Blättern. Anfangsbuchstaben, Blattzahlen und Custoden mangeln. Doch finden sich die Signaturen von a — k. Von den Unterscheidungszeichen fand ich den Punkt und Doppelpunkt. Jede Seite faßt 27 Zeilen. Das Papier ist ausnehmend stark, weiß und ziemlich rauh. — Der Anfang des Werks wird mit folgender Aufschrift gemacht: Incipit Manuale confessorum. Venerabilis magistri Johañis Nider sacre theologie professoris ordinis predicatorum. Am Ende wird nach der 9ten Zeile der ersten Seite des letzten Blatts folgende Unterschrift gelesen: Explicit manuale confessorum. Venerabilis magistri Johañis Nider sacre theologie professoris ordinis predicatorum.

Eine andere Ausgabe dieses Werks auf 52 Blättern vom Wenßler zu Basel ist schon oben angezeigt worden. Eine andere ist zu Irsee in fol. und zu Burheim eine, wo 1477 dazu geschrieben ist. Gegenwärtige fand ich nirgends.

195) Sacre theologie magiſtri nec non ſacri eloquii preconis celeberrimi fratris. Roberti de Liteo ordinis Minorum profeſſoris
opus quadrageſimale perutiliſſimū q'd de penitencia dictū eſt. Feliciter incipit. in Fol.

Gegenwärtige Ausgabe iſt mit ſehr nieblichen kleinen gothiſchen Typen gedruckt. Vielleicht iſt ſie mit der Anzeige des Jahrs, Orts und Druckers verſehen, weil aber unſer Exemplar am Ende defekt iſt, kann ich hievon keine Nachricht geben. Ich verglich ſie mit den Ausgaben, davon eine in bibliotheca Schwarziana P. II. num. 177. vorkommt, und einer andern, die Herr Braun in dem I. Th. S. 157. angeführt, konnte aber zwiſchen ihnen keine Gleichheit entdecken. — Sie fängt mit einem dreyfachen Regiſter an, welche zuſammen 14 Blätter betragen. Auf dem darauffolgenden Blatt wird die Aufſchrift, die ich oben ſtatt des Titels angeführt habe, geleſen. Unmittelbar darauf folgt: Dominica in ſeptuageſima De facilitate bonorum operum ſeu bene operandi propter qua peccatores ad penitentiam redire debent.

Sermo I.

M) Vlti ſunt vocati pauci vero electi. Habentur hic vba
Math'i. XX. c. et in evangelio hodierno. propter nimiam
caritaté ſua qua diligit deus rationalem creaturam no deſinit
vocitare miſeros peccatores &c. &c.

Ju allem ſind es LXXIII. Sermones. unſer Exemplar wird mit der LXXIten de Reſurrectione domini beſchloſſen. Die Zeilen laufen durchaus fort, und finden ſich 44 auf einer jeden Seite. Ohne Anfangsbuchſtaben, Blattzahlen, Cuſtoden und Signaturen. Das Papier iſt herrlich ſchön, weiß und ziemlich ſtark, hat große und leere Rande, die in das Aug recht gut fallen. Von Blättern fand ich 272. Zu Anfang und am Ende werden auf dem Deckelband folgende gleichzeitige Handſchriften geleſen: Die erſte ſteht zu Ende des Regiſters und lautet alſo: hunc librum pro 1 fl. anno iΛΛΛ (1477) In Zuzach. Jene auf dem Deckelband: Item hunc emi librum anno iΛΛΛ (1477) ante feſtum ſancti Galli —— et pro ligatura medium florenum. Mehrer weiß ich von unſerm Exemplar nicht zu ſagen, ich müßte nur noch das anzeigen, daß die Schnallen in Rückſicht anderer Bücher von dem Buchbinder gerade umgekehrt ſind hingemacht worden.

B. zweyte Claſſe, deren Ausgaben eher nach, als vor 1480 die Preſſe mögen verlaſſen haben.

196) Peregrini Sermones de tempore et de ſanctis. in fl. Fol.

Auf der Kehrſeite des erſten Blatts wird der Anfang mit der bekannten Frage und Antwort des h. Auguſtin gemacht, nämlich: Glorioſus doctor Auguſtinus

ftimus dicit et habetur in canone prima. q. 1. Interrogo vos fratres et sorores, dicite mihi, quid plus vobis videtur corpus Christi aut verbum dei. si vultis verum dicere, hoc respondere debetis, quod non sit minus verbum dei, quam corpus Christi &c. Diese Frage und Antwort besteht aus 18 Zeilen. Unmittelbar darauf folgt die Anzeige der in diesem Werke befindlichen Schriften. Sie lautet also: Est autem huius operis ordo talis. primo ponuntur sermones dominicales de tempore per anni circulum, secundo de sanctis. Tertio quadragesimale Jacobi de voragine, Quarto concordantia quatuor evangelistarum in passionem dominicam a magistro Nicolao dinckelspühell collectam. Dann wird nach einem kleinen leeren Zwischenraum der Titel des ersten Werks folgender massen gelesen: Fratris Peregrini sacre theologie professoris celeberrimi sermones notabiles et compendiosi faciliter mox et sine magno laboris conamine (sic) in memorie thesaurum reponibiles cum pulcris figurarum exemplorumq3 scematibus aures auditorum admodum demulcentibus de tempore feliciter incipiunt. Mit dem a 2 signirten Blatte fangen die Sermonen: Dominica prima in adventu domini, an. Noch wird in unserm Exemplar auf dem ersten Blatt eine mit rother Farbe geschriebene Anzeige gelesen: Peregrinus de tempe et d' sanctis robricatu 8ɜ (85). Das Werk ist auf ununterbrochenen Zeilen mit mittelmäßig großen und starken gothischen Typen gedruckt. 40 Zeilen auf einer jeden Seite. Ohne Anfangsbuchstaben, Blattzahlen und Custoden, doch mit Signaturen und Aufschriften, welche letztere durchgehends mit größern Typen gedruckt sind. Der erste Theil de tempore besteht aus 32 Sermonen, und endet sich auf der 23ten Zeile der ersten Seite des 90ten Blatts mit nachstehenden Worten: Sermones Peregrini de tempore finiunt. Die Rückseite dieses, und die erste Seite des folgenden Blatts sind leer gelassen, so, daß beede Theile könnten von einander getrennt werden. Auf der Kehrseite wird mit dem Register des zweyten Theils de sanctis der Anfang gemacht. Darauf folgen mit dem nächsten und 2aten Blatte die Sermonen mit folgender Aufschrift selbst: Incipit Peregrinus de sanctis. Et primo de sancto Andrea. Der Beschluß wird auf der 32ten Zeile der ersten Seite des 187ten und letzten Blatts mit der Sermon de Dedicatione gemacht, worunter noch folgende Unterschrift gelesen wird: Fratris peregrini In regionem divine pagine peregre proficiscentis doctoris clarissimi. de tempore sanctisq3 per circulum anni sermones populares diligenter correcti. hic finem comprehendunt feliciter.

197) Incipit Quadragesimale Jacobi de Foragine. In K. Fol.

Nach der im vorigen bemerkten Anzeige nimmt das gegenwärtige Werk den dritten Platz in dieser Sammlung ein. Es fängt mit obigem Titel an. Die äusserliche Gestalt ist dem vorigen vollkommen gleich, nur daß sich die Signaturen in diesem in der Mitte des untern Randes finden, da sie in dem vorhergehenden zu Aeusserst desselben stehen. — Das Ganze beträgt 50 Blätter, und wird auf der ersten Seite des letzten Blatts mit folgender Unterschrift geschlossen: Deo autem

autem et olim donanti cuius dictioni cuncta funt fubjecta: gratiarum infinitas
referamus actiones.

198) Incipit Concordantia in paſſionem dominicam. ab egregio
quondam viro magiſtro nicolao Dinckelſpihel collectam. in kl. Fol.

   Das vierte Werkchen dieſer Sammlung fängt mit obigem Titel an.
Das Ganze beſteht aus 40 Blättern, und hat nur einen einzigen Anfangsbuchſtaben,
indem daſſelbe ohne einen Abſatz oder eine Abtheilung zu haben, in einem durchaus fortläuft. Die erſten vier Zeilen lauten folgender maſſen:

   P) Oſt refuſcitationem lazari que facta fuit Jo. II.
   feria fexta ante dominicam in paſſione domini fcilicet iu-
   dica uſq3 ad diem fabbati ante dominicam palmarum
   fuit ih'us cum diſcipulis fuis in galilea ubi
   multa miracula fecit. &c.

Die Typen und das äußerliche Anſehen iſt wie in den zwey vorigen beſchaffen.
Der Beſchluß wird auf der 40ten Zeile der erſten Seite des letzten Blatts gemacht,
worauf noch folgende Worte geleſen werden:

   Sit laus deo per infinita fecula feculorum Amen.

   Uebrigens ſcheinen dieſe vier Werke eine Sammlung auszumachen, wovon ein jedes für ſich allein beſtehen kann, indem ein jedes von dem andern abgeſondert iſt, und ſeine eigne Signaturen hat. In unſerm Exemplar ſtehen ſie in
einem Band beyſammen, als ob es nur ein Buch wäre, und alles zuſammen
gehörte. Im Schabelockiſchen Catalogo Vol. II. p. 237. werden ſie in einem
Band als ein Buch angezeigt. — Befinden ſich auch zu Burheim.

199) Incipiunt aurei fermones totius anni de tempore et de ſanctis
cum quadrageſimali. pluribusq3 extravagantibus fermonibus Sacre
pagine eximii profeſſoris magiſtri Johannis nider ordinis predicatorum Conventus Nurebergenſ. &c. &c. in Fol.

   Von dieſem Werke wird eine Ausgabe von Hrn. Strauß in Monum.
Rebd. S. 144. welche mit eben dem Titel, wie die gegenwärtige verſehen iſt,
mit der Anzeige des Jahrs, Orts und Druckers angeführt. — Die gegenwärtige weiß ich in Betreff der Typen nicht, wem ich ſie zueignen könnte. Die
große und äußerſt gothiſchen Typen, welche freilich bloß ſtatt der Ziffer die SSyben
bezeichnen, haben faſt gänzliche Gleichheit mit jenen des Ambroß Keller von Augsburg

burg, davon Herr Braun in seinem zweyten Theil Tab. I. N. I. ein Muster geliefert; jene hingegen, womit der Text gedruckt ist, haben mehrentheils viele Aehnlichkeit mit denen, derer sich Albert Kune in Memmingen bediente. — Das Ganze besteht aus 255 Blättern, und ist auf ein schön weißes und starkes Papier in gespaltenen Columnen gedruckt, davon Jede 40 Zeilen faßt. Ohne Anfangsbuchstaben, Seitenzahlen, Custoden und Signaturen, doch mit Kolumnentiteln und Aufschriften oben am Rand z. B. Sermo V. XV. u. s. w. Den Anfang macht ein 6 Blätter starkes Register. Dann folgt auf der ersten Columne des siebenten Blatts ein sehr langer Titel, davon ich oben die erste Zeilen angeführt habe, nebst einer sehr kurzen Vorrede. Die übrigen drey Columnen sind ganz leer. Mit dem achten Blatt beginnt der erste Sermon de Adventu domini. In allem sind es LXXII. Auf dem 150ten Blatt nimmt das Quadragesimale mit folgender Aufschrift seinen Anfang:

    Quadragesimale Joh. Nider
    coprehédens quolibet die. II. fer.
    unu de epistola. aliu de euage. cum
    questionibus textualibus brevi
    bus exceptis dominicis quarum
    sermoēs ponuntur in parte impressa.

In diesem mangelt die Anzeige der Sermonen oben am Rand. Nach diesem fangen nach vorausgehendem Register auf dem 182ten Blatt die Sermones de sanctis an, welche an der Zahl XLI. sind, darunter aber die letzten brey, de Leprosis, de caritate. und de reliquiis sanctorum auch mit eingeschlossen sind. Diese beschließen das ganze Werk auf der 19ten Zeile der zweyten Columne des letzten Blatts ohne alle Endschrift. Die letzten drey Zeilen lauten also:

              Crux
  vero xpi perfusa sanguine. est vera imago xpi cruci
  fixi expansi et eiusdem imago est eciam lignum q'dcu
  93 ad modum crucis formatum. &c.

200) Incipit rationale divinorum officiorum Guilhelmi minacensis ecclesie episcopi. in kl. Fol.

  Diese Ausgabe ist mit eben den Typen, wie die vorige, gedruckt. In 2. Columnen. 41 Zeilen auf einer jeden Columne. Ohne Anfangsbuchstaben, Custoden und Signaturen, doch mit römischen Blattzahlen |:CCCX:| und Aufschriften, welche die Bücher anzeigen. — Die erste Seite des ersten Blatts ist
                        leer

leer gelaſſen, darauf wird hingegen folgende ſehr alte Handſchrift geleſen: Iſte præſens liber eſt ſanctorum martyrum Dyoniſii Areopagite et Juliane virginis patronorum Monaſterii Scheſftlarn, quem comparavit frater Leonhardus Schmid profeſſus ibidem et tunc temporis plebanus in Scheyring anno dñi m. cccc. LXXXVIIII. orate pro eo. Auf der Kehrſeite fängt das Regiſter an, welches fünf Seiten beträgt. Dann folgt auf dem 4ten Blatt die Vorrede mit der ſtatt des Titels oben angeführten Aufſchrift; ſodann das Werk ſelbſt. Der Beſchluß wird auf der 16ten Zeile der zweyten Columne des letzten Blatts gemacht. Darunter lieſt man noch folgende mit größern Typen gedruckte Unterſchrift:

Explicit rationale di
uinorum officiorum.

201) Biblia cum gloſſa ordinaria et interlineari. Tom. IV. in reg. Fol.

Dieſe ſeltene Ausgabe der gloſſirten Bibel haben ausführlich und weitläuftig Freytag in adparat. litter. P. I. pag. 139. et ſq. Herr Zapf in den Merkwürdigkeiten ſeiner Bibliothek I. St. S. 107. u. fg. und Herr Braun in ſeinem erſten Theil S. 106. beſchrieben. Unſer Exemplar kommt genau mit dieſen Beſchreibungen überein, bloß den einzigen Fall ausgenommen, daß ich in dem IV Tom. nach öfters wiederholter Abzählung der Blätter immer 289 fand, da Herr Zapf nur 288, und Herr Braun gar nur 286 Blätter angegeben hat.

202) Pſalterium latinum Ingolſtadii impreſſum. in kl. Fol.

Von dieſer höchſt ſeltenen Ausgabe ſcheint unſer Exemplar das dritte zu ſeyn, welche bis jetzt bekannt geworden ſind. Eins beſitzt die Univerſitätsbibliothek zu Ingolſtadt, das Herr Seemiller in ſeinem zweyten Faſcikel S. 144. ausführlich beſchrieben hat, und das andere findet ſich in der Kaiſerlichen Bibliothek in Wien. S. Hrn. Denis Supplemente zum Maittaire S. 645. Num. 5706.

203) Joannis de Turrecremata cardinalis Expoſitio ſuper toto Pſalterio. in kl. Fol.

Gegenwärtige Ausgabe ſcheint in der ganzen innern Einrichtung ein Nachdruck älterer Ausgaben zu ſeyn, z. B. jener, welche Herr Seemiller faſc. I. pag. 20. beſchreibt. Was das Aeußerliche betrifft, verräth ſie das neueſte Dezennium. Der Druck iſt eine größere und kleinere Mönchſchrift. Ohne große Anfangsbuchſtaben, Blattzahlen und Cuſtoden, doch mit Signaturen, Columnentitel und Aufſchriften oben am Rand. In 2 Columnen, deren jede 41 Zeilen faßt. Das Ganze beträgt 123 Blätter. — Den Anfang macht die Vorrede auf folgenden abgetheilten Zeilen:

B) Eatiſſi

B) Eatiſſ,
　　mo pa,
　tri et clementiſſimo
　domino Pio ſecun-
do pontifici maximo Johannes de
Turrecremata Sabinenſis epiſcopus: &c.

Dieſe endet ſich auf der 25ten Zeile der erſten Columne des zweyten Blatts. Darauf nimmt mit der zweyten Columne der erſte Pſalm ſeinen Anfang. Vor jedem Pſalm ſteht durchgehends der kurze Inhalt deſſelben voran. Den Beſchluß macht auf der zweyten Columne des letzten Blatts folgende Unterſchrift: Expoſitio brevis et utilis ſuper toto pſalterio domini Johannis de Turrecremata Cardinalis. Finis feliciter.

204) De dry boume dor inne erklert und erluttert werden dreyerleye zugehörde. Syppſchafft Mogſchafft unnd geiſtliche Mogſchafft. ſchön und underrichtichtlig einen yeglichen Alles mit iren uslegungen. In kl. Fol.

　　Dieſe Ausgabe hat Herr Panzer in den deutſchen Annalen S. 35. N. 57. beſchrieben. Unſer Exemplar weicht von der gedachten Beſchreibung in einem Stück ab: nämlich daß die Beſchreibung oder Auslegung über den erſten Holzſchnitt, der den Baum der Syppſchaft vorſtellt, drey Blätter oder 6 Seiten ſtark iſt, da Herr Panzer nur zwey Blätter dieſer Auslegung bemerkt hat. Die Erklärung des Baums der geiſtlichen Syppſchaft, welche in dem Exemplar des Hrn. Panzers noch auf vier Blättern darauf folgt, wird in dem unſrigen vermißt. Auf der Kehrſeite des 8ten und letzten Blatts ſteht obiges als eine Nachſchrift: Hye endent ſich de dry Boume u. ſ. w. Der Druck iſt eine mir ganz unbekannte Mönchsſchrift. Der Rand der erſten Seite des zweyten Blatts iſt ganz mit in Holz geſchnittnen Zierrathen, darunter verſchiedene Vögel ſind, angefüllt.

205) Oratio habita in Sinodo argen. in preſentia Epiſcopi et cleri anno milleſimo. CCCC. LXXXII. feria quinta poſt dominicam quaſi modo. per doctorem Johannem Geiler de Keiſersperg. In kl. Fol.

　　Das obige wird zu Anfang ſtatt des Titels dieſer Sermon geleſen. Er iſt fünf Blätter ſtark, und mit eben den Typen, wie das unmittelbar vorhergehende Werkchen gedruckt. Der erſte Anfangsbuchſtabe (G) iſt ein Holzſchnitt, und beträgt in der Höhe acht Zeilen. Die Zeilen laufen ununterbrochen fort. — Ueberhaupt ſpricht der Redner über die Mängel der Kleriſey, des Adels, und des Volks sehr offen und freymüthig ohne die mindeste Schmeicheley, z. B. von dem Adel: ipsos autem vestros filiolos et nepotulos, qui nec mucos quidem de nasis noverunt eycere, in sedes viris non pueris debitas cum irrisione et scandalo et dedecore episcopi et ecclesie intruditis. Von den canonicis et eorum vicariis spricht er in Betreff ihres Chorgesangs also: amodo ego sileo plura necessaria rescindens puta de miserandis negligentiis et excessibus in hac tua ecclesia cathedrali tua curia et civitate argentini et garrulationibus tempore divinorum officiorum non minoribus, quam muliercularum in fore rerum venalium jam per vicarios confratres meos in choro jam per dominos canonicos supra in lectorio, qui usque adeo in his sepenumero exorbitant, ut sacerdotes divina mysteria celebrantes impediantur, quod revera ipsorum generosam dedecet nobilitatem. — — de miserabili et inordinato cantu, si saltim cantus dici meretur, et quem soli pueri canunt, aliis vel omnino tacentibus vel garrulantibus. u. s. w. Aus diesem mag auf die ganze Rede, von der freylich noch mehrere Stellen ausgehoben zu werden verdienten, der Schluß gemacht werden. — Am Ende der ganzen Rede stehen statt der Unterschrift die Worte: finit feliciter.

206) Reverendi patris domini Jacobi de Theramo compendium perbreve. Consolatio peccatorum nuncupatum. Et apud nonnullos. Belial vocitatum. ad papam Urbanum sextum conscriptum. Incipit feliciter.

Eine frühere Ausgabe mit der Anzeige des Jahrs u. s. f. ist unter dem Jahre 1472 angezeigt worden, mit welcher die gegenwärtige in der Hauptsache übereinkommt. Diese ist in gespaltnen Columnen auf ein sehr weißes und glattes Papier mit mittelmäßig großen und saubern gothischen Typen gedruckt. Jede Columne enthält 46 Zeilen. Ohne Anfangsbuchstaben, Blattzahlen und Custoden, doch mit Signaturen. Das Ganze beträgt 86 Blätter. Mit dem obigen Titel wird über der ersten Columne der Anfang gemacht. Das Ende wird auf der ersten Columne des letzten Blatts nach der raten Zeile mit folgender Nachschrift gemacht: Explicit Consolatio peccatorum. Von Herrn Denis wird in den Supplementen zum Maittaire S. 676. Num. 6010. eine Ausgabe dieses Werks von 85 Blättern angeführt, vielleicht ist sie eben diese.

207) Alberti de Eyb Juris utriusque doctoris Margarita poetica. in Fol.

Diese Ausgabe ist in gespaltnen Columnen auf ein sehr starkes und weißes Papier mit einer gemeinen gothischen Schrift gedruckt. Ohne Anfangsbuchstaben und Custoden. Auf jeder Columne 44 Zeilen. Den Anfang macht auf der ersten Seite des ersten Blatts folgender Titel: Margarita poetica. Mit dem zweyten Blatt nimmt das Register seinen Anfang, und endet sich auf der vierten Columne

Columne des 6ten Blatts. Dann beginnt mit dem 7ten oder Folio primo das Werk selbst mit der Ueberschrift: Margarita poetica. opus clarissimum feliciter incipit. et primo premittitur epistolaris prologus. Der also anfängt: L) Ibertus (Albertus) de Eyb Juris utriusq3 doctor sanctissimi domini nostri pape Pii secundi cubicularius, Bambergensis et Eystetensis ecclesiarium canonicus. Reverendissimo in Christo patri et domino: domino Johanni dei gratia episcopo Monasteriensi Comiti palatino rhen. ac bauarie duci illustrissimo Salutem plurimam dicit, et presens dedicat opus. &c. Oben am Rand finden sich nebst den römischen Blattzahlen auch die Aufschriften der vorkommenden Materien. Die ersten gehen bis CCXCVII. Der Beschluß wird auf der vierten Columne des letzten Blatts mit folgender, viel größer als das übrige gedruckten Nachschrift gemacht: Summa Alberti de Eyb utriusque Juris doctoris eximii. que Margarita poetica dicitur. Feliciter finit.

Uebrigens findet sich diese Ausgabe zu Erlang und Nürnberg.

208) Joannis Valeis, seu valensis, Angli, Ord. Min. summa collectionum, vulgo Summa gallensis vel communiloquium. in H. Fol.

Diese Ausgabe ist mit Johann Zainerischen Typen gedruckt; sie sollte daher unter der Rubrick Ulm von Johann Zainer stehen, aber ich wurde ihrer erst später gewahr. — Eine vollkommne Beschreibung davon hat Herr Seemiller in dem zweyten Fascikel S. 151. num. CXXI. geliefert. Er setzt den Druck vor das Jahr 1480. und wegen dem Verfasser beruft er sich auf oudin. — Zu Bartheim, Irsee und Rottenbuch befinden sich ebenfalls Exemplare davon.

209) Thalmut objectiones in dicta Thalmut seductoris Judeorum. in 4to.

Diese Ausgabe hat Herr Braun in seinem zweyten Theil S. 59. beschrieben. Das Ganze besteht aus 9 Blättern. Auf der Kehrseite des 8ten Blatts heißt es: sed de erroribus judeorum hec sufficiant. Darauf folgt eine kurze Erzählung der merkwürdigsten Begebenheiten, die sich bey der Zerstörung Jerusalems zugetragen haben.

210) Enee Silvii. Senen. cardinalis ste Sabine. Historia bohemica. Notabilis et Jocuda. A principio gentis. usq3 ad Georgiu poggiebratium. Ladislai regis successorem. porrecta. Ad illustrissimum dominum Alfonsum regem Aragonum conscripta. in 4to.

Diese seltne Ausgabe hat ebenfalls Herr Braun in dem II. Th. S. 65 hinlänglich beschrieben. Ein Exemplar davon findet sich auch zu Irsee.

211) Ad

211) Ad invictissimum principem dominum Federicum Urbini ducem regium Capitaneum generalem ac sancte romane ecclesie Vexilliferum dignissimum Pauli de middalburg Zelandie eiusdem dominationis phisici minimi in judicium pronosticum. Anni 1482. In 4to.

Gegenwärtige Schrift ist mit kleinern und saubern gothischen Typen auf fortlaufenden Zeilen gedruckt. Die Blattzahlen allein fehlen. 31 Zeilen auf einer jeden Seite. Das Ganze beträgt 10 Blätter. Obiger Titel wird zu Anfang der selben gelesen. Darauf folgt eine kurze Vorrede. Am Ende steht folgende Nachschrift.

   Editum per Paulum de middelburgo
   Zelandie bonarum artium et medicine
   cultorem illustrissimi ducis urbini
   phisicum Finis.

Ueberhaupt ist dieses Werkchen unterhaltend zu lesen: hier sind einige Auszüge aus dem 6ten Kapitel de statu et conditione popularium: Mercatores hoc anno bene lucrabuntur maxime in his mercimoniis que ad regum et mulierum nobilium ornamenta spectant ratione significatoris ipsorum veneri in regali domo conjuncti.

Infelicem fortem legiste ac jurisperiti hoc anno gustabunt et parvo in precio habebuntur ratione significatoris ipsorum in utraque figura in martis termino retrogradi inimico domini anni aspectu perturbati: dolores capitis et catarrales egritudines timeant. ratione martis ex domo infirmitatum significatorem ipsorum in ascendente retrogradum hora preventionis radiantis: ab uxoribus suis odientur quoniam illis debita non prestabunt obsequia. ratione veneris ex domo matrimonii et cubiculo suo jovem retrogradum inimico respectu radiantis.

Astrologi philosophi, rethores bonam hoc anno fortunam consequentur ratione mercurii partem in anni dominio optinentis vehementi studio scientie insudabunt et adherebunt, et subtilitates invenient. — — Rhetores, vero in eloquentia et sermone ornando plus solito proficient ratione mercurii corporaliter veneri conjuncti. Ipsi etiam voluptatibus, deliciis et actibus venereis vehementius afficientur propter causam dictam.

Religiosi claustrales, heremite et monachi in divinis serviciis impedimenta habebunt, et plures ipsorum pigritia et desidia oppressi regulam ipsorum male observabunt ratione significatoris ipsorum retrogradi. &c.

212) Queſtiones tres determinate in ſtudio Erfordenſi anno 1486. poſt Bartholomei. Primo contra eos qui preſumunt calculare et determinare diem noviſſimum. Secundo contra quemdam tractatum impreſſum, qui dicit, quod anticriſtus non ſit perſonaliter venturus, nec Enoch et Helias ſint perſonaliter venturi, ſed quod Machametus fuerit verus et perſonalis antixpus. Tertio contra quemdam librum cuiusdam ſolitarii, quem intitulant, de cognitione vere vite, et aſcribunt beato Auguſtino. ſed falſiſſime. In quo tractatu auctor nititur probare, quod regnum celorum non ſit aliud, quam viſio dei et damnatio reproborum non ſit aliud, quam privatio viſionis dei &c. in 4to.

Dieß, was ich ſtatt des Titels angeführt habe, iſt ein kurzer Auszug desjenigen, was auf der Rückſeite des erſten Blatts geleſen wird. — Das Werkchen ſelbſt fängt auf dem zweyten Blatt mit der erſten Quäſtion ohne Titel, oder Aufſchrift an. In der Folge wird auch durch das Ganze keine Aufſchrift, ſondern bloß corrolarium primum — ſecundum &c. angetroffen. Das Ganze beſteht aus 40 Blättern, und iſt in fortlaufenden Zeilen, davon 32 auf jeder Seite ſtehen, mit einer ſehr ſchwarzen und kleinen Mönchſchrift gedruckt. Das größere Alphabet iſt mit vielen Seitenſpitzen, und Zuſätzen verſehen. Die Abbreviaturen erſcheinen häuffig. Der Beſchluß wird auf der erſten Seite des letzten Blatts mit der Quäſtion: cur Enoch et Helyas in paradiſo terreſtri ad predicandum populo in fine ſeculorum reſervantur. cum tamen quotidie ſacrarum ſcripturarum elucidatores, et verbi dei predicatores multiplicari videantur, nebſt der kurzen Antwort darauf gemacht. — Die letzte Zeile lautet alſo:

Et tm de iſta queſtione cum ſuis proplematibus.

213) Textus paſſionis Chriſti ſecundum quatuor evangeliſtas in unam collectus hiſtoriam cum ſermone dominico.

Item articuli paſſionis cum theorematibus et documentis fratris Jordanis ordinis heremitarum ſancti Auguſtini. in 4to.

S. hierüber Hrn. Brauns II. Th. S. 51.

214) Ser-

214) Sermones sancti Augustini ad Heremitas. in 4to.

Diese Ausgabe hat gleichfalls schon Herr Braun im II. Th. S. 53. beschrieben.

215) Petrus Ludovicus Maldura in vitam sancti Rochi contra pestem epidimie apud dominum dignissimi intercessoris unacum eiusdem officio. in 4to.

Dieses Werkchen besteht aus 12 Blättern. Ohne Blattzahlen und Custoden. Der Druck ist eine ziemlich gute Mönchschrift und hat wenig Abkürzungen. Obiger Titel findet sich auf der ersten Seite des ersten Blatts nebst einem Holzschnitte, darauf der h. Rochus seine Wunde am Fuß zeigt, neben ihm kniet ein Engel, der die Wunde mit Balsam, oder, was er immer in seiner Büchse haben mag, beschmieret, dazwischen steht ein Hund, der die vordern Füsse auf das Knie des h. Rochus aufliegend hat. In dem Scheine um das Haupt des Heiligen liesst man die Worte: Sanctus Rochus. Mit dem zweyten Blatt fängt unmittelbar die Lebensbeschreibung des Heiligen an, und endet sich mit der siebenten Zeile der Kehrseite des 10ten Blatts. Darauf folgt das Officium St. Rochi. Den Beschluß macht eine aus 15 Distichen bestehende und zu Ehren dieses Heiligen gemachte Elegie; der Anfang und das Ende davon lauten folgendermassen: Theodori Gresemundi moguntini carmen Elegiacum ad huius libri lectorem in laudem Sancti Rochi:

 Hunc quicunq3 legis devota mente libellum:
  Tu cole mirandi numina sancta viri.
 Fumidus ether alit spiramina pestis iniqua:
  Nebula letiferam dat male fausta lucem.
 En juvenisq3 senexq3 ruit premente veneno:
  Mergitur en stygiis non rediturus aquis.

 Hec te Roche pater lachrimis rogitamus obortis
  Pro nobis dominum posce benignus opem.
 Namq3 potes: modo nunc deditos tuere clientes:
  Corpora conservans ingeniumque simul.
 Presertim medicum doctum defende Johannem
  Nel: tua laus cuius munere in orbe viget.
 Is voluit tua gesta premi reddique libellis
  Is tibi comissus premia digna ferat.

So viel sich aus der Aufschrift dieser Elegie schliessen läßt, könnte das Werkchen vielleicht aus einer Mainzischen Presse gekommen seyn.

216) Fran-

216) **Franciscus Petrarcha de Remediis utriusque fortune. in 4to.**

Den Anfang dieſer Ausgabe macht obiger Titel, der auf der erſten Seite des erſten Blatts geleſen wird. Auf der Rückſeite folgt die tabula hujus operis. Mit dem fünften Blatte fängt die Vorrede des erſten Buchs nebſt der Blattzahl Fo. I. an. Dann beginnt das Werk ſelbſt auf der Kehrſeite des IIIten Blatts mit der Aufſchrift: Incipit liber primus Franciſci petrarche de Remediis utriusque fortune. Auf der Kehrſeite des CXII. Blatts endet der erſte Theil mit folgender Unterſchrift: Finit liber primus dñi Franciſci petrarche. de Remediis utriusque fortune laureati poete. Der zweyte Theil iſt CXXX. Blätter ſtark. Eine 6 Blatt ſtarke Vorrede iſt vorausgeſchickt. Am Ende ſtehen nichts als die Worte: Laus deo. Anfangsbuchſtaben und Cuſtoden fehlen. Der Druck iſt eine mittelmäßig große und nicht gar zierliche Mönchſchrift auf fortlaufenden Zeilen, davon auf einer jeden Seite 36 ſtehen. Das Papier iſt ziemlich rauh, ſtark und bräunlicht.

217) **Sermones vade mecum de tempore et de ſanctis per figuras utiles. in 4to.**

Obiger Titel wird auf der erſten Seite des erſten Blatts mit größern Typen, als das folgende gedruckt geleſen. Das Werk ſelbſt fängt auf dem zweyten Blatt ohne Vorrede mit folgender Aufſchrift an: Incipit Vade mecum fratris Johañis. decretoru doctoris et abbatis Vincellenſis. de collationibus dominicis, et feſtivis. Das Ganze beſteht aus zwey Theilen, der erſte endet ſich auf der Kehrſeite des 122ten Blatts mit folgender Unterſchrift: Explicit prima pars dominicarum totius anni. Dann fängt mit dem folgenden Blatt der zweyte Theil: Incipiunt collationes feſtiue totius anni eiusdem fratris Johannis abbatis Vincelleñ. (ſic) decretorum doctoris, de ſancto andrea, an. Mit dieſem wird das ganze Werk auf der ſiebenten Zeile der Kehrſeite des 230ten und letzten Blatts beſchloſſen. Darunter ließt man folgende Nachſchrift: Juxta modicitatem capacitatis mee premiſſas materias tam de evangeliis quam de apoſtolis (epiſtolis) operui diſtinquendo. qꝯtans duntaxat unam diviſionem de tribus et ut plurimum primam ceterarum qꝯtis cauſa brevitatis obmiſſis. eas relinquendo diſcretioni cuiuſcunqꝫ volentis verba ſua copioſius dilatare. Me et omnia et ſingula ſupra ſcripta ſubyciens et ſupponens correctioni ſacroſancte romane eccleſie: ac cuiuslibet ſanius ſentientis. — Uebrigens mangeln große Anfangsbuchſtaben, Blattzahlen und Cuſtoden. Der Druck iſt eine gemeine Mönchſchrift des neunten oder gar 10ten Dezenniums. S. Hrn. Brauns II. Th. S. 54.

218) **Vitae Patrum. in gr. 4to.**

Gegenwärtige Ausgabe mag mit der Anzeige des Jahrs u. ſ. f. verſehen ſeyn, aber in unſerm Exemplar wird die Halbſcheide des letzten Blatts vermißt

schnisse, wo die Anzeige gemeiniglich gelesen wird. Zu Anfang werden auf der ersten Seite des ersten Blatts die Worte Vitas patrum statt des Titels gelesen. Darauf folgt ein alphabetisches Sachenregister, welches mit dem Titelblatt eine Quaterne ausmacht. Auf dem folgenden mit I. foliirten Blatte Incipit prologus sancti Hieronimi cardinalis presbiteri: in libros vitas patrum sanctorum Egiptiorum. etiam eorum qui in Scithia Thebalda atq3 Mesopotamia morati sunt: non solum quos oculis vidit: maximoq3 labore conspexit: verum et quam plura a fide dignis relata conscripsit notabili diligentia. deniq3 aliorum etiam autenticorum libellos fideliter a greco in latinum transtulit: et ab aliis translata pro sui perfectione huic operi inseruit. Der erste Theil endet sich auf der ersten Columne des CXXVIIten Blatts mit der Nachschrift: finit vita beati patris Effrem. et per consequens liber primus vitaspatrum. — Prologus in partem secundam de vitis patrum. Das Ganze besteht aus CCXXVIII. foliirten Blättern. Anfangsbuchstaben und Custoden fehlen. Die §§phen sind durch Buchstaben angezeigt. Die römischen Blattzahlen stehen in der Mitte des obern Randes. Der Druck ist eine kleine, schwarze und schöne Mönchschrift. Der Beschluß und die Nachschrift — wenn eine vorhanden ist — muß nach unserm Exemplar auf der ersten Seite des letzten Blatts stehen, indem die Kehrseite desselben leer ist.

219) Corona beate Marie virginis. in Fol.

Obiger Titel wird auf der ersten Seite des ersten Blatts gelesen. Auf der Kehrseite desselben beginnt das Register. Mit dem dritten Blatt nimmt nach vorausgeschickter Vorrede das Werk selbst seinen Anfang. Das Ganze ist in gespaltenen Columnen auf ein ziemlich starkes und weißes Papier mit gemeinen gothischen Typen gedruckt. Eine Columne faßt 47 Zeilen. Auf der vierten Columne des mit LXXXVII. foliirten Blatts wird das Werk mit folgender Unterschrift beschlossen: finit liber qui dicitur corona beate virginis. Große Anfangsbuchstaben und Custoden mangeln.

220) Sextus decretalium. in Fol.

Obiger Titel wird auf der ersten Seite des ersten Blatts gelesen. Auf der Rückseite steht das Register der 6 Bücher. Das zweyte und dritte Blatt enthält die Lecturam arborum Consanquinitatis &c. Auf dem 4ten Blatt fängt das erste Buch mit der rothgedruckten Aufschrift: Incipit sextus liber decretalium &c. Der Text steht auf zwey Columnen mit größern Typen gedruckt in der Mitte, und wird auf allen Seiten von den Glossen umgeben. Anfangsbuchstaben, Seitenzahlen und Custoden fehlen. Oben am Rand finden sich die Anzeigen der Materien. Die Columnentitel und Rubriken sind durchgehends roth gedruckt. Das Ganze beträgt 144 Blätter, und endet sich auf der 49 Zeile der ersten Columne des letzten Blatts mit nachstehender Unterschrift: Liber sextus decretalium una cum apparatu domini Johannis andree accuratissime castigatus feliciter explicit. —

Der

Der übrige Raum des Blatts ist leer gelassen. Der Druck ist eine schöne, und wie es mir scheint, eine Italienische Mönchschrift:

221) Conſtitutiones clementis pape quinti unacum apparatu domini Johannis andree, in Fol.

Diese Ausgabe ist mit eben den Typen gedruckt, und den übrigen äusserlichen Eigenschaften versehen wie die vorige. — Den Anfang macht auf der Rückseite des ersten Blatts — die erste Seite ist ganz leer — das Register. Dann beginnt auf dem zweyten Blatt das Werk selbst mit der obigen rothgedruckten Aufschrift. Das Ganze beträgt nebst den decretalibus extravagantibus 78 Blätter. Am Ende steht noch das Regiſtrum chartarum.

222) Inſtitutiones. cum adparatu Johannis Andree. in Fol.

Auf der ersten Seite des ersten Blatts steht statt des Titels nichts als das Wort: Inſtitutiones. Auf der Rückseite das Register der Rubriken. Auf dem darauffolgenden Blatt nimmt das Werk selbst seinen Anfang. Die äussere Einrichtung ist ganz wie in den vorhergehenden beschaffen. Das Ganze ist 104. Blätter ſtark, und endet ſich auf der vierten Columne des vorletzten Blatts mit nachſtehender Unterſchrift: Inſtitutionum opus cura ſumma atq3 diligentia caſtigatum finit. Dann folgt auf dem letzten Blatt noch das Regiſtrum chartarum.

Diese drey Werke finden ſich in einem Band, und ſind ſicher das Product einer und der nämlichen Italieniſchen Preße, aus der ſie in dem neunten Decennio mögen gekommen ſeyn.

223) Sermones Meffreth al's Ortulus regine de ſanctis. in Fol.

Obiger Titel wird auf der erſten Seite des erſten Blatts mit größern Typen gedruckt geleſen. Mit dem zweyten fängt die Vorrede an. Die erſten zwey Zeilen ſind mit den Typen des Titels gedruckt, und ſtehen in dieſer Ordnung:

L) Audate domīn in
ſanctis eius. Ita

Tom. II.   O   Dieſe

Diese endet sich auf der dritten Columne des zweyten Blatts. Dann beginnt der erste Sermon de sancto Andrea. Das Ganze besteht aus CXXI Sermonen, die oben am Rand mit römischen Ziffern angezeigt sind. Der Beschluß wird auf der 25ten Zeile der zweyten Columne des 192ten Blatts mit folgender kurzen Nachschrift gemacht: Finit pars de sanctis. Darauf folgt auf der Kehrseite das alphabetische Sachenregister. Alles zusammen beträgt 197 Blätter. Der Druck ist eine kleine niedliche Mönchschrift. Auf 2 Colunnen, davon eine jede 55 Linien faßt. Ohne Anfangsbuchstaben, Blattzahlen und Custoden. Doch mit Columnentitel, Signaturen und Buchstaben am Rande, welche die §§phen bezeichnen.

224) Sermones Meffreth, alias Ortulus regine de tempore. Pars hyemalis. in Fol.

Gegenwärtige Ausgabe ist mit eben den Typen und äusserlichen Eigenschaften versehen, wie die vorige, so, daß sie das Werk eines und des nämlichen Druckers zu seyn scheinen. — Obiger Titel wird ganz allein auf der ersten Seite des ersten Blatts gelesen. Auf dem zweyten Blatt wird der Titel umgekehrt wiederholt, nämlich: Incipit pars hyemalis Sermonum meffreth al's ortulus regine. Prologus. Für den ersten Anfangsbuchstaben ist ein Raum, der in der Höhe 14 Linien beträgt, leer gelassen. Dann machen folgende zwey Zeilen den Anfang:

L) Abora sicut bonus
miles christi ihesu

Der Beschluß dieses Theils wird auf der 32. Zeile der ersten Columne des 220sten Blatts gemacht. Darunter stehen die Worte: Finit pars hyemalis huius operis. Mit der zweyten Columne desselben Blatts fängt das Register an, mit welchem das Ganze auf der vierten Columne des 231sten und letzten Blatts beschlossen wird.

225) Sermones Meffreth Pars Aestivalis. in Fol.

Das Titelblatt dieses Theils wird in unserm Exemplar vermißt. Der Anfang wird mit der Sermon auf das Osternfest gemacht. Die ersten Zeilen derselben lauten also:

E) Xpurgati vetus
fermentum ut sitis
nova conspersio sicut estis azimi. 1. Cor. V. So.

Den Druck und die ganze äuſſere Geſtalt hat dieſer Theil gleichfalls mit den zwey vorhergehenden gemein. Das Ganze beträgt 314 Blätter. Mit dem 298 Blatt fängt das Regiſter an. Zu Ende deſſelben werden auf der vierten Columne des letzten Blatts: Finis, und 9 Diſtichen geleſen. Die erſten und letzten zwey lauten alſo:

 Melliſluos fructus frondoſis lector in hortis
  Invenies. nardum. balſama cumq3 croco,
 Sepe etiam ſuccos hortus deſudat amaros.
 Et ſalices lentas fert ſimul et tribulum.

 Plurima quid referam dictu memorabile ſi quid
  Precepere patres. hortulus iſte dabit.
 At libri nomen lector ſi forte requiris.
  Regine Meffret hortulus. ipſe Vale.

Dieſe drey Theile ſind wahrſcheinlich keine andere Ausgabe, als diejenige, welche Herr Denis in ſeinen Supplementen zum Maittaire Num. 5387. p. 615. mit der Bemerkung: fortaſſis ex officina Nic. Keſsler Baſileae angezeigt hat.

226) **Sermones Meffret. al's Ortulus regine de tempore pars Eſti-valis. in Fol.**

 Dieſe Ausgabe unterſcheidet ſich von der vorigen in nichts als dem Drucke und der äußern Geſtalt; maſſen dieſer eine gröſſere und gröbere Mönchſchrift iſt. Das Ganze beträgt 323 Blätter. Obigen Titel lieſt man auf der erſten Seite des erſten Blatts. Auf dem zweyten fängt der erſte Sermon alſo an:

 e) Xpurga
   te vetus
 fermentum ut ſitis no-
 va conſperſio ſicut
  eſtis azimi. 1. Co4.

Das Regiſter beſchließt das Werk auf der dritten Columne des letzten Blatts. Große Anfangsbuchſtaben, Seitenzahlen und Cuſtodes mangeln, hingegen finden ſich die Aufſchriften oben am Rande, Columnentitel und Signaturen.

227) Ser-

227) Sermones Meffret al's Ortulus regine de tempore pars Hyemalis. in Fol.

Dieser ist der zweyte Theil der unmittelbar vorherbeschriebenen Ausgabe. Typen, Papier und die ganze äussere Gestalt sind von eben der Beschaffenheit, wie in dem vorigen Theil. Der erste Sermon fängt mit folgenden abgetheilten Zeilen an:

  1) Ahora si
   cut bonus
   miles christi Jhesu.

Auf der 35sten Zeile der ersten Columne des 210ten Blatts endet sich der letzte Sermon mit der Nachschrift: Finit pars hyemalis huius operis. Dann folgt das Register, welches das Werk auf der zweyten Columne des 232sten und letzten Blatts beschließt.

Sachen- und Namen Register.

Die römische Zahl zeiget den Theil, die arabische Ziffer die Seite an.

A.

Seite.	Seite.

Abbatis sup. Rubr. de translat. Episc. II. 87
Acta concil. constant. 197
Additiones in specul. Juris. II. 67
Aeneae Sylvii Histor. Bohem. II. 99
——— Epistolae. 84 169
Aesopus moralisatus. 159. 180
Albertani causid. Brix. de doctr. tacendi. II. 48
Alberti M. de adhaerendo Deo. II. 35. 79
——— de abundantia Exempl. II. 73
——— de natura et imortal. animae. 138
——— de arte intell. doc. et praed. II. 72
——— sup. Evang. Missus est &c. II. 60
——— de Myst. Missae. 18
——— Suma de Euchar. sacram. 23
——— lib. de Muliere forti. II. 84
——— Paradisus animae. II. 49
——— libri Metheororum. 103
——— de duabus sapientiis. II. 54
——— de modo opponendi &c. 182
——— de Laudibus B. V. Mariae. II. 60
——— sermones de SS. II. 16 71
——— sermones de temp. II. 71 72
——— de Padua sermones. 50

Ales (Alex. ab) summa theol. 58
Alliaco (Petr. de) Astronomiae concordant. cum theol. 113
Alphabetum div. amoris. 168
——— graecum et alia. 160
Alten die 24. 194
Altväter Leben. 56 97
Alvarus Pelag. de planctu Eccl. 83
S. Ambrosii Episc. Mediolan. Hexamer. 11
——— Expositio in Evang. Luc. 30
Ancona (August. de) suma Ecclesiast. 15
Andreae Joh. vid. Additiones in spec. Juris.
——— sup. arboribus consang. 44
——— Quaest. Mercuriales. 24
——— Anton. Quaest. sup. XII. libr. Methaph. 126
S. Anselmi libri II. cur Deus homo? II. 68
——— cantuar. opera. 124
S. Antonini archiepisc. Flor. instruct. simpl. confess. II. 48
——— de erudit. confess. cum aliis. 63
——— III. partes historial. 123

Tom. II. P S. Anto-

	Seite.		Seite.
S. Antonini fumae theol. P. IIda.	41bis54	S. Auguſtini in epiſtol. S. Joan.	146
—— fumae theol. Pars I et IIItia.	44	—— de Meditatione. II.	47
—— Pars IVta.	48	—— Expoſ. ſymboli et orat. Dom.	
—— Pars I et IIda, IIItiae Partis Summae.	76	II.	23 58
—— Partes IV. totius fumae.	78 111	—— III. Quinquagenae	106
	162	—— opera diverſa.	144
Aphoriſmi compunctionis.	175	—— Regula.	200
Aquino (Thomae de) vide Thomas.		—— ſermones ad Heremitas.	81
Archidiaconus ſup. Decret. vid. Guidonis de Bayſio.		II.	102
		—— ſermones de ſanctis.	158
Argentina (Thomae de) libr. IV. in Magiſtr. SS. II.	69	—— ſermones de tempore.	158
		—— libri XV. de Trinitate.	108 116
Ariſtotelis libr. II. Elenchor. 136 II.	30	II.	47
—— liber Topicorum. II.	27	—— de verbis Apoſtoll.	145
—— copulata totius novae Logicae. II.	29	—— lib. II. Soliloquiorum. II.	4
Armachani defenſiones curator.	167	Auguſtinus Dacus.	174 193
Ars Epiſtol. franc. Nigri.	149	Auſmo (Nic. de) fuma Piſanella auct. et emendat.	54
—— Moriendi. II.	4 65	Azonis Portii fuma extraordin.	58
Aſtexani fuma de caſ. conſc. II.	20		
	40 52	**B.**	
Auguſtanae Eccl. breviarium.	46 156	Baieriſche Landesordnung.	67
II.	17	Baldi lectura ſup. Inſtitutiones.	43
—— Miſſale.	122	Bambergen. Eccl. Miſſale.	114
S. Auguſtini Epiſc. Hippon. de XII. abuſivis ſec. II.	68	Baptiſtae Mantuani de patien.	187
		Baptiſtiniana ſumma de Salis.	101
—— de animae quantitate. II.	4	Barthol. Anglici de proprietat. rer.	104 121
—— de civitate dei.	47 116	Barthol. de chaimis confeſſionale.	49 121
—— de conſenſu Evangeliſt.	16	II.	46
—— L. Homeliae.	146	S. Baſilii regula.	200
—— liber Epiſtol. II.	60	Bayſii Guid. Roſarium decret.	53
		Beeth Joh. in X. praecepta.	82

Bellova-

	Seite.		Seite.
Bellovacensis vide Vincentius &c.		Bitonto (Anton. de) Quadrag. serm.	19
Benedict. (Alex. Veronens.) de pestilentia.	140	——— sermones totius anni.	155
		Blanchelli Mengh. coment. in Log.	—
S. Benedicti Regula.	200	Paul. venet.	36
Bergomo (Petr. de) tabula operum D. Thomae.	157	Bocacii de Certald. de mulier. illustr. II.	67
Bernard (de Bustis) vid. Bustis (Bernard. de)		——— de viris illustr. II.	67
		Boethius de consol. Philosoph. 1783	
——— Clarev. Abb. Epist. II.	63	II.	21
——— sermones. 52. II.	56	S. Bonavent. Ord. Min. Breviloquium, II.	43
——— modus bene vivendi.	131	——— Disput. in III et IV. part. sent.	197
——— opuscula varia.	160	——— in IV. LL. Sent.	134
——— Parmens. sup. Decret.	202	——— Libri et tractatus.	82
——— (de compostella) casus longi.	66	——— de modo proficiendi, item	
——— (de Parentinis) Elucidarius Missae.	94	de inform. Novitior. II.	80
		——— Quaest. super L Sent. II.	—45
Bernardini Senens. de contract. et usuris serm. II.	46	——— Sermones.	55 68 73
		——— Specul. B. virg. Mar.	30
Bernoldi cistercien. Them. dom. II. 53	73	——— de stimulo conscientiae. II.	56
Biblia aurea.	30	Bonum (die drey) der Gesellschaft. II.	97
Bibel (die deutsche) 37 bis 64 114		Brack (Wencesl.) vocabular.	155
II.	6 63	Brant (Sebast.) expos. titul. legal.	117
Biblia latina. 25 bis 41. 50 bis 57		——— liber Faceti.	180
61 91 110 122 bis 157. II. 20	75	——— stultifera Navis.	176
——— usq3 ad Parab. Salemon. II.	19	Breviarium Augustanum.	46 156
——— de Parab. usque in finem. II.	19	II.	17
——— cum glossa ord. et interlin. II.	96	——— Frisingense.	202
——— cum postill. Nic. de Lyra.	137	——— Juris canonici.	189 83
Biblicae moralisationes.	23	Breydenbach (Bern. de) peregrin. iherosol.	83
Biel (Gabriel) Expos. Missae.	190		
Biga salutis. serm. dom.	188	St. Brigitten Offenbarungen. II.	14
——— serm. de SS.	189	Bromyard (Joan. de) suma Praed.	73

Bru-

	Seite.		Seite.
Brulefer. Stephan. opufcula var.	199	Ciceronis (M. Tullii) de offic. cum	
Brunonis Epifc. Herbipol. pfalt.	151	coment. Marfi.	200
Burlei Gualt. Expof. artis vet. Arift.	53	—— de univerfitate.	76
Buftis (Bernard. de) Mariale.	161	Chavafio (Angeli de) fumma Angelica.	
—— Rofarium ferm. 185	186	90 91 100 129. 154	160
		Clementinae Conftitutiones. 7 32 70	
C.		81 85 128 170. II.	105
Caefaris (Caj. Jul.) de bello gallico.		Codex Juftinian.	202
	14 15	Coelner (Joan. de Wanckel) fumar.	
Calderini repertorium utriusq3 Juris.	21	et concluf.	100
Calendarium.	44	Collecta magiftralia	48
Canonis expofitio. 190 II.	2	Comeftoris Petr. Hift. Scholaft.	194
Caracholi Rob. quadrag.	102	Compendium Morale pro concionibus	
—— fermones. 105 114	118	faciendis. II.	14
Caffalis (Brub. Jakob) Schachzabel.	38	—— theolog. veritatis II.	52
Caffiani Joan. opera.	72	Compoftella (bernard. de) cafus longi	66
Caffiodor. dyalog. inter Conftantin.		Concordantiae bibl. 73	165
Imp. et Liberium Papam pro defenf. Athanaf. II.	89	—— Conrad de Alleman. II.	60
		Concordant. aftron. cum theolog.	113
—— Hiftoria tripartita.	11	Concordia difcordantium canonum 112 136	171
Catholicon vid. Januenfis.			
Cathonis magni Ethica.	24	Conftant. Concil. acta.	197
—— Gloffulae.	176	Conftitut. authenticae.	42
Chaimis (Barthol. de) confeffionale. 49 122 II.	46	Copulata novae Logices Arift. II.	29
		—— pulch. vet. artis Arift. juxta	
Chronik (eine deutfche).	137	Doctr. S. Thom.	148
—— von Kaifern und Königen. II.	69	—— in Logicam Arift. II.	26
Chronicon lat.	137	—— Sup. libr. de anima Arift. II	27
S. Chryfoft. Joan. Homiliae. II. 34	59	—— Sup. VIII. LL. Phyficor.	134
Ciceronis (M. Tullii) orationes.	13	Corona B. V. Mariae II.	104
—— Epiftolae.	140	Cofmograph. tab. Ptolomaei. II.	83
—— opufcul. de fato &c.	76	Cracovia (Matth. de) tractatus.	124

Cref-

	Seite.
Crescentiis (Petr. de) rural. commod.	6
—— deutsch.	142
Curtius de rebus Alexand.	172
S. Cypriani libr. et Epist. II.	50
S. Cyrilli Specul. Sapientiae II. 23	64

D.

	Seite.
Damasceni petr. de laudibus Mariae II.	39
Dati Aug. elegant. minores. 174	193
Decisiones Rotae Romanae	41
Decretales Greg. IX. 16 28 43 129	152
—— cum Summariis &c. 126 136	171
Decreta Patrum 112 136	171
Decretum Gratiani. 11 31 42 65	194
Defensorium fidei contra Judaeos II.	89
Dicta de arbore, quae est imago hominis. II.	37
Dictionarius pauperum.	185
Dieta Salutis. II.	38
Digestum infortiatum.	26
—— Novum. 34	56
—— Vetus. 59	71
Diogenes Laertius.	178
Directorium Ecclesiast. II.	80
Discipuli de eruditione fidel. 110 II.	54
—— Sermones. 95	155
Distinctiones exemplorum	73
Donati comment. Sup. Terent. II.	78
Dormi Secure, Serm. de SS.	201
—— Serm. de tempore. 69	200
Duns Joan. Scoti in I. Sent.	12
—— in IV. librum Sent.	22

	Seite.
Duranti Guil. Rationale. 3 45 79	150
II. 66	96
—— Specul Judiciale.	141
Dynckelspuel Nic. Praedicata de paß. Dom. II. 57	94
—— Postilla in Evang.	163
Dyonisii Carthus. Specul. omnis status.	160

E.

	Seite.
Ehe und Paßional Jesus und Maria.	51
Elegantiae Aug. vid. Dati.	
Elucidarius Missae.	94
Epistolae S. Pauli Apost.	123
Epistolare Philelfi.	195
Epitome Vet. et Nov. Log. Arist. II.	30
Erklärung der 12 Glaubensartikel.	77
Eschenbach (Wolfram von) Heldengedichte.	42
Esopus vid. Aesopus.	
Eusebii Pamph. Praepar. Evang.	18
Eustettensis Diaeces. statuta	68
Evangelia et Epist. II.	33
Expositio canonis Missae 190 II. 2	51
—— Hymnorum. 165	169
—— Missalis quadruplex.	196
—— Missae totius.	202
—— VIII. Partium Orationis.	196
Eyb. (Albert de) Margarita poetica.	159
II.	89

F.

	Seite.
Faceti liber	180
Farth über Meer.	97

Fasci-

	Seite.
Fasciculus temporum.	46 57
Ferrariis (Pet. de) Practica nova II.	63
Feudorum consuetudines.	8
Ficini Marsil. Epistolae.	177
Filsci Steph. Synonima.	38
Florentini Paul. Breviarium Decret.	83 189
Flores Musicae.	96
Fortalitium fidei.	151 II. 61
S. Francisci Regula.	200
Frankfordia (Joan. de) Sermones II.	74
Freyburg (Johann) von Summa,	71 201
Frisingens. Eccl. Breviarium.	202
―― Missale.	87

G.

Galensis Summa II.	99
Gasparini pergamen. Epistol. II.	88
Geiler (de Kaiserberg) oratio II.	97
Geminiano (dominici de Sancto) Sup. VI. Decret. II.	55
Gersonis Joan. conclusiones de diversis materiis II.	17 35
―― de remediis contra pusillan. II.	80
―― de Imitat. Christi	78 87 93 97
―― operum III. Partes.	103
―― Pars IIda.	110
―― Pars II. et IIItia	143
Gespräch von Maria. II.	69
Gesta Christi. II.	49
―― Romanorum.	153
Glossulae Cathonis vid. Catho.	
Gorrichem (Henr. de) de Praedestin. et tractat. var. II.	35

	Seite.
Grammatica Franc. Nigri.	187
S. Gregorii M. Dialogi	16 deutsch 131
	II. 16.
―― Epistolae II.	11.
―― Homiliae.	15 139
―― Moralia in Job.	164. II. 19
―― Pastorale.	131
Griselbis Geschichte. II.	2
Gritsch Ioan. Quadragesimale.	29 40 64
	II. 45
Guarini Veronens. Ars.	49 51
Guidonis (de monte Roth) Manipulus Curatorum	6 II. 38 90
Guid. de Baysio Rosarium Decretorum.	53 II. 59
Guillerini Postilla in Evang. II.	6 7 48

H.

Harpffen 24 guldene II.	11
Hassia (Henr. de) Expos. Orat. dom. II.	23 58
―― Super Ave Maria. II.	29 58
Heinrici (de Saxon.) de Secret. Mul.	106
―― Institoris Tract. de Euchar. Sacram. II.	12
Hemerlin felicis opusc.	176
Herp. Henr. Speculum aureum.	52
―― Sermones.	69
S. Hieronymi liber epist.	3 176
―― de Essentia divinitatis II.	4
―― Psalterium. II.	5
―― de viris illustribus. II.	4

S. Hie-

	Seite.		Seite.
S. Hieronymi vitae Patrum II.	72 103	Jasonis de Mayno in LL. Instit. Porci.	204
Himmelstraße.	67	de ImitationeChristiLL.IV. vid. Gerson.	
Historia Scholastica.	194	Imola (Joan. de) coment. in clement.	85
Holkot Rob. comment. in L. Sap.	150	Infortiatum.	75
Homeri Ilias.	180	Institutiones. II.	105
Homiliarius doctorum. 133	151	Instructio an die königl. Mayestätt.	97
de Horis canonicis. vid. Moesch.		Joannis Andreae Quaest. Mercuriales.	24
Hostiensis Summa.	40	Joan. Carthus. liber Nosce te ipsum.	107
Hugonis. Sent. de Incarnatione II.	10	Joan. Cisterciensis Defensorium Juris	
—— Didascalon. II.	47	et tract. diverf.	205
—— (de Prato florido) Sermones.	72	Joan. von Freyburg. Summa. 71	208
—— Postillae in Evang. et Epist. II.	44	—— de Frankfordia sermones. II.	74
Hungari fratris Serm. Dom.	188	—— Junioris Scala coeli.	50
—— Serm. de SS.	189	Jodoci galli Tetrastichon.	
Hymni et Sequentiae.	117	Jordan de Quedlinburg Postillae.	61
—— cum commento. 165	169	Josaphat und Barlaam Geschichte. II.	8
		Josephi Judaei LL. XX. antiqq. Jud.	3
I.		Isidori Episc. libri Etymolog.	10
Jacobi Augustiniani Sophilogium. II.	26	Iter Hierosolymitanum. II. 64	bis
Jacobi Carthus. Quotlibetum stat.		Itinerarium B. V. Mariae. II.	50
human. II.	36	Itinerantium Missale.	197
—— Sermones a Nicol. Papa V.		Juniani May de priscor. verb. pro-	
authorisati. II.	57	prietate.	41
—— Tractat. de animabus corpo-		Junioris Joan. scala vid. Joan.	
ribus exutis. II. 37	87	Justiniani Imp. Institutiones. 33	70
—— Sermones Dominicales. II.	87	128	151
—— de valore et utilitate Missae. II.	36	—— Libri XI. cod. constituti re-	
—— (de Theramo) consolatio pec-		petit. praelectionis. 26	202
catorum. II II.	98	Justiniani Digesti Vet. Pars IIda.	71
Janua (Johan de) Catholicon. 2 64	84	—— cod. LL. XII. 74	75
Jasonis de Mayno coment. in L. P.		Justinus Historicus.	127
cod.	171		

K.

	Seite
K.	
Kalendarium, pfalterium &c.	204
Karoli Formulae epift.	62 121
Kempis (thomae de) opera et vita.	150
Kunigſperger Joan. Kalender.	164

L.

Laertius vid. Diogenes.	
Laſcaris Conſtantini Erotemata.	152
Lavacrum conſcientiae.	105 198
Leben der Altväter.	56 97
—— der Heyligen.	48 49 163
Lectoris Johannis Summa confefforum.	31
S. Leonis I. Sermones. II.	24
Leupoldi Ducis Auſtr. compil. de aſtrorum ſcientia.	105
Liber dans modum legendi abbreviat. u. J. II.	62
—— de confutatione Hebraicae ſectae.	194
—— Precatorius. II.	4
Libri IV. Sentt. vid. Lombardi.	
Litio (Rob. de) Quadrageſimale.	13 25
—— Sermones declamatorii II.	173 79
—— de laudibus ſanctorum.	115
Lochmayr Mich. et Pauli Wann ſermones.	177
—— Parochiale Curatorum.	182
Lombardi Petr. Gloſſae in Epiſt. S. Pauli. II.	34
—— in Pſalterium. II.	61

	Seite
Lombardi Petr. in IV. LL. Sentt.	52 81 II. 63
—— Textus ſent. cum concluſſ. Gorrithem.	88 107
Lombardica Hiſtoria.	52 58 61 74 103 104 II. 68 73
Lumen animae.	39
Lyra (Nicol. de) Moralia in Bibliam. II.	66
—— Praeceptorium.	166
—— in Nov. Teſtam. 90 II.	41 59
—— in Vet. Teſtam. II.	41
—— Poſtillae in Pſalterium. II.	44
—— in totam bibliam poſtilla.	137

M.

Maldurae Petr. vita S. Rochi. II.	102
Malleus Maleficarum.	169
Mamotrectus.	60 108
Manuale Parochorum. II.	31
B. V. Mariae laudes. II.	60
Margarita poetica. vid. de Eyb.	
Mariale. vid. de Buſtis.	
Marionale, ſeu liber de laud. B. V. Mariae. II.	39
Maronis franc. Sermones.	181
Matthaei de cracovia tractatus. vide cracovia (Matth. de)	
Mauri Servii in Bucolica Virgilii. II.	76
Mayno (Jaſonis de) coment. in Lect. Porci.	171 204
Mechlinia (Joan. de) Determinatio quotlibetica. II.	35

Mech-

Seite.
Mechlinia (Joan. de), utrum opera
Dei poſſint impediri dæmonis ma-
litia ? II. 36
Mediolan (Mich. de) Sermonarium du-
plicat. 93
—— Sermonarium triplicatum. 47
Meffreth ſerm. ſeu Ortulus Reginæ
de SS. II. 105
—— ſerm. de Temp. Pars Aeſtiv.
II. 106 127
—— ſerm. de Temp. Pars Hyemal.
II. 106 107
Meſue Joh. de conſolat. Medicinarum. 179
Middalburg (Pauli de) Judicium Pro-
noſticum. II. 100
Mirabilia Romae cum aliis tractat. 189 199
Miſſale Eccl. Auguſtanae. 122
—— Bambergenſis. 114
—— Friſingenſis. 87
—— Itinerantium. 197
—— Romanae. 118 125 142
—— Salisburgenſis. 183
Miſſae Expoſitio. 196 202
Modus legendi abbreviaturas. 144 II. 62
Moeſch de Horis canonicis. 106
Molitoris Joh. Tabula in ſumam theol.
Divi Antonini. 84
de Monte Roth. Guid. manipulus
Curatorum. 6 II. 38 90
Moralia ſ. Greg. in Job. 164
Moraliſationes. vid. Biblicae Morali-
ſationes.
Muſicae flores. vid. Flores muſicae.

Tom. II.

Seite.
N.
Nachfolgung Chriſti. 133
Nanni Joh. de chriſtianorum in Turcas
triumphis. II. 54
Navis ſtultifera. vid. Brant.
Neſtoris Dionyſ. vocabuliſtae opus. 103
Niavis Pauli latina idiomata. II. 32
Nider Joh. de contractibus mercator. II. 35
—— Manuale confeſſorum. II. 22 97
—— de Morali lepra. II. 83
—— Sermones aurei. II. 74
Nigri Franc. Ars Epiſtolandi. 149
—— Grammatica. 187
Novellae Conſtitutiones authenticae. 42

O.
Objectiones in Thalmud. II. 99
de Obſervantia in peſte. 140
Opus Inſtitutionum. 151 II. 165
Oroſii Pauli adverſus chriſtiani nomi-
nis querulos LL. VII. 6

P.
Padua (Alberti de) Sermones. 50
Panormitanus (Abbas) in Decretales. 40
Parati ſermones. 82
de Parentinis. vid. Elucidarius Miſſae.
Parmenſis Bernard. Caſus ſup. Decre-
tales. 201
Paſſional Jeſu. 51
Paſſionis textus. II. 101
Pauli Florentini Breviarium Decret. 83 189

Q.

Pauli

	Seite.		Seite.
Pauli Florentini de S. Maria scrutinium scripturae. II.	60	Plenary der Christlichen Kirche.	95
		Plutarchi vitae virorum illustr. 172 II.	75
Pauli Ord. Min. Lectura.	185	Positiones circa LL. Phyficorum, et de anima Arist.	141
Pelagii Alvari de planctu Eccl.	23		
Peregrini sermones. 143 II.	92	Postillae in Evang. de Dynkelspuel.	163
de Periculis circa sacram. Eucharist. contingentibus. II.	23 70	Praeceptorium Nicol. de Lyra.	166
		Praecordiale sacerdotum.	113
Perroti Nicol. cornucopiae.	192	Prato (Hugonis de) serm. vid. Hugonis Praeparatio Evang. Euseb. Pamph.	
———— Grammatica. 22 II.	24		
Persii Lucilli lib. Satyr. II.	88		18
Perusio (Angel. de) Lectura. II.	85	Processus Judiciarius. II.	3
Petrarchae Franc. LL. II. de remediis utriusque fortunae. II.	65 103	Psalterium Brunonis.	151
		———— latinum. II.	96
———— de contemptu mundi. II.	77	———— latinum et germanicum.	187
———— de vita solitaria. II.	77	Ptolomaei Cosmographia. II.	83
Petri (de Bergamo) Tabula omnium operum D. Thomas.	157	Q.	
Petri Hispani Summulae. vid. Versoris dicta &c.		Quadragesimale Gritsch. vide Gritsch.	
		Quaestiones III. determinatae in studio Erdfordensi. II.	101
Petri de Crescentiis Rur. comod.	6		
———— idem teutsch.	142	———— Sup. coelo et mundo libr. Arist. II.	28
Petri Lombardi. vid. Lombardi.			
Pharetra. II.	61	Quedlinburg. vide Jordan de Quedlinburg.	
Philelfi Franc. Epist. 195 II.	85		
Pii II. Papae Epist. vid. Aeneac.		Quotlibetum statuum human. vide Jacobi Carthus.	
———— ad Karolum Cypriacum tract. de amore.	62		
Pisani Barth. Summa Pisanella.	54 58 65	R.	
Pisis (Raynerii de) Pantheologia.	21 86	Rabanus de universo. II.	76
Pithsani Joan. de oculo morali. II.	13	Rätselbüchlein. II.	70
Platinae vitae . Pontificum.	51	Rampigollis Ant. aurea Biblia.	30
Plauti comoediae.	190 191	———— Reportatorium Bibliae. II.	86

Ratio-

	Seite.		Seite.
Rationale div. off. vide Duranti.		Sangeminiano (dominici de) lect. sup. II.	55
Raynerii de Pisis Pantheologia.	21 86	Saxoferrato (Barth. de) sup. Digesto Vet.	203
Rechtbuch bayrisch.	67	Saxonia (Henr. de) de Secretis Mulier.	106
Regimen sanitatis.	114	Scala coeli. vide Joannis Junioris.	
Regulae Cancellariae Pauli II.	37	Schatzbehalter der wahren Reichthümer.	125
—— IV. approbatae.	200	Scotus (Duns Joan. in I. Sent.	12
Repertorium in Postillam Lyran.	151	—— in IVtum libr. Sent.	22
Richardi Armachani defensio curatorum.	167	—— Quaest. in Metaph. Arist.	178
Richard. à media villa sup. IVtum Sent.	108	Sequentiae et Hymni.	177
Robert. vide de Litio.		—— cum commento. II.	31
Rodorici Zamorensis Speculum.	6	Sermones per Adventum. vide Collecta magistralia de format. hominis.	
Rogerii Chonoe defensio Mendicantium.	167	—— III. de Passione.	112 163
Romanorum Gesta. vide Gesta.		—— Thesaurus. vide Thesaurus.	
Romae Mirabilia. vide Mirabilia.		—— Vade mecum. II.	103
Rosarium sermonum. vide de Bustis.		der Seuße.	56
Rossella cas. Bapt. Trovamalae.	193	Sextus Decretalium. 5 33 70 80 85 127 170 II.	104
Roserum exercitiorum spirit.	147 153	Socci sermones de sanctis.	66
Ruperti Tuitiens. opus de victoria verbi.	87	—— de tempore.	66
de Ruremund. vide Dyonisii Carthus. specul.		Speculum Exemplorum.	87
		—— Humanae Salvationis. II.	8
S.		—— B. V. Mariae.	30
Sabellici Historia veneta.	92	—— omnis status vitae humanae.	160
Sabundae (Rayn. de) de theologia natur. II.	33	—— Peccatoris. II.	4
Salemonis Episc. Constantiensis Glossae majores. II.	15	—— Peregrin. questionum.	138
Saliceti Antidotarius animae.	104	Sphaera Planetarum. II.	81
Salis (Bapt. de) Summa cas.	101	Spiegel des Sünders. II.	8
Salisburgensis Eccl. Missale.	183	Spiera Ambros. Quadragesimale.	102
Samuelis Rabbi epistola.	183	Succi sermones.	31

	Seite.
Summa Angelica. vide de Clavafio.	
——— Galenfis. II.	99
——— Hoftienfis in LL. Decretal.	40
——— Pifanella. vide Pifani.	
——— Rudium.	90
Summarium Textuale, et concluf. clementin.	100
Sybillae Barthol. fpecul. peregrin. quaeft.	138 186
Sylius Italicus.	131
Sylvii vide Aeneae Epift.	

T.

Tabula operum S. Thomae. vide Petrus de Bergamo.	
Tabula in fummam theol. D. Antonini. vide Molitoris.	
Tambaco Joh. de confolatione Theol. II.	40
Terentii P. Comoediae deutsch.	186
Teftament. N. cum Poftill. Nic. de Lyra.	99
Textus fent. cum conclufionibus Henrici Gorrichem et aliis.	88 129 181
Textus paffionis chrifti. II.	101
Themata dominicalia totius anni. II.	38
Theoria Planetarum. II.	82
Theramo (Jac. de) Confolatio peccatorum. 11 II.	98
Thefaurus novus fermones de SS.	80 90 104 175
——— ferm. de Tempore.	168 174
——— Quadragefimales.	175

	Seite.
Thefaurus Magiftri Sent. cum plenis fententiis.	161
S. Thomae Aquinatis. Secunda 2dae. 9. II.	59
——— in IVtum lib. Sent.	2
——— fup IV. LL. Sent. ad Hanibald. Epifcopum.	108
——— Catena aurea. II.	9
——— de Art. fidei, et facramentis Eccl. II.	4 23
——— in Epiftolas S. Pauli.	157
——— fuper IV. Evangelia.	130
——— II. et Ultia Pars Summae.	168
——— de Periculis circa Euch. coating. II.	23 76
——— quaeft. de XII. Quodlibet.	30
——— quaeft. de Potentia dei. 30 II.	25
——— Tract. de Judeis ad petit. comitiff. Flandriae. II.	23 70
——— Poftilla in Job.	22
——— de veritate catholicae fidei. II.	46
——— coment. in VIII. LL. Phyfic. Arift.	134
——— Tractatus de Euchar. II.	12
——— Diverfa opufcula.	119
Thomae (de Argent) LL. IV. in Magiftr. Sent. II.	69
Thurecenfis Phific. de cometis. II.	82
Tipftoris (Nic. de Guntzenhaufen) coment. in fumulas Petr. Hifpani.	84
Tractatus de Jud. et chriftian. communione. II.	47

Tractatus

	Seite.
Tractatus de miraculoso Euchar. sacramento. ll.	12
——— de modo perveniendi ad veram Dei et proximi dilectionem. H.	22
——— Praedicabilis. ll.	74
——— Juridici varii.	205
——— von den 4 letzten Dingen.	16
——— de Sacramentis. 132 161	186
——— de Sphaera Planetarum. ll.	81
——— de Remedio amoris.	62
Trithemii Joan. de script. Eccl.	146
Trovamalae Bapt. Rosella caf.	192
Tudeschis (Nicol. de) vide Abbas et Panormitanus.	
Turre-cremata Joan. contemplationes. ll.	26
——— Expositio Psalm. 10 ll.	96
——— Rationes de fide cathol. stabilienda. ll.	89

V.

Valerii Max. Dicta et facta Memorab.	7
Vankel (Joan. Coelner de) Summarium textual.	100
Valeis (Joan. de) summa Gallensis. ll.	99
Ubertini (de Casall) Arbor vitae crucifixae.	76
Vercellis (Ant. de) Sermones.	130
Versoris Joan. Dicta sup. VII. Tract. Petr. Hispan.	107
——— in LL. Ethicorum Arist.	148
——— in LL. Metheororum.	135

	Seite.
Versoris Joan. sup. libros de generat. et corruptione.	135
——— Quaestiones in Arist. Methaph. ll.	27
——— sup. parva Naturalia cum textu Arist. ll.	28
——— Quaest. sup. LL. de coelo et mundo Arist. ll.	29
Victore (Hugonis à s.) Didascolicon. ll.	47
S. Vincentii Bellovac. Speculum doctrinale. ll.	62
——— Speculum Historiale.	18
——— Spec. Morale. ll.	25
——— Specul. Naturale. ll.	61
Vincentii Ferrerii Sermones per Annum.	89
——— Serm. de Temp. P. Aestiv. 89	99 132
——— Serm. de Temp. P. Hyemal. 89	133
——— Sermones de Sanctis.	99
Viola Sanctorum. 84 ll.	80
Virgilii opera. ll.	82
Visio Tundall. deutsch.	16
Vitae Patrum. ll. 72	103
Vocabularius Breviloquus. 150	183
——— Juris utriusque. 75 144 204 ll.	22
——— Latino-germanicus. ll.	9
——— Praedicantium.	80
——— Rerum (Wenceslai Brak)	155
Voragine (Jac. de) Legenda SS. vide Lombardica.	
——— Quadragesimale. ll.	93
——— Sermones de Dominicis.	71

Voragine

	Seite.
Voragine (Jac. de) Serm. de Sanctis.	67
Utino (Leonard. de) Quadragesimale.	44
——— Sermones de Sanctis.	21

W.

	Seite.
Wann Prull Sermones.	187. 188
Wilhelm. Lugdun. Summa de Vitiis. II.	24
——— Tractatus de Fide, Legibus &c. II.	9
Wilhelm. Parisien. super Passione Christi.	183
Wolfram von Eschenbach Heldengedichte.	42

Z.

	Seite.
die Zwölf Artikel des Christlichen Glaubens.	77

Druckfehler.

Seite.	Zeile.	Mangelhaft.	Verbesserung.
2	6	S. M.	S. N.
3	14	nimt:	nimmt.
6	8	citirte	citirtep
7	18	auf deren letzten	— letztem
8	21	catalogo Bibliotheca-Schwarzianeae	bibliothecae-schwarzianeae
12	5	Questiones canones	questiones, canones
14	5	Hufnor	Hufner
28	22	Columnen, Titel	Columnentitel
31	18	foliirt	foliirt
—	34	Tl.	TL
34	24	Landmannes	Landmannes
36	29	Banchellus	Blanchellus
63	20	recipite.	reycite.
65	5	Aderläßsifertige	Aderläßefertige
68	13	Diacesis	Diaecesis
83	23	Seemilr	Seemiller
101	3	S. n.	S. n. 206. 207.
124	20	einiges	einziges
			Seite.

Seite.	Zeile.	Mangelhaft.	Verbesserung.
124	29	Hockfeder	Hochfeder
125	26	venarabiles	venerabiles
129	12	Reßers	Keßers
143	11	profiscentis	proficiscentis
149	29	vtutis	ytutis
157	4	rau	rauh
160	1	preclariſſimus	preclariſſimus
165	15	cx	ex
174	28	Druckers	Druckes
186	18	Pont	Port
188	11	dililigenter	diligenter
190	11	Bial	Biel
191	5	2499.	1499.
196	26	maſchienenmäßig	maſchinenmäßig
198	18	Baierſchen	Baierſchen Reiſe
200	26	ſeblſt	ſelbſt
203	32	Aex.	Alex.
204	30	offigere:	affigere:
205	8	deo:	dare:

Zwepter Theil.

6	10	Slußanzeige	Schlußanzeige
21	26	lacere dictat	lacere dictat
30	16	reperationes	reparationes
62	30	Num. 133 und 134.	Num. 132. 133.
93	34	de Foragine	de Voragine
98		ſollte bey Num. 206. in Fol. ſtehen.	
102	25	en ſtygiis	in ſtygiis

www.ingramcontent.com/pod-product-compliance
Lightning Source LLC
Chambersburg PA
CBHW030341230426
43664CB00007BA/494